인도는 울퉁불퉁하다

일러두기

- 인명, 지명, 작품명 등의 표기는 국립국어원의 '외래어표기법'을 따르는 것을 원칙으로 하고, 《두산백과사전 엔싸이버》를 참고했다. 인용문에 나오는 인명, 지명, 작품명 등의 표기도 본문과의 통일성을 위해 일부 수정했다.
- 1루피는 한화 30원으로 환산했다.
- 자주 쓰이는 약어(略語)는 책 뒷부분의 '약어 목록'에 정리해놓았다.
- 간략한 설명이 필요한 경우, *표시를 하고 해당 페이지 하단에 각주로 설명했다. 출처를 밝히거나 추가 설명이 필요한 경우, 번호를 매기고 책 뒷부분 '주석'에 설명했다.

우리가 상상하는 인도는 그 어디에도 없다

인도는 울퉁불퉁하다

{ 정호영 지음 }

한스컨텐츠

차례

1장
인도는 신비한 나라가 아니다

2장
극과 극이 병존하는 정치의 용광로

3장
경제성장과 빈곤의 딜레마

4장
인도에서 지낸다는 것

1
인도는
신비한 나라가
아니다

01

인도의 극빈자들은
정말 행복한가

류시화 작가의 글을 인용해 이야기를 편하게 풀어보자.

희랍의 철학자 제논이 상인이었던 시절의 일이다. 그의 집에는 특별한 노예가 한 명 있었다. 어느 날 제논이 화가 나서 노예의 뺨을 때리자 노예는 평온한 목소리로 제논에게 말했다고 한다. "저는 아득히 먼 옛날부터 이 순간에 주인님에게 뺨을 맞도록 되어 있었고, 주인님은 또 제 뺨을 때리도록 되어 있었습니다. 지금 우리 두 사람은 정해진 운명에 따라 충실히 제 역할을 수행했을 뿐입니다." 제논은 훗날 스토아학파의 대철학자가 되었는데, 인도인으로 짐작되는 이 노예에게 영향을 받은 듯 '어떤 상황에서도 감정에 흔들림 없는 현실 수용'이 그의 주된 사상이었다.

한편 로마 철학자 세네카는 이렇게 말했다. "당신이 갖고 있는 것이 당신에게 불만스럽게 생각된다면 세계를 소유하더라도 당신은 불행할 것이다."

세네카든 제논의 노예든 또 차루든 이들이 한결같이 우리에게 말하고자 하는 것은 이것이다. 너의 소원이 이뤄지지 않았다고 불평하지 말고 오히려 삶이 일어나는 대로 받아들여라. 그러면 넌 어떤 상황에서도 행복하게 살 수 있을 것이다.

차루는 어디서 그런 현실 수용의 지혜를 배웠을까. 여러 명상센터를 수시로 드나들면서도 내가 얻어 갖지 못한 그것을 그는 어떻게 체득했을까. 나로선 불가해한 일이었다.

– 류시화, '빈자의 행복', 《하늘 호수로 떠난 여행》, 1997, 17쪽.

이 이야기에 자신을 이입해 생각해보자. 다소 고약하게 들릴지도 모르겠지만, 제논과 그 노예의 일화를 다음과 같이 역으로 대입해보면 어떻게 될까. 가령 내가 류시화 작가를 찾아가서, "저는 아득히 먼 옛날부터 이 순간에 류시화 선생님의 뺨을 때리고 류시화 선생님은 저에게 맞도록 정해져 있었습니다. 이제 우리 두 사람은 정해진 운명에 따라서 행동할 뿐입니다. 저는 충실히 제 역할을 수행하겠습니다"라고 말한 후 그의 뺨을 때리기 시작하면 그는 가만히 있을까. 아마 그는 경찰에 신고해 나를 잡아가도록 할 것이다. 그러면 나는 경찰에게 잡혀가면서 '류시화 선생은 어디서 경찰을 부르는 것을 배웠을까. 그의 책을 여러 권 읽으면서도 내가 알지 못했던 것을 그는 어떻게 체득했을까. 나로선 불가해한 일이다'라고, 나만 억울해하면 되는 것일까.

글을 하나 더 보자. 이태훈 작가의 인도 여행기 중 일부다.

자신의 운명을 탓하지 않고 신 앞에서도 묵묵히 생활하는 인도인들을 보면 정말 위대하다는 말밖에 할 말이 없다. 비록 가난한 삶이 육체적으로, 정신적으로 많은 고통을 주지만, 신들이 있기 때문에 결코 인도인들은 불행하지 않다. 이방인들이 보기에 가난과 굶주림에 시달리는 현실이 안타깝게 보이지만, 이들은 고단한 삶조차도 종교로 승화하여 힘들다고 투정하지 않고 신들에게 간절한 소망을 기원하며 하루하루를 살아간다.

가난하다고 해서 불행하다는 관념은 최소한 인도에서는 무색한 철학이 된다. 거리를 지나치는 모든 사람들은 철학자처럼 신에 대한 확실한 신념과 돈독한 신앙심으로 무장되어 있는 것 같다. 이들 대부분은 자신이 믿는 비슈누와 시바가 어떤 존재인가에 대해 자세히 알지 못할지도 모른다. 부모님과 조상들이 그랬던 것처럼 사원을 찾아 머리를 조아리고, 자신의 해탈을 위해 묵묵히 기도할 뿐이다. 종교라는 것은 이론적으로 무장된 자들의 몫이 아니라 마음과 정신의 깊은 곳에서 솟아나는 무조건적인 믿음에서 비롯됨을 그들은 본능적으로 알고 있다.

인도에서 힌두교는 단순히 종교적인 것을 떠나 하나의 철학적 사상으로도 자리매김을 하고 있다. 카스트라는 신분제도와 함께 힌두교는 인도를 지탱해온 정신적인 뿌리로서 앞으로도 인도인들의 삶의 나침반이 되어줄 것이다.

– 이태훈, 《뷰티풀 인디아》, 2005, 294-295쪽.

카스트가 정말 인도인들의 삶의 나침반일까. 이태훈 작가가 인도 여행에서 만나고 우정을 나눈 인도인들은 지독히 보수적인 상층계급이 아니었을까 하는 생각밖에 들지 않는다. 아니면 어떻게 아름다운 문체로 적을까 고민하면서, 눈을 감고 인도 전역을 걸어 다닌 것은 아닌지 모르겠다. 아니, 그럴 리가 없는데…. 많은 사진을 찍어서 책에 넣었던데….

이분들만이 아니다. 빈곤 상태의 사람들이 행복해한다는 조사결과나 사례를 전하면서, 이를 '도덕과 자기수양'을 강조하는 준거로 활용하는 경우가 비일비재하다. 예를 들어 다음과 같은 보도가 그렇다. "2007년 악사 아시아 라이프(AXA Asia Life)의 조사에 따르면, 향후 5년간의 삶에 대해 인도 국민의 87.2% 가량이 낙관적이며, 필리핀이 85%로 그 뒤를 이었습니다. 또한 인도 국민의 85%는 현재 삶에 만족한다는 조사 결과가 나왔습니다. […]" 이런 조사 결과는 경제적으로 낙후된 나라 사람들의 욕심 없음을 본받으라면서, '모든 게 내 탓'이라는 식의 종교적 해결 방안으로 묻어버린다.

그런데 이러한 결과들이 나오는 조사 방법 자체가 아주 의심스럽다. 인도 정부 산하 위원회에서 발표한 일명 '아르준 센굽타 보고서'[1]에 의하면, 인도의 빈자와 약자 그룹은 2004~05년 기준으로 일일 하루 소비액이 20루피(한화 600원, 밀가루 1kg) 미만인 이들이며, 이들의 수는 인도 인구의 78%에 해당하는 8억 3,600만 명이었다.

'빈곤선(Poverty Line)'에 대한 공식적인 정의도 재고해보아야 한다. 현재 빈곤선은 전적으로 1인당 소득의 하루 필요 칼로리에 기반을 두고 있다. 이 기준에는 음식을 제외한, 인간답게 사는 데 필요한 어떤 다른 것도 포함되지 않는다. 저축이나 투자는 말할 나위도 없다. 이러한 접근은 빈자를 존중받는 인간으로, 또한 한 나라의 사회·경제적 과정에 동참하는 일원으로 보지 않는다. 이를테면, 기아선상에서 살아가는 것만으로 충분하다는 것이다! 따라서 빈자들의 행복을 찬양하는 것은 '생존할 수 있는 최소의 밥만 먹고도 행복해하는 사람들이 많은데 너희는 왜 그렇게 살지 않느냐'는 소리로밖에 들리지 않는다.

빔라오 암베드카르*가 다음과 같이 말한 것을 우리는 기억하고 있다.

　　부자가 자기 재산을 포기하는 것은 축복받을 일일지도 모릅니다. 하지만

---

* 빔라오 암베드카르(Bhimrao Ramji Ambedkar, 1891~1956)는 현대 인도의 초석을 다진 위대한 인물 가운데 한 명으로, '인도 헌법의 아버지', '불가촉천민의 아버지'로 불린다. 인도 헌법을 초안하고 초대 법무장관을 역임한 그는 카스트제도 혁파와 계급 간·남녀 간 차별을 철폐하기 위한 운동에 앞장섰다. 1956년 그를 따르는 약 50만 명의 하층민들과 함께 힌두교를 버리고 불교로 집단 개종하는 등 불교부흥운동도 이끌었다.

가난은 결코 축복받을 일이 될 수 없습니다. 만약에 가난이 축복받을 일이라고 한다면, 종교를 왜곡하고 범죄와 악을 항구화하며 지구를 살아 있는 연옥으로 만드는 것과 조금도 다를 바가 없습니다.[2]

　인도인들이 행복하다는 조사 결과가 정말 맞다면, 연간 1만 9천 명에 달하는 인도 여성이 강간을 당하고 있다는 2006년 유엔 마약통제범죄예방사무소(ODCCP)의 조사 결과는 무엇인가. 여성을 상대로 26분마다 성희롱이, 32분마다 강간이, 43분마다 납치 사건이 발생하고 있다는 인도 내무부 국가범죄기록관리국 통계는 또 어떻게 봐야 하는가(보수적인 정부기관의 조사 결과임을 감안하면 실제로는 훨씬 더할 것이다).

　이러한 끔찍한 범죄의 피해자가 상층계급 여성들일 리는 없다. 주요 피해자는 불가촉천민 여성들이다. 여성 인권과 관련한 세계대회에 참가한 활동가들에 따르면, 대회에서 말을 제일 많이 한 이들은 다름 아닌 인도 불가촉천민(Scheduled Caste)* 여성들이었다고 한다. 델리나 콜카타 시내 거리에서 구걸하는 검은 피부의 여인들이 머리가 금발이거나 피부가 흰 혼혈아를 안고 있는 모습을 흔히 볼 수 있다. 그 아이들은 과연 그 여인들이 사랑해서 낳은 아이들일까. '여행 온 외국인들까지 도대체 여기서 무슨 짓을 하고 간 거야?'란 생각이 드는 곳이 인도다.

　인도에서는 테러가 많이 일어나고 수천 명씩 죽이는 집단 학살이 수시로 자행된다. 1984년 펀자브(Punjab) 주에서 시크교도를 진압하는 과정에서만 5천여 명이 희생되었고, 이를 원인으로 인디라 간디 총리가 암살되었으며, 이 암살 사건으로 전국적 반(反)시크교 폭동이 일어나 공식 발표로만 2,700여

---

* '지정 카스트'로 번역되는 'Scheduled Caste'는 교육 및 고용 부문 특별 지원 대상으로 지정된 계급으로, 불가촉천민을 말한다. 불가촉천민을 가리키는 'Untouchable' 대신에 인도 정부에서 쓰는 용어다.

명이 살해당했다. 1983년 아삼(Assam) 주에서 힌두교도, 이슬람교도, 기독교도, 소수 부족들 간의 분열·대립으로 3천여 명, 1992년 우타르프라데시(Uttar Pradesh) 주 아요디아에서 힌두교도에 의한 바브리 이슬람 사원 파괴로 촉발된 폭동으로 전국적으로 2,500여 명이 사망했다. 2002년 구자라트(Gujarat) 주에서 힌두교도와 이슬람교도 간의 유혈충돌로 2천여 명이, 2008년 오리사(Orissa) 주에서 힌두교도들이 기독교도들과 소수 부족을 공격해 100여 명이 희생되었다. 1947년 영국으로부터 독립한 이래, 인도에서는 힌두교도와 이슬람교도의 유혈충돌이 빈번히 발생했는데, 매년 100~2,000건의 폭동이 일어나 지금까지 100만여 명이 목숨을 잃었다. 해도 해도 너무한 것은 이들 종교적 폭동의 대부분이 경찰의 방관 속에서 자행되었다는 것이다.

인도에는 공산당 노선의 정당이 여러 개 있고, 그 대부분은 선거를 통한 평화로운 정권교체를 원한다. 그런데 같은 공산당 노선이라도, 극단적인 마오이스트(Maoist: 마오쩌둥주의자)인 낙살리스트(Naxalist)는 선거를 부정해 선거구를 공격하는 것은 물론 기차를 테러하거나 경찰을 습격하기를 서슴지 않는다. 낙살리스트가 40년 가까이 존속할 수 있었던 이유는 무엇일까. 또 이들이 인도 전체의 3분의 1에 해당하는 지역에서 활동하면서 곳곳에 소규모 해방구(Maoist Nation)들을 만든 일은 어떻게 가능했을까. 통계에 따르면 인도 국민의 87%가 행복하다는데, 무장활동을 벌이는 마오이스트들은 왜 이렇게 많은 걸까.

실제 인도 사회를 보면 '국민의 87%가 행복한 나라'라는 통계가 전혀 연결되지 않는다. 앞으로 이런 통계 결과를 인용하면서 '도인'처럼 말하고 싶은 이들이 있다면 조사 결과만 인용하지 말고 '표본은 어떻게 선정했고 설문 내용은 어떤 것이었는지 공개한 후'에 '도인' 행세를 해야 할 것이다. 그렇지 않고 이런 조사 결과에 기대 '도인' 행세를 하는 이가 있다면 아예 무시하는 것이 좋다.

시종일관 카스트를 찬양하는 류시화 작가와는 다르게, 카스트에 비판적인 것처럼 보였다가 인도에서의 보수적인 카스트 문화에 젖어가는 과정을 보여주는 여행기도 있다. 〈한겨레신문〉의 조연현 기자의 여행기가 그것이다.

> "기도실에 모셔진 것은 람 신상이었다. 돌에 새겨진 상은 람과 부인 시타, 동생 바라타와 락슈만, 그리고 원숭이 대장 하누만이었다. 나는 충성스런 하누만 신화를 통해 권력과 권위에 대한 충성을 유도하는 게 아닌가 하는 생각 때문에 하누만을 별로 존경하지 않았다. 그리고 그들에게 큰 의미가 있는 신에게 이것이 얼마나 실례인지 한참 동안 모르고 있었다."
>
> – 조연현, 《영혼의 순례자》, 2004, 208쪽.

하누만(또는 하누마트)은 고대 인도의 대서사시 《라마야나》에 나오는 원숭이 신으로 라마(람)에 대한 헌신적인 충성을 보여준다(인도를 대표하는 대서사시 《라마야나》가 한얼미디어에서 출간되었으니 일독을 권한다. 인도를 이해하는 데 이 서사시는 필독서다). 하누만은 훗날 중국으로 넘어가서 《서유기》의 주인공인 손오공이 되기도 했다.

그런데 인도의 극우 파시스트 조직 RSS(Rashtriya Swayamsevak Sangh)*의 청년 조직이 바지랑 달(Bajrang Dal: '하누만의 군대' 라는 뜻)이고, 바지랑 달은 하누만을 그 상징으로 하고 있다. 하누만처럼 충성하며 살 것을 맹세하고 활동하는 바지랑 달은 이슬람교도나 하층 카스트에게 끔찍한 폭력을 자행

---

* RSS는 'National Volunteer Organization(민족자원봉사단)' 으로도 불리는데, 힌두교 극우 조직의 최상위 단체다. 극우 정당인 BJP(Bharatiya Janata Party: 인도인민당)조차 RSS의 하위 단체로 분류된다.

바지랑 달(Bajrang Dal). 집회 때 위 그림의 칼을 들고 모인다.

하는 것으로 악명 높다.

2008년 델리의 파하르간지(Paharganj)에서 머물 때, 하누만을 모시는 대형 푸자(Puja: 굿 또는 종교축제)가 파하르간지 중심부에서 열렸다. 시끄러운 댄스음악에 맞추어 하누만으로 분장한 배우가 몸짓을 할 때마다 사람들이 열광하는 것을 보았는데 바지랑 달의 실체를 알고 있는 내 입장에서는 끔찍했다. 바지랑 달은 2008년 오리사 주에서 로고에 나온 칼을 들고 모여 학살을 자행한 주역이었으며, 이들의 광신적인 테러는 비일비재하게 일어났기 때문이다. 이처럼 하누만에 열광하는 분위기가 바지랑 달에서의 행동으로 이어진다면 인도의 변화는 계속 늦춰지는 것이 아닐까 하는 근심이 들지 않을 수 없었다.

앞서 인용한 조연현 기자의 글은 하누만이 권력과 권위를 유도하는 것 같아서 문제가 되는 것 같지만 인도인들이 이를 믿는다면 권력과 권위에 대한 충성을 유도해도 괜찮다는 말일까. 학살에 대한 찬양으로 이어질 수도 있는 위험을 그는 왜 외면하는 것일까. 결국 그는 다음과 같이 인도 빈민의 삶을 찬양하는 결론을 내리면서 '도인'이 된다.

그런데도 늘 자족한 걸인, 그는 겨우 1~2루피를 받지만 1만 루피 혹은 억만 루피를 갖고도 늘 부족감에 시달리는 사람들을 향해 그 웃음을 나눠주고 있었다. 나라 잃은 망명객의 신세로, 독신 수행자의 몸으로, 강한 나라와 많은 돈, 처자식까지 가진 부자 나라 사람들을 오히려 위로하고 행복을 나눠준 라마 예쉬나 달라이라마처럼.

– 조연현, 《영혼의 순례자》, 2004, 38쪽.[3]

법정스님의 경우도 인도 여행기 《인도기행》에서 암베드카르를 언급하면서도 인도 사람들이 종교적 신앙심으로 빈부의 격차와 사회적인 갈등을 아무렇지도 않게 받아들이면서 잘 참아내고 있다고 결론 내린 부분은 안타까웠다. 책이 매우 오래전에 나왔고(초판은 1991년 발간) 이전에는 암베드카르나 달리트 운동과 관련해서 정보가 워낙 없었던 탓이 아닐까 하는 생각이 든다. 몇 해 전, 법정스님이 한 법회에서 우석훈 교수의 글을 읽고 한국 사회에 대해 생각해보라고 강론한 것을 보면, 《인도기행》에 적은 생각이 뒤에 바뀌었을지도 모를 일이다. 어쨌든 법정스님의 여행기는 많이 읽히는 글인 만큼 한번 인용해본다.

  "독립 인도의 초대 법무장관이며 인도 헌법의 초안을 작성하는 데 관여했던 불교 신자 암베드카르 박사의 영향으로 수십만 명의 하리잔(신의 아이)들이 힌두 신앙을 버리고 집단으로 불교로 개종한 사실은 주목할 만한 일이다.

  그러나 그들에게는 요즘 우리나라의 경우와는 달리 가진 사람과 갖지 못한 사람들 사이에 일어나는 계층 간의 갈등은 별로 없다고 한다. 수천 년 동안 카스트를 통해 전해 내려온 인습과 윤회의 업에 대한 인식으로 자신이 받을 것을 받는다는 수동적인 자세다. 남을 원망할 것도 없고 자신의 처지를 한탄할 필요도 없이 다음에 올 우주의 질서를 믿으며 묵묵히 받아들일 뿐이다.

  믿음 없이는 살아갈 수 없는 사람들이라 종교적인 신앙으로 빈부의 격차와 사회적인 갈등을 아무렇지도 않게 받아들이면서 잘 참아내고 있는 것 같다.

  "인도는 가난한 자들의 나라다. 그러나 결코 가난한 나라는 아니다."

  사람들은 이와 같은 말들을 한다. 얼핏 들으면 아리송한 말이지만, 현지에 가서 보면 수긍이 간다. 우리의 관념으로 보면 물질적으로는 말할 수 없이 가난하면서도 궁기를 품지 않는 그들. 그 태연한 모습들을 대하고 있으면 삶의 가치 척도를 어디에 두어야 할 것인가를 거듭 생각하게 된다. 그들의 삶은 그 뿌리를 탄탄한 대지에 내리고 있다. 대지는 뿌린 대로 거두는 질서의 바탕. 흥망이 유수하다면, 헐벗은 그들의 대지가 언젠가는 다시 활기차게 소생할 날이 있을 것이다.

— 법정, 《인도기행》(3판), 2006, 30-31쪽.

이와 같이 카스트제도를 인정하는 사고들을 사실 하나로 묶기는 힘들다. 《마누법전(Laws of Manu)》을 들먹이면서 힌두교는 나쁜 것이 하나도 없다는 지독히도 보수적인 극우 힌두교도들부터, 카스트에도 나쁜 점은 있지만 카스트 유지가 최선이라는 간디, 인도 독립 이후 세속주의를 계속 추구했지만 잘 되지 않았으니 이제 세속주의는 포기하자는 오래된 뉴라이트 네오간디주의자들, 어느 사회든지 갈등은 있게 마련이라는 전제 하에 도덕성을 강조함으로써 물질적 자원에 대한 분배를 무시해버리는 탤컷 파슨스(Talcott Parsons)류의 사회학을 인도에 적용하고자 하는 미국 유학파 인도 학자들까지 다양하다.

사실 인도의 극우 힌두교도들은 문제가 아닐지도 모른다. 극우 힌두교도들의 생각은 현재의 인도 사회도 온전히 받아들이기 힘들 정도로 구식이기 때문이다. 그러나 극우파와 하층민 사이에서 뉴라이트가 완충 역할을 해주어 결국은 극우파가 사회의 주류로 움직이는 데 기여를 한다.

인도 헌법의 초안을 만들었고 그 헌법에 카스트의 철폐를 넣은 암베드카르 같은 선각자들은 힌두교도들을 아래와 같이 비판했다.

힌두교인들이야말로 말과 행동이 전혀 일치하지 않는 가장 잔인한 부류의 인간들이라고 할 수 있습니다. 그들은 입으로는 신의 이름을 부르면서도 품속에서는 항상 시퍼렇게 날이 선 칼을 품고 다닙니다. 말만은 성자처럼 하지만 행동은 개백정처럼 하는 인간들이 바로 이 땅의 힌두교들입니다. […] 다른 사람을 문둥이처럼 대하도록 가르치는 종교체제 안에서 어떻게 평등과 자유라는 이상을 구현할 수 있겠습니까? 한마디로 이 문제에 관한 한 개종만이 유일한 돌파구입니다.[4]

선생님은 저에게 조국이 있다고 하십니다만, 다시 한번 분명히 말씀드리건대 저에게는 조국이 없습니다. 개나 돼지보다도 못한 취급을 당하면서 마실 물도 얻어먹을 수 없는 이 땅을 어떻게 저의 조국이라고 부를 수 있겠습니까? 그리고 그런 나라의 종교가 어떻게 저의 종교가 될 수 있겠습니까? 눈곱만한 자부심이라도 갖고 있는 불가촉천민이라면 결코 이 땅을 자랑스러워하지 않을 것입니다. 이 땅이 우리에게 가하는 불의와 고통은 너무나 엄청납니다. 그래서 우리가 부지불식간에 이 나라에 대하여 불충한 생각을 품더라도 그 책임은 전적으로 이 나라에 있는 것이지 우리에게 있는 것이 아닙니다. 사람들이 저를 반역자로 취급하더라도 저는 전혀 개의치 않습니다. 우리의 행동에 대한 책임이 저를 반역자로 취급하는 바로 그 사람들에게 있기 때문입니다.[5]

인도에서 이런 말을 한 암베드카르를 과격하다고 공격하는 이는 없다. 심지어 극우학생회 조직인 ABVP까지도 암베드카르의 사진 밑에 '자랑스런 조국 인도의 애국자'란 말을 넣고 자신들의 조직명을 넣어 선전물을 만든다. 암베드카르는 전체 인도 인구의 80% 이상이 믿는 힌두를 격렬하게 비판했지만 암베드카르의 생일은 인도 대부분의 주에서 공휴일로 지정되어 있다. 만일 류시화 작가의 책을 번역해서 달리트 운동 단체나 달리트 정당을 표방하여 우타르프라데시 주에 집권한 정당 BSP(Bahujan Samaj Party: 바후잔사마지당: 대중사회당) 앞으로 보내기라도 하면, 류시화 작가는 인도 입국이 거부될지도 모를 일이다.

사실 인도에서 카스트를 철폐하는 것이 난감한 것은 극우 파시스트가 딱 버티고 있기 때문만은 아니다. 성자로 추앙받는 간디와 같은 이들조차도 카스트가 유지되어야 한다고 굳게 믿고 수많은 글을 발표하고 강연을 했기 때문이다. 간디는 카스트 유지를 위해 죽음을 무릅쓰고 단식을 했다. 인도의 국부인 마하트마 간디가 그럴 리가 있냐면서 놀라는 사람들이 많을 것이다. 믿기지 않겠지만 사실이다.

　간디는 암베드카르가 주도해 불가촉천민 권익향상 운동을 벌이자 불가촉천민에게 독자적 권리가 주어지는 것을 막기 위해 깊이 고심했다. 간디는 영국 정부의 인도담당 장관에게 여러 차례 편지를 보내 '피억압 계층'에게 독자적인 대표권을 허용할 경우에 초래될 심각한 폐해를 경고했다. 하지만 간디의 이 같은 노력은 1932년 8월 20일 영국 총리의 '중재령'에 의해 불가촉천민에게도 자신들의 대표를 독자적으로 선출하여 '지역 의회'에 파견할 권리가 주어지면서 결국 수포로 돌아갔다. 마침내 간디는 가장 극단적인 방법을 동원키로 한다. 1932년 9월 13일 불가촉천민에게 독자적인 분리 선거권이 주어지는 것을 막기 위해 '죽기를 작정하고' 단식을 계속한다는 비장한 선언을 한 것이다. 실제로 9월 20일에 시작된 이 '겁나는' 단식은 예의 '중재령'을 수정하는 협정이 의회 지도자들과 암베드카르 사이에 체결됨으로써 6일 만에 끝나게 된다.[6] 이 협정을 푸나협정(Poona Pact) 또는 예라와다 협정(Yerawada Pact)이라 부른다.

　간디는 불가촉천민을 양녀로 맞이하고 불가촉천민을 하리잔(Harijan: '신의 아이'란 뜻)이라 부르면서 불가촉천민 운동을 무마시키려고 했다. 하지만 수드라 계급과 불가촉천민은 간디의 하리잔이라는 칭호를 거부하고 스스로를 달리트(Dalit: '억압받는 자' '억눌린 자'라는 뜻)라 부르면서 간디와 같은 이들에 대한 저항을 계속하고 있다.

　이 책의 1장에서는 인도 카스트제도의 혹독함과 그에 대한 달리트의 지극히 상식적인 저항에 대해 중점적으로 다룰 것이다. 이어지는 꼭지들을 읽으면서, 많은 외국인들이 힌두 사상에 심취하는데 스스로 불가촉천민으로 살아가면서 힌두 사상을 받아들이라고 하면 과연 그럴 수 있겠는가 란 질문을 놓지 않으면 좋겠다. 인도에서 카스트는 류시화 작가나 이태훈 작가같이 관념적으로 이야기할 만큼 한가한 문제도, 초월적 문제도 아니다.

02

민족종교 힌두교
- 갠지스 강과 암소 보호

'젖과 꿀이 흐르는 가나안 땅'이 있기에 유대교가 있듯이, '어머니 갠지스 강'이 있기에 인도의 힌두교가 존재할 수 있었다. 갠지스 강은 힌디어로 강가(Gangā: '어머니'란 뜻)라고 부르는데, 이 강가의 물이 시바 신이 있는 히말라야의 카일라스 산의 눈에서 발원하기 때문이다. 총 길이 2,510km, 유역면적 약 907,000km²에 달하는 갠지스 강은 중부 히말라야 산맥에서 발원해 남쪽으로 흘러 델리 북쪽에 있는 하리드와르 부근에서 힌두스탄 평야로 흘러나온다. 여기서부터 강은 남동쪽으로 흘러 알라하바드, 바라나시 등을 지나는데 알라하바드에서 야무나 강과 합류한다. 강은 바갈푸르를 지나 남쪽으로 흘러 벵골 평야를 관류하고, 동쪽에서 흘러드는 브라마푸트라 강과 합류한 뒤 여러 지류로 나뉘어 벵골 만으로 흘러들어간다. 갠지스 강은 인도 북부의 거의 전 지역을 지나는 셈인데, 강 유역은 토지가 비옥해 곡창지대를 이루며 세계에서 가장 인구밀도가 높은 곳 중 하나다.

힌두교도는 갠지스 강을 생명의 모태인 '어머니 강(강가)'으로 여기며 신성시한다. 평생 한 번 이상은 이 갠지스에서 세례를 받아 죄를 사하고자 하며 죽어서도 화장해서 어머니의 품으로 돌아가길 기원한다. 갠지스 강변에는 수많은 가트(화장터)들이 있어 쉴 새 없이 시체를 화장해서 강에 뿌리고 강에는 화장된 육신의 흔적들이 떠다닌다. 갠지스 강은 원래 지상에 흐르던 강이 아니라 천상에 흐르는 강이었으며 그 자체가 여신이다. 한 수행자가 오랜 공덕을 쌓아 갠지스 강을 지상으로 내려오게 했지만 이 성스러운 강이 그대로 내려오면 대지의 파멸을 부를 수 있어서 시바가 나서서 이 강이 지상에 무사히 내려올 수 있도록 했다. 갠지스 강물을 시바의 머리로 받아 자신의 머리카락을 타고 지상으로 흘러가게 한 것이다. 힌두교도는 이처럼 갠지스 강은 시바 신이 인간의 요청을 받아들여 천상의 강인 강가의 물길을 끌어들여 만든 인도의 젖줄이라 믿는다. 때문에 갠지스 강에는 시바 신이 거주하며 시바 신이 주검을 거둬들이고 윤회의 순환에 맞춰 재생을 주관한다고 믿는다.

인도의 수학 천재 스리니바사 라마누잔(Srinivasa Ramanujan)이 영국으로부터 초청받았을 때 갠지스 강을 벗어나는 데 대한 공포로 영국행을 포기하려 했지만 꿈에 신이 나와 갠지스 강물을 담아 건너가라는 계시를 받아서 넘어갈 수 있었다는 일화가 있다. 그리고 영국 식민지 시절 브라만이나 크샤트리아 출신의 인도 군인들은 갠지스 강을 벗어나는 곳으로 출정을 하지 않으려 해서 병력 운영에 문제가 있었다는 이야기도 있다. 이런 일화들은 힌두교가 철저하게 갠지스 강을 중심으로 한 민족종교라는 것을 반영한다.

힌두교에서 갠지스 강과 함께 중심축을 이루는 것이 암소다. 시바가 타고 다닌다는 동물이 암소인 난디(Nandy)인데, 가장 무서운 신인 시바가 타고 다니는 신성한 동물이기에 힌두교도들이라면 이를 두려워해야 한다. 두 달간의 인도 여행을 마치고 귀국을 앞두고 있던 여행자 이정미는 인도가 변화되려면 사람들이 (소)고기를 먹어야 한다는 생각을 했다고 말한 적이 있다.

정확한 지적이다. 인도인들은 힌두 성직자 비베카난다(Vivekananda)가 친구에게 보낸 편지에서처럼 "그녀는 쇠고기와 더운 물로 건강히 잘 지내십니까?"라고 호쾌하게 안부를 물을 수 있는 사고[7]에 도달해야 민족종교인 힌두교에서 벗어날 수 있는 것이다.

갠지스 강과 암소보호운동은 힌두교로 민족주의를 이끌어가는 데 중요한 구심점이 된다. 김경학 교수와 이광수 교수가 쓴 《암소와 갠지스》는 1990년대 중반부터 이어진 진보적 인도 학자들의 연구 성과를 대중적으로 보급하기 위해 펴낸 책이다. 저자들은 책의 〈서문〉에서 "이 책을 통해 우리는 한국인들에게 박제되어 있는 인도의 모습을 살아 있는 인도의 모습으로 바꾸고자 한다. 그들에게 암소는 우리에게도 암소이고, 그들에게 갠지스는 우리에게도 낙동강이자 영산강이다. 그들이 가지고 있는 특수성이라는 것은 다름 아닌 척박한 땅에 발을 딛고 사는 사람들의 보편성이 그들 특유의 문화로 표현된 것일 뿐 달리 신비하거나 이해하지 못하는 세상 밖의 이야기는 아니다. 암소나 갠지스나 모두 그 땅에서 하루하루 먹고사는 문제에 매여 있는 사람들의 살아 있는 이야기인 것이다"[8]라며 인도에 대한 접근방식을 바꿀 것을 요구한다.

《암소와 갠지스》의 1부 '젖을 주는 어머니, 암소'는 문화유물론학자 마빈 해리스(Marvin Harris)의 암소에 대한 견해를 비판적으로 계승하는 부분(암소복합과 에너지 체계)이다. 2부 '땅을 주는 어머니, 갠지스'는 갠지스 강과 그 유역에서 일어나는 일들의 이면을 읽는 부분이다. "갠지스의 성성(聖性)은 그 물질을 기반으로 하여 생계를 유지하는 농민이나 어민들에게는 크게 부각되지 않고 그것의 상징이나 의례를 바탕으로 하여 권력을 잡는 사람들에 의해 더 부각된다. 1983년 12월 16일에 실시한 세계힌두협의회(Vishva Hindu Parishad)의 1개월 동안 진행된 민족단합 행진에서 나타난 갠지스 강물의 위력—총 연장 8만 5,000km의 강물 배분 작업에 연 인원 6천만 명이 참가하면서 1,500만 병이 팔렸다—을 주목할 필요가 있다. 이 사건을 계기로 힌두 민족주의는 급성장"했다. 이 책은 갠지스가 배타적 민족주의의 주요 상징물로 자리 잡았다는 것을 학제 간 연구를 통해서 논증했다.⁹

이광수 교수는 이 책 이전에도 힌두교의 암소보호운동에 대해서 연구 성과를 발표한 바 있다. 중요한 부분이기에 조금 길더라도 같이 읽어보자.

힌두교의 카스트 사회질서가 이러한 심각한 도전을 받자 브라만 제사장들은 그들의 종교 생활에서 불살생을 하나의 실천 계율로 채택하지 않을 수 없게 되었다.

결국 힌두 경전에 암소는 성스러운 신들이 살고 있는 것으로 등장하게 된다. 그의 똥에는 여신 락슈미가 살고 있고, 가슴에는 스칸다 신이, 이마에는 시바 신이, 혀에는 사라스와티 신이, 그의 '음메' 소리에는 네 베다의 여신들이, 그의 등에는 야마 신이, 그리고 그의 우유 속에는 여신 강가가 살고 있다.

힌두교의 제사장들이 소 보호를 채택하면서 소는 급격히 숭배의 대상이 되었다. 소 보호는 힌두교의 최고 삼신 가운데 하나인 비슈누와 관련되면서 발전되어갔다.

소 보호는 비슈누의 화신 크리슈나의 몫이다. 신화 속의 크리슈나는 태어난 후 부모에게 버림받아 목자들에게 버려진다. 그들에 의해 훌륭하게 성장한 크리슈나는 힌두 최고의 신으로 성장하는데 그가 소를 보호하는 신으로 자리 잡은 것이다. 이렇게 힌두교는 소 숭배의 정당성을 확보해간 것이다.

크리슈나의 소 보호 신화는 제사의 신 인드라와 밀접한 관련을 갖는다. 신화 속에서 인드라는 세상의 모든 소를 제사에 바치기 위해 노획한다. 그런데 그보다 한 수 위인 크리슈나가 이들을 모두 풀어줘 버린다. 이에 크게 노한 인드라가 세상에 홍수를 내려 모두를 멸망시키려 했으나 크리슈나가 산을 쌓고 소들을 그 위에 대피시켜 그들의 생명을 구하고 안전하게 보호했다.

우리는 이 신화를 통해 구세주의 역할이 인드라로부터 크리슈나로 옮아갔고 구원의 양식이 제사로부터 보호, 즉 사랑과 헌신으로 옮아갔음을 알 수 있다.

크리슈나가 인드라로부터 소를 보호한 것을 기념하기 위해 열리는 힌두 최대의 축제가 디왈리(Divali)이다. 이날이 되면 사람들은 크리슈나의 탄생지 브린다완에 있는 고바르다나 산을 숭배하는 의례를 치른다.

원래 고바르다나(Govardhana)라는 어휘는 '소(go)를 증가시킨다(vardhana)'는 문자적 뜻을 가지고 있는데, 이것이 소의 다산성(多産性)과 소 복합체의 성성(聖性)과 관련되면서 부(富: Dhana)를 위해 소똥(govar)에 공물을 바치는 의례가 만들어지게 된 것이다.

[…] 역사적으로 암소가 보호의 대상이 되면서 그것은 곧 카스트제도와 연결되었고 그러다 보니 카스트 체계 중 가장 높은 위치를 차지하고 있는 브라만과 관련되었다. 브라만은 의례를 집전하는 자로서 암소의 다섯 가지 생산물을 제사에 많이 사용하였다.

반면에 가장 낮은 위치의 불가촉천민은 성스러운 소의 부정, 즉 소의 죽음에 직접적으로 관련되었다. 인도에서 최하위의 불가촉천민인 차마르는 소가죽으로 신발 등을 만드는 일에 종사하고 남부 인도에서의 파라이야르는 소가죽으로 만든 북을 가지고 음악을 하는 예인이다. 이발사나 세탁부 같은 계급들도 매우 낮은 계급에 속하지만 차마르나 파라이야르보다는 더 높은 위치에 있다. 그들은 소의 부정과는 관계가 없는 일에 종사하기 때문이다.

암소의 신성성은 카스트 사회에서의 사제 브라만이 스스로를 정(淨)의 존재로 승격시켜 최고 권력을 유지할 수 있게 할 뿐더러 불가촉천민을 부정(不淨)의 존재로 만들어 사회적 불구로 남게 만든다.[10]

위의 서술과 같이 소는 신성시되지만 소를 치는 사람이나 소젖 짜는 일을 하는 자티*는 신성시되지 않는다. 그들이 짠 우유를 독점해서 마시는 브라만은 상층 카스트이지만 소젖을 짜는 자티는 달리트다. 리트윅 가탁(Ritwik Ghatak) 감독의 영화 〈구름에 가린 별(The Cloud-Capped Star: 원제 Meghe Dhaka Tara)〉(1960)을 보면 사악한 여동생이 "소젖 짜는 여자조차도 예쁜 사리를 입고 다니는데 나도 새 사리가 있으면 좋겠다"라고 말하는 장면이 나오는데, 이는 천한 카스트 여자도 옷을 잘 입고 다니는데 나는 이게 뭐냐는 신세 한탄이다. 자티 시스템으로 인한 관습적 차별을 드러내는 장면이다.

《암소와 갠지스》에는 인도가 중세를 벗어날 무렵부터의 암소보호운동의 간략한 역사가 핵심적으로 서술되어 있다.

> 17세기 말에 무갈제국**에 대항하면서 큰 세력으로 성장한 서부의 마라타 동맹의 수장인 시바지(Shivaji)가 채택한 정책 또한 암소를 정치적 상징으로 이용한 좋은 예라 할 수 있다. 그는 암소와 브라만의 보호를 자신의 성스러운 의무로 규정함으로써 더 폭넓은 사회적 지지를 확보하고자 했다. '암소 보호'는 영국 통치기에 접어들면서 물레와 함께 반영(反英) 투쟁의 상징으로 급성장하였다. 이는 인도 민족주의의 급성장이라는 긍정적인 결과를 가져온 반면 힌두 전통 이데올로기로 회귀함에 따른 종교공동체주의(Communalism: 같은 종교를 믿는 사람들을 하나의 공동체로 인식하여 그것을 모든 정치행위의 기준으로 삼는 집단주의)의 발생과 사회·경제력의 퇴보라는 부정적인 결과도 낳게 되었다. 독립 후에는 모든 종류의 암소를 죽이는 것을 반대하는 운동이 발생하게

---

* '태생'이란 뜻을 지닌 자티(jati)는 친족집단을 가리킨다. 직업은 자티를 매개로 세습되기 때문에, 자티는 직업과 신분을 나타낸다.

** 무갈제국(Mughal Empire)은 1526년부터 1858년까지 인도 지역을 통치한 이슬람 왕조다. 무굴제국(Mughul Empire)으로도 불린다.

되었다. 대표적으로 독립 후 가장 대표적인 극우 힌두 보수정치 세력인 잔상 (Jan Sangh: 인민단)은 그들의 1954년 선언문에서 '암소 도살 금지'를 정당 강령으로 천명하고, 이의 관철을 위해 단식을 비롯한 많은 극우적 방법을 동원하여 강력히 투쟁하였다. 그들은 이를 계기로 힌두 보수 세력과 촌락에 거주하는 인민들로부터 많은 지지를 받았으나, 도시를 중심으로 하는 많은 중산층으로부터 비합리적이고 믿을 수 없는 정당으로 낙인찍히고 말았다. '암소 보호'의 정치적 이용은 결국 무슬림에 대한 세력으로서 힌두교도의 최후의 정치적 방법의 하나로써 이용되어지고 있다. 암소 복합의 신성성은 카스트 사회에서 브라만의 정(淨)의 존재로서 최고 권력을 의미할 뿐더러 불가촉천민의 부정(不淨)의 존재로서 사회적 불구를 의미하기도 한다. 사회구조 내에서 일정한 그룹이 부정한 직업을 행하는 것이야말로 바로 정한 직업을 유지하는 데에 반드시 필요한 조건인 것이다. 따라서 불가촉천민의 부정 개념은 브라만의 정 개념으로부터 따로 떼어내 생각할 수 없는 것으로 상호 간에 그 존재를 강화시키는 역할을 상승시킨다. 결국 힌두 카스트 구조에서 양극단에 있으면서 실존적으로 상호 보완적인 두 개의 집단, 즉 브라만과 불가촉천민의 존재는 암소의 신성성과 불가분의 관련을 맺고 있다. 따라서 암소 복합의 신성 이미지 해체가 선행되지 않은 채 불가촉성의 사회적 철폐를 노력한다거나 브라만의 독점적 지위의 해체를 주장하는 것은 그 실효성의 관점에서 볼 때 심히 의심스러운 일일 수밖에 없다. 이런 의미에서 볼 때 마하트마 간디의 불가촉천민의 사회적 지위 개선과 성우(聖牛) 보호는 심각한 모순으로, 그것이 갖는 민족운동의 일환으로서 상징은 일단 차치하고, 결국 사회적으로 성공할 수 없는 정책일 수밖에 없었을 것이다.[11]

브라만은 원래 쇠고기를 가장 즐기던 카스트였다. 이에 대한 역사적 사실 추적은 델리대학교 역사학과 D. N. 자 교수의 《성스러운 암소 신화: 인도 민족주의의 역사 만들기》(이광수 옮김, 푸른역사, 2004)에 잘 나와 있다. 저자는 "암소 여신도 존재하지 않았고 암소를 모신 사원도 존재한 적이 없다"며 "이 동물에 대한 숭배는 실제로 존재하지 않았던 것으로 근대에 들어와 힌두가 갖는 문화적·인종적·종교적 일체성을 주장하는 극우 민족주의 세력에 의해 만들어진 것"이라고 말한다. 나아가 암소를 도살하고 암소 고기를 먹는 관습이 힌두 공동체의 정체성과도 아무런 관련이 없다는 사실을 역설한다. 이 책은 내용의 파격 때문에 인도에서 판매금지 처분을 받았다.

1917년 비하르(Bihar) 주에서 이슬람교도들이 쇠고기를 먹는 데 분노한 힌두교도들이 이슬람교도 30명을 살해하고 이슬람 부락 170여 곳을 쑥대밭으로 만들었을 때, 간디는 이에 개탄(?)은 했지만 전면적인 암소도살금지법이 제정되기를 바랐다. 간디의 절실한 염원은 독립 후에도 이어져, 1966년 11월 7일 화환으로 장식하고 소똥을 태운 흰 재를 바르고 송가를 부르는 한 무리의 옷 벗은 성자들을 앞세운 12만 명의 극우파 시위대가 하원 앞에서 암소 도살 반대 및 보호 법안 제정을 촉구하는 시위를 벌였다. 이들은 방화, 약탈, 습격 등을 벌이며 과격한 시위를 전개했고 이로 말미암아 8명이 살해되고 48명이 부상당하게 되었다.[12] 비폭력 성자의 죽음 이후에도 그 염원이 살아남아서 또 하나의 처참한 폭력 사태가 벌어졌던 것이다.

비베카난다는 19세기에 이미 민족종교로서의 힌두교의 한계를 알았다. 갠지스 강과 암소 복합에서 벗어나지 않는 한 힌두교는 민족종교로만 존재할 뿐 결코 세계인들이 믿을 수 있는 보편적인 종교가 될 수 없음을 알았다. 그래서 민족종교로서의 힌두교의 한계를 넘어서기 위해 "3B, 쇠고기(Beef)와 근력(Biceps)과 바가바드 기타(Bhagavad Gita)*가 인도의 구원이 될 것"이

---

* 《바가바드 기타》는 힌두교 3대 경전 중 하나로, 《마하바라타》 6권 〈비스마파르바〉에 실려 있는 700구의 시이다. 바가바드 기타는 '신의 노래'라는 뜻이다.

라고 주장했다. 소 보호에 집착하지 말 것과 오직 하나뿐인 신에게로 가는 길은 복수임을 외치면서 힌두교를 세계적인 종교로 만든 것이다.

03

비베카난다의 힌두교와
노동자들의 나라

비베카난다(1863~1902)는 39세의 젊은 나이로 죽었고 20세기는 불과 2년 밖에 살지 못했지만 20세기 인도의 독립운동을 이끈 선두적인 사상을 제시한 인물로 평가받는다. 그는 인도의 젊은이들에게 억압받는 인민들을 계몽시켜 유산계급의 특권을 일소하고 고통받는 이들에게 그들의 몫을 찾아줄 것을 호소했다. 또 종교는 모두 같은 진리의 길을 가기에 생활인은 영혼의 정화(Purification of the Soul)를 찾을 것을 가르쳤는데 후자는 인도국민회의(Indian National Congress)에 의해 채택되었다.

"신은 오직 하나이며 각각 다른 이름으로 불릴 뿐이다"는 비베카난다의 말은 힌두교가 아닌 세속주의를 내건 인도국민회의 정부의 슬로건이었다. 세속주의를 지향한 판딧 자와할랄 네루(Pandit Jawaharlal Nehru)는 불가촉천민 출신인 암베드카르를 헌법기초위원회 위원장으로 임명하여 헌법에서 카스트의 철폐를 공식화했고, 마지막까지 이슬람 진영을 포함해 통일국가 인도를 만들고자 한 간디의 노력을 평가하여 인도 내의 이슬람과 힌두의 갈등을 해결하고자 했다. 인도 건국 초기 네루의 이 같은 업적은 높게 평가받아야 한다.

비베카난다의 성직자로서의 신비로움과 영성에 대해서는 서양에서도 많은 책들이 출간되어 잘 알려져 있다. 톨스토이는 비베카난다의 사상에 감동받아 그의 선집 출간을 준비했으며, 자신의 소설에서 비베카난다의 영혼 정화에 대해 소개하기도 했다. 하지만 서양에서 비베카난다의 사회·정치적 시각은 거의 소개되지 않았다. 한국 역시 대부분 미국을 통해 인도의 사상이 소개되어온 만큼 비베카난다에 대해 인도의 신비주의자, 성자로만 알려져 있다. 비베카난다의 동생인 부펜드라나스 두타(Bhupendranath Dutta)는 그의 박사 학위논문에서 미국이 비베카난다의 사상을 후원·보호한다면서 그의 글을 얼마나 난도질했는가를 밝혔다.[13]

이 꼭지에서는 인도학자인 비노이 K. 로이(Binoy K. Roy)의 《비베카난다의 사회정치적 시각(Socio-Political Views of Vivekananda)》과 인터넷에서도 쉽게 찾아볼 수 있는 비베카난다의 영어판 《전집(Collected Works)》(총 9권)을 참고로 하여 그의 알려지지 않은 면모에 접근해볼 것이다.

19세기 전반, 람모한 로이(Raja Ram Mohan Roy)에 의해 브라모 사마지(Brahmo Samaj: '브라마 사마지'라고도 함)가 설립되고 당시 수도였던 캘커타(현재 콜카타)의 시민들 사이에 영국으로부터 이식된 계몽주의가 전파되었다. 1857~59년 영국에 맞선 세포이 항쟁(세포이의 난)이 일어난 후 탄압이 심해지자 젊은 지식인들은 브라모 사마지에서 나와 사다란 브라모 사마지(Sadharan(Public) Brahmo Samaj)를 결성했다. 그러나 이는 극소수 지식인들 사이의 일이었으며 대다수의 대중은 힌두교를 믿고 관습을 따를 뿐이었다. 19세기의 후반에는 힌두 르네상스라고 불리는 아리아 사마지(Arya Samaj)가 등장했다. 그들은 "영광스러웠던 베딕의 시대로 돌아가자(Back to the Glorious Vedic Days)"를 슬로건으로 삼고 힌두교의 개혁과 부흥에 힘썼다.

이런 시대를 배경으로 1863년 비베카난다는 자유주의적이고 비정통적

'성자' 라마크리슈나.

인 문화를 갖춘 콜카타 크샤트리아 집안의 일원으로 태어났다. 콜카타에서 받을 수 있는 최상의 서양식 교육을 받은 비베카난다는 진화론과 허버트 스펜서(Herbert Spencer)의 이론에 깊이 심취했고(나치류의 인종주의적인 진화론에 대해서는 단호하게 반대했다), 존 스튜어트 밀의 '자유' 개념에 고무되었기에 브라모 사마지의 인위적이고 사색적이기만 분위기로는 우상숭배에 깊이 빠져 있는 인도의 오랜 정통을 깰 수 없다는 점을 알고 대안을 찾기 시작했다. 그가 찾은 대안은 칼리 사원의 승려 라마크리슈나(Ramakrishna: 1836~86)였다.

라마크리슈나는 벵골의 브라만 집안에서 태어났지만 가난해서 학교 교육을 거의 받지 못한 탓에 평생 벵골어의 거친 방언으로 말했으며 영어나 산스크리트어도 몰랐다. 그는 신을 배우기보다는 체험하기를 원했기에 명상의 지식이 아니라 절실한 침묵을 통해 궁극의 지혜에 이르게 되었다고 한다.

라마크리슈나는 어릴 때부터 여러 가지 신비 체험을 했으며 16세에 콜카타로 가서 19세에 시바 신의 부인인 칼리 여신을 모시는 사원의 역승(役僧)이 되었다. 그 뒤 12년간 속세를 떠난 생활을 하면서 베단타(Vedanta) 철학과 비슈누(Vishnu)파의 여러 성전 연구에 노력을 기울여 독자적인 진리에 도달했다고 한다. 라마크리슈나는 모든 종교의 궁극적인 목적은 절대적인 진리인 최상의 신을 찾는 것이며 이를 위해서는 힌두교, 이슬람교, 기독교 등 어떤 형태의 종교도 가능하다고 했다. 모든 영혼은 신의 사원이기 때문이라고 그는 설법을 했다. 라마크리슈나는 종파주의, 사제직, 편협한 스콜라적 종교 교리들을 거부했다.

비베카난다의 전기에 의하면, 라마크리슈나는 임종할 때 자신의 모든 내공을 비베카난다에게 전수해주었다. 자신의 모든 내공, 즉 초자연적인 힘을 비베카난다에게 모두 전해준 것을 무협지 수준으로 받아들여서는 안 된다. 그들은 성직자였기 때문이다.

스승의 사후 비베카난다는 다른 제자들과 함께 그의 가르침을 열정적으로 전도했다. 10여 년 뒤인 1897년에는 라마크리슈나 미션(Ramakrishna Mission)을 세우고 인도 전역은 물론 세계 각지에 스승의 가르침을 전파했다. 서구 사상과 인도의 고전을 두루 익힌 비베카난다에 의해 스승 라마크리슈나가 영적으로 성취한 진리가 체계적으로 정리되기 시작했다. 비베카난다는 베다를 연구하면서 알게 된 이상사회(理想社會)와 허버트 스펜서와 존 스튜어트 밀의 차별 없는 국가를 그 내부의 사상에서 용해시켜 동양사상과 서양사상을 만나게 했다는 평가를 받는다. 그의 사상을 중국의 양명학에 비유하는 것도 이 같은 이유에서다. 동학이 최제우에 의해 시작되나 최시형이 《동경대전》, 《용담유사》 등의 경전을 쓴 것과 비슷한 맥락으로 인도의 힌두교 역시 비베카난다에 이르러 체계화된 것이다.

비베카난다는 스승의 사후 1년 뒤인 1887년부터 성직자로서 격에 맞게 이름을 나렌드라나스 두타(Narendranath Dutta)에서 스와미 비베카난다로 바꾸고 옷도 황색 승려복을 갖춰 입었다(스와미(Swami)는 학자란 뜻이다). 이후 인도 전역을 돌아다닌 그는 민초들과의 숱한 만남을 통해 약간의 개혁으로는 민초들의 삶이 바뀔 수 없으며 총체적인 개혁이 필요함을 깨닫는다. 힌두 성직자로서 그는 《베다(Veda)》를 힌두교 최고 경전으로 권위를 부여하고 힌두교를 개혁하고자 했다. 비베카난다는 카

비베카난다. 그의 초상 뒤로 우주의 에너지의 근원인 '옴' 자가 보인다.

스트제도가 힌두교의 기본원리에 어긋남을 《베다》 경전과 역사 속에서 증명하고자 했다. 초기 아리아족은 유목민족이었고 카스트가 없었지만 농경이 정착되면서 카스트가 생겨났다. 이 때문에 비베카난다는 사회의 진화에 따라서 더 이상 카스트는 불필요하다고 주장했다.

가장 완벽한 종교는 베다 종교다. 《베다》 경전은 두 부분으로 구성되었는데 필수적인 것과 조건부가 있다. 필수적인 것들은 영원히 우리를 묶을 것이다. 이것들은 힌두교를 구성한다. 그러나 조건에 따른 것들은 그렇지 않다. 이것들은 현자들에 의해 시간에 따라 변해왔고 지금도 변하고 있다.

브라만들은 과거에 쇠고기를 먹었고 수드라와도 결혼했다. 손님을 접대하기 위해 송아지를 죽였다. [⋯] 비록 우리 카스트제도가 《마누법전》의 시대로부터 변했지만 [⋯] 카스트는 사회적 조직이지 종교적 조직은 아니다. 그것은 자연스러운 사회 진화의 결과였다. 한때는 필요하고 유용했지만 그 목적을 다했다. [⋯] 힌두는 더 이상 카스트제도의 지지를 요구하지 않는다. 브라

만은 누구와도 식사할 수 있다. 가장 비천한 카스트(Pariah)와도 식사할 수 있다. 그렇게 한다고 해서 영성을 잃지 않을 것이다. 가장 비천한 카스트와 접촉한다고 해서 파괴될 영성이라면 아주 하찮은 것이다.[14]

비베카난다는 1893년 시카고에서 열린 세계종교의회(The Parliament of Religions)에 인도의 힌두 성직자로 참가하여 힌두교가 갠지스 강을 벗어나 세계적인 종교로 자리매김하는 계기를 만들었다. 시카고 종교의회에서 제국주의 국가의 종교들은 '1진'으로, 식민지의 종교들은 '2진'으로 이미 자리가 정해져 있었다. 세계에서 가장 오래된 종교이자 인도에서 대부분의 사람들이 믿고 있는 힌두교는 초대조차 받지 못했다. 이에 인도인들은 분노했고 왕족들과 부유층은 시카고로 비베카난다를 보내기로 했다. 초대받지는 못했지만 자신들의 나라와 종교를 분명하게 알려서 권리를 확보하기 위해서였다.

비베카난다가 현지에서 피식민지 국민의 성직자로서 받은 모멸과 고통은 이루 말할 수 없는 것이었다. 그는 갖은 고생 끝에 가까스로 세계종교의회에 참석할 수 있었다. "신의 권위를 지닌 강연자이자, 의심할 여지없이 이 의회에서 가장 위대한 인물"이라고 비베카난다를 소개한 신문 기사도 나왔다.

1893년 9월 11일 비베카난다는 힌두 성직자로서 자부심을 드러내며 역사적인 설교를 했다. 그는 연설을 통해 세계인들이 일반적으로 힌두교에 지닌 이미지, 즉 과부를 불태워 죽이고 카스트제도로 인간을 차별하는 등 미개한 종교라는 이미지를 바꿔놓기 시작했다.

미국의 형제자매 여러분. 여러분이 저희에게 보내주신 따뜻하고 진심 어린 환영에, 뭐라 말할 수 없는 환희가 제 가슴을 채우고 있습니다. 저는 세계에서 가장 오래된 종교의 성직자의 이름으로 감사드립니다. 저는 많은 종교들의 모태의 이름으로 감사드립니다.[15]

며칠 뒤에 가진 또 다른 연설에서 비베카난다는 기존 종교가 지닌 위선을 강력하게 비판했다. 그는 서방 종교만이 아니라 힌두교까지 포함하여 비판했다. 비베카난다가 아닌 힌두교 우파 성직자들이 갔더라면 야유나 받고 연단을 내려왔을지 모를 일이다.

> 당신들, 기독교도들은 이교도들의 영혼을 구하기 위해 선교사들을 보내기를 좋아합니다. 왜 굶주려 죽어가는 우리의 육신을 구하려고 하지는 않습니까? 인도에서는 끔찍한 기근이 들어 수많은 사람들이 굶어 죽어갔지만, 기독교도들은 아무것도 하지 않았습니다. 기독교도들은 인도 전역에 교회를 세우지만 동방에서 울부짖는 악마는 종교가 아닙니다(그들은 이미 종교를 충분히 가지고 있습니다). 인도에서 고통받는 수백만의 사람들이 타는 목마름(parched throats)으로 울부짖는 것은 바로 빵입니다. 그들은 빵을 달라고 하는데 우리는 그들에게 돌을 주었습니다. 굶어 죽어가는 이들에게 종교를 주는 것은 그들에 대한 모욕입니다. 굶어 죽어가는 이들에게 형이상학을 가르치는 것은 그들에 대한 모욕입니다. 인도에서는 성직자가 돈에 대해서 설교를 하면 그는 자신의 카스트를 잃게 되고 사람들은 그에게 침을 뱉습니다. 저는 여기에서 우리 가난한 인민들을 위한 도움을 찾고 있습니다. 저는 기독교도들의 땅에서 기독교도들로부터 이교도를 위한 도움을 얻는 것이 얼마나 힘든가 알고 있습니다.[16]

또한 그는 미국의 인종차별에 대해서도 강력하게 비판했다.

"권리와 자유를 확립하기 위한 큰 변화로는 미국의 노예해방전쟁보다 위대한 것을 상상할 수 없습니다. […] 그러나 그 결과는 무엇입니까? 노예들은 노예제가 폐지되기 전보다 100배는 더 나빠졌습니다. 폐지 이전에는 누군가의 소유였고 소유물로서 관리가 되었고 최소한 망가지지 않도록 했습니다. 오늘날은 누구의 소유도 아닙니다. 그들의 삶은 아무런 가치가 없습니다. 그들은 불에 탄 채 살아가고 있지만 형상만 유지하고 있습니다. 그들이 총을 맞더라도 어떤 법도 살인자들을 찾으려고 하지 않습니다. 그들은 깜둥이들(Niggers)이기 때문입니다. 그들은 인간이 아닙니다. 그들은 짐승도 아닙니다.[17]

불가촉천민이 평등한 권리를 얻지 못하도록 목숨 건 단식까지 했던 간디 같은 인물들이라면 절대 하지 못할 말이고 하지 않을 말일 것이다. 똥 묻은 개가 겨 묻은 개를 나무랄 수는 없는 법이기 때문이다. 비베카난다는 자신을 시카고 종교의회로 보내주고 평생 자신에게 자금을 지원해준 지주계급인 자민다르(Zamindar)*나 왕족 앞에서도 거침없이 그들을 비판한 성직자였다. 그가 이런 말을 할 수 있었던 것은 카스트는 힌두교의 근본 원리에 어긋난다고 믿었기 때문이다.

"힌두교는 죽었다. 인도에서 마지막 남은 희망은 대중들에게 있다. 상층계급들은 육체적으로나 도덕적으로 죽었다."[18]

"아무리 당신이 아리아 선조로부터 내려온 당신의 혈통을 자랑하고 고대 인도의 영광을 밤낮으로 노래하고 당신의 출생에 대해서 뻐기더라도 당신

---

* 자민다르는 토지소유권을 인정받고 국가의 지조(地租) 징수를 맡아하던 영주나 지주이다.

들, 인도의 상층계급들이여, 당신들은 살아 있다고 생각하는가? 당신은 천 년 된 미라일 뿐이다. 당신들은 당신의 선조가 '걸어 다니는 썩은 고기'로 경멸했던 자들, 그러니까 아무런 생기도 없이 인도에서 지금도 보이고 있는 자들 가운데 있다. 당신들은 진짜 '걸어 다니는 시체'다. 당신의 주택과 가구들은 박물관에 있는 것과 같다. 생명도 없고 한물간 인간들이지. [⋯] 당신들은 진짜 환상, 신비, 사막에서의 진짜 신기루일 뿐이다. 당신들, 인도 상층계급들이여! 과거의 모든 것을 뒤섞어서 하나로 만들었지. [⋯] 당신들은 미래에는 공허하고 빈약한 보잘것없게 될 존재이다. 환상 속에 살고 있는 인간들이여, 왜 빈둥거리면서 사는가? 당신들은 살점도 피도 없는 해골인 과거의 인도다. 왜 썩어서 허공으로 사라지지 않는 것인가? [⋯] 깨끗이 사라져버려라. 새로운 인도가 당신의 자리에서 올라올 수 있도록."[19]

비베카난다는 인간의 고귀함을 카스트가 아닌 노동에서 찾았다. 비노이 K. 로이는 노동을 철저하게 천대하는 인도 사회에서 이런 비베카난다의 사상을 러시아 작가 막심 고리키의 문학적 성취에 견주었다.[20] 비베카난다는 독일 작가 베르톨트 브레히트와도 비교할 수 있을 것이다. 브레히트의 시 〈어느 책 읽는 노동자의 의문들(Fragen eines lesenden Arbeiters)〉을 먼저 읽어보자.

성문이 일곱 개인 테베를 누가 건설했던가?
책에는 왕들의 이름만 나와 있다.
왕들이 바위 덩어리들을 끌어왔던가?
그리고 몇 차례나 파괴되었던 바빌론,
누가 바빌론을 그처럼 여러 번 재건했던가?
건축 노동자들은

황금으로 빛나는 리마에서 어떤 집에 살았던가?

만리장성이 완공되던 날 밤에

벽돌공들은 어디로 갔던가?

위대한 로마에는 개선문들이 넘치는데,

누가 그것을 세웠던가?

로마의 황제들은

누구를 이겨 승리를 거두었는가?

흔히들 칭송한 비잔티움에는

그 주민들을 위한 궁전들만 있었는가?

전설적인 아틀란티스에서조차도

바다가 그 땅을 삼켜버린 날 밤에도

물에 빠져 죽어가는 자들은

그들의 노예를 부르며 울부짖었다.

젊은 알렉산드로스는 인도를 정복했다.

그 혼자서?

카이사르는 갈리아를 쳤다.

적어도 옆에 취사병 한 명은 데리고 있지 않았던가?

스페인의 펠리페 왕은

자신의 함대가 격침되자 울었다.

그 외에는 아무도 울지 않았던가?

프리드리히 2세는 7년전쟁에서 승리했다.

그 외에 누가 승리했던가?

한 페이지마다 승리가 하나씩 나온다.

승리의 향연을 위해 누가 요리를 했던가?
십 년마다 한명씩 위인이 나온다.
누가 그 비용을 대주었던가?

그렇게 많은 기록들.
그렇게 많은 의문들.

브레히트가 이 시를 발표하기 훨씬 전인 19세기에 이미 비베카난다는 영웅적 노동에 대해 노래했다. 세계대전 중에 나온 브레히트의 시와 비교해, 비베카난다가 노동자계급에게 보내는 다음 글을 읽어보면 비베카난다 사상의 선진성을 알 수 있을 것이다.

그렇다. 인도의 노동하는 계급이여, 당신들은 침묵하고 있다. 이어지는 노동으로 바빌론, 페르시아, 알렉산드리아, 그리스, 로마, 베니스, 제노아, 바그다드, 사마르칸트, 스페인, 포르투갈, 프랑스, 덴마크, 네덜란드, 영국이 최고의 자리에 올라섰다. 그러나 당신들은? 누가 당신들을 생각이나 하는가? 내 경애하는 스와미, 당신의 선조는 철학적 저작들을 남겼고 많은 서사시를 지었으며 사원들을 세웠다. 지금의 세상을 만든 이 모든 진보에 심장의 피로 기여한 이들이 있기에 당신이 승리의 함성으로 하늘을 깨울 수 있었다. 누가 그들을 찬양할 생각이나 하는가? [⋯] 우리 노동자계급은 조금의 불평도 없이 밤낮없이 자신의 의무를 다한다. 여기에 어떤 영웅주의가 있는가? 훌륭한 과업들을 수행하고 나서 많은 이들이 영웅이 되었다. 겁쟁이조차도 쉽게 자신의 생명을 포기하고 가장 이기적인 이도 사심 없이 행동한다. [⋯] 바로 당신들이 이것을 하고 있다. 여전히 짓밟히고 있는 인도의 노동계급이여! 나는 당신들에게 경의를 표한다.[21]

비베카난다는 19세기 말 유럽 여러 나라들이 군사력 증강에 혈안이 된 점을 비판하고, 서양세계가 장차 화산처럼 폭발할 것이라고 함으로써 1차 세계대전을 예언했다. 그는 때가 되면 영웅적 노동을 하는 인도의 가장 낮은 계급이 인도의 역사를 이끌어갈 것으로 확신하고 영국 식민지 하의 카스트제도를 비판하면서 인도의 노동계급만이 인도 그 자체임을 자각하라고 용기를 주었다.

동서고금을 막론하고 '천출'로 지정된, 사회의 진짜 몸통을 이루는 그들의 역사는 무엇인가? [⋯] "혀를 잘라버려라. 살점을 도려내라." [⋯] 지식을 얻으려는 어떠한 시도들도 막았다. 지식과 지혜는 상층계급들에 의해 독점되었다. 인도에서는 '걸어 다니는 시체들'이고 다른 나라에서는 짐 나르는 짐승이나 다름없는 수드라 계급의 숙명은 무엇인가? 내가 인도에 대해 무엇이라 말할 수 있는가? 오직 수드라 계급에 대해서만 말할 수 있다. 신성한 지식을 가진 브라만 계급은 지금은 외국인 교수들이다. 크샤트리아는 지배하고 있는 영국인들이고, 바이샤 또한 무역에서 핵심은 다 차지하고 있는 영국인들이다. 오직 수드라 계급—짐 나르는 짐승—만이 인도와 함께 남아 있다.[22]

수드라 계급이 자신들의 형제애(Shudra-hood)와 더불어 부상할 날이 올 것이다. 이는 수드라 계급이 바이샤와 크샤트리아가 지닌 특성들을 획득한다는 것이 아니다. 모든 나라의 수드라들이 날 때부터 가졌던 수드라의 특성과 습관을 가지고 (바이샤와 크샤트리아가 되는 것이 아니라 수드라로 여전히 남아 있으면서) 모든 나라에서 절대 우위를 얻게 될 것이다. 이 첫 번째 불꽃은 이미 서서히 서양세계에서부터 시작되었다. [⋯] 사회주의, 아나키즘, 허무주의 같은 유파들이 이어질 사회혁명의 전위들이다.[23]

39세라는 짧지만 불꽃같은 생을 산 비베카난다는 그가 '수드라'라고 표현한 달리트, 즉 노동계급을 계몽하라고 청년들에게 당부했다. 일단 노동계급이 깨닫고 나면 그들 스스로 역사를 만들어나갈 것이고 지식인들은 거기에 합류하면 될 뿐이라고 했다. 한국에서 신채호의 글을 읽고 많은 청년들이 독립군이 되기 위해 만주로 달려간 것처럼, 비베카난다의 말에 감동받은 많은 인도인들이 근대화를 위한 카스트제도 타파 운동과 독립운동에 뛰어들었다.

근대화를 향한 비베카난다의 열정은 인도 IT산업의 미래에도 소중한 씨앗이 되었다. 1893년 그는 세계종교의회 참석 차 미국으로 가던 길에 인도의 황후(Empress of India)란 배에서 타타 그룹의 창업자 잠셋지 타타(Jamshetji Tata)를 만났다. 비베카난다가 무슨 일로 미국에 가느냐고 물었고, 잠셋지 타타는 인도에 철강산업을 들여오기 위해서라고 대답했다. 1900년대는 불과 몇 년 살지 못했지만 20세기에 큰 영향을 끼친 두 거물은 곧 깊이 있는 토론을 벌였다. 비베카난다는 잠셋지 타타에게 신의 가호를 빌어주면서 자신의 의견을 이야기했다. 철강기술은 철강에 관한 학문과 제조기술로 나누어볼 수 있는데, 제조기술은 해외에서 들여올 수 있지만 학문연구는 국내에서 쌓아가야 할 것이라고 조언한 것이다.[24] 잠셋지 타타는 비베카난다의 조언을 허투루 듣지 않고 그 점에 대해 깊이 숙고했으며, 과학기술을 연구할 학교 건립을 추진했다. 잠셋지 타타가 죽고 난 뒤인 1909년, 그의 유지를 받들어 인도과학대학(Indian Institute of Science: IISc)이 개설됨으로써 결실이 맺어졌다. 이 학교가 들어선 벵갈루루(방갈로르)가 오늘날 '인도의 실리콘밸리'라 불리며 인도 IT산업의 메카가 되었음은 잘 알려져 있다.

간디는 비베카난다에 대해서 다음과 같이 평가했다.

"나는 그의 글들을 주의 깊게 읽어왔다. 글을 읽고 난 후, 내 나라에 대한 사랑은 천 배가 되었다. 젊은이들이여, 그대들에게 요구하나니, 비베카난다가 살아가고 죽은 방식의 영혼으로 언제나 동화되어 있어라."[25]

간디는 자신의 신념 때문에 비베카난다가 주장한 카스트제도 철폐와 근대화에 대해서는 언급할 수 없었을 것이다. 그래서 비베카난다가 논한 (이상적인) '영혼' 만을 거론한 것이 아닐까. 간디가 천 배나 더 인도를 사랑하게 되어서 카스트 유지를 공고히 하고 기술문명을 거부한 것을 비베카난다는 과연 원했을까.

간디의 자서전을 보면, 그는 정치적 스승 고칼레(Gopal Krishna Gokhale)와 지내던 시기에 비베카난다를 방문했으나 비베카난다가 병중이라서 만나지 못하고 실망하고 돌아선 일화가 나온다. 과연 간디가 비베카난다를 만났다면 비베카난다가 그토록 원하던 수드라, 즉 노동대중의 나라를 세우는 것을 정치 목표를 정했을까. 간디가 평생에 걸쳐 수드라와 불가촉천민들이 상층계급에 봉사해야 하는 카스트제도 유지를 위해 앞장선 모습을 보았다면, 비베카난다는 무슨 말을 했을까. 간디에게도 '왜 썩어서 허공으로 사라지지 않는가' 라고 하지 않았을까. 비베카난다는 간디에게 결코 좋은 소리는 하지 않았을 것이다(비록 힌두 주류의 완강함 때문에 결국 불교로 개종했지만, 암베드카르는 간디와 달리 비베카난다의 계승자에 가깝다는 생각이 든다).

비베카난다에게 가장 근본적인 철학의 문제는 이상적인 영혼이며, 인도의 구원은 그들이 잃어버린 고대 인도의 믿음과 영혼의 힘을 찾는 것이었다. 그에게 카스트는 힌두교가 썩어서 나온 것이지 고대 인도의 이상에는 절대 허용되지 않는 것이었다. 인도의 인민들은 다른 나라와 비교해서 결코 열등하지 않다는 확신을 지니고 있었으며 그가 강조한 자유, 평등, 형제애를 힌두 경전인 《베다》에서 찾아냈다. 비노이 K. 로이는 《비베카난다의 사회정치적 시각》에서 자신이 비베카난다의 사회정치적 시각을 소개한다고 해서 이상주의자로서 비베카난다의 면모를 드러낸 많은 책들의 성과가 빛을 잃게 되는 것은 아니라고 했다. 비베카난다가 카르마 요가, 박티 요가 등 힌두교 그 자체에 대해 논한 것들 또한 인류의 유산으로 남을 것이다.

비베카난다는 힌두교 성직자로서 《베다》를 중심에 두고 힌두교 경전과 전통을 재해석해서 인도의 정신이 결코 서양의 정신에 뒤떨어지지 않음을 설파했다. 그는 카스트의 정당성을 주장하는 《마누법전》 등은 힌두교의 천 년 된 타락이라며 이를 철저하게 비판한 힌두 내 종교 개혁자였다. 동시에 그는 인도의 노동계급이 깨어나면 그들이 인도를 바꿀 것을 굳게 믿은 애국자였다. 한국에서도 언젠가는, 비베카난다의 신비주의자로서의 면모만이 아니라 그의 정치사회적 시각까지 아울러서 그에 관한 총체적인 면모와 해설이 담긴 비베카난다 선집이 번역·출간되어야 할 것이다. 그 선집에는 최소한 '유럽 여행의 회상' 편과 '근대화된 인도' 편은 포함될 필요가 있다.

델리의 여행자 거리 파하르간지에 머물면서 파하르간지와 붙어 있는 라마크리슈나 아쉬람 역에 문턱이 닳도록 드나들면서도 라마크리슈나가 누군지도 모르고 인도 여행에서 돌아온 사람이 많을 것이다. 라마크리슈나 아쉬람 역에 들어서면 마음씨 좋게 생긴 아저씨가 웃는 얼굴로 서 있고 그 밑에는 세계 각지의 성직자들이 심각한 얼굴로 서 있는 그림을 볼 수 있다. 그 마음씨 좋게 생긴 아저씨가 라마크리슈나다. 인도인들의 자부심이 드러난 그림이다. 이 그림은 라마크리슈나가 세계 종교계에서 으뜸이라는 의미를 담고 있다.

지하철 역 바로 옆에 라마크리슈나 아쉬람이 있다. 거기 들어가 보기 바란다. 입구 쪽에 서점(Showroom)이 있다. 이 서점은 책값이 저렴하다. 하드커버로 된 꽤 고급스러워 보이는 비베카난다 전집 아홉 권도 1,000루피, 그러니까 약 3만 원이면 구입할 수 있다. 이 정도 돈이면 인도에서 저녁에 술 한번 먹겠다고 마음먹는 것보다 적게 들어갈 돈이다. 귀국하는 길에 들러 전집 한 질을 사와서 집에 꽂아 두면 어떨까. 인도 가서 뭐했냐고 누가 물으면 "아, 비베카난다 전집 사왔지"라고 대답하면 제법 폼 나지 않겠는가.

이 서점에서는 사회과학 도서로 분류되는 비노이 K. 로이의 책은 판매하지 않지만, 전시된 책들 중 스와미 로케스와라난다(Swami Lokeswarananda)의 《Swami Vivekananda: His Life and Message》 같은 책을 하나 구입해서 인도를 여행하며 읽어보는 것은 어떨까. 이 책은 앞부분에 비베카난다의 간략한 생애와 사상을 요약하고 있고 뒷부분에는 인도 현대사에서 중요한 인물인 간디, 네루, 보세 등이 비베카난다에게 받은 영향을 요약하고 있다.

이 서점에는 청바지 뒷주머니에 넣고 다닐 만한 크기에 100페이지도 안 되는 포켓북 사이즈로 된 라마크리슈나 전기, 비베카난다 전기들도 판다. 이들 전기는 5루피에서 30루피(150원에서 900원) 정도면 산다(참고로 인도의 책값은 절대 싸지 않다. 전공 관련 서적의 경우 한국과 비교해도 비싸면 비싸지 절대 싸지 않다. 이 전기들이 아주 싼 것은 영리를 목적으로 펴낸 것이 아니기 때문이다). 짜이 한 잔 값, 콜라 한 병 마실 돈이면 구매할 수 있다. (콜카타에서는 라마크리슈나 미션에서 책을 구매할 수 있다.)

인도 전역에서 라마크리슈나와 비베카난다의 사진들을 길에서 숱하게 보고도 어떤 사람인지는커녕 이름도 모르고 지내다 한국에 돌아와서 '떠나는 자만이 인도를 꿈꿀 수 있다'라고 떠드는 여행자가 되지는 말자. 이런 책을 하나 들고 다니면서 하루에 1~2페이지씩만 짬 내서 읽으면 길이나 가게에서 혹은 오토 릭샤 안에서도 볼 수 있는 그들의 얼굴이 매우 반갑게 여겨질 것이다.

04

월드스타 성자의 이면
- 크리슈나무르티와 오쇼 라즈니쉬

라마크리슈나와 비베카난다에 의해 힌두교가 세계적인 종교가 된 후, 그 혜택을 가장 많이 본 사람들은 '월드스타' 급 성자인 크리슈나무르티와 오쇼 라즈니쉬일 것이다. 이들이 등장하기 이전에 힌두교가 세계적인 종교가 되지 못했다면 이들의 출현은 애당초 불가능했을 것이다.

지두 크리슈나무르티(Jiddu Krishnamurti)는 1895년 5월 11일 안드라프라데시(Andhra Pradesh) 주에 있는 작은 도시 만다나팔레에서 태어났다. 그의 가정은 신앙심 깊고 채식주의를 엄격히 실천하는 브라만이었다. 크리슈나무르티가 14세 되던 해인 1909년, 마드라스에 국제본부를 둔 신지학회*의 지도자 애니 베전트(Annie Besant)와 리드베터(C. W. Leadbeater)는 그를 '발견'하고 그의 영적 능력을 간파했다. 영국 식민지정부의 관리로 일

---

* 신지학회(Theosophical Society: 神智學會)는 1875년 신비주의적 종교관을 바탕으로 창설된 국제적 종교 단체다. 인종·성·신분·종교의 구별 없이 인류의 보편적 형제애를 지향하고, 종교·철학·과학에 대한 비교 연구를 권장하며, 아직 밝혀지지 않은 자연의 법칙과 인간 내면의 잠재력을 탐구하는 것을 목표로 내세웠다. 힌두교를 비롯해 불교·자이나교·기독교·이슬람교 등의 전통을 받아들였다.

한 적 있던 크리슈나무르티의 부친이 마침 당시 신지학회에 근무하고 있던 덕분에 그가 눈에 띌 수 있었던 것이다.

1911년 신지학회 사람들은 세계교사(World Teacher), 즉 메시아가 오는 것을 준비하기 위해 동방의 별 교단(The Order of the Star in the East) 조직을 만들어 크리슈나무르티를 수장으로 내세웠다. 이후 크리슈나무르티는 세계 적으로 높은 관심을 받았고 수많은 곳에서 강연을 했으며, 그를 새로운 메시아로 믿는 추종자들이 늘어났다. 하지만 그는 1929년 동방의 별 교단을 스스로 해체하고 독립했다(1925년 남동생의 갑작스런 죽음을 계기로 신지학(회) 에 대한 믿음을 잃기 시작했다는 게 정설이다). 이후 그는 1986년 91세를 일기로 생을 마감할 때까지 반세기가 넘는 동안 전 세계를 돌아다니며 인간 내면의 근본적인 변화의 필요성을 사람들에게 역설했다.[26]

여기까지가 일반적으로 알려진 크리슈나무르티의 생애다. 전 세계의 본부를 인도에 둘 만큼 신지학회는 인도에서 종교개혁 및 사회개혁 운동을 벌인 아리아 사마지, 라마크리슈나, 비베카난다 등의 활동으로 힘을 받았다. 아리아 사마지 운동 내 일부와 신지학회는 조직을 합쳐 아리아 사마지의 신지학회(Theosophical Society of the Arya Samaj)를 결성하기도 했다. 크리슈나무르티는 '모든 신은 결국에는 하나' 라는 믿음을 갖춘 신지학회에 의해 발굴되었지만 그에게 실제로 권위를 부여해준 것은 힌두개혁운동일 것이다. 또한 신지학회 본부가 있던 마드라스는 크리슈나무르티의 사상이 인도 전역과 세계로 전파되는 중요한 중심이 되었다. 요컨대 크리슈나무르티는 아리아 사마지와 신지학회가 공들여 같이 만든 월드스타급 성자였던 것이다.

크리슈나무르티가 동방의 별 교단을 해체한 것은 인도와의 모든 관계를 끊는 1단계였다. 일단 월드스타로 부상했는데 그가 번거롭게 과거에 얽매일 필요가 있었을까. 그렇다고 그가 '외로운 스라소니' 로 산 것도 아니다.

그는 자신의 사상을 전파하는 매니지먼트를 운영했다. 그렇지 않고서야 어떻게 전 세계를 돌아다니면서 수없이 강연을 하고 대담을 할 수 있었겠으며, 그 많은 책과 녹음과 영상을 세계적으로 보급할 수 있었겠는가. 불가능한 일이다. 그가 자신의 저술에 어떠한 해석도 달지 못하게 한 것은 아주 독단적인 사람이라는 생각까지 들게 한다. 그것도 그의 매니지먼트사에 의해 관리가 되지 않았겠는가.

오쇼 라즈니쉬(Osho Rajneesh)는 1931년 12월 11일 인도 중앙부 마디아프라데시(Madhya Pradesh) 주에서 태어났다. 그의 부친은 직물상을 하는 자이나교도였다. 그의 본명은 찬드라 모한 자인(Chandra Mohan Jain)이었지만, 1960년대에는 아차리아 라즈니쉬(Acharya Rajneesh), 1970~80년대에는 바그완 슈리 라즈니쉬(Bhagwan Shree Rajneesh)로 불렸다. 죽기 1년 전인 1989년 이름을 오쇼로 다시 바꿨는데, 이후 그 이름으로 불리고 있다.

1951년 대학에 들어간 오쇼 라즈니쉬는 철학을 공부하는 한편 신문사에서 편집보조로도 일했으며, 자이나교 공동체의 연례 집회에 참석해 연설을 했다. 1957년 뛰어난 성적으로 철학 석사학위를 취득한 뒤 자발푸르대학에서 철학을 가르쳤는데, 해박한 지식과 화려한 언변을 자랑하는 강의로 인기가 높았다.

교수 생활과 병행해, 그는 인도 전역을 여행하며 강연을 하고 자신의 문화자본을 축적했다. 그는 강연회에서 간디, 사회주의, 정통 인도 종교들에 관해 거침없이 비판해서 큰 논란을 몰고 다녔다. 안티들이 늘어났지만, 추종자들 역시 늘어났다. 부유한 상인과 기업가들에게 일상생활과 영적 성장에 대해 자문을 제공해준 것을 계기로 정신의 치료사로서 명성을 높여갔다. 1962년부터는 3~10일짜리 명상캠프를 시작했고 명상센터도 열어 각광받았다. 1966년 순회 강연회 이후, 그는 결국 철학 교수직을 버렸다. 그는 다음과 같이 말했다.

"나의 메시지는 종교도 철학도 아니다. 나의 메시지는 일종의 연금술이며 인간 변화를 위한 과학이다. 따라서 나의 메시지는 새로운 모습으로 다시 태어나기 위해 기꺼이 죽을 수 있는 자들, 용기 있는 자들만이 들을 수 있다. 나의 메시지는 위험하기 때문이다. 나의 메시지를 듣는 순간 그대는 다시 태어나기 위한 첫걸음을 내디딘 것이다. 따라서 나의 메시지는 그대가 외투처럼 걸치고 자랑할 수 있는 철학도 아니고 그대를 괴롭히는 질문을 잠재우기 위한 교리도 아니다. 나의 메시지는 언어적 대화가 아니다. 나의 메시지는 훨씬 위험하다. 그것은 바로 죽음과 부활이다."[27]

오쇼 라즈니쉬는 성에 대한 종교적 억압을 비판하면서 성을 통해 깊이 명상하도록 했다. 밀교(密敎) 또는 탄트라와 맥이 닿는 이런 명상법을 푸네(푸나)에 있는 아쉬람에서 손수 지도하기도 했다. 한때 그가 '섹스 구루'라고까지 불린 것은 그런 이유에서였다. 그는 또한 부자들에게도 명상의 기회와 영성을 발전시킬 기회를 제공함으로써 '부(富)'에 관한 부정적 인식도 깨뜨렸다. 오쇼는 미국에서 탈세 등 30여 가지 죄목으로 감옥에 가는 등 이런저런 '악재(?)' 끝에 인도로 돌아온 후 푸네에서 1990년 1월 19일 숨졌다. 그의 제자들은 미국 정보기관이 그를 위험한 존재로 여겨서 독살했다는 주장을 제기했다.[28] 여기까지가 일반적으로 알려진 그의 생애다.

그런데 오쇼 라즈니쉬 독살설은 난센스에 가깝다. 델리의 서점가 다리아간지(Daryaganj)에서 중산층들이 가장 많이 구매하는 서적이 오쇼 라즈니쉬의 책들이라고 들었다. 또한 인도에서 미국과 가장 좋은 관계를 유지하고 있는 계층이 중산층임을 감안하면, 인도 중산층의 영혼을 가장 편안하게 해주는 오쇼의 사상을 위험하게 여길 이유가 무엇이며 미국 정보기관이 그를 독살할 까닭이 무엇인가.

지두 크리슈나무르티와 오쇼 라즈니쉬가 비베카난다와 공통점이 있다면 모든 종교는 궁극적인 하나의 진리를 위해 존재한다는 것을 설파했다는 점이다. 차이점이 있다면 첫째, 비베카난다는 사상의 새로움보다는 스승 라마크리슈나의 위대함을 전달하고 인도 고대 경전인 《베다》로 돌아가자고 했을 뿐 사상의 독창성을 주장하지 않았지만, 크리슈나무르티와 라즈니쉬는 지금까지 존재하지 않았던 완전히 새로운 사상을 자신이 만들었다고 한 것이다. 둘째, 비베카난다는 인도에서 노동하는 절대다수의 사람들이 행복해지기 위해서 카스트는 철폐되어야 하며 인도가 노동하는 이들의 나라가 되어야 하기에 청년들이 민초들을 일깨울 것을 역설했지만, 크리슈나무르티와 라즈니쉬는 인도의 사회적인 문제는 다루지 않고 세계의 모든 '개인'들에게 '모든 종교와 철학을 초월한' 자신만의 고유한 사상에 귀 기울이라고 강조한 것이다.

비베카난다로 대표되는 여러 선각자들이 길을 닦아놓지 않았다면 크리슈나무르티와 오쇼 라즈니쉬가 과연 살아생전 그런 숭배를 받을 수 있었을까. 선배들이 운전하기 시작한 차에 무임승차한 것은 아닐까. 게다가 선배들이 가고자 했던 궤도에서 완전히는 아니더라도 아주 많이 이탈한 것은 아닐까. 물론 크리슈나무르티와 오쇼 라즈니쉬 모두 워낙 많은 강연을 했고, 강연 내용을 책으로, 또 오디오나 영상물로 남긴 양이 엄청나기에 분명히 두 분의 노력이 있었음은 인정해야 할 것이다. 그러나 당신의 말씀이 인류를 위한 것이라면 왜 저작권을 포기하지 않고 살아생전 '알뜰' 하게 관리를 했을까. 명상센터를 세우는 데 돈이 필요해서였다면, 그건 기부금만으로 충분했을 것이다. 이미 많은 재산을 모은 두 분이 명상센터를 세우는 대신 저작권을 포기했더라면 두 분의 말씀이 세상에 더 많이 보급이 되었을 텐데, 나 같은 속물로서는 알 수 없을 뿐이다.

만약 인도의 독립과 근대화를 꿈꾼 인도의 여러 선각자들과 비베카난다가 그들의 모습을 보았다면 뭐라고 할까. 인도에서 여전히 고통받고 있는 이들을 이야기하지 않고 도대체 누구를 대상으로 무슨 '종교'나 '형이상학'을 이야기한 것이냐고 질타하지 않았을까.

우리에게는 이런 '도인들'이 아니라, 그저 미래에 대해 불안 없이 살 수 있는 세상이 필요하다. 《서준식 옥중서한》의 한 부분을 같이 읽는 것으로 이야기를 마무리하도록 하자.

어디엔가 아름다운 마을은 없는가?
하루의 일을 끝내면 한 잔의 흑맥주
괭이를 세워두고 바구니도 놓고
남자도 여자도 술잔을 기울이는.

어디엔가 아름다운 거리는 없는가?
먹을 수 있는 열매를 맺은 가로수가
어디까지나 늘어서고 제비꽃 빛깔의 황혼은
젊은이들의 웅성임으로 넘치는.

어디엔가 아름다운 사람과 사람과의 힘은 없는가?
같은 시대를 함께 사는
정다움과 익살스러움, 그리고 분노가
날카로운 힘이 되어 터져 나오는.

이 시는 일본의 현대 시인 이바리기 노리코(茨木のり子)의 〈六月〉이라는 시를 제가 번역해봤습니다. 이 시인은 우리 민족에 대한 일본의 역사적 죄악도 뼈아프게 자각하는 시인으로서, 그런 테마의 좋은 시도 몇 편 있고 한국어를 배우고 한국어의 아름다움에 황홀해져보기도 합니다. 윤동주를 높이

평가하는 이 시인은 현대 시인이라고는 하나 젊은 사람은 아니고 태평양전쟁 시대에, 맑은 눈동자의 젊은 남자들이 거수경례를 남기고 자꾸 사라져 감을 몹시 안타까워했던 처녀였습니다.[29]

05

오쇼 라즈니쉬를 지우면
리얼리스트 카비르가 보인다

최근에 나온 오쇼 책을 많이 접하는 독자들에게는 이 책이 1975년, 대부분이 힌두교도였던 청중을 대상으로 한 강의라는 점을 알고 들어가는 것이 좋다. 그 당시까지만 해도 오쇼를 찾아온 서구인들은 몇백 명에 불과했다. 이 강의는 카비르가 신을 향한 자신의 사랑을 노래한 열 편의 시에 대한 해설이다."

– 오쇼 라즈니쉬, 손민규·백운 옮김, 《소중한 비밀: 까비르강론》, 1999.

한국에는 카비르(Kabir)에 관한 번역본이 놀랄 만큼 많이 나와 있다. 수백 년 전의 인물이라서 저작권비가 들지 않으니 출판사 입장에서 비용절감이 되었을 것이고, '동방의 등불' [30]이라고 한국을 찬미한 것으로 우리에게 잘 알려진 타고르(Rabindranath Tagore)가 카비르의 시(詩)들을 영어로 번역해 묶어낸 선집을 번역하면 되기에 편집 및 힌디어 번역의 수고도 덜 수 있었을 것이다. 비트겐슈타인같이 모든 것에 염증을 내던 천재도 강의를 하다가 싫증 나면 타고르의 시를 읊고는 강의실을 나갈 정도로 타고르는 대단한 시인이다. 노벨 문학상까지 받은 이런 대시인이 편집하고 영어로 번역했는데 무엇을 두려워하랴. 하지만 무엇보다도 카비르의 시 자체가 아름답기에 사실 많은 번역본이 나온 것은 환영할 만한 일이다.

카비르 시의 해설서로는 오쇼 라즈니쉬의 책이 국내에 번역되어 나와 있다. 하지만 타고르의 카비르 선집에서 열 편을 뽑아서 진행한 이 라즈니쉬의 카비르 강론만으로 카비르를 판단해서는 안 된다. 세상의 모든 종교와 사상을 초월한 라즈니쉬 특유의 사상으로는, 리얼리스트로서의 카비르의 진면목을 알 수 없기 때문이다.

카비르는 1440년경 인도 북부, 즉 현재의 우타르프라데시 주에서 태어났다고 알려져 있다. 카비르의 생몰연도는 정확하지 않다. 《브리태니커백과사전》과 위키백과(wikipedia.org) 등 백과사전에 기재된 것처럼 대체로 1440~1518년으로 추정하지만, 1380~1460년 또는 1398~1448년으로 보는 견해도 있다.

출생과 관련해서도 명확한 기록이 없고, 다만 두 가지 설이 존재한다. 전하는 이야기에 따르면, 카비르는 브라만 계급의 미망인의 아이로 태어났으며, 태어나자마자 길가에 버려진 뒤 이슬람교를 믿는 직조공에 발견되어 길러졌다. 또 다른 이야기로는 브라만 계급의 처녀가 힌두 사원에 다녀온 뒤 그를 잉태하게 되었으며, 낳자마자 버려진 뒤 이슬람교도 직조공의 눈에 띄어 길러졌다. 카비르의 어머니를 성스러운 동정녀로 보는 후자의 견해는 보통 카비르 사후에 그를 신격화하면서 만들어진 이야기로 해석되는 경향이 있다.

카비르는 양부모의 영향으로 이슬람교도로 자랐으나 훗날 힌두 수행자 라마난다(Ramananda)를 만나 그에게 큰 영향을 받아 힌두교로 개종했다. 카비르는 비슈누 신의 화신이라는 라마 신을 신봉했지만, 카스트제도 등 힌두교의 잘못된 전통을 비판했으며 모든 인간은 평등하다고 역설했다. 카비르는 힌두교와 이슬람교를 선구적으로 통합하고자 했고 그의 유산은 이후 힌두개혁운동에 큰 영향을 끼쳤다. 시크교의 창시자 나나크(Guru Nanak Dev: 1469~1539)에게도 영향을 주었다고 평가받는다.

카비르가 살았던 15세기 인도 북부는 1398년 티무르의 침입으로 델리가 유린당하고 왕조가 두 차례나 바뀌었으며 곳곳에서 반란이 일어나는 등 안팎으로 혼란스러웠다. 이슬람 지배층의 통치는 법보다는 자의적인 전제정치에 가까웠으며, 힌두교도들은 패배감에 젖어들면서 점차 보수화, 경직화되었다.[31]

카비르의 시를 몽롱한 신비주의로 해석하는 것은 그가 지닌 리얼리스트로서의 면모를 가린다. 그가 살던 시대의 사람들의 삶은 너무나 불안했고 카비르는 이를 예술적으로 시에 녹여냈다. 예술은 현실을 반영할 수밖에 없다는 것이 현실주의자의 창작이다. 당시 불교는 윤회보다는 심신의 수행을 통해 해탈을 달성하고자 하여 지식인들 외에는 수행할 수 없는 학구적인 종교가 되어가고 있었다. 박티 운동*은 이를 비판했다.[32] 이슬람은 힌두를 누르고 있었고 힌두의 사제들은 자티 시스템 내에서 여전히 호의호식하면서 살고 있었다. 박티는 결국 인간에 대한 사랑을 강조한 것이었고 카비르는 붓다(Buddha) 이후 카스트를 대대적으로 공격한 박티 운동의 선구자였다.

다른 모든 것들은 진실하지 않다.
성스러운 목욕을 하는 곳에는 오직 물만이 있다.
나는 그들이 성스러운 목욕을 하는 것은 아무런 소용이 없음을 안다.

---

* 박티(Bhakti)는 산스크리트어로 '헌신'이란 뜻이다. 박티 운동은 신에 대한 절대적인 헌신과 사랑을 강조한 신앙운동이다.

형상들은 모두 삶이 없다.

그들이 말할 수는 없다.

그들은 바라보며 울부짖는다.

푸라나(purana)와 코란(koran)은 단지 언어일 뿐,

그 가려진 베일을 열어젖히고 나는 바라보았다.

카비르는 체험의 언어를 속삭여준다.

그는 다른 모든 것들은 진실하지 않다는 것을 안다.[33]

카비르는 이와 같이 갠지스 강에 가서 몸을 씻는 것은 수행이 아니라고 했고 당시 영원한 윤회를 가르치는 브라만들을 질타했다. 사티아지트 레이(Satyajit Ray) 감독이 영화 〈민중의 적(Enemy of the People: 원제 Ganashatru)〉(1990)에서 성수(聖水)를 이용해 돈을 벌고 있는 기득권 세력을 비판한 것도 그와 같은 맥락이다.

누가 그렇게 하라 했는가.

누가 과부에게 죽은 남편의 희생물로
자신을 불태우라 훈계했는가?
누가 속세를 떠나 출가하여
희열의 사랑을 맛보라고 훈계했는가?[34]

이와 같이 카비르는 과부를 불태워 죽이는 자티와 무위도식하는 출가 수행자를 비판했다. 카비르는 평생 그물을 짜면서 스스로의 노동으로 삶을 영위한 사람이었기에 무위도식하는 출가 수행자를 비판할 자격이 있었다. 델리의 국립박물관 무굴제국 시대 전시실에 가보면, 그물을 짜고 있는 카비르

와 라비다(Ravida)의 대화 모습이 담긴 그림을 볼 수 있는데, 이 그림을 보면 카비르의 소탈한 면모를 단번에 느낄 수 있다.

오 수행자여, 여기가 죽음의 마을이오.

성자가 죽었고, 신의 전령이 죽었소.
생명 충만한 요가 수행자도 죽었고
왕이 죽었고, 신하들이 죽었소.
의사와 환자도 죽었소.

달이 죽었고, 해가 죽었소.
땅과 하늘도 죽었소.
14개의 세계*를 돌보는 이들조차도 죽었소.
왜 이것들을 위해서 희망을….

9명이 죽었고, 10명이 죽었소.
88명도 너무나 쉽게 죽었소.
3억 3천만 명의 천사(Devatas)가 죽었소.
시간의 놀음일 뿐이라오.

이름도 없는 인민이 목적 없이 살아가네.
어떤 진리도 없다오.
카비르가 말하노니, 오 수행자여 들으시오.

---

* 브라만 사상에서 세계는 하늘의 7세상, 땅의 7세상으로 구성되어 있다.

길을 잃지 말고 죽으시오.[35]

카비르의 시 〈시간의 촉수(Tentacles of Time)〉 전문(全文)이다. 이 시는 타고르 선집에 들어 있지는 않지만 내가 한 편 골라서 번역한 것이다. 사람 사는 세상은 누구나 다 죽는 '죽음의 마을'이고 영원한 윤회를 가르치는 성자와 신의 전령자도, 요가 수행자도 다 죽는데 다음 생애의 희망이 다 무엇이며, 이름도 없는 인민들이 목적도 없이 카스트에 짓눌려 살아가고 있는데 진리가 다 무엇이냐는 카비르의 질타가 들릴 듯하다.

이와 같은 카비르의 모습을 오쇼 라즈니쉬의 카비르 강론에서 읽어낼 수 있을까. 아닐 것이다. 이 시를 읽고 곡을 붙일 때, 몇 해 전 어느 주말에 방배동 성당에서 들은 신부님 말씀이 생각났다. "저승이 아무리 좋다고 해도 이승이 더 좋습니다"라고 말이다(참고로 나는 이 곡을 어쿠스틱 기타로 거칠게 초안만 잡아서 녹음해 다음 카페 '인도방랑기'(cafe.daum.net/gabee)의 여행자료실 게시판에 올려놓았다).

중국 현대 문학사에서 혁명적 낭만주의를 제시한 문학 비평가이자 대표적인 현대 시인으로 손꼽히는 곽말약(郭沫若: 궈모뤄)도 카비르를 노래한 바있다. 마지막으로 곽말약의 시 〈세 명의 범신론자〉를 같이 읽으면서 이 꼭지를 마무리하자.

나는 내 나라의 장자를 사랑하네
그의 범신론(Pantheism)을 사랑하기 때문에
그가 짚신 엮어 밥 먹고 산 사람이기 때문에

나는 네덜란드의 스피노자를 사랑하네
그의 범신론을 사랑하기 때문에

그가 렌즈를 갈아 밥 먹고 산 사람이기 때문에

나는 인도의 카비르를 사랑하네

그의 범신론을 사랑하기 때문에

그가 고기 잡는 그물을 짜 밥 먹고 산 사람이기 때문에[36]

06

충격적인 간디의 어록

이 꼭지에서 보게 될 내용은 2009년 10월 2일 자와할랄네루대학교(JNU)의 학생조직 UDSF(United Dalit Students' Forum)에서 국경일로 지정된 간디 탄생일을 맞이하여 작성해 붙인 대자보를 번역한 것이다. 이 대자보는 간디가 생전에 남긴 발언 중에서 일부를 발췌한 것으로, 대다수 한국 독자들에게는 충격적일 것이다. 비폭력·무저항·불복종·비협력주의와 평화적 독립운동으로 시대를 뛰어넘어 존경받는 위인인 '마하트마' 간디가 생전에 이처럼 폭력적인 '어록'을 남겼다는 것이 믿기지 않겠지만, 사실이다.

발췌되어 있는 간디의 놀라운 발언마다 출처가 잘 명기되어 있는데('공부하는 학생들이 대자보를 작성하려면 이 정도로 해야지' 하고 고개가 끄덕여진다), 발언의 원래의 출처를 통해 앞뒤 문맥까지 살펴보면 더 놀라울 것이다. 간디의 100여 권의 저서는 http://mkgandhi.org에서 모두 검색이 가능하다. 또 무료로 다운받아 볼 수 있으며 CD로도 만들어져 판매되고 있다. 더 깊은 내용이 궁금한 이들은 UDSF에 이메일로 직접 문의해보길 바란다(물론 원래의 출처를 한 번이라도 읽고 보내는 기본적인 예의 정도는 갖추어야 할 것이다).

UNITED DALIT STUDENTS' FORUM

(1991년 설립, JNU, New Delhi-67)

마하트마는 과연 위대한 영혼인가.

교육하라! 조직하라! 선동하라!
우리는 마하트마 간디의 생일을 맞이하여 그가 착취자 집단에 기여한 공헌을 기억한다.

"나는 내 자신을 카스트제도를 확실히 믿는 사람이라고 부른다." (Dharma Manthan, p.4)

"나는 내 인생을 걸고 카스트 힌두로부터 '불가촉천민'을 분리하는 것을 반대할 것이다. '불가촉천민' 집단의 문제는 상대적으로 덜 중요한 것들이다." (London Round Table Conference, 1931)

"불가촉천민은 모든 사원에 들어갈 권리가 있다는 것이 어떻게 가능하다는 말인가? 카스트와 카르마의 법칙이 힌두교에서 중요한 위치에 있는 한, 모든 힌두가 모든 사원에 들어갈 수 있어야 한다는 것은 오늘날 불가능한 것이다." (Gandhi Sikshan, vol. 11, p.132)

"나는 카스트제도가 인생의 법칙이라고 믿는다. 바르나[카스트]의 법칙은 에너지보존의 법칙이다. 만약 내가 하리잔이라면 왜 내 아들이 청소부가 되면 안 된단 말인가?" (Harijan, March 6, 1947)

"그[수드라, 하층계급]는 비록 그[수드라]가 브라만과 같은 품격을 지니고 태어났더라도 브라만[가장 높은 계급]이라고 부를 수는 없을 것이다. 또한 그는 자신이 태어나지 못한 바르나[카스트]를 탓하지 않는 것이 좋다. 이것은 진정한 겸양의 표시다." (Young India, November 24, 1927)

"힌두 신앙에 의하면 출생에 의해 결정되지 않은 직업을 가지고자 하는 이는 스스로에게 폭력을 범하는 것이며, 자신의 출생에 의한 바르나[카스트]에 합당하게 살지 않으면 하층계급으로 내려가게 된다." (Young India, November 14, 1927)

"해가 갈수록 관습이 매일 내 속에서 자라나, 바르나[카스트]는 인간 존재의 법칙이며 따라서 카스트는 힌두교도만이 아니라 기독교도와 이슬람교도에게도 필요한 것이고 은혜를 쌓아가는 것이라고 여기게 되었다." (Speech at Trivandrum, Collection of Speeches, Ramanath Suman, 1932)

"나는 카스트의 구분이 출생에 의해 정해지는 것이며, 카스트 구분의 근원적인 뿌리는 출생에 있다고 믿는다." (Varna Vyavastha, pp.76-77)

"수드라는 종교적인 의무로서 오직 상위 카스트를 섬기며 어떠한 재산도 소유해서는 안 된다. 신들은 그에게 꽃들을 비처럼 내려주실 것이다."[*](Varna Vyavastha, p.15)

---

* 강조는 UDSF가 한 것이다.

"나는 우리 사상의 가장 근본이 사탄의 피조물인 서양 문명에 의해 극심히 흔들리고 있음을 알아차리게 되었다." (Dharama Manthan, p.65)

"내가 유감스럽다고 말할 것이 있는데 우리나라에 있는 많은 힌두 사원들이 지금은 매춘굴보다 못하다는 것이다. 카스트제도가 다른 카스트와의 식사와 결혼을 허락하지 않는 것은 나쁘다고 말할 수 없기 때문이다." (Gandhi by Shiru, p.129)

"카스트제도는, 내 의견으로는, 과학적인 근거가 있다. 이성은 그것에 저항하지 않는다. 그것은 불편하다. 카스트는 사회적·관습적 제한을 창조한다. 나는 이를 폐지할 어떠한 이유도 찾지 못하고 있다. 카스트를 철폐하는 것은 힌두 종교를 파괴하는 것이다. Varnasharma[카스트제도]와 싸울 것은 없다. 나는 카스트제도가 가증스럽고 사악한 도그마라고 믿지 않는다. 그 안에 한계와 결점이 있다. 그러나 그보다 죄 없는 것은 없다." (Harijan, 1933)

Jai Bhim[*]
2009. 10. 2
Email : jaibhimjnu@gmail.com
Central Committee UDSF

---

[*] 'Jai Bhim'은 '암베드카르에게 승리를(Victory to Dr. Bhimrao Ramji Ambedkar)'이란 의미로 암베드카르 생전부터 사용되었으며, 달리트 정당인 BSP의 공식 슬로건이기도 하지만 BSP 등장 이전부터 달리트들 사이에서 인사를 할 때 사용되었다. 이 대자보의 번역을 허락받기 위해서 메일을 주고받았는데 내게 보낸 답변 메일 또한 'Jai Bhim'으로 시작되었다. 'Jai Bhim' 이외에 달리트들이 많이 사용하는 구호는 'Jai Bharat(바라트에게 승리를)'이다. 달리트들도 행복하게 살 수 있는 인도는 힌두스탄이 아니라 암베드카르가 강조한 독립국가 바라트라는 의미다.

07

폭력적인,
너무나 폭력적인 간디

간디가 평생을 외친 스와라지(Swaraj), 즉 자치에 대해 간디는 어떻게 생
각했는가. 그의 입을 통해 직접 들어보자.

스와라지의 씨앗은 카스트제도에서 발견할 수 있다. 각기 다른 카스트는
군대 편제에서의 각기 다른 부대와 같다. 각 조직은 전체의 이익을 위해 일
한다.

간디의 이 노골적인 말은 빔라오 암베드카르의 저서 《국민회의와 간디는
불가촉천민에게 무슨 짓을 했는가(What Congress and Gandhi Have Done to
the Untouchables)》 중 11장 '간디주의: 불가촉천민에게 내린 운명적 선고
(Gandhism: The Doom of the Untouchables)'에서 재인용한 것이다. 간디는
1921~22년 카스트제도에 대해 연구한 글을 써서 모국어인 구자라트어로
된 주간지 〈나바지반(Navajivan)〉 지면에 잇달아 발표했다. 암베드카르는 간
디의 이 시기 글들을 집중적으로 연구한 후 간디주의를 분석했다. 암베드카

르가 달리트 운동에 대해서 적은 걸작 보고서는 투키디데스의 말을 인용하는 것으로 시작한다.

우리의 주인이 되는 것은 당신들의 이해일지 모른다. 그러나 어떻게 당신들의 노예가 되는 것이 우리의 이해가 될 수 있는가?

스와라지는 달리트들을 노예로 하는 카스트제도를 바탕으로 한다. 그렇다면 스와라지를 꿈꾼 간디를 과연 철저히 비폭력적인 인물이라고 말할 수 있을까.

간디는 제1차 세계대전 시기에 수많은 젊은이들에게 스와라지를 쟁취하기 위해 전쟁에 참전해 목숨을 바치라고 독려했다. 많은 젊은이들이 이를 위해서 기꺼이 죽어갔지만, 간디가 원했던 자치는 단지 영국의 지배를 벗어나는 것일 뿐, 달리트들로서는 재산도 전혀 가질 수 없고, 병원도 없는 곳에서 '요람에서 무덤까지' 죽어라 일만 하고 자식에게까지 자신과 똑같은 삶을 물려주는 카스트제도가 영원히 계속되는 것이었다. 이것을 과연 비폭력적 사고라고 할 수 있을까. 게다가 간디 자신도 바이샤 계급이므로 농업이나 상업에 종사해야 했지만 크샤트리아의 영역인 정치를 하고 브라만의 영역인 《바가바드 기타》 해설을 했다. 왜 간디는 자신은 죽을 때까지 지키지 않았던 카스트제도를 달리트들에게는 강요했는가.

간디가 앞세운 스와라지를 쟁취하기 위해 싸웠던 간디 추종자들의 구호는 제1차 세계대전 당시 영국이 인도인들의 종군을 위해 내건 다음과 같은 구호였다.

왕의 부름을 받은 우리 인도제국의 용감한 젊은이들이여
자유를 위하여 나가서 싸워라[37]

인디아 게이트. 제1차 세계대전 때 영국을 위해 싸우다가 죽은 인도 병사들의 넋을 기리는 국가 기념물이다. 1931년에 완성되었으며, 높이 42m의 아치에 9만여 장병들의 이름이 새겨져 있다.

　이것은 일제가 제2차 세계대전 당시 조선 젊은이들에게 천황의 부름에 따라 전쟁에 나가 싸우라고 한 것과 다를 바 없는 내용이다. 델리에 있는, 제1차 세계대전에서 죽어간 9만 명의 인도 병사의 이름이 새겨진 인디아 게이트(India Gate)를 지날 때마다 나는 죽어간 인도 젊은이들과 '상층 카스트만을 위한 천국' 스와라지를 쟁취하고자 했던 온화한 미소의 '비폭력의 성자' 간디가 겹치면서 썩 기분이 좋지 않다.

　일제가 전쟁에서 승리하면 제국의 신민으로서 보상을 하겠다고 한 것이나, 영국이 전쟁에서 승리하면 대영제국 아래에서 자치를 주겠다고 한 것이나 큰 차이가 없었다. 한국 친일파들이 끝까지 숨기고자 하는 것도 일제의 전쟁 부역을 도왔던 일이다. 요컨대 간디는 한국 친일파들의 종군 격려와 같은 일을 했던 것이다.

그러나 인도국민회의가 한국 친일파들만큼 욕을 먹지 않는 이유는 제2차 세계대전의 발발로 영국이 또 한 번 음흉한 종군 요구를 하자 과거를 반성하며 거부했기 때문이었다. 또한 찬드라 보세나 훗날 좌파 정당들의 핵심 멤버가 되는 이들도 국민회의 영향 하에서 정치 활동을 시작했을 만큼, 인도국민회의 자체가 단일한 정치 이념으로 조직된 정당이 아니라 복잡한 내부 모순을 지닌 정당이었기 때문이다.

> 간디가 대중의 지지를 끌어낸 데는 전형적이지 않은 정치 스타일도 큰 몫을 했다. […] 기존의 민족주의 지도자들과 달리 브라만 출신이 아닌 그는 정치적으로 후진한 구자라트 주의 상인계급으로 전국적인 지도자로서의 잠재력이 있었다. 구자라트 지방은 비폭력의 윤리를 지닌 자이나교의 전통이 강했다. […] 인도 사회를 이해한 그는 농민에게 깊이 뿌리내린 대서사시 《라마야나》를 이용하여 농민의 의식에 닿았다. 농민이 신봉하는 라마 신의 통치를 최상의 정치로 여긴 그의 이상향은 검은 사탄과 같은 방적 공장이 없는, 단순하고 소박한 생활이었다.
>
> – 이옥순, 《인도 현대사》, 2007, 142쪽.

이옥순 교수의 저서 《인도 현대사》를 보면 알 수 있듯이 "인도 대중은 '마하트마'의 존재를 믿었다. 그들의 어려움을 해결하고 악을 선으로 바꿔줄 메시아로 마하트마를 이해한 그들은 이방의 정권을 대신할 '간디 정권'을 희망했다. 간디가 통치하면 자신들의 빚을 탕감해주고 세금과 핍박을 덜어

주며 지주의 착취를 종식시킬 것으로 기대했다. 남부지방 군투르의 농민들은 간디의 통치가 들어서면 세금이 없어질 것으로 여겼고, 삼림지대에 사는 일부 부족은 정글이 그들의 소유가 될 것이라고 믿었다."[38] 간디를 간디로 만들어준 것은 대중들이 그에게 품었던 환상이었다. 대중들은 간디를 힌두교에서 오래전부터 약속해온 라마 신의 육화로 믿고 간디가 자신들을 해방시켜줄 것이라 믿고 그를 따랐다.

그러나 간디는 하층 카스트에 폭력적인 인물이었을 뿐이다. 농민들과 달리트들에게는 영국 식민정권의 앞잡이인 지주들에게 지대를 내지 않는 것도 비협력운동이었지만, 간디는 오드 지역의 농민운동이 반지주의 입장을 드러내자 '지주의 법적 권리인 지대'를 거부하는 행위는 '부도덕' 하며 '불법' 이라고 말했다. 비협력운동의 행동강령으로 '지주에게 협력할 것' 을 제시하기까지 했다. 인도 대중들은 간디를 라마 신의 화신으로 오해했고 이 오해가 그를 전국적인 지도자로 만들었지만 간디는 상층 카스트를 대변하는 정치 지도자로서 역할을 충실히 수행한 것뿐이다.

1921년 모플라 반란(Moplah Rebellion)이 비폭력운동의 궤도에서 이탈해 무장봉기로 발현되고 1922년 갠지스 평원의 성난 농민들이 경찰관 22명을 죽이는 폭력 사태가 일어나자, 당시 운동의 최상층 지도자였던 간디는 비협력운동을 중지하면서 일반 대중의 기세를 식혔다. 네루를 비롯한 국민회의 지도자들은 분개했지만, 이로써 영국에게는 식민지에서의 평화적인 통치 지속이란 최고의 선물을 안겨주게 되었다.

부자가 대중들을 대신해서 돈을 관리한다는 '신탁이론' 의 신봉자인 간디는 인도의 노동운동에 있어서도 폭력적인 역할들을 수행해갔다. 1917년 간디는 고향인 구자라트 주의 아마다바드(Ahmadabad)에서 노동운동에 관여했다. 아마다바드는 '인도의 맨체스터' 라 해도 과언이 아닐 정도로 19세기 말부터 면공업이 번성했던 곳으로, 뭄바이와 맞먹는 공업도시였다. 1917년 당시는 면공업이 큰 호황을 누릴 때였지만 아마다바드의 섬유 노동자들은 오히려 임금이 삭감되었다. 이에 노동자들이 분노하여 들고일어나자 제조업자들은 간디에게 도움을 요청했다. 간디는 노동자들이 마주르 마하잔 상(Majoor Mahajan Sangh: MMS)이란 노동조합을 결성하도록 지원해주라고 제조업자들에게 제안했다. 언뜻 보면, 간디가 노동자들의 권익을 위해 도와준 것 같지만, MMS에는 협력과 조정 기능만 있을 뿐 파업과 같은 투쟁 기능은 원천적으로 금지되어 있었다.

제조업자들은 MMS를 면공업 발전 계획의 일환이자 노동운동 통제수단으로 활용했다. MMS에는 노동자의 의무와 권리가 명시되어 있었지만, 제조업자들은 노동자의 권리보다는 의무에 초점을 두고 강력한 규율로 노동자들을 통제했다. MMS가 만들어진 뒤 제조업자들은 막대한 수익을 올린 반면, 힌두 극빈층이거나 이슬람교도였던 노동자들의 여건은 갈수록 악화되었다. 이것은 같은 시기 뭄바이 노동자들이 일련의 투쟁을 통해 임금인상과 8시간 노동을 쟁취하는 등 노동조건을 개선한 것과 대조적이다.

또한 간디는 1935년 영국 식민통치자들의 '가족임금제' 도입 제안을 받아들이는 악수를 두었다. 가족임금제는 노동자 가족들이나 실직자들의 생존비용 명목으로 임금을 인상한다는 내용을 담고 있었는데, 가족당 한 명까지 무직자가 혜택을 받을 수 있었다. 이는 결국 여성들이 일터에서 쫓겨나는 결과를 낳고 말았다.[39]

구자라트주는 자이나교의 전통이 오래되어서 간디의 비폭력사상이 싹틀 수 있는 좋은 토양을 제공했다는 이옥순 교수의 주장에 쉽게 동의할 수 없다. 간디가 비폭력적이라는 것에도 일단 동의하지 않지만, 2002년 BJP(Bharatiya Janata Party: 바라티야자나타당: 인도인민당)가 장악하고 있는 구자라트 주에서 일어난 악질적인 학살 사건을 봐도 그렇다. 집권 BJP의 지원을 받는 힌두 원리주의자들 손에 2천 명이 넘는 이슬람교도들이 살해당한

이 끔찍한 비극의 뿌리는 무엇일까. 간디에 의해 강화된 구자라트의 신분중심제 사회구조가 힌두 원리주의와 맞물려 낳은 결과가 아닐까.[40] 구자라트주의 지독한 종교 폭력과 관련해, 카스트의 영구화를 간절히 염원하고 실천한 간디를 빼고 생각할 수 있을까.

모든 인도인들이 간디를 무조건적으로 사랑하지는 않는다. 간디를 끔찍하게 폭력적이라고 생각하는 이들도 많다. 인도의 독립을 위해 헌신한 '공(功)'을 기억하는 것처럼, 신분해방과 평등을 외면하고 기존 지배구조를 공고히 하는 데 헌신한 '과(過)' 역시 기억해야 한다.

인디아 게이트를 지날 때면, 이바라기 노리코의 시 〈내가 제일 예뻤을 때〉가 늘 떠오른다.

일본의 여성 시인이자 동화 작가인 이바라기 노리코는 1926년생으로, 밝고 발랄하면서도 건전한 사회의식을 지닌 작품들을 써냈다는 평을 받는다. 50세부터 한국어를 배우기 시작한 그녀는 윤동주 등의 한국 시들을 일본어로 번역하여 《한국현대시선(韓國現代詩選)》(1990)을 펴내기도 했다.

시 〈내가 제일 예뻤을 때〉는 저자 자신이 꽃다운 10대 소녀였던 제2차 세계대전 시기를 배경으로 하고 있다. 이 시를 읽으면, 전쟁은 전쟁을 원하는 상층계급 외에는 모든 젊은이들에게 잔혹한 것이라는 점을 느낄 수 있다.

참고로, 이 시에 나오는 루오 할아버지는 프랑스 화가 조르주 루오를 가리킨다. 이 시 제목은 2009년 발간된 공선옥의 소설에 제목으로 차용되기도 했다.

내가 제일 예뻤을 때

내가 제일 예뻤던 때
거리는 꽈르릉 하고 무너지고
생각도 않던 곳에서
파란 하늘 같은 것이 보이곤 했다

내가 제일 예뻤던 때
주위의 사람들이 많이 죽었다
공장에서 바다에서 이름도 없는 섬에서
나는 멋 부릴 실마리를 잃어버리고 말았다

내가 제일 예뻤던 때
아무도 다정한 선물을 주지 않았다
남자들은 거수경례밖에 모르고
깨끗한 눈짓만을 남기고 모두 떠나가 버렸다

내가 제일 예뻤던 때
나의 머리는 텅 비고
나의 마음은 무디었고
손발만이 밤색으로 빛났다

내가 제일 예뻤던 때
나의 나라는 전쟁에서 졌다
그런 엉터리없는 일이 있느냐고

블라우스의 팔을 걷어 올리고 비굴한 거리를 쏘다녔다

내가 제일 예뻤던 때
라디오에서는 재즈가 넘쳤다
금연을 깨뜨렸을 때처럼 어질어질하면서
나는 이국의 달콤한 음악을 마구 즐겼다

내가 제일 예뻤던 때
나는 아주 불행했고
나는 아주 얼빠졌고
나는 무척 쓸쓸했다

때문에 결심했다 되는 일이면 오래 살기로
나이 들어서 굉장히 아름다운 그림을 그린
불란서의 루오 할아버지같이
그렇게[41]

08
간디의 신앙, 자티 시스템

간디는 신을 믿지 않는 자도 힌두가 될 수 있다고 말했다. 간디에게 있어서 힌두가 된다는 것은 힌두 신을 찬양하며 살아가는 종교인으로서의 삶만이 아니다. 흔히 종교는 단순히 종교가 아니라 삶의 방식(way of life)이기에 무신론자도 나름의 신념 체계가 있다는 식의 주장을 하기 위해서 간디가 그런 말을 한 것은 아닐 것이다. 다음의 말을 읽어보고 생각을 이어보자.

> 해가 갈수록 관습이 매일 내 속에서 자라나, 바르나[카스트]는 인간 존재의 법칙이며 따라서 카스트는 힌두교도만이 아니라 기독교도와 이슬람교도에게도 필요한 것이고 은혜를 쌓아가는 것이라고 여기게 되었다.[42]

간디에게 힌두는 요즘 사용되는 개념을 빌리자면 '지배구조(governance)'를 이끌어내기 위한 사상체계이자 또 실제로 이를 구현할 사회 시스템으로 카스트, 즉 다양한 직업의 자티(jati)들로 이루어진 촌락 공동체와 그 촌락 공동체 간의 생산관계를 제시하는 행정 이론이자 정치경제 이론이 아니었을까 하는 생각이 든다. 그러니 카스트에 과학적 기반이 있다고까지 하지 않았을까. 간디는 자티 시스템이 가장 이상적인 지배구조이고 이 시스템 안에서 살아가며 이것을 삶의 방식으로 따르는 이들을 힌두로 생각했기에 그렇게 말했을 것이다.

간디는 조국이 파키스탄과 인도로 분열이 될 바에는 하나의 인도를 위해서 이슬람의 종교를 따를 수도 있다고 말했다. 왜 그랬을까. 간디는 크리슈나 신을 숭배했지만, 자신이 혐오하는 서구식 생활을 따르는 힌두교도보다는 자신이 강조해온 자티 시스템 하에 살아가는 이슬람교도를 더 힌두답다고 생각했던 것 같다.

요컨대 간디에게 힌두는 크리슈나 신만큼이나 자티 시스템도 중요한 것이다. 물론 간디는 네루를 놀라게 할 만큼 신앙심이 깊었다. 네루는 간디가 1934년 1만 명 이상의 희생자를 낳은 비하르의 지진을 두고 신이 불가촉천민의 죄를 벌한 것이라고 말한 것을 듣고 놀랐다고 한다. 자연재해를 이런 식으로 생각한다면 문제라고 느낀 것이다.[43]

간디는 이슬람에 대해 상당한 종교적 포용성을 보였다. 이와 같이 타인의 신을 믿는 행위에 대해서는 포용성을 지닌 그가 카스트를 철폐하는 데는 왜 그렇게 반대했을까(카스트는 포르투갈어 ‘casta’에서 유래한 외래어이며, 힌두 내부에서는 이를 ‘색깔’이라는 의미의 ‘바르나(varna)’라고 한다). 인도 사회는 이미 고대에 3,000여 개의 직업군인 자티로 나누어져 있었다. 현재에도 5,000여 개의 자티가 인도 내에 존재하고 있다. 힌두는 전도를 하지 않는다. 힌두는 힌두로서 그냥 태어나는 것이다. 자신의 자티대로 살고 자식들에게 자신의 자티를 가르치는 것을 숙명으로 삼는다. 불가촉천민으로 태어나 불가촉천민 운동을 이끌었던 빔라오 암베드카르는 이 숙명의 사슬을 끊고자 “나는 힌두로 태어났지만 절대 힌두로 죽지 않겠다”고 외쳤다. 암베드카르가 이를 위해 선택한 것은 불교로의 개종이었다.

교리상 카스트를 애초부터 부정할 수밖에 없는 이슬람교도에게도, 카스트를 부정하면서 시작된 시크교의 신자에게도 자티는 존재한다. 인도가 자본주의화되기 전에는 자티 시스템이 인도 전체의 생산관계 그 자체였다. 자신의 자티인 지주, 소작농, 대장장이 등으로 태어나서 생산관계 내에서 자신의 맡은 바 역할을 다하고 자식을 낳으면 또 물려주는 것이다.

이슬람은 카스트가 아니라 각 패밀리로 자신들을 구분 짓는다. 그러나 절대다수의 힌두교도들과 소수의 이슬람교도들이 서로 분리되어 살아가는 것은 아니기에 이슬람들 또한 자티 시스템에서 자유로울 수 없었다. 불가촉천민인 경우 사원을 출입할 수 없는 힌두교와 달리 이슬람교에서는 아무리 천한 일을 하는 사람이라도 사원 출입이 허락되었으나, 힌두 공동체와 관계를 맺기 위해서 자티 시스템으로 운영되었던 것 같다.

인도에서 자티들 사이의 갈등은 어느 종교에서나 존재하고 있다. 예컨대 시크교도들이 독립국가 건설을 기치로 분리독립 운동을 벌였을 때, 불가촉 시크교도(Harijian Sikh)들은 당시 반란의 주도 세력이었던 부유한 지주 시크교도(Jat Sikh)들이 독립국가 건설을 주장하는 데 반대했다. 새로운 독립국가가 건설되면 시크교도들 내에서의 억압관계가 기존보다 더 강화될 것이라 판단했기 때문이다.[44]

기계를 사용하지 않는 농업, 수공업 중심의 산업이 계속 무한반복 되는 자티 시스템의 한계에 대해 간디는 고민하지 않았을까. 물론 간디는 고민했고 간단하게 결론을 내렸다. 간디에게는 가난이 축복이었다. 그는 심지어 가난을 예찬하기까지 하면서 "가난한 사람들의 신 다리드라나라얀(Daridranarayan)이 항상 그들과 함께 하신다"고 말했다. 간디는 부유층에 관해 언급하면서 부자들의 재산을 박탈할 필요는 없고, 단지 그들이 자신들의 부를 가난한 사람들을 위해 대신 맡아주고 있는 것으로 생각할 수만 있으면 된다고 말했다.[45]

간디는 가난한 하층계급은 자티 시스템 내에서 계속 가난하게 살아야 한다고 믿었다. 그렇기 때문에 그는 달리트들에게 폭언으로 느껴지는 발언들을 간절한 신앙심에 바탕을 두고 말할 수 있었던 것이다.

간디가 불가촉천민들을 하리잔, 즉 '신의 아이'라고 한 것은 불가촉천민 또한 신의 사랑 안에 있다는 것을 강조한 것이다. 이를 간디의 이타주의 정신이라고 성급하게 결론짓지 않고 차분히 생각해본다면, 결국 불가촉천민은 이 모든 불평등을 낳은 힌두 신으로부터 벗어날 수 없고 언제까지나 불가촉천민으로 살아가야 한다는 데 대한 역설적인 강조란 생각도 든다. 간디에게 힌두 신 안에서 산다는 것은 종교적인 신과 함께 한다는 것만이 아니라 신이 인간들에게 내려준 자티 시스템 안에서 산다는 의미이기도 하다. 그리고 후자가 더 중요한 것이다.

힌두 교리가 자티 시스템에 따라 살기 위한 인도인들의 삶의 방식이라고 믿은 간디의 주장을 받아들이기는 힘들다. 흔히 삶의 방식이라고 할 경우에 개인의 의지가 중요한 부분이 되지만 자티는 개인이 선택할 수 있는 삶의 방식이 아니라 인도아대륙(印度亞大陸)에 살고 있는 이들에게만 적용되는 지배구조이다.

앙코르와트 사원 같은 힌두 문화유적을 남긴 동남아시아의 힌두교는 인도의 힌두교와는 다르다. 동남아시아에서는 카스트제도 없이 힌두교를 믿는다. 동남아시아에서는 힌두교가 자티 시스템의 운영을 위한 것이라기보다는 왕권 강화의 이념으로 사용되었기 때문이다. 카스트가 없는 상태에서 힌두교나 불교는 그렇게 큰 차이가 없었기에 동남아시아 나라들에서는 인도와는 다르게 두 종교가 경쟁 상태에 놓여 있지 않았다. 인도에서는 힌두교와 불교가 카스트 철폐 문제로 갈등을 벌였고 브라만과 크샤트리아의 헤게모니 투쟁을 낳았지만, 동남아시아에서는 자티 시스템이 자리 잡지 않았고 왕들이 왕권 강화의 목적으로 힌두교와 불교를 받아들였기에 대부분 두 종교가 융합*되었다. 동남아에서 힌두교를 받아들인 나라들은 최고의 권위를 전륜성왕(轉輪聖王)**에 두고 그가 신들에 의해 선택되고 지지받는 자임을 강조했다.[46] 태국은 불교 국가이지만, 태국을 상징하는 국조(國鳥)는 힌두 신인 비슈누가 타고 다니는 가루다(garuda)다. 또 태국 왕실의 행사는 힌두교식으로 진행하나 태국의 왕은 불교 신자만 될 수 있다. 예전에 태국 왕비의 생일 무렵 방콕에서 한 달가량 머문 적이 있었는데 힌두교와 불교가 어우러진 아름다운 상징들을 방콕 시내 전역에서 볼 수 있었다.

힌두교라고 하더라도 모두 같은 것은 아니기 때문에 어떤 힌두교인가를 생각해보아야 한다. 간디의 관점에서 보면 동남아시아 지역은 가장 중요한 자티 시스템이 빠졌기에 힌두의 신들을 믿는다고 해도 힌두교에 따라 산다고 말할 수 없을지도 모른다. 그렇다면 동남아시아의 힌두교는 힌두교가 아니란 말인가. 그것은 아닐 것이다. 자티 시스템은 인도아대륙에서 통용된 과거의 유물이 사라지지 않고 여전히 남아 현재도 달리트의 피를 빨아먹는 지배구조인 것이다.

---

* 이렇게 힌두교와 불교가 융합된 형태의 '퓨전 종교'는 일본에도 영향을 미쳤다. 일본 만화 《공작왕》을 보면 힌두교의 신들이 일본화된 것을 볼 수 있다. 동양식 무장의 옷을 걸치고 있지만 그들이 인도에서 넘어온 신들임을 알 수 있다. 만화 《포켓몬스터》에 등장하는 수많은 몬스터들도 힌두 신화에서 유래한 동양화된 수많은 수호신들에게 영감을 받아 창작된 경우가 많은 듯하다.

** 전륜성왕(cakravarti-rja: Chakravartin)은 인도 신화에서 정법(正法)으로 통치의 수레바퀴를 굴려 온 세계를 통일·지배하는 이상적인 제왕을 뜻한다.

09

불교에 대한
힌두교의 대응

15세기 멕시코에 온 스페인 정복자들은 아즈텍 사제들을 불러 모았다. 그들은 사제를 무당으로 생각하며 한바탕 설교를 했다.

"너희들의 신은 죽었다."

그러니 가톨릭으로 개종을 하라는 것이었다.

"우리의 신이 죽었다면 우리도 신을 따라 죽겠다."

사제들은 그렇게 대답한 후 용감하게 목숨을 버렸다. 인도의 심리학자 아쉬스 난디는 똑같은 상황을 가정했다. 만약 인도를 정복한 영국인들이 브라만 사제들에게 죽음과 기독교 개종 중에서 하나를 택하라고 했다면 어떠했을까?

아마도 브라만들은 기꺼이 기독교를 받아들였을 것이다. 한술 더 떠 정복자와 그들의 신을 칭송하는 찬가까지 지어 바쳤으리라. 그러나 힌두교에 대한 그들의 믿음은 그대로 가슴속에 남을 것이다. 브라만들이 받아들인 기독교는 한 변종일 뿐 세월이 가면서 기독교는 점차 그 원형을 상실하고 결국은 힌두교와 유사한 형태의 종교로 바뀌게 될 것이다. 서양이나 우리의 기준으로 볼 때 아즈텍 사제들은 대쪽 같은 용기와 문화적 자존심의 본보기다. 그러나 그들의 영웅적인 행동 뒤에 아즈텍문화는 지상에서 영원으로 사라졌다. 비겁하고 위선적으로 보이는 브라만의 선택은 힌두문화의 영원한 생존을 보장한다. 오래 살기 위해 잠시 죽는 것이다.[47]

- 이옥순, 《인도에는 카레가 없다》, 2007, 59쪽.

힌두교에서 불교에 이르기까지 모든 인도 종교의 공통점은 윤회(Samsara)와 해탈(Moksa)를 인정하는 것이고 윤회에서 벗어나 해탈에 이르는 과정으로 요가(yoga)를 중시하는 것이다.[48] 그러면 불교는 석가모니 이전의 종교와는 어떤 차이가 있는가. 석가모니가 보리수 아래에서 깨달은 진리는 카스트 타파라는 사회개혁 프로그램을 포함하고 있었기에 그 이전의 종교와는 달랐다. 인도 최초의 통일 왕국의 이데올로기로 불교가 자리를 잡을 수 있었던 것은 불교가 그때까지의 브라만 중심의 이데올로기를 대체할 정도로 각 지역마다 환영을 받았기 때문이다. 농경 사회에서 가장 중요한 생산수단인 소를 파괴하는 종교인 힌두교가 설 땅은 석가모니가 등장함으로써 사라지게 된 것이다. 이를 아주 알기 쉽게 설명한 이광수 교수의 글을 같이 읽어보자.

인도인들이 소를 숭배하게 된 것은 그들의 물질적인 역사가 베다 시대의 유목 생활로부터 실질적으로 시작되었다는 데 있다. 유목민들에게 소는 매우 중요한 식량원으로서 풍요의 상징이었다. 특히 소는 고기에서부터 똥, 오줌까지 모두 하나같이 버릴 것이 없었다.

이것이 마치 어머니가 자식에게 주는 무한한 사랑과 희생으로 비쳐져 소는 그 사랑과 희생의 화신으로 여겨지게 된 것이다. 이 시대 최고의 신 인드라의 임무는 소를 많이 빼앗아오는 일이었고, 제사장의 주 임무는 소를 많이 확보할 수 있도록 제사를 성대하게 치르는 것이었다.

그러다 보니 소는 자연스럽게 제사의 제물로 바쳐지게 되었다. 제물에는 소 이외에도 여럿 있었지만 그 가운데 으뜸은 소였다. 소를 많이 잡게 해달라고 잘 빌어달라고 제사장에게 가장 소중한 소를 바쳤던 것이다.

그리고 시간이 갈수록 제사장들은 제사를 복잡하고 기계적으로 만들어, 보다 성대하게 치르곤 했다. 대규모의 소를 확보한다는 것은 사회의 경제력을 장악한다는 것이었고 곧 권력을 장악한다는 것이기도 했다. 그러다 보니 제사장 자리를 독점하고 있던 브라만들은 제사를 성대하게 치름으로써 그들의 권위를 내세우려 한 것이다.

그러나 사회적으로 보면 대규모로 치러지는 제사는 곧 소의 손실을 의미한다. 당시의 인도는 이미 농경이 정착되었던 때라 생산을 위해서는 소가 필수적이었다. 그런데도 전통은 계속 구태의연하게 제자리를 맴돌고만 있어 제사장들에 의한 대규모의 소 도살은 농업경제에 큰 타격을 주었다.

이에 반기를 들면서 새로이 등장한 종교가 불교와 자이나교다. 브라만교의 전통을 거부하고 나선 이들은 당시 막강한 세력으로 등장한 왕과 상인, 농민들로부터 절대적인 지지를 받음으로써 새로운 경제구조의 이념적 기반으로 자리 잡아갔다.

석가모니는 소를 보호하도록 하였다. 소 가운데서도 특히 암소를 보호하도록 하였다. 그것은 불살생이라는 이름으로 만방에 전파되었지만 사실은 소의 불살생이었다. 석가모니는 불살생을 가르침으로써 소를 사회적으로 축적할 수 있도록 한 것이었고, 더 나아가 제사를 지내지 말라는 것이다. 그것은 곧 제사장 중심의 힌두교의 심장에 비수를 꽂는, 사회적으로 엄청난 충격파였던 것이다.

힌두교의 카스트 사회 질서가 이러한 심각한 도전을 받자 브라만 제사장들은 그들의 종교 생활에서 불살생을 하나의 실천 계율로 채택하지 않을 수 없게 되었다.[49]

결국 힌두교의 사제계급인 브라만들은 불살생을 하나의 실천 계율로 채택하고 석가모니를 비슈누의 화신으로 칭하며 힌두교 시스템에 흡수함으로써 불교와의 이데올로기 투쟁을 성공적으로 수행한다. 이때부터 석가모니는 고유의 이미지와는 전혀 다른 이미지로 변화된다.

마족 때문에 고통당하는 신들을 도와주기 위해 비슈누 신은 석가족 왕의 아들 붓다로 탄생했다. 붓다는 마족들에게 이단의 교리인 '카스트제도의 부정, 브라만의 희생제의 금지'를 설파하여 브라만교를 저버리게 만든다. 그 결과 마족들은 힘을 잃고 나락으로 떨어진다. 힌두교는 선인이든 악인이든 마족이든 현자이든 브라만에게 희생제를 열심히 드리면 신의 힘을 얻을 수 있다는 교리를 근간으로 하는 종교다. 붓다는 마족들이 힌두교의 가르침을 따르지 않도록 해 마족들을 멸망시키는 지도자로 등장한 것이다. 석가모니는 마족 멸망의 선두주자인 비슈누 신의 화신이지만 멸망해야 할 마족이 아니라면 석가모니의 말씀은 따를 필요가 없는 것이다.

요약하면 힌두교가 석가모니를 자기들 체계 안으로 흡수하기 위해 제일 먼저 취한 이데올로기 공세는 석가모니가 한 말은 전부 진리에서 벗어난 말이니 따를 필요가 없다는 것이다. 힌두교는 '비겁하게 그리고 위선적으로' 불교에 대응한 것이다. 이런 힌두교의 역사가 자랑스러운가.

독립 인도의 헌법*에 반대하는 이들에 맞서 암베드카르는 다음과 같이 응수했다.

"이 법안에 반대하는 사람들의 주장 요지는 매우 간단합니다. 무엇 때문에 전혀 불필요한 짓거리를 하느냐는 것입니다. 그들의 주장은 그리스나 이집트문명은 역사 속으로 사라졌지만 힌두문명이 아직도 명맥을 유지해오는 것은 그 법제와 사회구조가 훌륭해서가 아니겠느냐는 것입니다. 하지만 제가 묻고 싶은 말은, 어떤 문명이 역사 속에서 명맥을 유지한다는 것이 그토록 중요한 일인가 하는 것입니다.

전쟁터에서 당당히 적을 맞아 싸워 이긴 사람은 살아남을 수 있습니다. 한 편 비겁하게 적으로부터 도망친 사람도 살아남을 수 있습니다. 하지만 단지 살아남았다는 이유만으로 비겁한 자가 승리자와 같은 취급을 받아서야 되겠 습니까? 인도의 역사를 돌이켜보면, 이 민족의 생존 과정에 수많은 굴욕과 노예적인 예속이 있었음을 알 수 있습니다. 그러므로 단지 우리가 역사 속으 로 사라져버리지 않았다는 이유만으로 우리의 전통적인 사회구조가 건전하 고 훌륭하다고 주장하는 것은 전혀 설득력이 없는 것입니다. [⋯] 무케르지 박사께서도 힌두 사회가 붓다 같은 급진적인 개혁자와 그의 가르침을 받아 들일 만큼 위대한 포용력을 지닌 사회였음을 지적하신 바 있습니다. 하지만 저는 힌두 사회가 붓다의 가르침대로 그 사회구조를 개혁하였는지 묻고 싶 습니다. [⋯] 따라서 힌두 사회가 어떠한 이념을 받아들이든 수드라 계급과 여성들을 노예 취급하는 사회구조가 개혁될 수는 없습니다."[50]

---

* 초대 법무장관 암베드카르를 위원장으로 한 헌법기초위원회에서 기초한 독립 인도의 헌법은 1950년 공포 되었다. 이 헌법은 인도의 전통적인 결혼 관행들을 일시에 철폐하고 오직 일부일처제만을 합법화하는 것 을 골자로 하며 《마누법전》에 의해 철저히 박탈당했던 재산권과 입양권을 여성에게 부여하는 등 거의 모 든 법적인 문제에 있어서 여성을 남성과 동등하게 보장하는 내용이 담겨 있었다.

10

위대한 맞수
– 간디와 암베드카르

"수천만의 대중은 중앙에서 이루어지는 헌법 개정을 통한 정치적 발전이나 민족주의와 스와라지의 개념을 이해하지 못했다. 중앙에서 의도한 간디 방식의 정치와 그 세력에 대한 개념도 갖지 못했다. 일부 '서벌턴 연구' 연구자들은 대중의 혁명적 자발성을 낭만적으로 서술하지만 이 시대의 대중에겐 자신을 대표할 위로부터의 메시아가 필요했다. [...] 간디는 사악한 식민 통치를 바로잡을 마하트마와 메시아로 여겨졌다."

– 이옥순, 《인도 현대사》, 2007, 146쪽.

과연 이 글이 실린 책이 21세기에 나온 책이 맞는지 출간년도를 다시 한번 보게 된다. 서벌턴(subaltern: 하위주체, 하층민) 연구와 달리트 운동에 대한 혐오로 가득해, 대중의 자발성을 무시하는 사람들이 아직도 있는데 간디가 살던 시대에야 오죽했겠는가. 간디의 시대에도 간디를 앞세운 상층 카스트들은 암베드카르와 같이 밑에서부터 올라오는 대중운동을 아예 무시를 하고 있었다. 달리트에게는 이옥순 교수가 적었던 것처럼 메시아가 필요한 것이 아니라 자신들의 목소리를 낼 수 있는 조직이 필요했고 그들은 암베드카르를 중심으로 스스로를 조직해갔다.

1930년 간디가 암베드카르와 처음 만났을 때 간디는 암베드카르를 무시하기도 했지만 암베드카르를 불가촉천민을 지원하는 브라만으로만 생각했다고 한다. 국민회의는 상층 카스트들에 의해서 지도력이 유지되고 있었고 그 이전까지 한 번도 달리트에 관심을 가져본 적이 없었던 간디는 달리트가 스스로 조직을 만들고 지도력을 갖출 것이라는 생각을 하지 않았을 정도로 오만했다.[51] 당시 상층 카스트는 불가촉천민이 암베드카르처럼 놀라운 지성을 갖추는 것을 생각조차 못하던 분위기였기 때문에, 주류 힌두의 대표적 인물인 간디 또한 그렇게 생각했을 것이다. 그런데 암베드카르와 그의 시대를 알고 있는 이옥순 교수는 왜 그렇게 생각하는 것일까.

암베드카르와 달리트 운동의 등장으로 인해 간디는 정치 일선에서 물러나고 사회운동, 즉 달리트 달래기에 집중하게 된다. 처음부터 간디가 관심을 갖고 있던 것은 영국으로부터의 독립보다 자티 시스템을 유지·강화하는 것이었다. 영국 식민지로 인한 자본주의화로 자티 시스템이 붕괴되어가는 것이 두려웠기에 간디는 스와라지 운동을 주도적으로 밀고 나갔지만 자티 시스템 자체를 아예 부정하는 암베드카르와 달리트 운동을 막는 것이 영국으로부터의 독립보다도 더 중요한 일이 된 것이다. 푸나협정 이후, 간디는 1933년 8월 감옥에서 출옥한 뒤 9개월간의 유세 여행에 나서면서 불가촉천민들을 '하리잔(신의 아이)'으로 사랑하자고 주장하며 그들도 카스트 계급 안에 편입시켜 힌두 사원 참배를 허락할 것을 요청했다. 반면 암베드카르는 하리잔이라는 말을 아주 불쾌하게 생각했다. 자신들은 동정의 대상이 아니라 같은 인간이라고 생각했기 때문이다.

당시 간디가 전개한 상황에 대해 네루는 "우리들의 위대한 운동이 완만해지고 쇠퇴해가는 것을 고통스럽게 지켜보았"다. 또한 그와 관련해 찬드라 보세(Chandra Bose)는 다음과 같이 말했다.

간디 단식의 또 하나의 유감스러운 결과는 […] 가능한 한 모든 주의를 정치에 집중시켜야 할 이때에 정치운동을 궤도에서 이탈시켜버린 것이다. 단식을 끝냈을 때, 만일 간디가 불가촉천민 해방운동을 외부의 친지들에게 맡겼더라면 단식의 영향이 이 정도로 유해하지 않았으리라. 그럼에도 지도자 자신이 감옥에서 불가촉천민 해방운동을 지도하기 시작했을 때, 그의 제자들이 무엇을 할 수 있겠는가?

더욱 나쁜 것은 이즈음 정치운동을 할 것인가, 사회운동을 할 것인가 하는 질문이 나오면 간디는 오히려 혼란을 초래하는 듯한 대답을 하거나, 전혀 대답을 하지 않거나 했기 때문에 간디는 정치활동보다 사회활동의 편을 좋게 생각하고 있다고 일반 사람들에게 믿게 했다.[52]

이렇게 독립운동에서 손을 뗀 간디는 필사적으로 암베드카르와 달리트 운동을 막으려고 했지만 결국 완전히 막을 수는 없었다. 하지만 21세기에도 간디의 망령이 달리트들을 누르고 있는 것은 사실이다.

암베드카르는 초기에 스와미 비베카난다가 원했던 것처럼 힌두 내에서 카스트제도를 철폐하기를 원했으나 곧 이를 포기하게 된다. 비베카난다의 카스트 철폐 주장이 힌두 내 주류에 수용이 되었다면 암베드카르는 불교로 개종하는 운동을 펼치지 않았을지도 모르고 현재 인도 내에서 불교나 달리트 운동의 양상도 달라졌을 것이다. 그러나 주류 힌두는 비베카난다의 신비주의 사상만 받아들이고 그의 카스트 철폐 주장은 받아들이지 않았다.

물론 암베드카르를 자기 진영으로 끌어들이려는 힌두교도들과 다른 종교인들의 노력도 있었다. 푸네대학교의 총장 나렌드라 자다브(Narendra Jadhav)는 불가촉천민인 자신의 가족 이야기, 암베드카르와 함께 달리트 운동에 참여했던 이들의 이야기 등을 자전적으로 쓴 《신도 버린 사람들(Untouchables)》에서 암베드카르의 행적에 대해 다음과 같이 쓰고 있다. 참고로 인용문에서 바바사헤브*는 암베드카르를 가리킨다.

> 저녁 늦게 남편은 나를 바짝 끌어다 앉히더니 힌두의 신과 부처를 모두 섬길 수 없다고 설명했다. 부처가 힌두의 신 중 하나인 비슈누의 현신이라고 주장하며 섬기는 힌두교도들도 있었다. 바바사헤브는 그것이 불교를 힌두교 안으로 흡수해 들이려는 태도라고 말했다. 일부 힌두교 지도자들은 인도를 힌두교의 나라라는 의미를 지닌 힌두스탄이라고 불렀다. 그러면서 힌두스탄에서 태어나는 사람은 모두 힌두교도라고 말했다. 바바사헤브는 힌두스탄이 아니라 바라트라는 표현을 썼다. […] 하루는 집에 돌아온 남편이 이슬람 율법학자들이 달리트를 위해 이슬람을 받아들이라며 바바사헤브에게 접근했다는 이야기를 들려주었다. 그러면서 이 나라를 힌두의 나라와 이슬람의 나라, 이렇게 둘로 나누자는 자신들의 주장을 지지해주길 원했다는 것이다. 남편은 바바사헤브가 그런 제안에 절대 응하지 않을 거라고 확신했다. 바바사헤브는 인도를 깊이 사랑했고 이 나라의 발전을 위해 평생을 헌신했다. 바바사헤브는 인도가 영국으로부터 독립하고 달리트는 차별로부터 자유로워지기를 원했다.
>
> 기독교의 선교사들도 달리트들의 개종에 정성을 쏟았다. 심지어 온 가족이 개종에 동의하는 집에 돈을 주기도 했다. 바바사헤브는 분노했다. 우리는 누구의 자비를 원하는 것이 아니며 달리트는 열심히 일해서 당당하게 밥벌이를 하려는 것임을 분명히 밝혔다.[53]

---

* 바바사헤브(Babasaheb)는 '어른'이란 의미로, 줄여서 '바바'라고도 한다. 달리트들이 사랑과 존경을 담아 암베드카르를 부르던 애칭이다.

암베드카르가 힌두를 버리겠다고 했을 때, 주류 힌두인 간디는 다음과 같이 냉소적으로 말했다.

"종교는 마음대로 바꿀 수 있는 집이나 시계 같은 것이 아니다. 그것은 인간의 몸보다는 자아를 이루는 중요한 부분이다. 믿음을 바꾼다고 해서 그들이 품은 대의에 보탬이 되리라고는 생각하지 않는다."[54]

간디는 못 배우고 순박한 수백만의 달리트들이 바바사헤브의 '관심을 끌려는 쇼'보다 하루하루 먹고사는 일에 급급하기 때문에 힌두에 대한 믿음을 버리지 않을 것이라고 보았다. 1936년 5월 30일 뭄바이에서 열린 회의석상에서 암베드카르는 힌두교에서 불교로 개종하려는 자신의 결의를 정당화하기 위해 다음과 같이 이야기했다.[55]

"죽은 이후를 다루는 종교가 무슨 소용인가? 삶 그 자체의 질은 어쩌란 말인가? 이 세상에서 좋은 지위를 차지하고 풍요롭게 사는 사람들만이 죽음 이후의 삶을 성찰하면서 살 여유를 누릴 수 있다. 하지만 왜 우리는 음식과 물과 보금자리 같은 기본적인 욕구는 물론이고 생존의 존엄성마저 박탈해버린 종교의 울타리 안에서 살아야만 하는가?"[56]

인도 불가촉천민의 아버지인 암베드카르는 20세기 초에 "그들의 구원은 그들의 사회적 위치에 있다. 그들은 교육받아야 한다. 그들의 서글픈 만족(Pathetic Contentment)을 불편하게 하고 고귀한 불만족(Divine Discontent)으로 들어가게 해야 한다. 이것이 사회적 위치를 올리는 길이다"라면서 불가촉천민들이 '서글픈 만족'에서 벗어날 것을 강조했다. 이는 암베드카르 시대에만 유용한 것이 아니다. 굶어 죽고 맞아 죽어가면서도 다른 길이 전혀 없을 것이라고 생각하고 남을 원망하면 다음 생에 더 큰 고통이 올까 두려움에 떠는 '서글픈 만족'에서 벗어나야 하는 것은 여전히 중요한 문제이다.

'도인'들이 '서글픈 만족'이라는 데마고기(demagogy: 선전 선동)를 날리는 것은 어제 오늘의 일은 아니다. 현재 인도는, 아니 전 세계는 암베드카르가 주장한 '고귀한 불만족'을 통해 삶의 질을 개선시켜나가야 한다. 노벨 경제학상 수상자 아마르티아 센(Amartya Sen)이 효용이론을 비판하고 '자신의 가족, 또는 자신이 속한 계급, 단체, 그 외의 목적'을 위해서 '스스로가 달성하고 싶은 것을 달성하는 것'인 'Agency(행위능력)'라는 개념을 대안으로 제시했을 때, 암베드카르의 문제의식에서 출발했음은 다음 글에서 알 수 있다.

> 극빈상태에서 도움을 청하는 경우에 포기하게 되는 것, 겨우 살아나가기는 하지만 몸을 지킬 도리가 없는 토지 없는 노동자, 주야 쉴 틈 없는 일에 지친 하인, 억압과 예종에 익숙해져서 그 역할과 운명에 타협하고 있는 아내, 이런 사람들은 모두 저마다의 고통을 감수하도록 만들어지기 쉽다. 그들의 고통은 평온하고 아무 일 없이 살아나가기 위해서 필요한 인내력에 의해 억제되고 숨겨진다. 욕구의 충족과 행복만을 반영하는 효용의 지표에는, 그 모습을 드러내지 않고 있다.[57]

오늘날의 인도는 재산을 소유할 수 없는 달리트들의 고분고분한 시중이나 받으면서 상층 카스트들만이 행복하게 살 수 있는 곳, 즉 간디가 꿈꾸던 스와라지의 나라가 결코 아니다. 오히려 네루, 암베드카르, 발라브바이 파텔(Vallabhbhai Patel) 같은 지도자들이 꿈꾸었던 근대화된 인도에 가깝다. 《암베드카르 평전》의 '머리말'에서 저자 게일 옴베트는 다음과 같이 암베드카르와 간디를 비교한다.

인도에서 암베드카르는 흔히 간디와 대비되는데, 그 상반되는 특징은 그들의 동상에 상징적으로 나타나 있다. 도티를 걸치고 물레를 돌리고 있는 간디의 동상은 인도의 빈민과 일체감을 나타내려는 것이었지만, 인도의 전통적인 촌락 공동체의 정신적 낙후성에 대한 낭만적인 감상을 불러일으킨다. 반면에 '서구적' 이미지의 암베드카르 동상은 인류의 역사적 유산에 대한 달리트의 권리를 주장하고, 브라만 민족주의를 비롯한 편협한 문화적 민족주의를 거부하며, 인도에서 계몽운동이 절정기에 이르렀던 모더니즘의 시기를 상징한다. 간디가 바푸, 즉 한 사회의 '아버지'로서 힌두교라는 그 사회의 기본 골격을 유지한 채 평등사상을 도입하려고 애썼다면, 암베드카르는 민중의 바바였으며 바로 그 힌두교라는 기본 골격을 거부한 위대한 해방가였다. 달리트는 암베드카르를 고작 간디 정도의 인물과 비교하는 것에 대해 반대한다. […] 한 방 먹여서 세상을 변화시켜라. 암베드카르가 떠날 때 그렇게 말하지 않았던가.[58]

주지하듯이 간디는 현대문명의 대표적인 이기라고 할 수 있는 철도와 병원과 공장 설비 등을 거의 죄악시하다시피 했다. 심지어 그는 "만약에 지금 당장 인도에서 철도 시설을 모조리 철거하더라도 나는 눈물 한 방울 흘리지 않겠다"라고도 말했다.[59] 간디는 자본주의가 자티 시스템을 붕괴시키는 것을 너무나 두려워했던 것이다.

그러나 암베드카르는 이와 전혀 다르게 이야기한다. 그는 자본주의의 발전이 달리트의 해방을 앞당기고 인도를 풍요롭게 해줄 것을 알고 있었기에 다음과 같이 말했다.

기계문명과 현대문화는 인간으로 하여금 짐승 같은 삶을 벗어나 여가와 문화생활을 즐길 수 있게 해주었습니다. 그러므로 민주 사회는 "기계문명!

더 발달된 기계문명! 현대문화! 더 발전된 현대문화!"를 소리 높여 부르짖어야 합니다."[60]

암베드카르는 자료더미 속에서 '새로운 인도에 필요한 시스템이 무엇일까' '달리트들이 독립 인도에서 인간으로서의 삶을 영위할 수 있으려면 어떻게 할 것인가'에 대한 집필을 하다가 숨을 거두었다. 반면 단출한 책상에서 간디가 죽기 직전까지 보던 책은 《바가바드 기타》 한 권뿐이었다. 혹자는 간디의 단출한 책상을 논하면서 욕심 없는 간디의 성자 같은 삶을 찬양하기도 하지만, 간디는 자티 시스템이 그대로 유지되기만을 바랐던 힌두교 신자였기에 《바가바드 기타》 한 권이면 충분했던 것이다. 간디는 새로운 시스템에 대해서 고민을 할 필요가 없었다. 간디에게 새로운 인도를 위해 필요한 것은 전혀 없었다. 자티 시스템만 잘 돌아가면 되는데 그가 자료더미 속에 있을 이유가 있었겠는가. 암베드카르는 〈나의 개인 철학〉이라는 라디오 프로그램에서 다음과 같이 《바가바드 기타》에 대해서 언급했다.

"저는 《바가바드 기타》를 바탕으로 한 인도의 사회철학을 거부합니다. 그것은 카필라 철학의 잔인한 횡포에 기초한 것으로 카스트제도와 계층 간 불평등을 사회적으로 법제화하였습니다."[61]

스와미 비베카난다는 카스트제도를 철폐할 것을 주장하면서도 《바가바드 기타》의 중요성에 대해서 강조했다. 틸라크(Bal Gangadhar Tilak), 비베카난다, 간디, 암베드카르 등의 《바가바드 기타》에 대한 해석과 카스트제도의 관계에 대해, 인도 철학이나 인도 역사 전공자들의 치밀한 연구가 이뤄지길 기대해본다.

다시 간디로 돌아가 보자. 간디의 비협력운동이 전개될 당시 봄베이(뭄바이) 주지사 윌링던(Willingdon)은 간디를 "정직하기는 하나, 볼셰비키다. 그 때문에 몹시 위험하다"고 평가했다.[62] 당시 전국 각지에서 일어나고 있던 자발적인 대중운동에 간디가 '메시아'로 결합해가는 것을 보면서 잘못된 판단을 한 것이다. 암베드카르는 간디의 사상에 대해서 어떻게 평가를 했을까.

> 간디로부터 아무런 항의도 받지 않은 채 간디주의를 제목으로 내걸고 있는 수많은 책들이 있다. 이는 인도 안팎에서 사람들의 상상을 사로잡았다. 어떤 이들은 간디가 마르크스주의의 대안이라고 하는 데 주저하지 않는다.[63]

암베드카르는 간디주의가 자발적인 대중운동이 좌파들과 결합할 가능성을 막는 대신 힌두 우익들의 대안이 될 것을 정확하게 내다보았다. 실제로 아마다바드 노동운동의 예에서 보듯 간디주의는 힌두 우익의 대안으로 작동했다. 간디는 노동조합운동을 중세의 길드 운동으로 만들어버리고 여성 노동자들을 공장에서 쫓아내는 데 일조했다. 또 농민들에게 소작료를 걷어 영국에 바치고 나머지는 자신들이 독차지하는 지주의 편에 섰다.

암베드카르는 힌두 우익들의 대안이 되어준 간디주의를 거부했다. 간디주의 대신, 카스트제도를 철폐하기 위한 토지개혁안으로 소비에트식 협동 농장을 고려하기도 했다. 협동농장에서 모든 카스트가 같이 일을 하게 된다면 카스트제도의 철폐는 자연스럽게 이루어질 것이라고 생각한 것이다. 그러나 그는 곧 불교를 대안으로 삼게 된다. 암베드카르를 연구했던 W. N. 우버(W. N. Uber)는 암베드카르의 행로에 대해 다음과 같이 평가했다.

> 암베드카르의 국가사회주의와 의회에 대한 집착은 불교를 받아들이는 것으로 귀결되었다. 1937년 독립노동당(Independent Labour Party)을 설립했고 노동운동 영역에서 공산주의자들과 함께 일을 하기도 했으나 지속적으로 입

장을 견지하거나 계급투쟁에 참여하지는 않았다. 비록 그의 공동체가 억압 받고 토지가 없고 가장 낮은 임금을 받는 이들이기는 하지만 그는 기본적으로 지닌 의식의 한계 때문에 여전히 그들에게 계급의식을 불어넣을 수 없었다. 푸나협정 이후에 노동자계급을 지도하려고 했으나 실패하고 떠났고 자신의 공동체의 지도자가 되는 길을 택했다. 그는 단호하게 선언했다. "불교 공산주의가 무혈혁명을 통해 달성될 것이다. 남아시아는 부처님의 가르침에 정치적인 형태를 줄 것이다."[64]

암베드카르의 생애에서 마지막 연설이 된 네팔 왕 앞에서의 연설은 '붓다와 마르크스'가 주제였다. 여기서 그는 마르크스주의에 대한 대안은 불교밖에 없음을 강조했다. 인도 역사에서 자랑스러운 시기는 불교 왕조였던 마우리아왕조 시대밖에 없으며 달리트들은 힌두교와의 투쟁에서 패배한 불교 신자들로부터 시작되었다고 했다. 그는 남아시아에서 마우리아왕조의 영광을 불교식 공산주의로 재현하기를 원했다. 암베드카르의 석가모니 평전을 힌디어로 번역했던 고승 바단트 아난드 카우살리아얀(Bhadant Anand Kausalyayan) 등과 스리랑카에서 남아 있는 불교 예식들을 수집하고 이를 의례화하여 불교를 강화하려고 했던 것은 좋은 예일 것이다.[65]

암베드카르의 한계가 있다면 후에 불교 신자로서의 정체성에 지나치게 집중하여 인도를 불교 국가로 만들려고까지 한 일일 것이다. 히렌 무케르지(Hiren Mukerjee)는 이런 암베드카르의 한계에 대하여 정확하게 지적했다.

개인의 종교를 바꾸는 것만으로는 우리나라가 가지고 있는 이 특별한 문제에 대한 해법을 가져올 수 없다. 내가 불교로의 개종을 단지 제스처, 어떤 개념을 가진 도덕적인 제스처라고 말하는 이유다. 불교는 위대한 종교지만, 인도에서는 거의 지워졌다. 만약 어떤 기적이 일어나 불교가 다시 번영할

수 있다면 좋을 것이다. 그러나 그런 일들은 현실에서는 일어나지 않는다.[66]

1951년 18만 명이었던 인도의 불교 신자는 1991년 500만 명이 되었고[67] 현재는 800만 명으로 인도 전체 인구의 0.8%를 이루고 있다.[68] 인도 현지인들이 세운 사찰을 가보면 암베드카르와 석가모니의 신상이 같이 서 있다고 한다. 현대 인도 불교에서 암베드카르의 위상을 단적으로 알 수 있는 모습이 아닐까 한다.

한국에도 암베드카르의 평전 두 권이 번역되어 나와 있고, 암베드카르가 직접 석가모니의 생애에 관해 쓴 책도 번역 발간되어 있다. 이제는 암베드카르 이후의 인도 현대 불교에 대한 소개 자료가 나올 필요가 있다. 또 국내에도 그의 선집이 나올 때가 된 듯하다. 이 선집에 '고대 인도의 혁명과 반혁명' '붓다와 마르크스' '국민회의와 간디는 불가촉천민에게 무슨 짓을 했는가' 등은 꼭 들어가면 좋겠다. 참고로 암베드카르의 글들은 http://www.ambedkar.org에서 무료로 볼 수 있다.

달리트는 결코 동정의 대상이 아니라는 암베드카르의 글을 읽었을 때, 나는 베르톨트 브레히트의 시 〈임시 야간 숙소〉가 떠올랐다. 옮겨본다.

임시 야간 숙소

들건대, 뉴욕
26번가와 브로드웨이의 교차로 한 모퉁이에서
겨울철이면 저녁마다 한 남자가 서서

모여드는 노숙자들을 위하여

행인들로부터 동냥을 받아 임시 야간 숙소를 마련해준다고 한다.

그러한 방법으로는 이 세계가 달라지지 않는다.

인간과 인간의 관계가 나아지지 않는다.

그러한 방법으로는 착취의 시대가 짧아지지 않는다.

그러나 몇 명의 사내들이 임시 야간 숙소를 얻고

바람은 하룻밤 동안 그들을 비켜 가고

그들에게 내리려던 눈은 길 위로 떨어질 것이다.

이 책을 읽는 친구여, 책을 내려놓지 마라.

몇 명의 사내들이 임시 야간 숙소를 얻고

바람은 하룻밤 동안 그들을 비켜 가고

그들에게 내리려던 눈은 길 위로 떨어질 것이다.

그러나 그러한 방법으로는 이 세계가 달라지지 않는다.

그러한 방법으로는 인간과 인간의 관계가 나아지지 않는다.

그러한 방법으로는 착취의 시대가 짧아지지 않는다.

11

21세기의 카스트제도와
간디의 망령

　중국에서 '내부의 식민지'인 오지에서 도시로 올라온 농민공들이 현재 중국식 자본주의 발전의 주요 동력이자 중국 사회 내의 중요한 갈등의 뇌관인 것처럼, 인도에서는 인도 전역에서 유지되고 있는 카스트가 인도식 자본주의의 주요 동력이자 인도 사회 내의 중요한 갈등의 뇌관이다. 이에 대해서 게일 옴베트의 《암베드카르 평전》을 번역한 이상수 교수의 말을 들어보자.

　　"나는 1년간의 인도 체재를 마감하면서 과연 인도 사회에 어떤 희망이 있는지를 곰곰이 생각해보았다. 조만간에 카스트가 없어질 기미는 전혀 보이지 않는데, 카스트와 인도의 발전이 공존할 수 있을까? 어쩌면 인도의 지배층은 카스트의 존속에서 인도의 희망을 발견하는지 모른다. 즉 지배계급은 달리트의 극단적인 저임금에 기반을 둔 급속한 자본주의의 발전을 기대하고 있는 것은 아닐까 하는 생각이 든다. 인도의 저임금은 상상을 초월한다. 도시 건설현장 막노동자의 임금이 하루 2,000원 전후다. […] 이처럼 싼 노동력이 자본주의적 시장에서 효율적으로 활용된다면 인도는 엄청난 국제경쟁력을 갖게 될 것이다. 이것이 인도의 주요한 잠재력 중 하나다. 하지만 달리트의 희생 위에 이룩될 발전을 희망이라고 한다면, 그것은 너무나 잔인한 희망이 아닐까? 이것이 바로 현대 인도의 고민이다. 암베드카르는 이미 수십 년전에 투쟁의 현장에서 이런 고민의 줄을 발견했고, 또 그 줄을 놓지 않았던 사람이다. 그것은 자본주의적 세계가 가져온 딜레마와 같으며, 우리의 고민과도 일맥상통한다."[69]

21세기까지 내려오는 인도 카스트제도의 뿌리 깊은 잔혹성과 살아남은 간디의 망령은 여전히 인도를 지배하고 있다. IT업계를 대상으로 한 사회학적 조사가 있었는데, 낮은 카스트조차도 직원을 뽑을 시에는 높은 카스트를 선호했다고 한다. 아슈토쉬 고와리케르(Ashutosh Gowariker) 감독의 영화 〈우리의 조국(Swades: We, the People)〉(2004)을 보면 농민이 된 직조공 자티의 고통이 나온다. 이 영화의 시대적 배경은 현대이다.

"소작료를 낼 여력이 있었으면 제가 직접 차란푸르로 갔을 겁니다. 농부가 되기 전에는 직조공이었어요. 직조기가 들어온 이후로 베를 짜서 파는 직조공 일은 돈이 되지 않았어요. 그래서 농부가 되었지요. 기타지에게 땅을 빌렸고요. 추수를 해서 방아를 찧으면 생활이 나아질 줄 알았지만 그렇지 않았어요!"

"왜요?"

"농사를 짓게 되면서 직업을 바꾼 것 때문이죠. 동네 어른들이 받아주지 않았고 부랑자 취급을 했지요. 굶주리더라도 직조공은 직조공으로 남아 있어야 한대요. 울면서 항변해봤지만 아무도 들어주지 않았어요! 아무도 땅에 댈 물을 주지 않았고 작물이 다 말라죽었어요. 그나마 살아남은 것도 사람들이 사주지 않았지요. 그것 때문에, 기타지에게 소작료를 드리지 못한 거예요."

"하지만 이건 잘못된 거예요. 공정하지 못해요. 이건 불법 행위에요!"

"여기선 일이 그렇게 돌아가지요. 배를 채울 양식도 없고 입을 옷도 이슬을 막을 천장도… 아이들 교육도… 땅도 없지요! 마음속의 갈증만이 내 눈물의 맛을 알지요!"

"그래서 어떻게 하셨어요?"

"뭘 할 수 있겠어요? 도시로 이사 갈까 생각해봤어요. 거기선 좀 낫길 바라면서, 거기에 간 사람에게 도시생활이 얼마나 힘든지 들었어요. 거기 노동을 하러 간 사람들은 도급업자 손아귀에 떨어진다더군요. 굶주림에 돌아온 사람도 있고 돌아오지 않기도 하지요. 얼마 못 가서, 조금 있던 아내의 땅을 팔아야 했어요. 안 돼요, 안 돼! 이런 생활로는 아이들을 먹일 수 없어요. 내가

2007년 나온 샤 수보드(Shah Subodh)의 책 《문화는 죽일 수 있다: 신앙은 어떻게 인도의 진보를 막는가(Culture Can Kill: How Beliefs Blocked India's Advancement)》의 표지다. 하누만과 라마 형제는 디지털 시대에도 숭배된다.

죽으면 어떻게 될까요? 기타지의 돈은 어떡하죠? 절망감과 수치 말고는 드릴 게 없어요."[70]

이 영화에서 주인공 샤룩 칸(Shahrukh Khan)이 카스트에 푹 절어서 살고 있는 동네 사람들 앞에서 부르는 노래를 들어보는 것으로 이 꼭지를 마치자. 소치기, 도공 등은 다 천대받는 달리트로 살아왔지만 이들의 노동이야말로 진정 아름답다고 찬양하는 비베카난다와, 모든 인간은 평등하다고 한 암베드카르의 꿈이 이루어지는 날이 어서 와야 할 것이다.

> 이 별, 저 별
> 이 모든 별들
> 모두 함께
> 깜박거려야 해
> [...]
> 쟁기질을 하는 농부
> 이 땅의 황금을 수확하네
> 소떼를 돌보는 소치기
> 우유의 강이 흐르게 하네
> 쇳물을 녹이는 대장장이
> 온갖 연장을 만들고
> 진흙은 도공의 손에서
> 항아리로 변하네
> 이 모든 것은 노동의 근원
> 희망을 이루려 일하려는 열망
> 누구와도 적대하지 않고

하나의 꿈을 위해 뭉치네

들어보라! 모든 이가 한 가족이네

비난받을 이방인 아무도 없네

이것은 명확한 진실

생각해보라, 친구여!⁷¹

12

왜 나는 힌두가 아닌가

파틸 촌락의 죽은 소는 참파르*가 가져가서

가죽통으로 만들었지

사성 계급들은 그 가죽통으로 물을 마시네

당신들, 마하르 촌락의 주인님들

왜 마하르의 오염된 자국을 느끼지 못하시나요?"

– 달리트 구전 민요[72]

게일 옴베트에 따르면, 암베드카르 이후의 달리트 운동에서 가장 중요한
저작은 달리트 학자인 칸차 일라이아(Kancha Ilaiah)의 《왜 나는 힌두가 아닌

---

* 참파르는 브라만에서 수드라까지의 4성 계급에도 들지 못하는 불가촉천민으로, 죽은 소를 처리한다. 조선
시대에 가죽신을 만드는 갖바치가 천대 받는 하층계급이었듯, 가죽을 다루는 직업은 어느 나라나 천대받
았다. 톰 튀크베어 감독의 영화 〈향수(Perfume: The Story of a Murderer)〉(2006)에서 보여지듯, 무두질하
는 노동자들은 10대를 넘기지 못하고 감염으로 죽을 정도로 무두질은 굉장히 위험한 일이다.

가(Why I Am Not a Hindu)》(1996)이다. 이 책은 인도 사회를 공부하려는 이들에게는 카스트 문제에 관한 한 게일 옴베트의 《달리트 비전(Dalit Visions)》과 더불어 필수 입문서라고 보면 된다.

칸차 일라이아는 브라만, 크샤트리아, 바이샤 이외의 카스트 집단, 즉 수드라, 불가촉천민, 그리고 지정 부족민(Scheduled Tribe)은 본래 자신들을 힌두라고 생각하면서 살아오지 않았는데 1990년부터 '힌두트바(Hindutva: 힌두의 나라)'란 단어가 인도 전역을 울리면서 자신들을 힌두로 몰고 가는 분위기에 당황스러워서 《왜 나는 힌두가 아닌가》를 집필하게 되었다고 밝혔다. 기존의 자티 시스템은 자본주의화로 인해 조금씩 무너지고 있지만 자티 시스템이 새로이 변형되어가는 것에 대한 위기감에서 책을 저술한 것으로 짐작된다. 《왜 나는 힌두가 아닌가》에서 일라이아는 달리트와 힌두가 문화적으로 동질의 집단이 아님을 밝히고 달리트문화가 힌두문화의 대안임을 제시해 달리트의 자긍심을 높여주었다.

칸차 일라이아가 주장한 바의 배경을 이해하기 위해서는 시간을 거슬러 올라가 다소 복잡한 합종연횡의 역사를 짚어볼 필요가 있다. 1990년은 억압받는 계급에게 27%의 공직 자리를 할당하라는 만달화 정책(Mandalisation Policy)이 발표된 해였다. 그 전 해인 1989년 말, 힌두 민족주의를 내건 정당 자나타 달(Janata Dal: JD)이 국민전선(National Front)이란 연합 세력을 이끌고 집권했다. 국민전선은 극우 힌두 정당인 BJP(86석), 공산당계의 CPI(12석) 및 CPIM(33석)의 외곽 지원을 받아 V. P. 싱(Vishwanath Pratap Singh)을 총리로 취임시켰다. 극우인 BJP와 좌파 정당인 CPI와 CPIM이 연합 아닌 연합을 하게 된 이유는 라지브 간디(Rajiv Gandhi) 정권의 부패와 국민회의의 오랜 독재 때문이었다. 애차라 배리얼의 《아버지의 기억》을 보면, 좌파와 극우라는 기이한 연합이 일찍이 인디라 간디의 비상사태(1975~77년) 이후부터 싹을 보인 것을 알 수 있다.

비상사태의 효력에 대해 사람들을 일깨우기 위해 우리는 행렬을 만들어 돌아다녔다. 비상사태 기간 동안 고문을 당했던 이들 모두가 참여했다. 비상사태 동안 정권에 참여하지 않았던 모든 정당들도 우리에 협력했다. 인도청년연합과 인도민주청년연합 같은 좌파 청년 단체들이 조직인들이었다. 고디예리 발라크리쉬난 씨와 P.P. 다산 씨가 이 두 단체를 각각 대표했다. 인도마르크스주의공산당(CPIM) 대표로는 고피 코타무리칼 씨가 그리고 바라티야자나타당(BJP) 대표로는 에투마누르 라다크리쉬난 씨가 이 행렬에 참여했다. 나는 행렬의 지도자였다. 케랄라 주 전체에서 사람들은 이 행진에 열렬한 환호를 보냈다. 수천 명이 우리를 반기러 나왔다.[73]

1970년대부터 시작된 좌우 야당 세력의 결집은 '간디 이후의 간디주의자' 자야프라카시 나라얀(Jayaprakash Narayan: 약칭 JP)이 주도했다(JP가 이 운동의 틀로 잡은 것은 국민회의 '독재·세속주의'에 반대하는 '민주·힌두트바'였다. 좌파는 힌두트바에 찬성하지 않았지만 야당 세력 결집을 위해 참가했다). 자야프라카시 나라얀은 필요하다면 암살이라도 시도할 정도로 극우 파시스트의 면모를 보였다. BJP의 전신이었던 바라티야 자나 상(Bharatiya Jana Sangh: BJS)은 간디주의를 표방했지만 힌두 극우주의가 힘을 얻게 되자 간디주의는 뒤로 물러났다. 간디와 극우 파시스트의 관계가 그리 멀지 않다는 것을 보여주는 것이 자야프라카시 나라얀과 BJP이다.

그렇게 해서 1989년 '독재·세속주의'에 대항하는 '민주·힌두트바+(좌파)' 전선이 형성되고 후자가 집권을 하게 되었다. 당시 선거에서 중요한 것은 세속주의냐 힌두트바냐가 아니라 독재냐 민주냐의 문제였지만(좌파는 일단 이념보다는 집권 국민회의를 물러나게 하는 '독재 타도'에 초점을 두고 국민전선을 지원했는데 정권에는 참여하지 않는 외곽 지원이었다), 이때는 힌두의 이름으로 민주주의를 부르짖던 시기였다. 그러나 힌두트바는 극우 독재로 나아갈 가능성을 그 안에 내포하고 있었다. 비판 찬드라(Bipan Chandra)의 책 《민주주의의 이름으로(In the Name of Democracy)》의 내용과 같이, 그전부터 인디라 간디의 독재에 대항하는 '민주주의의 이름으로' BJP 같은 극우 파시즘 세력이 계속 성장해왔던 것이다.

칸차 일라이아는 자신이 속한 쿠루마(Kurumaa: 목동 자티)는 브라만이나 바이샤와의 아무런 종교적 교류가 없었고, 이슬람들과는 종교 축제(Peerila)를 공유했다고 밝혔다. 또한 자신들 쿠루마는 시바나 비슈누를 섬기지도 않았으며, 자신들의 토속 신인 포차마(Pochamma)를 모신 사원에서 자신들만의 종교를 간직해왔다고 했다. 게다가 시바나 비슈누를 섬기는 상층 카스트들의 가부장적인 문화와는 다르게, 자신들은 부인도 재산을 어느 정도 소유할 수 있으며 이혼과 재혼도 가능하고 상대적으로 민주적인 문화를 누리며 살아왔다는 것이다.

일라이아는 가장 혁명적인 마르크스주의 이론조차도 브라만 계급들이 전유해온 게 사실이고, 이들 브라만 계급의 마르크스주의자들은 상층 카스트의 종교와 문화에 대한 공격을 등한시해왔다고 비판했다. 좌파들은 오직 방법론만을 보여주었다고 비판한 후, 일라이아는 이제까지의 브라만의 산스크리트화(Sanskritization)에 유일하게 맞설 수 있는 향후 대안 문화로 달리트화(Dalitzation)를 제시했다.

그러나 사실 이 달리트화라는 대안 문화의 제시 자체가 굉장히 순진한 생각이 아닌가 하는 생각이 든다. 이들 달리트의 문화가 상대적으로 상층 카스트보다는 민주적이기는 하나, 불가촉천민 내에서도 차별이 존재하기 때문이다. 자티가 다르다는 이유로, 상층 카스트와 달리트 간의 차별과 별반 다름없는 차별이 존재하는 것이 현실이다.

델리에 처음 온 지 한 달 정도 되었을 때, 인상 깊게 본 신문 기사가 있었다. 자유연애를 하는 자식을 부모가 죽였다는 기사였는데, 알고 보니 양가 집안은 모두 불가촉천민이었지만 한 집안의 자티가 상대 집안의 자티보다 조금 더 높았던 것이 비극을 낳았던 것이다. 일라이아는 브라만이나 크샤트리아의 자티에 대해 격렬한 거부 반응을 보이지만, 역시 자티 시스템이 근간이 된 달리트 고유문화의 가부장적 분위기는 그보다 상대적으로 덜하니 대안으로 제시될 수 있다고 주장한다. 하지만 불가촉천민 내부의 자티 간 대립 문제도 해결이 쉽지 않은 만큼, 일단 자티 시스템을 조금이라도 인정할 만한 것이면 배격해야 하는 것 아닐까.

나는 칸차 일라이아가 《왜 나는 힌두가 아닌가》에서 이룬 성과는 달리트화를 대안 문화로 제시한 것에 있지 않다고 생각한다. 일라이아가 이 책에서 이룬 성과는 달리트들이 생산하는 계급임을 자랑스럽게 제시한 것에 있다고 생각한다. 우리가 알고 있는 대부분의 인도 문화나 철학은 브라만의 것이다. 왜 브라만의 문화만이 자랑스럽고 달리트의 문화는 문화로 인정받지 못해온 것인지에 대한 지극히 정당한 비판이 이 책의 핵심으로 읽혀야 할 것이다.

모든 카스트는 그 자신의 생산 활동에 뿌리를 두고 있다. 언어는 생산을 중심으로 구조화된다. 쿠루마 또한 람바다(Lambadaa), 에루칼라스(Erukalaas), 코이야스(Koyaas) 카스트와 같이 자신의 언어를 가지고 있다. 쿠루마는 단지 양, 염소, 나무, 식물에 대해서 알고 있는 것이 아니라 양모와 담요를 짜는 데 필요한 모든 도구들의 이름을 알고 있다. 구우다(Goudaa)는 토디 태핑(Toddy-Tapping: 야자수 과즙 채취와 주류 및 음료 만들기)에 필요한 모든 도구와 기술과 행위에 대한 모든 범위에 걸친 이름들을 알고 있다. 이러한 특화는 이 카스트들이 직업적 과업을 수행하는 데 있어서 브라만이 신의 이름을 주문으로 외울 때 부르는 것보다 더 정교하다. 한 신의 여러 가지 이름을 부르는 것이나 여러 신의 이름을 암송하는 것은 지혜로 간주되는 데 반해, 생산에 필요한 언어와 생산도구들의 이름을 익히는 것은 왜 지식으로 여겨지지 않는지 아이러니하지 않은가. 브라만은 자신들의 이미지로 지식을 정의했다. 그러나 여전히 남아 있는 사실은 각 카스트는 자신의 어휘와 지식으로 각각의 보물 창고를 만들었다는 것이다. 각 카스트는 자신들만의 특별한 의식(consciousness)을 가지고 있다. 각 개인으로서 우리는 우리 자신의 의식을, 환경을, 생산과 생산물을 획득한다. 이 의식은 조직화된 종교와 관계없다. 더 나아가 언어는 커뮤니케이션을 위한 사회적 도구이며 특별한 의식의 표현일 뿐이다.[74]

고대의 《마누법전》에 따르면 브라만은 《베다》를 가르치고 제사와 의식을 집행하며, 크샤트리아는 사람을 보호하고 《베다》를 배우는 계층이다. 바이샤는 땅을 갈며 상업을 영위하고 돈을 다루지만, 카스트의 최하층 수드라는 위의 세 계급에게 봉사하는 것이 그 임무였다. 카스트 규정에 의하면 하층 수드라는 《베다》를 배울 수가 없다. 수드라가 《베다》 읽는 소리를 엿들으면 그 귀에 납 물을 붓고 《베다》를 직접 읽으면 그 혀를 자르며 만일 《베다》를 기억하면 몸을 두 동강 낸다는 끔찍한 규정도 있었다. 이렇게 상층 카스트만이 문화를 독점해온 것이다.

그러나 상층 카스트가 아닌 달리트들도 문화를 만들어왔다. 노동을 하지 않는 브라만의 문화와 달리 스스로 생산하는 가운데 만들어온 문화다. 이 꼭지 제일 앞에 인용한 달리트 구전 가요에서 알 수 있듯이, 인도의 주류 문화인 브라만문화는 가죽을 만지는 달리트가 눈에 보이기만 해도 죽이는 불가시천민(unseenable) 취급을 했지만, 달리트가 만든 가죽 물통을 쓰고 가죽 신발을 신는 위선적인 문화였다. 노동과 노동을 하는 이들에 대한 존엄성을 인정하는 것이 문화에 대해 좀더 총체적으로 접근할 수 있는 시각을 열어줄 것이다.

13

불쾌한 산스크리트화

불가촉천민 출신이지만 IMF(국제통화기금)에서 일했을 만큼 출세한 나렌드라 자다브의 책 《신도 버린 사람들》이 한국에도 2007년에 출간되어 인기를 끌었다. 이 책을 읽다보면 중간 중간에 인도 달리트 운동의 진행 과정을 볼 수 있는 감동적인 대목도 있지만, 책을 덮을 무렵이면 나렌드라 자다브라는 인물에 대해 호감만을 표할 수는 없는 게 사실이다.

IMF가 무엇을 하는 곳인가. IMF는 위기를 맞은 나라에 긴급자금을 지원함으로써 위기 해결을 돕는다고 하지만, 실제로는 자금을 지원하면서 그 나라의 경제주권을 침해하고 신자유주의 정책을 강권하는 등 오히려 경제회복을 방해한다는 비판을 받는다. 한국에서도 IMF는 'International Monetary Fund'의 준말이 아니라 'I'M Fucked up(뭣 됐다)'의 준말이라는 씁쓸한 농담이 돌 정도로, 1990년대 말 IMF 구제금융 시절은 지독한 경험이었으니 긴 설명이 필요하지는 않을 듯하다. 부자 나라들의 편에 서서 운영한다는 비난 역시 IMF가 듣는 단골 비판이다. 성공이란 세간의 잣대로 보면 나렌드라 자다브가 IMF에서 일한 것이 자랑스러운 경력일지 모르겠지만, 가난한 나라의 지식인이 부유한 나라들 편에 서는 IMF에서 일한 것이 자랑스럽기만 한 것일까.

더욱이, 어느 다큐멘터리에서 본 나렌드라 자다브의 모습은 그에 대해 물음표를 던지기에 충분했다. 다큐멘터리에서 그는 고급 레스토랑에서 식사를 하고 사원에 들어가서 사제들에게 정중히 접대를 받았다. 그리고 난 후 마지막에 그는 카메라를 쳐다보며 "당신도 열심히 노력하면 나처럼 성공할 수 있다"고 웃으면서 말했다. 그 장면을 보고 솔직히 역겨웠다. 암베드카르라면 나렌드라 자다브처럼 "당신도 열심히 노력하면 나처럼 성공할 수 있다"고 활짝 웃으면서 말했을까. 암베드카르 역시 불가촉천민 출신으로 법무장관을 지내는 등 성공한 인물이었지만 결코 그런 말은 하지 않았다.

나렌드라 자다브의 성공은 온전히 자신의 노력만으로 달성한 것이라고 보기 어렵다. 지금 나렌드라 자다브는 불가촉천민이 아니라 중층 카스트로 분류되고 있는데, 그의 성공은 자다브(Jadhav)라는 자신이 속한 카스트의 집단적인 성공과도 관계가 있다. 나렌드라 자다브의 성씨인 자다브와, 비하르 주의 달리트 출신 정치인 랄루 야다브(Lalu P. Yadav)의 성씨인 야다브는 같은 성씨이며, 지역에 따라 영어 표기만 달라진 것이다. 비하르 주 총리와 중앙정부 철도부 장관을 역임한 랄루 야다브는 부패한 정치인으로 악명 높은 인물이다. 랄루 야다브는 자신의 세력 유지를 목적으로 정치 기반인 비하르 주 산간 지역의 야다브들을 위해 학교들을 지어주었다. 반면, 비하르 주 대학교수들의 월급을 삭감하고 그마저도 지급을 미루어 이에 분노한 대학교수들의 파업이 6개월간 벌어졌다. 대체 횡령한 돈은 어디에 쓰려고, 대학교수들의 월급을 깎거나 주지 않으면서까지 야다브들의 학교를 세우려고 했는가. 2003년 봄 비하르 주에서 VHP(Vishva Hindu Parishad: '세계힌두협의회'로 영어로는 'World Hindu Council'로 표기한다) 소속 정치인이 시바 신의 상징인 삼지창을 나누어주면서 정치 집회를 갖자, 랄루 야다브는 자신의 카스트 조직들을 동원하여 경찰이 들고 다니는 나티라는 죽봉을 휘두르며 대항했다. 랄루 야다브가 상층 카스트를 기반으로 하는 VHP와 싸우는 모습이 전혀 진보적이지 않은 이유는 그가 결국 극우 힌두 정당인 BJP(인도인민당) 진영과 손을 잡은 데서 알 수 있다. 랄루 야다브는 자신의 사리사욕을 채우고 권력을 얻기 위해서라면 무슨 짓이든 다 할 수 있는 부류의 인간인 것이다.

이와 관련해 이광수, 김경학, 백좌흠 세 교수의 연구 성과를 같이 읽어보자.

카스트 운동은 의례적으로 낮은 카스트들의 브라만적 생활양식의 모방으로부터 시작하였다. 그들은 조금이라도 높은 위치를 정부로부터 공식 확인받고자 자신들의 문화를 바꾸고 확보된 세속 권력을 기반으로 주위에 영향력을 행사하였다. 그들은 전원이 일치단결하여 종교적으로 보다 오염되지 않고 보다 정(淨)한 쪽의 문화나 관행, 예를 들면 채식주의, 금주, 과부 재혼의 금지 등을 실시하였다. 또 정기적으로 의례욕(儀禮浴)을 시행하고 브라만을 초대해 여러 가지 의식을 주관하기도 하며 딸을 보다 높은 쪽으로 시집보내는 이른바 앙혼(仰婚)을 적극적으로 추진하기도 한다. 또 높은 카스트들이 사용하는 산스크리트 이름을 사용하거나 조상에 관한 족보를 고치고 신화를 조작하기도 한다. 이러한 일련의 행위들을 통하여 그들은 조금이라도 더 높은 의례적 지위를 확보하려고 하였다. 사회학자 스리니바스(M. N. Srinivas)는 이와 같은 하층 카스트들이 자신들의 관습, 의례, 이데올로기, 생활양식 등을 버리고 상층 카스트들의 그것으로 개작하는 것을 산스크리트화라고 명명했다(Srinivas, 1972:6).

산스크리트화를 추진하는 주동 세력은 확보된 경제력을 기반으로 성장한 집단 내의 교육을 받은 엘리트였다. 엘리트들은 종교사회개혁운동과 민족운동의 성장으로 인해 형성된 사회의 정치화 분위기에 편승하여 카스트의 이동을 위한 집단 운동을 추진하였다. 이에 해당하는 좋은 예로 1920~1930년대에 걸쳐 우타르프라데시에서 일어난 후진계급(Backward Classes) 운동을 들 수 있다. 이 지역에서 원래 소를 사육하거나 우유를 판매하는 여러 자티들은 19세기 이후부터 전개된 새로운 경제 상황 아래에서 경제력을 키워 대상인으로 등장하며 새로운 카스트로의 이동을 추진하게 되었다. 그 가운데 아히르(Ahir)라는 자티가 가장 주도적인 역할을 했는데 그들은 우타르프라데시에 있는 모든 세력을 모아 비하르와 펀자브에 있는 그들과 친연 관계에 있는 자티들과 연합하였다. 그리고 산스크리트 어휘에서 야다브(Yadav)라는 새로운 이름을 채택하여 1923년 알라하바드에서 전인도야다브대연맹(All-India Yadav Mahasabha)을 결성하였다. 같은 해에 아그라 전체 인구의 1/6을 차지하고 있던 차마르(Chamar)들은 근대 가죽산업의 도입으로 인해 거대한 경제력을 확보할 수 있었고 이로 인해 크샤트리아 이름인 자타브를 채택하였다. 그들은 야다브의 경우와는 달리 계속해서 정부 센서스에 불가촉천민으로 등록하였다. 자타브가 불가촉천민으로 계속 등록한 것은 우선적으로 동업조합을 통해 경제력을 계속해서 독점적으로 확보하고자 하는 목표에서였다. 더불어 세속화의 확대로 더 이상 '정(淨)'과 '오염' 의식이 사회적으로 강력한 영향력을 행사하지 않았기 때문이기도 했다.[75]

  야다브같이 산스크리트 운동을 통해서 이권을 가장 잘 챙긴 달리트를 크림 계층(Creamy Layer)라고 한다. 달리트 중에서 돈은 돈대로 벌고 사회적 혜택은 혜택대로 보는 이 계층은 부유하나 경멸을 받아 마땅한 집단이다. 칸차 일라이아는 이들 크림 계층을 네오크샤트리아(Neo-Kshatriya) 계급이라고 부르며 이들을 달리트에 대한 배반자로 간주한다.

14

가난한 브라만들

　대부분의 브라만들이 자손 대대로 부와 명예를 누리며 살아온 것은 사실이다. 그러나 인도에서 자본주의가 시작되면서 이전에 불가촉천민들이 해오던 화장실 치우는 일을 하는 가난한 브라만이 등장했다.

　인도의 거장 영화감독 사티야지트 레이(Satyajit Ray)가 1950년대에 발표해 걸작으로 평가받는 〈아푸(Apu)〉 3부작을 보면 자본주의화 되어가는 인도에서 몰락하는 가난한 브라만들의 이야기가 나온다. 브라만 집안의 아푸 남매는 기차*가 지나갈 때마다 환호를 하지만, 이 기차가 싣고 온 자본주의는 어린 누이의 죽음을 가져온다. 브라만 집안이기에 마을의 제식을 주관하는 것만으로 대를 이으며 살 수 있지 않겠냐고 친척들은 말하지만, 하루 한 끼도 먹기 힘든 가난한 아푸의 집안사람들은 병들어 죽어간다. 흰 피부를 지닌 브라만 집안의 소년 아푸는 검은 피부의 소년들 사이에서 살아가며 우수

---

* 사티야지트 레이 감독이나 리트윅 가탁 감독의 영화에는 기차가 종종 등장한다. 마르크스의 이야기처럼, 기차는 근대화를 이끌어가는 견인차를 상징한다.

한 성적으로 장학금을 받아 대학에 입학해 문학도로 성장하나, 여전히 가난한 집안 사정으로 사랑하는 아내를 잃게 되고, 오랫동안 적어오던 자전 소설 원고와 자신의 아들까지 버리고 떠나버린다.

자본주의에서 가장 고통스러운 일은 직업이 없거나 고용이 불안한 비정규직이어서 가난하게 살아가는 것이다. 브라만이라도 직업이 없고 가난해 불가촉천민처럼 살 수밖에 없는 것이 자본주의 정글의 법칙이다. 나렌드라 자다브 같은 크림 계층에 속한 이들보다는 가난한 브라만들이 더 살기 힘든 법이다.

2003년 5월 말 라자스탄(Rajasthan) 주에서 가난한 상위 카스트에게 공무원직의 14%를 할당하는 법안을 의결하여 중앙정부에 넘겼으나 채택되지 않았다. 가난한 브라만 계층도 나라에서 구제해주어야 한다는 목소리가 인도 내부에서 나오기 시작했으나, 이를 제도적으로 뒷받침하는 조처는 엄존하는 카스트제도 및 크림 계층의 부상과 맞물려 현실적으로 힘든 실정이다.

15

이슬람 성자 니자무딘은
모든 종교는 하나라고 했다

처음 인도를 침략했을 때 이슬람은 정복이 아니라 약탈이 목적이었다. 기원후 1000년을 전후해, 아프가니스탄 이슬람 왕조인 가즈니(Ghazni)왕조의 술탄 마흐무드(Mahmud)는 힌두 도시였던 물탄(Multan)을 점령한 후 이를 교두보로 여러 차례 인도를 침공했다. 기독교가 십자군전쟁이라는 대의명분을 내걸고 엄청난 학살을 자행한 것처럼, 인도에 처음 온 이슬람군은 성전(聖戰)이라는 미명 하에 엄청난 약탈과 학살을 자행했다. '786'이라는 이슬람에서 신성시되는 숫자를 집 앞에 붙여 이슬람교도라는 것을 드러내지 않는 이들은 무참히 학살되었다(이 786은 인도와 파키스탄의 갈등을 다룬 야쉬 초프라(Yash Chopra) 감독의 영화 〈비르와 자라(Veer-Zaara)〉(2004)의 플롯 전개에서 중요한 요소로 작용한다).

1129년 이슬람 정복자들은 델리에 높이가 73m에 이르는 거대한 탑 꾸뜹미나르(Qutab Minar)를 세웠다. 이 전승 기념탑은 이슬람교의 인도 지배를 알리는 신호탄이었다. 유네스코 세계문화유산으로 등재된 꾸뜹미나르 유적지에 가면, 힌두 사원을 파괴하고 그곳에 이슬람 사원을 세우려고 했던 흔적이 남아 있다. 불교가 쇠퇴한 이유도 이 시기 이슬람에 의한 불교 사원의 파괴와 승려에 대한 집단 학살이 가장 중요한 원인으로 꼽힌다.

그러나 침략 종교 이데올로기로는 인도인들을 오랫동안 지배할 수 없는 법이다. 인도에 들어온 이슬람교는 초기 이슬람교의 관용 정신을 선보이면서 인도에 정착하게 되었다. 이때 등장한 인물이 위대한 성자 중 한 명으로 추앙받는 니자무딘(Nizamuddin Auliya: 1238~1325)이다. 인도의 수피(Sufi)파를 이끈 니자무딘은 종교를 명분으로 한 학살과 카스트에 반대하고 사랑을 강조했다.

성자 니자무딘이 살던 당시는 델리술탄왕조(Delhi Sultanate: 1206~1526) 시대의 초창기다. 델리술탄왕조는 델리를 거점으로 지속된 이슬람 왕조로, 하나의 왕조가 아니라 5개 왕조를 통틀어 일컫는 말이다. 그중 할지(Khalji 또는 Khilji)왕조의 마지막 왕 꾸뜹웃딘 무바라크 샤(Qutb ud din Mubarak Shah)와 그에 뒤이은 투글루크왕조의 창건자 기야스웃딘 투글루크(Ghiyasuddin Tughlaq)는 니자무딘과 관련한 일화로 지금도 기억되고 있다. '니자무딘의 기적'이라 불리는 이들 일화는 니자무딘이 당시 왕의 견제를 받을 만큼 백성들로부터 큰 존경을 받았기에 일어났다. 사연은 다음과 같다.

1320년의 일이다. 꾸뜹웃딘 무바라크 샤 왕은 델리의 주요 실력자와 유명인사들을 정기적으로 궁궐로 불러서 회합을 갖곤 했다. 그런데 니자무딘은 회합에 참석하지 않았다. 이를 괘씸하게 여긴 왕은 회합에 참석하지 않으면 교수형에 처할 것이라고 통보했다. 니자무딘은 이 이야기를 전해 듣고도 꿈쩍하지 않았다. 마침내 회합이 열리기로 한 날, 제자들은 두려움에 떨었지만 니자무딘은 조금도 동요하지 않았다. 그런데 궁궐에서 소식 하나가 전해졌다. 간밤에 왕이 시해되었다는 것이다. 이로써 할지왕조가 막을 내렸다.

할지왕조의 뒤를 이어 투글루크왕조를 세운 기야스웃딘 투글루크는 지조(地租)를 경감하고 농업을 장려하는 등 전 왕조의 혼란을 빠르게 수습해갔다. 그런데 기야스웃딘 투글루크 왕 역시 니자무딘을 못마땅하게 여겼다. 백성들이 왕인 자신보다 니자무딘을 더 따랐고, 그가 자신에게 고분고분하지도 않았기 때문이다. 왕은 투글라카바드(Tughlaqabad)에 새 도성을 짓기 위해 모든 건설 인부들을 동원했고 그들에게 다른 일은 하지 못하게 했다. 때마침 니자무딘은 바올리(baoli)라 불리는 계단식 우물을 짓고 있었다. 인부들은 낮에는 투글라카바드에서 일했지만 밤에는 몰래 니자무딘에게 와서 바올리를 짓는 데 힘을 보탰다. 이 사실을 알게 된 왕은 아예 등불을 밝히는 기름 판매를 금지했다. 이로써 바올리 공사가 중단되자, 니자무딘은 "투글라카바드는 불모의 땅이 되거나, 목동들이 살게 될 것이다"라는 저주에 가까운 예언을 했다. 한편 기야스웃딘 투글루크 왕은 벵골 원정에 나섰다 돌아오면서 니자무딘에게 근거지를 떠나라고 명했다. 하지만 이번에도 니자무딘은 왕의 위협을 무심히 받아넘겼다. 그때 한 말이 지금도 유명한 격언으로 남아 있는 "델리까지는 먼 길이다(Hanooz Dilli dur ast: Delhi is still far away)"라는 말이다. 왕은 델리의 투글라카바드 궁궐로 돌아왔지만 궁궐이 무너지면서 깔려 죽었다(아들이 모살했다는 설도 있다). 1325년의 일이다. 왕위를 물려받은 아들 무함마드 빈 투글루크(Muhammad bin Tughlaq)가 1년 후 자한파나(Jahanpanah)로 도성을 옮기면서, 투글라카바드는 니자무딘의 예언처럼 버려진 땅이 되어 소에게 풀을 뜯기러 오는 목동들의 차지가 되었다.[76]

이들 일화는 니자무딘의 예지력과 기적을 행하는 능력을 보여준 사례로 지금까지 전해져 내려오고 있다. 이들 일화는 또한 당시 왕들이 자신의 왕권을 위협하는 존재로까지 여기고 두려워할 만큼 니자무딘이 백성들로부터 크게 추앙받았음을 보여준다. 그 열기는 1325년 87세를 일기로 니자무딘이 세상을 뜬 뒤에도 이어졌다. 그가 죽은 자리에 만들어진 무덤은 여러 성자와 저명인사들의 묘가 모인 성묘(聖廟: Dargah) 사원이 되어 오늘에 이르고 있다. 이곳에는 델리술탄왕조 시대의 계관시인이자 시타르(Sitar) 악기의 시초를 열어놓은 아미르 호스로우(Amir Khosrow: 아미르 쿠스로우(Amir Khusrow)라고도 한다)의 무덤도 있으며, 성자 니자무딘을 존경해 그 곁에 묻히고 싶어한 17세기 무굴제국의 공주 자하나라 베굼(Jahanara Begum)의 무덤도 있다. 니자무딘 성묘는 지금도 수많은 신자들로 붐비고 있다.

힌두가 가진 포용성이 오랜 전통을 자랑한다는 힌두 측 주장이 많지만, 사실상 그 출발은 니자무딘의 수피파에서 비롯되었다. 또한 300~400년간에 걸친 이슬람 성자들의 지속적인 노력으로 이슬람교는 인도에 성공적으로 정착할 수 있었다. 이슬람 내에서 힌두를 포용하기 시작했던 것이다.

아프가니스탄에서 들어와 발전한 인도 수피파로부터 새로운 신앙 방법이 시작되었다. 서로 다른 신을 믿더라도 신은 하나이며 결국 궁극적인 진리는 같다는 박티 운동이 그것이다. 카비르를 거쳐 라마크리슈나, 비베카난다로 이어지는 아름다운 전통이 생겨난 것이다. 힌두가 포용성을 가지고 있다고 외치는 건 힌두 우익들이 만들어낸 이데올로기에 불과하다.

수피즘의 유일한 목적은 신과 하나가 되는 것이다. 따라서 수피는 잘 알려진 이슬람의 기본 철칙들, 즉 하루 다섯 번 기도, 코란 읽기의 의무 등을 따르지 않을 수도 있다. 수피즘은 전통적인 교리 학습이나 율법이 아니라, 현실적인 방법인 춤과 노래 등을 통해 신과 합일하는 것을 최상의 가치로 여긴다. 그렇기에, 원래 이슬람교에서 출발했더라도 수피는 이제 더 이상 이슬람이 아니라고 생각하는 이슬람교도들도 있다. 중동의 전투적인 와하비(Wahhabi)파 전통을 지닌 이슬람은 수피파와 바하이교(Baha'i)를 아예 타종교나 이단으로 간주하고 있다(이란에서는 호메이니가 집권한 이후 이들을 대대적으로 탄압했다).

수피파가 가장 강한 곳은 아프가니스탄이다. 오늘날 성격심리 유형 측정

델리에 있는 바하이교 사원. 이슬람에서 분화되어 나온 '모든 종교는 하나다'라는 진리를 설파한다.
한국에도 바하이교도들이 있다.

법으로 사용되는 에니어그램(Enneagram)의 전승과 발전에도 아프가니스탄
의 수피파의 공헌이 컸다. 할레드 호세이니의 동명 소설을 영화화한 마크
포스터 감독의 〈연을 쫓는 아이(The Kite Runner)〉(2007)는 수피파의 삶을 보
여주는 좋은 예다. 이 영화를 보면, 이슬람 극우 조직인 탈레반이 지배하기
전만 해도 아프가니스탄 사람들은 파티도 열고, 춤도 추고, 아이들은 연 날
리기 놀이도 하면서 자유롭게 살았다. 하지만 이렇게 자유롭게 살고 있던
수피파 이슬람은 탈레반 이후 억압적인 이슬람 신학자들('탈레반'은 원래 '신
학생'이란 뜻이다)에게 억눌려 살게 된다. 이 영화는 두 모습을 분명하게 대
비하고 있다.

인도에서 힌두와 이슬람의 제도적 융합을 도모한 이는 무굴제국의 황제
들이었다. 중앙아시아에 뿌리를 둔 무굴제국은 카불을 점령하여 교두보로

삼고, 1526년 인도 공략에 나섰다. 초대 황제 바부르(Babur)는 인도를 점령한 후 니자무딘의 수피파 사원을 찾아 기도를 한 후 와인을 한 잔 마시고 시를 짓는 낭만적인 모습으로 인도를 지배하기 시작했다.

3대 황제 악바르(Akbar)는 힌두교도들을 정치에 참여시키고 종교에 따른 세금의 차별을 없앴다. 악바르 황제 자신은 무학으로 문맹이었으나, 학자들을 불러 모으고 이슬람 내의 수니파와 시아파를 넘어서는 새로운 종교를 만들고자 했다. 하지만 수니파와 시아파가 서로 충돌하는 것에 충격을 받고, 모든 종교 지도자들을 불러 모아 공통분모를 찾으려 했다. 세계 최초의 종교 컨퍼런스가 열린 것이다. 악바르는 왕이면서도 평민 복장으로 사람들 사이에 나타났으며 미신에 가깝다는 비판을 받는 수피파 사원을 찾아다녔다. 시크교도들을 위해서 황금 사원을 짓도록 하기도 했다.

악바르는 "특정 종교가 다른 종교보다 진실되거나 우월하다는 것은 결코 진리일 수 없다. 지혜로운 사람은 정의를 지표 삼아 스스로 깨우쳐야 한다. 모순투성이 세상에서는 특히 그렇다. 그러면 굳게 닫힌 문이 열리듯 해답을 찾을 것이다"라는 말을 믿었다. 악바르가 인도 북부 우타르프라데시 주에 세운 도시로 10년간 수도였던 파테푸르 시크리(Fatehpur Sikri: '승리의 도시'란 뜻) 입구에는 예수가 한 말이 새겨져 있다. "예수께서 말씀하시길 세상은 다리와 같은 것. 건너가거라. 다만 집은 짓지 마라. 세상은 순간일 뿐 미지의 세계이다." 1575년 악바르는 갠지스 강과 야무나 강이 만나는 곳에서 목욕축제에 참가하고 그곳에서 이 성스러운 땅을 알라하바드('신의 도시'란 뜻)라 칭했다. 악바르가 지배하던 당시 인도의 GDP는 세계 최고로, 영국 엘리자베스 1세로부터 "폐하의 인도주의적 업적이 멀리 이곳까지 전해져서 가슴을 훈훈하게 합니다"란 내용의 편지를 받기까지 했다.

5대 황제 샤 자한(Shah Jahan) 시기에 무굴제국은 최고의 전성기를 누리게 된다. 샤 자한은 끔찍이 사랑했던 세 번째 아내 뭄타즈 마할(아르주만드 바누

베굼)이 죽자 그녀를 위해 웅대한 궁전 형식의 묘를 지었는데 그것이 바로 타지마할(Taj Mahal)이다. 타지마할은 수피파 성자의 꿈을 형상화한 지도로 심판의 날을 그린 지도였다. 정직하다고 판정받은 이들이 다리를 건널 수 있다. 중앙에 신의 왕좌, 강 건너에는 벽으로 둘러싸인 정원이 있다.

샤 자한 말년에 황위 계승을 둘러싸고 권력분쟁이 일어났는데, 셋째 아들 아우랑제브(Aurangzeb)가 골육상쟁 끝에 아버지 샤 자한을 아그라 궁에 유폐하고 6대 황제에 즉위한 이후 모든 화합은 깨지기 시작한다. 샤 자한의 큰 아들 다라(Dara)는 수피파의 한 사람으로 힌두교 성전을 번역할 정도로 진보적이었다. 다라는 꿈에서 힌두 신을 만나 포옹까지 했다. 그는 이슬람과 힌두는 신의 머리에서 자란 머리카락이었다고 단언했다. 두 문화에 대한 종교 서적을 쓰기 원했고 자신의 책을 두 대양이 만나는 장소라고 했다.

아우랑제브는 황권을 놓고 몇 차례나 전투를 벌였던 큰 형 다라를 죽여야 할지 말아야 할지 결정하기 위해 민심을 알아보기로 했다. 누더기를 걸친 노예가 끌고 가는 늙은 코끼리의 등 위에 황족의 표시를 떼버린 다라를 태워 시장을 돌게 하자 백성들은 울음을 터뜨렸다. 아우랑제브는 형을 살려두면 안 되겠다고 판단하고 자객들을 보내 그를 제거했다. 자객들이 그의 목을 가져왔지만 냉혈한 아우랑제브는 "살아서도 보기 싫었는데 죽어서 보고 싶겠느냐"고 자리를 물리쳤고, 감금 중이던 샤 자한은 아들의 목을 보고 놀라 식탁에서 떨어져 앞니가 부러졌다. 다라의 아들 살림 왕자는 아편에 취한 상태에서 교살된 후, 2대 황제인 후마윤(Humayun)의 묘에 같이 묻혔다.[77] 이후 이슬람과 힌두의 종교 폭동의 명분이 되는 아우랑제브 시기의 암울한 역사가 시작되었다.

16

니자무딘의 무덤에서
무시되는 여성

델리의 같은 지역에 있는 후마윤의 무덤과 니자무딘의 무덤, 둘 중 하나를 추천한다면 니자무딘의 무덤을 추천하고 싶다. 후마윤 무덤은 250루피(7,500원)를 주고 들어가고, 니자무딘 무덤은 공짜라서 그런 것은 아니다(물론 니자무딘의 무덤도 공식 입장료는 없지만 거의 강탈하다시피해서 기부금은 받는다. 얼마 정도가 적정선이냐고 물으면 몇천 루피를 부르기도 한다. 나는 100루피(3,000원)를 주었다). 니자무딘의 무덤까지 가는 길이 이슬람들의 거주 지역이라 인도 이슬람들이 어떻게 사는지 조금이나마 엿볼 수 있기 때문이다.

니자무딘의 묘는 뉴델리에서 가장 큰 이슬람 거주지에 있는데 길가에 몸이 불편한 수많은 걸인들이 누워 있거나 동냥하는 것을 보면서 걸어가야 한다. 인도 이슬람교도들의 삶이 대부분 최하층이라는 것을 직접 느낄 수 있다. 힌두 하층민이나 이슬람 하층민이나 모두 이렇게 힘들게 사는데도, 가진 자들끼리의 문제 때문에 부추김을 받아 서로 학살을 자행한다는 것이 더욱 끔찍하게 여겨졌다. 후마윤의 무덤은 관광객들이 와서 사진이나 찍고 가지만 니자무딘의 무덤은 지금도 수많은 이들이 와서 고통을 호소하는 곳이다. 그들은 은혜를 받으려고 니자무딘의 무덤 위에 보를 덮고 꽃을 뿌리고 머리를 조아리고 기도하면서 무언가를 열심히 빈다. 그런 모습들을 보면, 수피파를 미신이라고 보는 것도, 와하비파가 수피파를 이단이라고 끔찍하게 싫어하는 것도 그럴 만하다는 생각도 든다.

힌두와 이슬람의 갈등을 막고자 했던 위대한 성자 니자무딘의 무덤에서 아쉬운 점은 21세기인 지금도 여성들의 출입이 허락되지 않는다는 것이다. 여성들은 "여성은 안으로 들어갈 수 없습니다"란 노란 팻말이 붙은 무덤 안으로 들어갈 수 없고, 무덤 밖에서 우르두어로 된 경전을 읽거나 간절히 기도를 올리는 수밖에 없다.

이슬람의 창세기는 기독교의 창세기보다 공정하다. 아담의 갈비뼈 하나를 빼서 이브를 만든 게 아니라, 여성과 남성을 각각 창조하는 것으로 나온다. 여성은 황금이라 칭해진다. 인도네시아, 터키 등 오래된 이슬람 국가들

오른쪽에 걸려 있는 "Ladies Are Not Allowed Inside"란 노란 팻말로 인해, 안으로 들어가지 못하고 성소를 바라보면서 기도하는 여성 이슬람교도들.

은 여성 총리들을 배출했다(사회생활을 처음 할 때 무역 관련 일을 잠깐 했었는데, 그때 인도네시아 쪽 업무를 맡은 사람들은 "매니저는 전부 여자고, 남자들은 공장에서 짐이나 나르고 있다"라는 말을 많이 했다).

여성들을 무시하는 것은 이슬람의 기본 교리에 어긋난다. 그러나 중동에서 반미와 관련된 대항 이데올로기를 주장하는 탈레반 등의 마초 이슬람 교리는 와하비파의 사상에 근간을 두고 이슬람 여성들을 억압하기 시작했다(새뮤얼 헌팅턴의 《문명의 충돌》을 제대로 비판한 타리크 알리의 《근본주의의 충돌》을 읽어보면, 이슬람의 창시자 마호메트에서 와하비파를 거쳐 탈레반에 이르는 역사를 알 수 있다). 그러나 여기 인도에서도 성자 니자무딘의 묘소 안으로 여성들은 들어가지 못하고 있다.

17

아쉬스 난디의
네오간디주의와 그 비판

아쉬스 난디(Ashis Nandy)는 포스트모더니스트 사회심리학자로 인도를 대표하는 학자다. 한국에서도 이옥순 교수가 아쉬스 난디의 대표 저서인 《친밀한 적(The Intimate Enemy)》을 번역해 펴냈다. 아쉬스 난디의 이름을 모르는 사람이라도 이옥순 교수의 글을 읽어보았다면 간접적으로 아쉬스 난디의 시각을 알고 있다고 볼 수 있다.

아쉬스 난디는 서구가 아니었다면 자신들은 가난을 알지 못했을 것이며 폭력도 알지 못했을 것이라는 아주 황당한 주장을 펼친다(아마르티아 센은 저서 《살아 있는 인도(The Argumentative India)》 4부에서 아쉬스 난디의 주장에 너무 개의치 말라고 권유하기까지 한다). 끊임없는 종교 폭력이 독립 이후 계속 이어지는 것에 대해서 아쉬스 난디는 굉장히 많은 분석·주장을 하는 것 같으나 결론은 심플하다. 인도에서는 세속주의가 잘 되지 않으니 세속주의를 버리고 힌두의 포용성을 강조한 간디로 돌아가자는 것이다.

간디의 힌두 사상으로 돌아가자는 주장은 산골 마을에 전기를 들여오려고 했는데 전기가 마을 전체에 다 들어오지 않고 자꾸 중간에 전기가 꺼지는 집들이 있으니 전기 들여오는 것은 이제 생각하지 말고 예전에 등불 아래서 행복하게(?) 살던 시절로 돌아가자는 것과 같다. 이 주장을 대학에서 교수라는 사람들이 아쉬스 난디를 논하면서 가르치고 있던데, 당신이 당장 산골 마을에서 차는커녕 전기도 없이 살 수 있겠냐는 반박이 바로 들었다.

아쉬스 난디 이론의 기본 골격은 현재 인도 사회의 대안으로 간디가 제시한 여성성을 설정하고 그것의 구체적인 역사적 예와 텍스트로서 간디의 생애와 간디주의를 설정한 것이다. 여성성은 우리 사회에서 물론 더 많이 필요하다. 사실 여성성이 필요하다는 것에 대해 아쉬스 난디가 처음 제시한 것은 아니지만 자신의 논쟁의 중심에 여성성을 놓고자 한 문제의식은 훌륭하다.

그러나 아쉬스 난디의 새로운 점이자 오류는 간디를 구체적인 모범 사례로 설정한 것이다. 여기서 먼저 생각해보아야 할 것은 새로운 사회의 대안적 예로 설정한 간디의 비폭력이라는 것이 진정한 비폭력 겸 여성성의 예로 적합하냐는 것이다. 영국 제국주의와 싸울 때 간디의 비폭력은 전략과 전술면에서 전반적으로는 가동이 잘 되었다. 하지만 인도 사회 내부의 문제로 초점을 돌리면 간디는 지킬 박사에서 하이드로 변했다. 서양에 대고는 도덕적으로 식민주의 정치가 잘못되었다고 공격했지만, 사실 똥 묻은 개가 겨 묻은 개 나무라는 격이었다. 간디는 서로 다른 카스트와는 식사하는 것도, 결혼하는 것도 금지하는 오래된 힌두 전통이 무너지는 세태에 분노하면서, 사원들조차 그와 같은 금지 전통에 대해 발언을 못하게 되어가니 사원이 이제 사창가보다 못하다는 지독한 발언을 하는 '위인'이었다. 비베카난다가 경멸하던 '비천한 카스트와 접촉하면 파괴될 정도로 아주 하찮은 영성'을 가진 이가 간디였다.

간디는 사생활에서도 아내가 철저히 자기 그림자 속에서 살기를 원했던 지독하게 가부장적인 사람이었다. 또 아름다운 젊은 여성과 같은 침대에서

자면서 자신의 성욕을 절제하는 실험을 했고, 어떻게 성욕을 절제했는지 장황하게 묘사하며 성욕 절제 실험에서 이겼다고 떠들어댔다. 간디는 실험물이 된 젊은 여성의 심정은 한 번이라도 헤아려보았을까. 네루는 이에 대해 어떻게 생각하느냐는 질문을 받자, 아예 언급할 가치도 없다고 아주 불쾌해했다. 간디는 온화한 미소를 띤 지독한 마초라고밖에 생각이 들지 않는다. 이러한 모순을 가진 간디의 생애와 간디주의를 기본 골격으로 하는 아쉬스 난디의 기본 이론체계 또한 같은 모순을 가질 수밖에 없다.

아쉬스 난디가 내세운 네오간디주의라는 이론은 힌두가 가진 포용성, 역사보다 신화를 중시하는 간디의 시간관, 여성성 이상 세 가지로 요약할 수 있다. 그러나 포용성이 있던 것은 힌두의 문화가 아니라 인도의 문화였다. 아프가니스탄에서 넘어온 수피파, 악바르의 종교화합 정책, 석가모니의 사회개혁 프로그램 등이 같이 어울려 형성되었던 것이지 힌두만의 문화에서 나온 것이 아니다. 아쉬스 난디의 힌두 포용성에 대한 강조는 힌두 근본주의가 살아갈 양분을 지속적으로 공급해주고 있다.

어지간해서 남을 직접 비판하지 않는 가야트리 스피박(Gayatri Spivak) 교수조차도 아쉬스 난디에 대해서는 따끔하게 비판을 했다. 스피박의 비판의 핵심은 아쉬스 난디가 힌두 근본주의를 계속 불러오는 데 기여하고 있다는 것이다.

MJP: 아쉬스 난디에 의하면 힌두교의 정신구조의 특징 중 하나는 동일화가 아니라 차이를 회수하는 능력입니다. 이 말은 모든 문화는 균질화된 것이 아니라 상호 공존할 수 있고, 또 그러한 기본적인 역동성을 감소시킴이 없이 상호작용한다고 하는 의미를 포함하지요.

스피박: 아쉬스와 저에게는 힌두교의 19세기 판의 산물이 매우 크게 자리잡고 있습니다. 그것은 어떤 일정한 방법으로 문화제국주의와 더불어 발전

되었지요. [···] 만일 힌두교에서 이런 식으로 동일화할 수 있는 것이 존재한다면 그것은 중심화된 초점을 결여하여 산재해서 남아 있기 때문이지요. 이러한 다원적인 힌두교의 측면은 매우 흥미롭다고 느낍니다. 그렇지만 저 자신은 민족주의의 19세기 판이랄 수 있는 힌두교의 정신성의 정의에서 뒷걸음치게 됩니다. 저 자신처럼 인도인들이 오늘날 내놓는 힌두교에 대한 변명에서 주목해야 할 점은, 인도와 미국에서 정치적으로 험악한 현상의 하나가 힌두 근본주의라는 점입니다. 그러므로 이러한 특이한 관점에서는, 이른바 '포스트계몽주의적 기독교 휴머니즘' 보다 힌두교 방식이 보다 더 나을 것이라는 것은 전략적으로 뒤떨어지는 것입니다.[78]

인도 안팎의 첨예한 종교 갈등은 해소될 기미가 보이지 않는다. "짤루 파키스탄(파키스탄으로 꺼져라)"은 인도에서 가장 심한 욕이다. 이 욕은 힌두가 이슬람에게만 하는 욕이 아니라, 그냥 일상에서 누구(?)에게나 쓸 수 있는 말이다. 인도인과 싸우고 싶다면 "짤루 파키스탄"이라고 말하면 된다. 아마 1초도 안 되어 싸움이 일어날 것이다. 인도 독립 이후 인도와 파키스탄이 갈라선 지 반세기가 지났지만, 종교 갈등은 여전한 상태다.

간디주의적 입장은, 신화는 충실하게 역사를 포함하며 역사와 달리 동시대적이고 개입이 용이하기 때문에 문화의 정수이지만 역사는 기껏해야 여분의 것이거나 최악의 경우 오도할 뿐이라는 부수적인 반역사적 가정을 낳았다. [···] 신화는 역사를 현시적 수준으로 구성하는 과정에 이르게 해준다고 보았다. 의식적으로 신화를 문화의 정수라고 인정함으로써 인간의 선택은 제한되기보다는 오히려 선택의 폭을 넓히게 되었다는 것이다. [···] 만약 과거가 사회의식을 구속하지 않고 미래가 여기서 시작된다면 현재는 그 '역사적 순간'이며 영원하지만 변화하는 위기의 순간이고 선택의 시간이다. 그것은 영원한 혁명이라는 개념의 동양적인 각색이거나 여러 아시아의 전통에서 보이는 신비한 무시간적 시간 개념의 실제적인 연장이라고 부를 수 있을 것이다.

– 아쉬스 난디, 이옥순 옮김, 《친밀한 적》, 1993, 89–93쪽.

인용문처럼, 힌두 우익들은 1992년에 과거 신화에서부터 미래를 시작하자고 외치고 라마 신이 통치하던 태평성대 시절의 사원 재건을 전 인도의 힌두들에게 호소했다. BJP(인도인민당)의 자매단체 VHP(세계힌두협의회)와 RSS(민족자원봉사단)는 전국 각지를 돌며 집회를 열어 라마 사원 재건 운동을 펼쳤다. 특히 라마 신의 탄생지로 힌두교 성지 중 하나인 아요디아에 있는 이슬람 사원 바브리 마스지드(Babri Masjid)를 없애고 라마 사원을 세워야 한다고 선동했다. 이것은 이슬람 세력이 인도를 침략해서 나라(무굴제국)를 세운 뒤 아요디아에 있던 라마 사원을 파괴하고 바로 그 자리에 이슬람 사원 바브리 마스지드를 세웠다는 민담에 따른 것이다.

결국 1992년 12월 6일 사건이 벌어졌다. 힌두 우익 지도자들이 "바브리 사원을 무너뜨리자"는 구호를 외치며 선동하고, 약 15만 명의 군중들이 바브리 사원을 파괴하고 인근에 살던 이슬람교도들의 집과 상점들을 약탈하고 방화했다. 12시간 동안 벌어진 광적인 폭동이었다. 이후 이 폭동은 구자라트 주의 비극으로 이어졌으며 현재도 긴장이 계속되고 있다. 라마 탄생지 재건 운동의 정점인 바브리 사원 파괴를 계기로 BJP는 더욱 대중적 인기를 얻어 1998년 총선에서 승리했고, 2004년 중앙정부를 장악했다.

역사와 신화의 비교에 관한 아쉬스 난디의 결론은 역사보다 신화가 중요하다는 것이다. 역사보다는 신화를 믿으면서 살아온 것이 힌두였고 앞으로도 그래야 한다는 것이다. 과거를 불러와 복잡하고 정교하게 펼쳐놓지만 현재의 폭력적이고 불합리한 시스템에 대한 옹호 혹은 방조로 귀결되는 걸 보면, 아쉬스 난디의 이야기는 장광설에 가깝다는 느낌을 받게 된다. 그의 또 다른 대표작인 《심리학의 끝에 서서(At the Edge of Psychology)》(1980) 중에서 자티에 관한 글을 읽으면, '그래서 영국이 제정한 자티반대법이 나쁘다는 거야, 아니라는 거야? 자티가 사실은 영국의 잘못이라는 거야, 아니면 힌두가 고쳐야 할 점이 아니었다는 거야? 도대체 무슨 소리를 하고 싶은 거야?' 란 생각이 들 지경이다.

그와 대조적으로, 라케쉬 옴프라카쉬 메라(Rakeysh Omprakash Mehra) 감독의 영화 〈델리 6(Delhi-6)〉(2009)는 힌두 우익들의 신화관을 정면으로 비판한다. 영화 〈랑그 데 바산티(Rang De Basanti)〉(2006)에서 인도의 부패를 고발한 바 있는 라케쉬 감독은 〈델리 6〉를 통해 이번에는 인도의 종교 갈등의 원인을 파헤쳐 이를 비판한 것이다. "나는 볼리우드가 어디 있는지 모른다"라고 이야기할 정도로 라케쉬 감독은 볼리우드(Bollywood)의 기존 성향과는 다른 형식과 내용으로 영화를 만들어간다.

〈델리 6〉는 나이가 들어 고향인 델리에 묻히고 싶어 하는 할머니를 모시고 난생 처음 인도에 온 재외 인도인 2세(로샨)를 주인공으로 하여 인도의 현실을 냉정하게 비판한다. 로샨이 청소부 여인을 돕기 위해서 쓰레기통을 들다가 청소부 여인의 몸에 닿자 온 집안이 부정을 탄다고 난리를 떠는 이해할 수 없는 신앙심에 놀라고, 권위적으로 아무에게나 뺨을 때리고 구타하고 쉴 새 없이 뇌물을 챙기는 경찰의 부패에 분노한다. 시민들을 위한 〈라마야나〉가 공연되고 있을 때 종교 지도자들과 우익 정치인들이 척척 손발을 맞추는 장면이 나온다.

존경받는 델리 6의 의원이신 마이트리 데비 여사가 여기에 있습니다. 람릴라위원회*를 대표해서 우리는 그녀에게 화환을 드립니다. 라마 시대의 법이여 영원하라. 나는 죽을지라도 나는 맹세를 깨지 않겠다. 라마 신은 의무를 위해서 모든 것을 희생했다.

우리 정당과 나의 헌금을 드립니다. 받아주십시오. 내가 "라마와 시타여 영원하라"고 외치면 나를 따라해주세요.

하누만이여 영원하라
마이트리 데비여 영원하라.[79]

로샨은 정치인들이 종교와 결합되어 있는 것에 대해 흥미로워하나 사람들이 이를 열렬히 따르는 것에 더 놀란다. 이에 대한 이유는 이옥순 교수의 다음 글을 보면 될 것이다.

인도의 모든 마을에는 사원이 적어도 하나씩은 있다. 아니, 역으로 말하자. 마을에 사원이 하나도 없다면 사람들은 어떻게 불행을 감당하겠는가? 어떻게든 위안을 받고 마음의 평화를 찾아야 하지 않는가. 불행한 자, 고통받는 자, 가족을 잃은 자들에게 믿음은 초자연적인 위안을 제공하고 스트레스를 줄여준다. 숨겨진 소망마다 감춰진 걱정마다 신과 신화가 연결되고 그래서 사람들은 거친 삶의 바다에서 살아남는다. 나폴레옹은 "종교는 가난한 자가 부자를 살해하는 걸 막아준다"라고 말했다. 기댈 수 있는 신이 없다면 신과의 엄숙한 약속이 없다면 '지존파'나 '막가파'가 여기저기서 나타날지 알 수 없는 일이다. 신분의 불평등과 빈부격차가 극심하고 무쌍한 자연의 변화가 인간 존재를 무력하게 만드는 인도에서는 초자연에 대한 희망과 절망에 대한 대안이 더없이 필요하다. 행복은 밖에서 오는 것이 아니고 안에서 오는

---

* 〈람릴라(Ram Leela)〉는 《라마야나》를 토대로 만든 연극이다.

것. 수많은 신이 내 편이고 눈에 띄는 것마다 위안거리인 인도인의 마음이 평화로운 건 지극히 당연하지 않은가.[80]

그러나 기댈 수 있는 신이 있어도 '지존파'와 '막가파'는 인도에서 조직적으로 등장한다. 이들 지존파와 막가파는 사원에 달리트인 청소부 여인이 못 들어가게 막는 열렬한 신앙심으로 살아간다. 그리고 이들은 부유층을 살인 대상으로 삼은 한국의 '지존파'와 '막가파'와 반대로 가난한 이웃들끼리 서로 학살한다. 〈델리 6〉는 이슬람이 사는 곳에서 힌두 사원을 지어야 한다는 힌두 성직자들과 정치인 마이트리 데비의 선동을 따르는 힌두, 그리고 이에 맞서는 이슬람교도들의 대항 폭력을 영화의 중심에 놓았다. 해결 방안은? 비베카난다의 가르침이 이 영화에도 등장한다(현재의 인도를 이해하기 위해서는 꼭 보아야 할 영화이니 스포일러성 소개는 더 이상 하지 않겠다. 이 부분은 직접 영화를 감상하면서 찾아보기 바란다).

《라마야나》의 주인공들. 라마 형제와 그들에게 충성하는 하누만.

인도의 문화 전반을 이해하기 위해서는 《라마야나》를 읽는 것은 필수다. 《라마야나》는 정치인들이 쉴 새 없이 인용하기 때문에 정치를 이해하기 위해서도 필수다. 물론 《라마야나》 신화에 현혹되어 인도의 지존파와 막가파들이 어떻게 서로를 살해하고 있는지 드러내는 영화 〈델리 6〉를 제대로 즐기기 위해서도 필수다.

힌두 우익들은 신화를 과거의 환영과 현혹적 공간으로 대중들에게 제공한다. 가짜 역사인 신화가 진짜 역사처럼 환영을 창조하는 공간으로, 가짜 신화가 어느덧 구원의 진짜 신화가 되어 폭력을 정당화시키고 있다. 간디주의자들의 신화관은 대중들의 귀에 달콤하게 속삭인다. "인도에서는 역사보다 신화가 중요하다. 그게 우리 인도인들이 다른 점이다." 그리고 이 달콤한 속삭임은 결국 아요디아 사원의 폭력을 부른 힌두 극우들을 부드럽게 떠받친다.

18

생물학적 여성성은
답이 아니다

1990년 비하르 주의 수상이 된 그녀[라브리 데비]의 남편 랄루 야다브는 목소리가 크고 몸짓이 요란한 농민 출신의 정치인으로, 하층민으로부터 절대적인 지지를 받고 있었다. 그러나 절대적인 권력 아래서는 절대적인 부패가 자라는 법. 그는 3조 원에 가까운 부패 사건에 연루되어 구속되었다. 사전에 구속을 예견한 그는 아내를 자기의 '고무도장'으로 만들기 위해 '부엌에서 주 수상 집무실'로 영전을 시켰던 것. [...] 라브리 여사는 남편의 꼭두각시에 지나지 않을 거라는 일반의 예상을 완전히 깨뜨렸다. 뜻밖에도, 못 배우고 경험도 부족한 라브리의 행정부가 잘 돌아간 것이다. 그녀는 9명의 아이를 키우고 집안일을 돌보는 가정주부의 본능으로 큰 가정인 지방정부를 잘도 꾸려갔다. 아침에 일어나 밥을 짓고 아이를 학교에 보낸 후 집안일을 돌보던 식으로 빠르고 효율적으로 행정을 처리했다.

　　　　　　　　　　　　　－이옥순, 《인도 여자에게 마침표는 없다》, 1998, 13-14쪽.

인도에서 최고로 부패한 정치인인 랄루 야다브의 부인을 칭송하다니 이해할 수가 없다. 남편을 대신한 자리에 부인이 앉아도 부패의 시스템은 잘 돌아가게 되어 있다. 남편과 결탁한 부패한 세력들이 그 진영 안에 모두 앉아 있는데 우두머리 하나 바뀐다고 문제가 되겠는가.

비하르 주는 인도에서 가장 끔찍하게 썩은 주이다. 덕분에 마오이스트들이 가장 활발하게 활동하는 곳이기도 하다. 야다브 일족이 얼마나 지독하게 비하르 주 전체를 통치해왔는지 예를 하나 들어보자. 1997년 3월 비하르 주 시완 시 시내에서 찬드라쉐카르 프라사드(Chandrashekhar Prasad) 전 자와할랄네루대학교(JNU) 학생회 회장과 쉬암 나라인 야다브(Shyam Narain Yadav)라는 활동가가 길에서 저격을 당했다. 이것이 랄루 야다브 정당의 짓이라는 사실은 삼척동자도 알고 있었다. 백주대낮에 일어난 이 저격 사건을 항의하는 시위가 델리와 비하르를 중심으로 전국에서 일어났다(이후 JNU에는 달리트 학생들을 대상으로 한 찬드라쉐카르 프라사드 장학기금이 만들어져 찬드라쉐카르 프라사드의 뜻을 잊지 않고 이어가고 있다). 또한 랄루 야다브의 친동생인 사두 야다브(Sadhu Yadav)는 비하르에서 열린 평화적 추모 시위대에 불법으로 발포해서 시위대를 무력 진압했다. 그러나 처벌은? 형님이 주 총리인데 무슨 일이 있었겠는가. 주 정부의 관료들이 온통 한 통속이니까 이런 일들이 가능했던 것이다. 죽은 사람들만 억울하다.

여성의 입장을 대변한다는 주장 중에서 제일 수준이 낮아 보이는 상황이 있다. 마초들이 "암탉이 울면 집안이 망한다"고 말하면, 여성의 입장을 대변한답시고 "암탉이 울면 알을 낳는다"고 반박하는 것이다. 이럴 땐 "사람이 닭이냐? 사람하고 닭하고 어떻게 비교를 하나. 그래 마초, 너는 닭이고 너의 대가리는 닭대가리다"라고 반박하는 게 맞다. "암탉이 울면 알을 낳는다"고 답해버리면 "나도 너와 같은 닭대가리야"와 같은 수준으로 내려가는 것이다.

지난 몇 년 사이에 논리적인 것은 남성적인 사고이고 여성은 비논리적으로 사고한다며 페미니즘 이론을 왜곡해서 받아들이는 모습을 자주 본다. 여성이라는 생물학적 특징을 가지고 있으면 생각나는 대로 바로 말해도 되는 것이 페미니즘적인 사고인 것으로 몰아간다. 자신들의 천박함을 자랑스러워하는 풍토가 있는데 아무래도 그건 페미니즘 내부의 적일 것이다.

지독한 마초가 아니라면, 여성이 출산과 육아를 중심으로 가정에 대한 부담을 많이 지기 때문에 남성보다 더 고통스럽다는 것을 누가 부인하겠는가. 하지만 부패할 대로 부패한 시스템 안에서 잠시 남편 대타로 활동하며 말 잘 듣는 얼굴 마담으로 자리를 잡은 것을 마치 여성의 영웅적 성공사례로 여기며 '여성은 위대하다'라고 결론을 내리면, 앞서의 암탉 논쟁에서 마초와 같이 진흙탕을 뒹군 여성이 구사하는 논리와 다를 게 없다. 이런 건 페미니즘이 전혀 아니라는 생각이 든다. 비하르 주의 사례는 같은 여성의 입장이라면 뿌듯해 할 사례가 아니라 차마 부끄러워서 들지 못할 사례가 아닐까. 이런 식으로 여성성을 강조하는 것은 전혀 여성에게 도움이 되지 않는다.

10년도 더 된 이옥순 교수의 글을 비판해서 마음이 편치 않은 게 사실이다. 하지만 앞서 인용한 글에 대한 자기비판이 없이 세월이 계속 흘러가는 듯하기에 어쩔 수 없이 비판하게 되었다.

앞서 인용 글이 실린 저서 이후에 이옥순 교수가 많은 연구를 했고 또 좋은 글들도 많이 쓴 것을 인정한다. 저서 《인도 현대사》(2007)를 보면, 영국 여성과 인도 여성의 관계를 다룬 '특별한 전장, 인도 여성'이란 꼭지에서 영국 제국주의 여성들이 (같은 여성이면서도) 인도 여성들을 대하는 입장에 대해 이옥순 교수가 냉철하고 치밀하게 비판한 것은 정말 남녀 누구에게나 일독을 권하고 싶다.

"영국 여성의 사회 진출과 활동을 장려할 수 있도록 인도 여성의 이미지가 구성되었다. 영국의 페미니스트들은 인도 여성을 자신들의 타자로 대상화하고 자신들의 계몽적 도움이 필요한 희생자로 박제했다. 영국 여성의 구원의 손길을 기다리는 희생자 인도 여성의 이미지는 영국 여성의 참정권 운동이 계속된 19세기 후반 영국 페미니스트의 이데올로기를 구성하는 필수적 요소이다."

— 이옥순, 《인도 현대사》, 2007, 93쪽.

19세기에 부르주아 여성들만의 참정권 우선 획득을 주장했던 부르주아 페미니스트적 사고는 인도 여성들에게도 어김없이 적용되었던 것이다. 여성이라는 생물학적 특징 하나만으로 페미니즘이라는 전장에서 모든 것이 해결된다고 믿는 유사 페미니스트들 또는 먼저 앞서 나간 여성들이 구원의 손길을 내밀어주어야 한다고 믿는 여성들은 인도 여성들을 구원해주겠다는 당시 영국 페미니스트들의 사고와 사실상 동일한 사고를 가진 것이다. 이런 여성들에게 윗글의 필독을 권하고 싶다.

그런데 《인도 여자에게 마침표는 없다》와 《인도 현대사》 사이에 이옥순 교수의 시각이 차이를 보인 요인은 무엇일까. 우선, 10여 년 사이에 이옥순 교수의 사상이 진보적으로 바뀌었다고 짐작해보는 것이다. 그렇다면 《인도 현대사》에 왜 《인도 여자에게 마침표는 없다》에 대한 자기비판이 없었을까 하는 생각이 든다. 두 번째로 좀더 유력한 요인은 이옥순 교수의 '간디주의' 다. 간디주의는 밖으로는 제국주의에 맞서는 사상이었지만, 안으로는 자국 내의 사회관계가 영원히 목가적(?)으로 유지되기를 바랐던 사상이었다. 이옥순 교수는 제국주의 여성이 식민지 여성을 바라보는 시각에 대해서는 훌륭하게 분석을 이끌어냈음에도, 실제 현재 일어나고 있는 인도 사회 내의 갈등에 대해서는 '간디주의자'로서 한계를 보여주는 것이 아닌가 하는 생각이다.

이옥순 교수가 크리켓을 다루면서, 크리켓이 인도의 민족주의를 고취시켰다고 소개한 것도 같은 맥락에 있다. 현재 인도의 크리켓 팀들을 보면 선수 11명 중 브라만이 8명에 달하는 경우가 허다하다. 즉 다른 스포츠와 달리 카스트 차별적인 현실에 대해 이옥순 교수가 언급하지 않은 것은 우연이 아닐 것이다(크리켓이 인도에서 차지하는 카스트적 위치에 대한 분석으로는, 크리켓 영화 〈라간(Lagaan)〉에 나온 달리트의 역할을 보고 자극을 받아 연구를 시작했던 S. 아난드(S. Anand)의 《브라만과 크리켓(Brahmans and Cricket)》(2003)을 참고하기 바란다).

19

양성성이 답이다

서양의 그노시스주의자(Gnostic: 영지주의자)나 힌두의 양성성(androgyne) 을 완벽한 것으로 보는 전통이 오래되었다. 양성성이란 그리스어의 남성 (Andro)과 여성(Gyne)을 결합한 것으로 남성적이라 불리는 특성과 여성적이 라 불리는 특성을 한 개인이 동시에 지니고 있는 상태를 의미한다.

다음 페이지의 사진 속 시바 신의 형상을 보면, 왼쪽은 시바, 오른쪽은 파 르바티(Parvati)의 모습을 하고 있다. 인도에서는 이렇게 합쳐져 있는 조각 상, 또는 시바와 파르바티를 같이 그려 놓고 "시바와 파르바티는 하나다"라 는 문구를 적은 그림들을 많이 볼 수 있다.

아쉬스 난디 또한 힌두 전통에 대해서는 다음과 같이 요약하고 첫 번째 배열이라고 부른다.

양성(Androgyny) 〉 푸르샤트와(Purusatva, 남성다움의 본질)

나리트와 (Naritva, 여성다움의 본질)

즉 남성다움과 여자다움은 동등하지만 남자와 여자의 이분화를 초월하는

능력은 신적이며 성자다운 자질을 나타내는 지표로서 남자다움과 여자다움보다 우월하다는 것이다.[81]

그러나 곧 아쉬스 난디는 간디의 사례를 따라서 여성다움의 본질이 우월하다는 주장으로 바로 전환한다. 그의 주장을 따라가보자.

"간디의 두 번째 배열은 먼저 남아프리카에서 그리고 나중의 인도에서 전개된 반제국주의 운동의 방법론적 정당화로 사용되었다.

나리트와〉푸르샤트와〉카푸르샤트와

즉 여성다움의 본질이 남성다움에 우월하며 남성다움은 산스크리트의 표현에서 볼 수 있는 비겁함이나 남성다움의 부족보다 우월하다는 것이다. […] 첫째로 여성해방운동이 시작되기 50여 년 전에 간디가 여러 번 강조했

양성을 갖춘 시바.

듯이, 나리트와의 개념은 여성에 대한 서구의 지배적인 정의를 넘어서는 어떤 의미를 가지고 있었다. 이는 힘·행동주의와 남성다움의 관계보다 힘·행동주의와 여성다움과의 훨씬 가까운 관계에 대한 믿음과 유사한, 여성에 관한 인도의 전통적인 의미도 포함하였다. [⋯] 이러한 여성 이론의 중심이 되는 것은 여성의 주체를 혼인보다 모성의 탁월함에 두는 전통적인 인도의 믿음이었다. [⋯] 결론적으로 간디는 행동주의와 용기가 공격성으로부터 해방될 수 있으며, 여성(Womanhood), 특히 모성과 완전히 양립할 수 있다는 것을 분명히 알고 있었다."[82]

여성성을 강조하는 것은 중요하다. 그러나 아쉬스 난디의 여성성에 대한 강조는 곧 자티를 반대하고 여아 조혼을 반대했던 스와미 다야난다 사라스와티(Swami Dayananda Saraswati)와 카스트제도 철폐를 주장했던 스와미 비베카난다에 대한 공격으로 이어진다. 그 근거는 그들이 남성성인 크샤트리아에 근거했기 때문이라는 것이다. (참고로, 여아 조혼의 참혹성에 대해서는 쉐카르 카푸르(Shekhar Kapur) 감독의 〈밴디트 퀸(Bandit Queen)〉(1994)을 보기를 권한다. 첫 생리가 있기도 전에 소 한 마리와 자전거 한 대에 팔려간 여아가 '남편'에게 강간당하는 장면을 보면 여아 조혼 참혹성의 한 단면을 알게 된다. 참고로 말하자면 자신을 강간했던 남자들의 성기를 총으로 쏘아 그들을 죽였던 밴디트 퀸은 불교로 개종했으며 후에 그녀는 보복 암살을 당했다. 이 영화는 인도 내에서 투자금을 구하지 못하여 영국 채널4의 자금 지원으로 만들어졌으며, 인도에서는 많은 장면들이 잘려나간 채 상영되었다.)

아쉬스 난디의 포스트모더니즘적 장광설을 들어보자.

"그들은 고대의 힌두는 늘 위대했지만 — 그 의미를 그들의 언어 그대로 표현하면, 생식력 있는 성인이었지만 — 성서에 의거한 브라만주의와 진정한 크샤트리아와의 연계를 상실했기 때문에 불우한 상황으로 추락했다는 입장을 취하였다. 즉, 만약 군인계급다운 용맹성이 지배자의 첫 번째 특질이라면 당연히 이러한 특질을 소유한 사람만이 통치할 수 있다는 주장이다. […] 따라서 비베카난다와 다야난다도 힌두교를 기독교화하려고 하였다. 그렇게 하여 그들은 서구를 힘과 주도권으로 동일시하였고 나아가서는 서구를 우월한 문화라고 인정하였다. […] **그들은 힌두교가 가치 있는 서구의 특질을 받쳐주는 전통을 포함하고 있으나 몰가치한 동시대의 힌두들이 그것을 상실했다고 여겼다.** […] 자신이 세운 교회를 아리아 사마지라고 이름을 붙인 다야난다의 결정에는 정치적 의미가 내포되어 있었다. 이러한 모형은 또한 힌두교의 근본적인 심리적, 제도적 변화를 강조하고 비관적 힌두교의 제 양식, 즉 정치적 변화에 대한 전자의 우선권을 역설하면서 **동시에 힌두들을 있는 그대로 인정하면서 영국 식민주의와 투쟁하려는 입장을 거부하도록 하였다.** […] 이 두 번째 모형이 점점 반식민주의의 필요와 양립이 불가능해졌고 자기비판에 대한 외생적인 범주를 지나치게 강조함으로써 간접적으로 식민주의의 협력자가 된 것은 놀라운 일이 아니다."[83]

다야난다 사라스와티와 비베카난다가 '가치 있는 서구의 특질을 받쳐주는 전통'이라고 본 것이 있다면 자티, 여아 조혼, 카스트가 없는 것이었다. '몰가치한 동시대의 힌두들'은 《마누법전》이나 들먹이면서 카스트제도를 유지해야 한다고 생각했다. '힌두들을 있는 그대로 인정하면서 영국 식민주의와 투쟁하려는 입장'이라는 게 바로 간디가 원하던 스와라지, 카스트제도에 기반을 둔 영국으로부터의 자치이다.

힌두들을 있는 그대로 인정하다는 것이 얼마나 잔인한 것인가. 카스트제도 옹호자인 간디 같은 자들이나 원하는 것이다. 아쉬스 난디는 네오간디주의자다. 그는 여기서 여성성, 남성성 논의를 끌어들여 실제 중요한 카스트제도 관련 논의는 가려버렸다. 요약하면 이런 식이다. '여성성이 좋아? 남성성이 좋아? 여성성이 좋지. 그러면 남성성을 강조한 디야난다와 비베카난다는 나쁜 거 맞지.' 그런데 이걸 쭉 따라가 봐도 카스트 철폐에 관한 논의는 보이지 않는다. 이게 포스트모더니스트들의 전형적으로 형편없는 말장난이다. 실상 중요한 것은 논하지 않고 온갖 부차적인 것들로 한참 이야기하고 중요한 것은 뒤로 돌려버리는 것이 포스트모더니스트들을 자처하는 이들의 특징이다. 이들과 논쟁할 때 이들이 들고 나온 부차적인 것을 가지고 같이 장단을 맞추면 같이 진흙탕 속으로 들어가는 것이다.

나도 첫 번째 배열, 양성을 갖춘 시바가 가장 아름답다고 느낀다. 또 부정적인 남성성이 가득 찬 지금까지의 인류 사회에 여성성은 절대적으로 필요하다. 하지만 이 꼭지의 맥락에서는 남성성, 여성성에 관한 논의를 할 필요는 못 느낀다. 아쉬스 난디 같은 포스트모더니스트들끼리 주제를 흐려놓기 위해 끌어온 여성성과 남성성이라는 개념 때문에 같이 흥분할 필요는 없다고 본다. 내가 논하고 싶은 것은 비베카난다류의 사상이 식민지 지배에 봉사했다는 아쉬스 난디의 주장이 타당한가의 여부이다. 그렇게 자신이 따르는 간디가 원하던 스와라지는 결국 상층 카스트만 잘 먹고 잘사는 카스트제도 위에 서 있는 사회였다는 것을 아쉬스 난디가 부정할 수 있는가.

아쉬스 난디는 다음 부분의 자연발생적인 운동에 대해서도 격렬하게 비판한다. 대중이 조직화되기 전에는 모두 테러로 시작한다. 조직되지 않은 상태에서는 우발적인 폭력만이 유일한 항거이기 때문이다. 인도에서 국민회의가 결성되고 이 국민회의를 중심으로 대중운동이 성장했고 모두 이 국민회의와 직간접으로 연결되어서 현재 인도의 다양한 정치조직까지 분화되었다. 국민회의 결성 이전까지는 모두 조직화되지 않은 무기력한 개개인들이었다. 일개 개인이었던 자연인 김구는 명성황후 시해의 공범으로 의심되었던 일본인을 맨손으로 때려죽였다. 그때 그는 임시정부에 소속되어 있지도 않았고 당시 할 수 있는 것은 그것 외에는 없었다. 김구의 테러 행위를 남성성에 강조를 둔 무기력한 항의 운동이라고 몰아붙일 수 있겠는가. 아쉬스 난디는 그렇게 하고 있다.

> "19세기 인도에서 일어난 많은 사회적·종교적·정치적 개혁운동은 지배자와 피지배자 사이의 진정한 공유 영역인 크샤트리아를 진정한 인도인을 나타내는 새롭고 유일한 지표로 여겼다. 크샤트리아에 강조를 두는 이 새로운 기원과 기능이 식민주의의 심리적인 수하물을 수송하는 사람들의 믿음과는 달리, 용맹한 인도인에 대한 추구가 대다수의 봉건적 왕족과 식민주의에 대한 가장 무기력한 항의 운동(반(半)서구화된 중간계층과 도시 젊은이들이 주도한, 아주 용맹스러웠으나 비효율적인 벵골, 마하라슈트라, 펀자브 지방의 테러와 같은)으로 대표되는 인도 사회 내의 가장 강력한 협력자 계층을 인정하였다는 사실에서 잘 증명된다."[84]

사실 아쉬스 난디는 여기에 대해서 효율적이니 비효율적이니 말할 자격이 없다. 아쉬스 난디가 보기에는 비효율적인 테러로 간주될 바가트 싱 (Bhagat Singh)의 법정 투쟁이 있을 무렵 간디는 의회가 열리기 전 바가트 싱과 그 친구들을 서둘러 처형해줄 것을 인도의 영국 식민정부에 요청한 사람이다. 그는 의회의 회기 기간 중에 소요가 일어나는 것을 원하지 않기 때문이라고 그 이유를 밝혔다. 당시 바가트 싱과 그의 동료들은 영국만 공격하고 있는 것이 아니라 영국과 협력해서 잘 먹고 잘사는 인도의 매판자본가들과 지주계급도 공격하고 있었기 때문이었다. 간디는 비협력운동의 강령으로 소작료를 잘 내고 지주들과 협력할 것을 주장한 '비폭력의 성자'였다. 폭력적인, 너무나 폭력적인 간디를 따르는 간디주의자들이 앞서와 같이 말을 할 이유가 전혀 없는 것 같다.

20

간디와 김구의 죽음

간디의 죽음이 간디를 현재의 간디로 만들었다. 그가 죽지 않고 살아 있었다면 그의 반(反)역사적 카스트 지지는 독립 이후 한계를 점차 드러내면서 한때의 독립 영웅 틸라크처럼 역사의 뒤안길로 사라졌을 것이다. 파키스탄과 인도가 따로 독립하기 위한 과정으로 수천 명의 사람들이 서로 학살하고 있을 때 간디는 힌두교도와 이슬람교도의 화합을 목숨을 걸고 호소했고 그때 그는 암살당하며 가장 아름다운 성자의 한 명으로 기억이 되었다. 간디는 RSS에 소속된 힌두교 광신자가 죽였다. 간디가 카스트제도를 지키기 위해 달리트의 저항을 막고 약간의 유화책을 쓰는 시늉을 하는 것도, 이슬람과 같이 인도를 건국하자고 주장하는 것도 극우 힌두주의자들의 마음에 들지 않았던 것이다. 그들이 보기에 간디는 배신자였다.

간디의 죽음을 생각하면 나는 바로 김구의 죽음이 떠오른다. '왜 대한민국의 뉴라이트들은 잘 못하나' 하고 아쉬울 따름이다. 한국의 뉴라이트들은 인도로 와서 인도의 우익들을 눈여겨보면 배울 것이 많을 것이다.

인도의 극우들은 공산주의자였던 바가트 싱까지도 인도에 대한 조국애를 강화시키는 데 서슴지 않고 사용한다. 델리 JNU에 잠시 머물고 있을 때, 일군의 극우 학생들이 한쪽 벽에는 방글라데시로부터의 불법 이민 유입을 결사반대하는 포스터를 붙이고, 또 다른 쪽 벽에는 공산주의자 바가트 싱의 초상과 함께 "Hindutva!(힌두들만의 나라를 건설하자)"라는 슬로건을 써넣은 대자보를 붙인 것을 보았다.

극우들이 암베드카르의 사진 아래에 자신들의 슬로건을 끼워 넣은 포스터는 기본이다. 한국의 뉴라이트들은 최근 시민단체들을 여럿 결성하고 정부 지원금을 많이 받기 시작한 것으로 아는데, 인도에 연수 와서 인도 우익 단체들에게 많이 배웠으면 한다. 한국과 인도를 비교하면, 다른 분야는 잘 모르겠지만 인도의 우익이 한국의 우익보다는 세련되고 우익 이데올로기 가공 수준이 높다는 것만은 확실하다. 인도의 뉴라이트들은 아쉬스 난디같이 세계적으로 알려진 학자를 배출하기도 하지만, 한국의 뉴라이트들은 학술대회나 세미나를 소동 없이 열면 다행인 것처럼 보인다.

힌두 극우 학생조직 ABVP가 붙인 대자보. 바가트 싱과 그의 친구들의 초상과 함께, 그들이 이야기한 "우리의 죽음 이후에도 어머니 조국에 대한 우리의 사랑은 심장에서 떨어지지 않으리라. 우리의 재가 조국의 향기 위에 뿌려지게 하라"라는 말이 적혀 있다. 좌파 학생조직 중 하나인 DSU가 위 선전물이 밉게 느껴졌는지 그 위에 자신들의 조직명을 그냥 덮어버렸다.

인도 극우정당 BJP가 집권하던 시절, 바지파이 총리는 아마르티아 센을 극구 찬양했다. 그의 개발경제학이 빈민을 위해서 존재한다고 떠들고 다녔다(하지만 정책에는 전혀 반영하지 않았다). 그러면 사람들은 바지파이가 빈민을 생각하는 것처럼 잠시 헷갈린다. 그게 참 잘하는 정치인 것이다. 자기들 하고 싶은 대로 다 하면서도 국민들이 듣고 싶은 말을 적절히 할 줄 아는 기술 말이다.

인도에는 아쉬스 난디같이 우수한 우익들이 많기에, 빈부격차가 심한데도 인도 사회에 큰 변화가 오지 않는다. 극우들이 너무 세게 나가면 아쉬스 난디 같은 뉴라이트들이 나서면서 그러면 안 된다고 이런저런 비판을 한다. 그러면 이슬람교도 대량 학살에 대한 책임이 있는 구자라트 주 총리 나렌드라 모디(Narendra Modi)는 아쉬스 난디를 체포하겠다고 난리를 치며 아쉬스 난디의 발언에 신뢰도를 더해준다. 서로 만나서 회의도 안 하는데, 완벽한 우익의 그림을 그려주는 것만 같다. 죽이 척척 맞는다. 아쉬스 난디가 국민들을 다독거리면서 내리는 결론은 세속주의 하면서 이런저런 어려움이 있었으니 세속주의는 버리고 간디로 돌아가자는 것, 결국 불평등한 세상이라도 행복하게 살자는 것이다.

한국의 뉴라이트들은 좋은 우익이 되기 위해서 자신의 이념이 광신임을 무식하게 드러내지 않고 달콤하게 속삭이는 법을 인도 우익들에게 배워야 한다. 일제강점기 때 성노예로 끌려가 말로 형언하기 힘든 고통을 당하셨던 할머니들을 보고, '돈 벌려고 자진해서 간 사람들'이라는, 일제에 대한 광신적인 충성심이 없으면 못할 망언들을 해대니, 한국 보수 진영의 근간인 친일파들에게 전혀 도움이 되지 않는 것이다. 친일파 분들은 그 많은 돈 쌓아놓아서 무엇을 하시나. 뉴라이트들 인도로 연수를 보내주는 게 좋을 것이다. 인도에서 좀 배워 가면 친일파들에게 실제적으로 도움이 되는 사람으로 바뀔 텐데 말이다.

이승만 세력이 김구를 암살했다는 것에 대응하기 위해 뉴라이트 이론가들은 김구를 나쁜 사람, 죽여도 되는 사람으로 윤색하며 좌익으로 몰고 가는데, 인도 극우들이 간디의 죽음에 대해 취한 방법은 이런 식이었다. '우리, 간디 사랑한다. 그리고 간디의 죽음을 아직도 애석하다고 이야기한다.'

그러니까 만약 인도 우익이 김구의 암살을 저질렀다면 '아, 김구 이 땅의 애국자여! 남과 북이(인도라면 파키스탄과 인도겠지) 한 나라가 되기를 끝까지 간절히 바랐던 진정한 애국자여! 우리 모두 김구처럼 나라를 사랑하자. 단 나라를 사랑하는 방식은 김구보다 우리가 좋다. 김구 암살자? 우리 조직이지만 우리와는 상관없다. 몰라. 자꾸 물어보지 마. 그거 물어볼 시간에 김구의 죽음에 대해서 애통해하고 이제는 우리 방식으로 김구를 계승하자' 라는 식으로 처리했을 것이다.

인도 우익이라면 4·19를 어떻게 대할까? '아, 위대한 4·19혁명!' 하며 간단하게 말해버리고, 이를 계승한 박정희 대통령 어쩌고 하면서 박정희 전 대통령의 치적을 찬양하는 걸로 끝내버릴 것이다. 4·19에 대해서는 자세한 내용 언급 없이 말이다. 요컨대 포지티브 마케팅이다. 5·16을 찬양하기 위해서 4·19를 깔아뭉개는 짓은 안한다.

대한민국 뉴라이트들은 인도 우익들처럼 움직이기에는 너무 늦었다. 하도 많은 말들을 나름 체계적(?)으로 해온지라 돌아갈 수 없는 지경이다. 이제 와서 '김구는 우리와 같은 우익이었다' 면서 우익의 정통성을 강화할 수가 있겠는가. 인도의 우익들은 좌파 정당들과 견원지간이지만, 공산주의자인 바가트 싱까지도 자신들과 같은 애국자라면서 자신들 줄에 세운다. 뉴라이트라는 타이틀만 내세우면 무엇하나. 말을 너무 많이 하기 전에, 아쉬스 난디 같은 인도의 우수한 뉴라이트들을 열심히 공부했어야 했다. 사실, 아쉬스 난디는 몰라도 된다. 최소한 마케팅 책이라도 제대로 한 권 읽어서 포지티브 마케팅 기법이라도 익히는 것이 좋을 것이다.

21

부자가 된 성자

지금 우리가 살고 있는 시대는 '성자가 된 청소부' 보다 '부자가 된 성자'가 많은 시대다. 지난 2008년 94세를 일기로 사망한 초월명상법의 창시자 마헤시 요기(Maharishi Mahesh Yogi)도 그중 한 명이다.

1967년 영국 웨일스에서 마헤시 요기를 만나 깊은 인상을 받은 비틀즈는 이듬해 인도로 날아가 마헤시 요기 아쉬람의 초월명상(Transcendental Meditation) 프로그램에 참여했다. 하지만 링고 스타는 열흘 만에 떠났고 가장 길게 머문 존 레논과 조지 해리슨도 두 달이 채 안 되어 떠났다. 이들이 급작스럽게 떠난 것은 마헤시 요기가 실제로는 돈과 여성을 밝히는 속물이자 호색한이어서 환멸을 느꼈기 때문이라는 주장이 제기되었다. 비틀즈가 마약을 하다가 그에게 야단을 맞고 쫓겨났다는 상반된 설도 있었다. 상반된 주장이 오고 갔지만, 마헤시 요기의 입장에서 진실은 아무래도 상관없었다. 비틀즈의 방문 이후, 일반 히피들은 물론 할리우드 스타들과 명사들까지 잇따라 아쉬람을 방문해 문전성시를 이루면서 마헤시 요기는 그야말로 세계적인 스타덤에 올랐으니 말이다. 마헤시 요기는 '비틀즈의 정신적 스승'이라는 프리미엄을 톡톡히 누리며 이를 발판으로 '문화기업가'로 크게 성공해 2조 4,000억 원에 달하는 재산을 지닌 거부(巨富)가 되었고, 네덜란드에서 호사를 누리며 세상 누구도 부럽지 않은 말년을 보냈다.

1965년 미국의 이민제한법이 풀린 뒤 인도의 부유층들은 미국으로 많이도 넘어갔다. 그 가운데는 스피박을 비롯해서 현재 미국에서 활동하고 있는 많은 학자와 지식인들도 있지만, 이른바 구루들도 많았다. 미국에 건너간 이들 인도 출신의 구루는 각지에 명상센터를 세워서 엄청난 돈을 벌었다. 이를 미국인 입장에서 풍자하고 있는 영화가 데이지 메이어(Daisy V. S. Mayer) 감독의 영화 〈구루(The Guru)〉(2002)다. 웨스 앤더슨(Wes Anderson) 감독의 영화 〈다즐링 주식회사(The Darjeeling Limited)〉(2007)도 서양인들이 구루나 바부(Babu: '선생님'이란 뜻)에 대해 가지고 있는 환상을 잘 풍자한 영화다.

외국에서 자리 잡은 모든 구루가 다 그렇지는 않겠지만, 많은 구루들이 물질적 욕망을 채우기 위해 정신문화를 팔고 있다는 생각이 든다. 많은 구루들이 보여주었다는 공중에서 보석을 만들어내는 마술이나 치유의 기적도 거의 대부분 조작이었다는 것이 드러났지만 그래도 여전히 그들은 추종자들을 모으고 있다. 인도인들도 이런 사실에 대해서는 비판하고 있다.

쇼바 데(Shobha De)의 소설 《봄베이의 연인》 중 일부를 같이 읽는 것으로 이 꼭지는 마무리 짓자.

총애 받는 열성 신자였던 얼굴이 갸름한 여자는 우리가 그 3인조를 보았던 바로 그날 자기의 딸을 도사에게 바쳤다. 그리고 도사는 손수 그 여자아이를 축복해주고 다른 아이도 받아들이기로 했다. 이제 그는 어머니—최근에 부유한 사업가였던 남편을 잃은 과부—를 포함하여 세 여자를 차지하게 된 것이다. […] 그 제자는 좀더 자세히 알아보려고 차 옆으로 다가갔다가 도사가

뒷좌석에서 구자라티 계집아이와 정신없이 그 짓에 빠져 있는 것을 보았다. [···]

"그런데 난 아줌마의 그 신 같은 사람이 아주 멋을 부린다는 것을 알아챘어요. 그 사람에게 뭐든 최고라야 되겠죠? 장식이 주렁주렁 달린 도포, 다이아몬드, 사파이어, 금, 은."

"그걸 말이라고 해? 그분은 왕자, 이 세상의 왕자이신데 어떻게 그분이 그저 그런 옷을 입거나 그저 그런 사람들처럼 처신할 수가 있겠어? 게다가 그분은 자신을 위해서는 아무것도 사지 않아. 그러라고 하면 아무것도 소유하지 않겠다는 거야. 그분은 어느 것에도 애착이 없어. 헌신적인 신자들이 바치는 것만, 그것도 오직 그 사람들을 즐겁게 해주기 위해서 입으시지. 그분은 단지 그 사람들 기분을 상하게 하고 싶지 않은 거야. 난 네가 그분을 오해하지 않았으면 해."

"그렇지 않아요, 정말이에요. 그 반대로 난 그 사람을 너무 잘 이해한다고 생각해요."

– 쇼바 데, 황보석 옮김, 《봄베이의 연인》, 1995, 238-241쪽.

22

함부로 기부하지 마라

델리의 여행자 거리 파하르간지에서 있었던 일이다.

식당에서 밥을 먹고 있는데 이탈리아 청년 한 명이 들어와 온갖 '쇼'를 했다. 그 청년은 윗옷을 벗고 옆구리부터 등으로 이어진 가네샤(Ganesha)* 문신을 보여주고 자기가 힌두교에 얼마나 깊이 빠졌는지를 자랑하기 시작했다. 석가모니도 브라만이었다는, 말도 안 되는 헛소리를 하면서 초월명상에 대해서 이야기하는 것은 좋은데, 나를 보고 설교를 하는 것이었다. 그래서 그만하라고, 석가모니는 크샤트리아 출신이었다고 대꾸해버렸다. 석가모니가 브라만이라는 얘기는 어디서 들었냐고, 석가모니는 힌두교를 거부하신 분이라고 이야기를 하니, 이 사람은 아트만(atman)이니 하는 초월의 세계로 화두를 옮기기 시작했다. 주위 사람들이 말리려고 했는지 그 사람과

---

* 가네쉬(Ganesh), 가나파티(Ganapati)라고도 한다. 시바와 프라바티 사이에 태어난 아들로, 힌두교에서 지혜와 행운의 신(神)으로 숭배된다. 사람의 몸에 코끼리 머리를 한 가네샤는 코가 길고 팔이 넷 달렸으며 뱀으로 띠를 두르고 쥐를 타고 있는 모습이다.

내게 다른 말을 걸기 시작해서 그냥 그 정도의 언쟁으로 끝나긴 했지만 이렇게 설교를 늘어놓는 사람을 만나면 피곤하다. 나는 계몽하는 것도 좋아하고 계몽당하는 것도 좋아하지만, 헛소리는 질색이다.

두 번째 사건. 점심을 먹으러 한국인 식당 '도깨비 작은 섬'에 갔는데, 세수라고는 100년 전에 한 것 같은 구질구질해 보이는 '바부(선생님)' 한 명과 서양인 여성 한 명이 옆 테이블에 있었다. 서양인 여성이 잡채를 시켜서 공양을 하고 있었고, 그 남자는 "나는 자유롭다" "나는 물질에 얽매이지 않는다" "사람들은 왜 돈(따위)에 집착하는가" 등의 이야기를 하고 있었다. 솔직히 나는 그런 '성자'들의 헛소리는 언짢아서 듣고 싶지 않았지만, 거리가 가까워서 어쩔 수 없이 들리니 참기가 힘들었다. 여성분이 내게 같이 이야기나 하자고 해서 동석하게 되었다. 그녀는 "이 바부는 모든 것을 다 버리고 돈 없이 매일 이렇게 산다. 바부인 척하면서 속이는 이들이 많지만 이 사람은 진짜다"라며 그를 내게 소개했다. 이 '바부'는 자신이 자유로운 영혼임을 한껏 뻐기며 흐뭇한 표정으로 말을 걸어왔고, 우리의 대화는 그렇게 시작되었다. 내가 먼저 질문했다.

"비베카난다를 아느냐? 그가 물질에 대해서 강조하는 것은 어떻게 생각하느냐?"

"나는 모든 재산을 버리고 자유롭게 되었다. 카르마(전생의 업)에 대해서 생각해보라."

"비베카난다는 인도의 굶주린 이들에게 필요한 건 종교가 아니라 빵이라고 했다. 어떻게 생각하느냐?"

"라마크리슈나(비베카난다의 스승)를 말하는가? 예를 하나 들겠다. 남을 죽여서 먹는 것은 나쁘다. 동물을 죽여서 먹어서는 안 된다. 네가 고기를 먹는 것을 비난하는 것은 아니다."

"비베카난다에 대해 어떻게 생각하느냐를 물었는데 왜 채식주의 이야기가 나오냐? 그 예가 왜 나오느냐?"

"이것은 예가 아니다. 동물을 죽이고 있는 것은 현실이다."

"당신이 예라고 먼저 말하지 않았나? 그런데 말을 바꿔서 예가 아니라고 하면 내가 어떻게 당신과 대화를 할 수 있겠는가?"

"당신 머리에 있는 사하스라라 차크라*가 밝아지면 세상이 새롭게 보일 것이다."

내가 언성을 높이면서 고개를 흔들자, 옆의 여성은 "왜 고개를 흔드느냐. 이 분은 존중받을만한 이유가 있다. 어젯밤 네가 사람들과 즉흥 연주로 블루스 노래를 부를 때 좋았다. 나도 너를 존중한다"고 했다. 사람을 추켜세우면서 그만하라고 한 것이다. 이 여성은 내가 머물던 방의 맞은편 방에서 지냈는데, 밤마다 형광등 대신 촛불을 켜놓고 인도의 '구루' 들이 곧잘 하는 "인도는(India is…)"이나 "모든 것은(Everything is…)"으로 시작되는 일반화의 오류를 사람들 앞에서 남발하는 이였다. 인도의 신비에 대한 신념이 있는 사람이었다.

솔직히 바부나 그녀나 둘 다 '아주, 쇼를 해라' 하는 생각밖에 안 들었지만, 더 떠들어봐야 '인건비도 안 나올 것' 이 뻔해서 대화를 접기로 했다. 그래도 마무리는 짓고 싶어 이렇게 얘기했다.

"당신은 비베카난다를 모른다. 그는 물질과 정신을 동시에 강조했다. 당신과 대화를 나누는 것이 어렵다. 내가 목소리를 너무 높인 것은 사과하겠다."

당시 내가 머물던 게스트 하우스의 주인은 이 '구루' 가 여행자들을 만나

---

* 차크라(Chakra)는 인간의 신체에서 에너지, 정신, 기(氣)가 모이는 중심점이다. 인간 신체에 있는 수많은 차크라 중 일곱 곳이 중요한 차크라로 여겨지는데, 사하스라라 차크라(Sahasrara Chakra)는 그 가운데에서도 가장 정점에 있는 차크라다. 사하스라라 차크라는 머리의 정수리에 해당하는 백회(白會) 부분으로, 궁극적인 깨달음이 이루어지는 곳이다.

러 오면 쫓아내겠다면서 '거지'가 찾아오는 것은 질색이라고 했다. 그러면 게스트 하우스 주인은 힌두교 신자가 아닐까. 게스트 하우스에도 신상(神像)과 그림이 있고 주인과 같이 일하는 형은 채식주의자였다. 그들은 힌두교 신자다. 힌두교 신자인 이들은 자신들이 '거지'라고 부르는 이에게 외국인들이 열광하는 것을 보면서 한심하게 생각하거나 인도에 대한 무한한 자부심을 가지지 않을까 생각된다.

한번은 파하르간지를 걸어가고 있을 때, 구루 스타일의 걸인이 다가와 내 앞을 막았다. 그는 나에게 복(Blessing)을 주는 시늉을 했다.

'무엇을 하자는 것인지. 내가 언제 자기더러 복을 달라고 했나. 안 그래도 오토 릭샤 소리, 사이클 릭샤 벨소리로 정신없는 이 좁아터진 길은 늘 어깨가 부딪힐 만큼 인간들이 많아 걷기도 쉽지 않건만, 게다가 오전에 비까지 내려서 소똥, 개똥이 진흙과 섞여 흙인지 똥인지 구분도 안 가는 길을 긴장하며 걸어가는 이 유쾌하지 않은 상황에서 뭐 어쩌자고!'

그냥 말없이 피해서 지나가려니 그는 돈을 달라고 손을 내밀었다. 나는 길을 가야 하니 비키라고 손을 저었다. 그러자 그는 갑자기 화를 내면서 손을 들어 근엄하게 나를 때리려고 했다. 화가 났다. 이럴 때 한국인으로서 분노를 가장 잘 표현하는 방법은 떠오르는 감정을 한국 욕으로 퍼붓는 것이다(다음은 경상도 말의 억양으로 읽어주시길).

"Fuck you!(이 말은 외국어가 아니다. '만국 공용어'니까 일단 이 말로 운을 떼고, 그다음 본격적으로) 이 ○○ 강도 ○○야. 어디서 노깡(노상강도의 은어)이고? ○을 ○다고 니한테 돈 줄까. 내가 언제 복 달라고 했나. ○을 ○라. ○을 ○. 이 ○가 만발이나 빠져서 ○어 자빠져 뒹굴 인간아."

감정 표현은 자기 모국어를 구사하는 것이 뭐니 뭐니 해도 제일이다. '내가 무척 격앙되어 있으며 너를 엄청 갈구고 있다는 것'을 상대에게 충분히 알려주는 것이 욕의 가장 중요한 기능이다. 따라서 당신의 모국어 욕은 구루, 아니 구루 할아버지에게도 충분히 당신의 의사를 전달해줄 것이다.

시간이 좀 흐른 뒤에 그곳에 오래 사신 분들에게 들은 충고인데, 욕을 하면서 싸우기보다는 그냥 지나가는 게 제일 좋다고 한다. 맞는 말씀이다. 똥개도 자기 동네에서는 설친다는데 하물며 외국인이 외국에서 고함 질러봐야 좋을 게 없다는 말씀으로 받아들였다. 실제로 얼굴에 염산 세례를 받은 한국인도 있다고 들었다. 어이없게도 사회에 대한 불만이 사회갈등의 원인을 제공하는 부패한 자들을 향해 표출되는 것이 아니라 애꿎은 외국인에게 쏟아질 수 있으니, 인도에서는 화나는 일이 있어도 그냥 그러려니 하고 먼 산을 보며 넘어가길 바란다.

인도 전역에 돌아다니는 구루들이 진짜라면 인도라는 나라의 사람들 대다수가 이렇게 힘들게 살고 있겠는가. 비베카난다가 싸웠던 대상 가운데는 이런 한심한 가짜 성자도 있었다. 비베카난다 같은 성직자가 이 넓은 인도 어딘가에 존재하고 있을지도 모른다. 그러나 그 같은 이는 만나기 힘들 것이다. 그보다는 여행자들을 만나 구질구질하게 앞서와 같은 헛소리를 늘어놓으며 밥이나 얻어먹고 기부 받아 마리화나를 피워대는 이들이 압도적으로 많다. 나는 사춘기를 로큰롤 키드로 보냈다. 나는 밥 말리와 지미 헨드릭스를 무지하게 좋아하는 사람이다. 마리화나는 자신이 책임지는 선에서 피우는 것이지 그 행위 자체를 비판하는 것은 아니다. 자기가 기부한 돈으로 그들이 마리화나를 피우는 걸 알면 쓰러질 기부자들이 태반일 것이라는 이야기를 하고 싶을 뿐이다.

서양인들 중에서도 자신을 '사두(Sadhu: 수행자, 구도자라는 뜻)'라고 칭하는 이들이 좀 있다. 국적만 다르지 그 '바부'와 똑같은 사람들이다. 헤어스타일은 드레드락(dreadlocks: 일명 '레게머리'), 하는 말은 자칭 사두, 하는 짓은 입을 놀려서 받은 돈으로 마리화나나 피우는 것이다(이들의 드레드락을 보면 밥 말리를 모독하는 기분이 들어서 화가 난다. 이들의 드레드락은 꼭 닳아빠진 플라스틱 빗자루처럼 보인다). 이들은 자기밖에 모르고 사회에 대한 책임감이라고는 없는 인간들이다. 이태훈 작가의 말처럼 "종교라는 것은 이론적으로 무장된 자들의 몫이 아니라 마음과 정신의 깊은 곳에서 솟아나는 무조건적인 믿음에서 비롯됨"을 믿는다면 이런 의심을 하는 내가 정말 속물처럼 보일 것이다. 그래, 나 같은 속물을 경멸하고 그들에게 밥 사주고 돈 주고 더한 것도 주려면 주어도 좋다.

이러한 사이비 성직자들 외에도, 좀 멀쩡해 보이는 인간들 가운데 자선활동을 한다고 주장하는 이들도 있다. 이들은 NGO(비정부기구) 소속이라느니, 자선단체를 설립할 예정이라느니 하며 그럴 듯한 이야기를 한다. 뜬금없이 히말라야가 파괴되는 것을 걱정하거나 댐 건설로 인한 피해를 이야기하는 환경운동가를 만날 수도 있다.

만약 이런 사람들의 말을 듣고 의도가 좋다는 생각이 들어서 기부를 하고 싶다면 몇 가지는 챙겨보고 해야 한다. 우선, 소속부터 확인하라. 기부에 대한 영수증을 주지 않는 사람이라면 일단 의심할 필요가 있다. 인도는 영수증을 주고받는 것이 칼같이 생활화된 나라다. 칼리 축제나 디왈리 축제를 하면 동네에서 신단을 만들고 같이 나눠먹을 음식을 만든다. 이를 위해 동네 사람들에게 헌금을 걷을 때 10루피를 내도 영수증을 준다(보통 일반 주민들은 50루피 미만, 동네 유지급들은 100~300루피를 내는데, 한번은 칼리 축제를 한다고 동네 사람들이 나 보고 700루피를 내라고 해서 어이가 없었던 경험이 있다. 나를 동네 유지로 취급해준 적이 한 번이라도 있었나? 내가 화수분, 아니 '봉'인 줄 아나? 인도는 외국인이 살기에 힘든 나라다).

델리 시내의 큰 서점에 가보니, NGO 관련 서적만 꽂혀 있는 NGO 코너가 있어서 한번 책들을 훑어보았는데 대부분의 책이 어떻게 자금을 마련하는가에 관한 것이었다. 즉 정부, 지자체, 기업 등으로부터 후원(이른바 펀딩)을 받는 방법에 대한 내용이 주류를 이루었다. 아마 그곳에 있는 어느 책을 뒤져보아도, 길거리에서 사람들 만나서 개인의 투명성을 강조하면서 기부 받으라는 이야기는 한 줄도 안 나올 것이다.

어느 단체에도 소속되지 않고 자기가 혼자 알아서 기부 받고 자선활동을 한다면서 자신의 인격을 강조하는 인간들도 의심해봐야 한다. 인도인이든지 외국인이든지 국적을 가리지 말고 의심해야 한다. 물론 여기에는 한국인도 포함된다. 한국인들 중에서 '사두'를 자칭하며 돌아다니는 사람들 있는 것으로 안다.

결론적으로, 당신의 여리고 착한 마음을 자극하여 돈을 달라고 하는 이들은 일단 의심부터 하라. 이렇게 이야기하면, 세상 너무 각박하게 사는 것 아니냐고 하실 분들도 있을 듯하다. 하지만 이런 투명하지 않은 인간들에게 기부해봤자, 당신이 인도에 오려고 힘들게 아르바이트를 해서 혹은 야근까지 해서 모은 그 돈이 가난한 이에게 가는 것이 아니라 이 인간들의 마리화나 구입비나 오입질 비용으로 들어갈 확률이 압도적으로 높다. 이런 인간들에게 돈을 줄 바에는 차라리 길에서 인도 아이들에게 (물건 가격이 적당하다면) 볼펜이나 장미나 책을 사주는 것이 낫다.

송기원의 소설을 몇 군데 같이 읽는 것으로 이 꼭지는 끝내기로 하자(아래 글을 읽고, 혹시 주변에 리시케시에서 요가를 배웠던 분들을 만나면 모두 아래와 같은 경우라고 속단하지는 말았으면 좋겠다).

"움막의 사두를 따라갔다면 결과야 뻔하겠지. 리시케시의 엉터리 사두놈들은 히말라야며 요가며 명상이며 게다가 탄트라즘까지 동원하여 스잔이란 아이에게서 단물이 나오는 한 빨아먹을 수 있는 양껏 빨아먹으려 들겠지. 돈도 돈이지만, 몸이며 마음에서 단물이 죄다 빠지고 그렇게 쭉정이같이 너덜너덜해지기 전에는 결코 그 아이를 놓아주지 않을 터이다. [⋯] 리시케시가 어설픈 신비주의 따위에 보다 쉽게 사람을 미혹하게 만드는 곳이라지만 [⋯]

강고트리 일대의 사두들이 흔히 그렇듯이 봉두난발을 한 채 수염을 배꼽 근처까지 기른 사두가 한 서양 여자와 함께 이제 막 움막의 문을 들어서고 있었다. 그렇게 둘이 움막으로 들어서자마자, 바로 리케니시의 강변 움막에서 맡았던 대마초의 냄새와 함께 구린내 따위의 심한 악취가 방안에 진동하는 것이다 [⋯] 움막의 사두는 눈이 서양 여자에게 고정된 채 벌써부터 움직일 줄을 몰랐다. [⋯] 원래 금발의 미인이었을 그녀는 지금은 잿빛으로 변해버린 머리칼을 흡사 낡은 담요 쪼가리처럼 아무렇게나 둘둘 말아 올리고 있었는데, 갈색의 두 눈 또한 개개풀려 이미 초점이 사라진 채 어딘가 허공을 바라보고 있었다. 서양 여자를 보고야 나는 비로소 한태인이 난데없는 신음소리를 낸 이유를 알 것 같았다. 그녀야말로 그가 스잔을 들먹일 때 이야기한, 엉터리 사두들에게 빠져 '몸과 마음에서 단물이 죄다 빠지고 그렇게 쭉정이같이 너덜너덜해진' 상태라는 것을 한눈에 보아도 알 수 있었기 때문이다. [⋯] 이곳의 사두들을 상대하려면 너 또한 굶주린 한 마리 개가 되어야 하는데, 네가 그럴 수 있을 것 같으냐? 만일 사두들이 저 여자를 집단으로 윤간하자면? 대마초를 피우자면? 네가 살아온 방식으로는 한순간도 못 버틴다. 그런 네가 있어봤자 나까지 사두들에게 무시당하기 십상이지. 이 사두들에게는 무엇보다도 이에는 이, 하는 식으로 부딪쳐나가지 않으면 전혀 승산이 없다."

— 송기원, 《안으로의 여행》, 1999, 229-254쪽.

23

세계화 시대 CEO 모델,
간디

중국에 가나 인도에 가나 지폐를 보면 등장인물은 한 명뿐이다. 중국은 마오쩌둥, 인도는 간디다. 인도의 옛 지폐 중에는 간디가 아닌 다른 인물이 들어간 경우도 있었지만 현행 인도 지폐는 간디 초상 일색이다(가끔 운 좋게 찬드라 보세의 얼굴이 새겨진 2루피 동전을 발견할 수 있으나 2루피짜리 동전을 발견하기란 쉽지 않다). 중국이나 인도는 현재 마오쩌둥이나 간디의 이념과 사상대로 움직이는 나라가 절대 아니지만, 이들 지폐의 도안을 보면 이들에 대한 대중들의 사랑이 얼마나 대단한가를 알 수는 있다. 사실 카스트 지상주의자 간디의 이념대로 인도의 국정이 운영되지 않는 것은 천만다행이기는 하다.

간디는 필요하면 누구나 호명할 수 있는 참 편리한 인물이다. 시민운동의 스타인 아룬다티 로이(Arundhati Roy)는 《생존의 비용(The Cost of Living)》(1999)에서 '거대한 국가' 인도의 힌두교적 정체성 신화를 가진 간디주의가 '핵무장'을 불러왔다고 간디주의를 비판했다. 그런데 부시가 인도를 방문한다고 하니 아룬다티 로이는 간디의 영혼이 살아 있는 인도를 더럽히지 말

인도 모든 화폐의 모델이 된 간디. 2루피 동전의 주인공은 찬드라 보세이다. 간디 이외의 인물들을
등장시키던 2루피 동전들도 이제는 더 찍어내지 않고 있다.

라고 간디를 호명했다. 이와 같이 간디를 호명하는 것은 인도에서는 참 편
리한 일이다. BJP도 애국애족을 강조하고자 하면 그를 호명하고, 국민회의
또한 네루와 간디가 같이 있는 사진들을 계속 선보이면서 인도 사회의 부패
역사의 가장 큰 축이었던 국민회의의 정치적 순결성을 위장하는 수단으로
간디를 불러낸다.

　지금 간디의 이미지와 자신의 이미지가 겹치길 간절히 원하는 이들은 글
로벌화되고 있는 인도의 기업가들이다. 이들은 간디가 산업화에 철저하게
반대했다는 것은 무시해버린다. 간디를 호명한 후 자신들이 필요한 이미지
로 간디를 사용하면 된다. 간디가 아프리카에서는 영국식 정장을 입고 생활
하다가 인도로 귀국했을 때 도티로 갈아입은 것은 그의 성공적인 이미지 관
리의 일부이며 모범적인 기업가의 전형이라는 식이다.

　인도는 한국과 마찬가지로 자본주의국가다. 광고의 이미지가 세상의 모
든 이미지가 되고 있다. 인도와 한국은 세계화가 진행이 되어갈수록 점점
동질화되고 있다. 다른 세상이 아니다. 다 같이 자본주의국가다. 그래, 인도
의 기업가들은 간디의 초상이 들어 있는 화폐를 모으기 위해서 간디를 호명

해야 하지 않겠는가.

CEO 간디에 관한 글의 일부를 같이 읽으면서 이 꼭지를 끝내자.

이렇게 사람들을 결집시키는 재능을 갖춘 간디 선생님은 독립이라는 사업(Independence Enterprise)을 하는 CEO로 빈틈없고 효율적이었다. 이 때문에 그는 모든 이의 존경을 받았고 모든 이의 신뢰를 받았으며 다른 이들이 따르기 전에 가장 먼저 봉사하고 나아갈 준비를 했다. 이것만으로는 부족하다. 그는 자신의 커뮤니케이션 기술을 최대한 발휘했다. [⋯] 간디 선생님의 경영의 비밀은 그의 주변에 유능한 인물들을 둔 것이다. 사람들 간의 일치를 이루고 공명정대하고 우회함이 없는 효율적인 CEO의 증거를 보여준 것이다.[85]

24

저항의 여신에서
쇼핑몰의 여신이 된 두르가

두르가(Durga)는 시바 신의 아내이자 전쟁의 여신으로 숭배된다. 두르가
는 신화의 한 장면을 형상화한 마히사수라마르디니(Mahishasuramardhini)의
주인공이기도 하다. 마히사수라마르디니는 사자(또는 호랑이)에 올라탄 두르
가가 물소에 올라탄 마신(魔神) 마히사수라와 싸워 그를 베어 죽이는 장면을
담고 있는데, 그림과 조소 작품들이 다수 있다.

두르가 여신을 기리는 두르가 푸자(Durga Puja) 축제는 웨스트벵골*에서
가장 큰 축제다. 축제 기간 전후로 거의 한 달을 쉬며, 축제 기간에는 전통
타악기 연주로 엄청나게 반복되는 전통 리듬에 맞추어서 밤새워 춤을 추는
군중들을 볼 수 있다. 축제에 참여한 군중들은 낮에는 자고 밤에는 광란의

---

* 웨스트벵골(West Bengal: 서벵골)은 인도 북동부에 위치한 주로, 동쪽으로는 방글라데시, 북쪽으로는 네
팔·부탄과 국경을 접하고 있다. 주도(州都)는 콜카타(구 캘커타)이다. 갠지스 강과 브라마푸트라 강이 형
성하는 비옥한 삼각주 지대다. 원래 웨스트벵골과 지금의 방글라데시는 하나의 거대한 벵골 주였으나,
1947년 영국으로부터 인도와 파키스탄이 분리·독립할 때 서쪽은 인도 웨스트벵골 주로, 동쪽은 파키스탄
(동파키스탄으로 훗날 방글라데시로 독립)으로 나뉘었다.

춤을 추며 행진한다. 두르가 푸자 기간에는 웨스트벵골 전체가 마치 거대한 테크노 파티의 장이 된 것 같다. 이 기간의 모습을 영상으로 찍어서 새로 편집하고 전통 타악기 연주 부분에 다른 악기 연주를 입히는 덥(dub) 작업으로 음악을 손보면 괜찮은 영화가 될 수 있겠다는 생각도 해볼 정도다. 러시아의 지가 베르토프 감독이 영화 〈카메라를 든 사나이(Man with the Movie Camera)〉(1929)에서 했던 시도들을 인도의 두르가 푸자를 배경으로 한 21세기 웨스트벵골/콜카타 버전으로 재현하는 작업을 한번 해보면 어떨까.

원래는 인도 북동부 지역의 여신에 불과했던 두르가가 축제의 주신(主神)으로 격상된 것은 영국의 인도 지배와 뿌리가 깊다. 영국의 폭정 하에서, 인

두르가가 아수라의 왕 마히사수라(Mahishasura)를 물리치는 그림인 마히사수라마르디니. 이 그림이나 조각에 등장하는 두르가의 팔의 수는 상이하다. 4개, 6개, 많게는 12개인 경우까지 있다.

도 인구의 거의 4분의 1이 기아로 죽어갈 정도로 인도 인민들은 신음했다. 이런 상황에서 두르가 여신이 가진 고전적인 분노의 이미지는 인도 인민들의 마음을 사로잡기에 부족함이 없었다. 그래서 웨스트벵골에서 영국인들을 상대로 암살을 자행하던 테러단에서부터 단순히 폭력적이기만 하던 노상강도 떼(Dacoit)까지 두르가를 자신들의 여신이자 상징으로 내세우기도 했다.

참고로 시바 신의 아내는 두르가 여신으로도, 파르바티 여신으로도, 칼리(Kali) 여신으로도 불린다. 셋 다 시바 신의 아내의 화신이지만 각각 성향이 다르다. 파르바티는 억울한 일을 당한 이의 하소연을 들어주는 자애로운 어머니 여신이다.* 인도 인민들의 한이 순종적이고 자애로운 어머니 신 파르바티에 대한 호소만으로 풀리지 않을 경우에는 어떻게 할까. 인도 인민들의 실제적인 복수를 담당할 두르가 여신을 찾는다. 두르가 여신으로도 성이 차지 않으면? 그때는 하층민들의 피부색인 검은 피부를 지닌 여신인 칼리 여신을 부른다. 칼리 여신은 적들의 수급(首級)과 해골을 몸에 장식을 할 정도로 무섭고 잔인한 신을 표상한다.

재미있는 사실은 인도에서 두르가 푸자가 대규모 축제로 발전하던 시기에 두르가를 이미지화한 것과 유럽에서 성모 마리아를 이미지화한 것 사이에 유사점이 있다는 것이다. 인도에서는 당시 농촌을 실질적으로 지배했던 자민다르의 부인 얼굴이 두르가 축제 때 두르가 여신의 얼굴로 차용되었다.[86] 이것은 유럽에서 성모 마리아를 그릴 때 그 당시 귀족이나 권세가의

---

* 벵골 사람들이 지닌 파르바티 여신에 대한 이미지, 즉 모든 이들에게 자애로운 어머니 신이라는 이미지를 알고 싶으면, 리트윅 가탁 감독의 〈티타시라 불리는 강(A River Named Titash: 원제 Titash Ekti Nadir Naam)〉(1973)을 보는 것이 도움이 될 것이다. 아울러 이 영화는 왜 벵골 여성들이 인도의 다른 주 여성들보다 강하고 거칠다는 평가를 받는지도 보여준다. 이 영화에서는 발리우드 영화에 나오는 순종적인 여성이나 아내의 이미지와 달리, 거칠고 생활력 강한 긍정적인 여성들을 내세운다.

칼리 여신. 적의 수급을 엮어 화환처럼 목에 걸고 있다. 오른쪽 사진은 두르가 푸자 기간에 사우스시티몰에 설치된 두르가 여신상.

부인이나 애첩의 얼굴을 차용한 것과 비슷한 양상이었다.

2009년 두르가 푸자 축제 때, 내가 사는 콜카타의 자다푸르 지역에서 가장 큰 쇼핑몰인 사우스시티몰에 두르가 여신상이 등장했다. 그런데 쇼핑몰의 두르가 여신은 마신인 마히사수라를 죽이는 그 유명한 신화의 주인공이 아니라 사진에서 보는 바와 같이 '쇼핑몰의 여신'으로 나타났다. 원래 타고 다니던 사자(또는 호랑이)는 어느 동물원에 팔아버렸는지 모르겠다. 게다가 900만이 넘는 마신의 군대와 싸울 때 사용하던 900개의 팔들은 쇼핑백을 걸칠 준비를 하고 있다. 두르가는 어느 여신들보다 많이 쇼핑을 할 수 있을 것이다. 브라보! 세계화 속에서 활짝 핀 쇼핑몰의 아름다운 여신 두르가여!

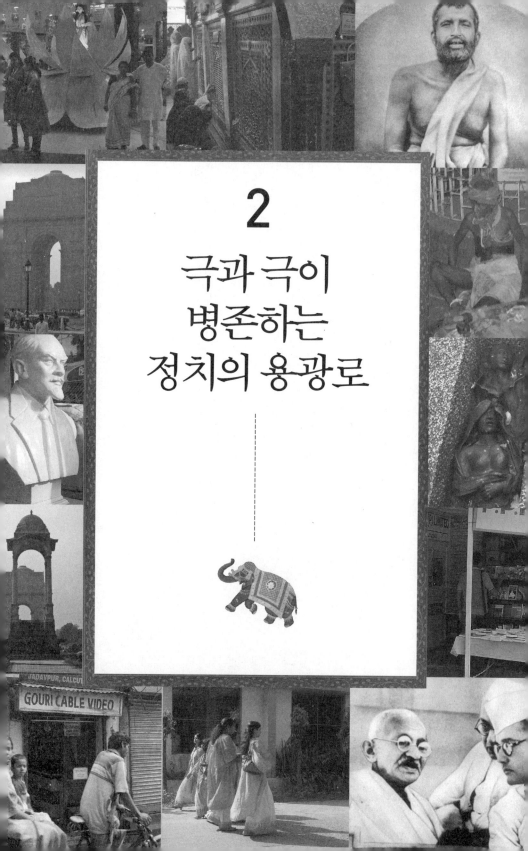

2

극과 극이
병존하는
정치의 용광로

01

체스광들과 가상의 인도

고대 4대 문명의 발생지 중 하나인 인더스 강은 지금 인도에 없다. 파키스탄의 땅이다. 세계 4대 성인 중 한 명인 석가모니는 네팔에서 태어났다. 그 자랑스러워하는 아리아족은 인도로 바로 온 것이 아니라 투르크메니스탄에서 아리아족이 살았다는 흔적을 한참 남긴 후에야 인도로 왔고 그리스로 가서 플라톤과 아리스토텔레스를 낳은 에게문명도 건설했다. 현재 '인도'라는 나라의 국경선 안에 존재하는 인도와 '인도 문명'과는 거리가 있는 것 아닐까. 그런데도 인도의 어떤 학자들은 전 세계 모든 문명은 인도에서 발생했다고 역설한다. 한국에도 공자와 노자가 우리 민족이었고, 불교도 우리 민족에게서 나왔으며, 우리가 유럽 땅까지 문명을 전파해 유럽의 기반을 잡아주었다고 주장을 하는 사람들이 있다. 이들은 갑골문자까지 논하면서 주장을 펼치지만, 지금 공자의 국적을 대한민국으로 바꾼다고 해서 달라질 것이 있을까.

지금 우리가 살고 있는 시간과 공간이 중요하지, 왜 고대까지 거슬러 올라가서 영광을 찾으려고 할까. 과거가 중요할 때는 과거의 문제가 현재까지 영향을 미쳐서 아직 해결되지 못한 것이 남아 있을 때다. 석가모니나 공자가 어디에서 태어났든지 그분들은 위대했고, 현재의 인위적으로 그어진 '상권'을 중심으로 형성된 '국가'가 생기기 전 인류에게 가르침을 주셨다. 왜 과거의 성인들까지 끌어들여 민족을 이야기하는가.

후진국에서의 민족주의란 민족이 깨어나 자기의식을 갖게 되는 과정이 아니라 민족이 없는 곳에서 민족을 만들어내는 과정이다. 민족주의는 '우리'라고 불리는 구성원들이 '민족중흥의 역사적 사명을' 깨닫고 나오는 것이 아니라 뒤늦게 자본주의를 경험한 나라의 지배층에 의해서 의도적으로 '민족'을 창출하는 매개로 작용하는 것이다. 민족주의는 '국민교육헌장'을 못 외우면 구타를 하던 시절의 한국의 학교교육을 통해 강하게 주입되었다. 그리고 월드컵, 김연아 등에 함께 열광하면서 부드럽게 받아들여졌다. 그러나 이유는 '끔찍할 정도로' 심플하다. 경제성장에 대한 요구가 민족주의를 발생시키는 것이다.[87]

민족 개념은 근대의 발명품일 뿐이다. 티푸 술탄(Tipu Sultan)이 마이소르 왕국을 영국으로부터 필사적으로 방어하려고 할 때, 주변 소왕국들은 영국을 지원하기까지 했다. 신라가 삼국통일을 이룩했다고? 신라는 당나라와 연합하여 백제와 고구려 일부를 점령했고 그 대가로 당나라는 고구려의 대부분을 가졌다. 삼국시대나 티푸 술탄 시대에 민족의식이 있었을까. 베네딕트 앤더슨이 《상상의 공동체》에서 밝힌 것처럼 민족은 역사적 실재가 아니라 상상의 공동체다. 요컨대 민족주의란 상상된 민족의 '통일, 독립, 자유, 발전'을 바라는 마음에서 나왔다.[88] 특정한 역사적 조건 속에서 끊임없이 변모할 뿐이다. 힌두 파시스트 정당인 'BJP(인도인민당)의 인도'와 달리트의 정당을 표방하는 'BSP(대중사회당)의 인도'는 애초부터 달랐다. 이들이 국민회의에 맞서기 위해 연합했을 때 이들은 동일하게 '인도'를 내세웠다. 특정한 역사적 조건에 따라 참 잘도 변하는 게 '민족'이고, '애국'인 것이다.

BJP, BSP, 국민회의의 '인도'는 차이가 있는 것 같지만 경제성장 위주의 '관 주도 민족주의'[89]라는 점에서는 동일하다. 한나라당이나 민주당이 차이점을 드러내고 있는 것 같지만 사실은 동일한 것과 같다. 민족의식은 근대의 산물일 뿐이다. 현재로 과거를 재단하지 말자.

문쉬 프렘찬드(Munshi Premchand)는 소설 《체스 플레이어(Chess Player: 원제 Shatranj Ke Khilari)》에서 이를 통렬하게 드러냈다. 후에 이 소설은 사티야지트 레이 감독에 의해 1977년 동명의 영화로 만들어졌다[*]. 이 소설의 요약본을 같이 읽어보기로 하자.

오우드국의 최후의 태수 와지드 아리샤 시대의 러크나우 시는 귀족도, 부자도, 가난뱅이도 제각기 사치에 빠져 향락과 도박 속에서 허우적댔다. 가난뱅이까지도 빵을 사는 대신 마약을 피웠고 이 도시 사람 누구도 바깥세상에는 관심이 없었다. 이 도시에는 밀쟈 사짓드 아리와 밀 모샨 아리라는 두 귀족이 살고 있었다. 두 귀족은 영지를 상속받아 부유하게 살고 있었는데 오늘도 내일도 낮이고 밤이고 체스만 했다. 여느 때와 같이 밀의 집에서 체스에 열중해 있는데 말을 탄 병사가 나타나(실은 밀의 아내가 두 사람을 집에서 쫓아내기 위해 꾸민 연극이었다) 왕으로부터 출국 명령을 전한다. 놀란 밀은 심부름꾼에게 문을 닫게 하고 병사를 돌려보냈다. 다음날부터 두 사람의 체스광은 작은 담요와 체스 도구를 들고 강가에 있는 낡은 절로 다니기 시작했다. 한편 오우드의 정세는 긴박해지고 시내에는 영국군이 쳐들어오리라는 소문이 파다했으며 시골로 도망가는 사람도 있었다. 그날도 두 사람은 낡은 절에서 대

---

[*] 사티야지트 레이 감독의 영화 〈체스 플레이어〉는 꼭 볼 것을 권한다. 사티야지트 레이는 원작의 기본 골격은 유지하되 변화를 많이 주었는데, 영화 〈뮤직 룸(Music Room: 원제 Jalsaghar)〉(1958)에서 음악을 사랑하지만 쓸모없는 지주에 대한 쓸쓸한 애잔함이 영화 〈체스 플레이어〉의 오우드 왕에 투사되었다. 사티야지트 레이는 프렘찬드의 소설 《구원(Salvation: 원제 Sadgati)》도 영화화했다.

국을 하고 있는데 동인도회사 군이 러크나우를 향해 진격해 가는 것이 보였다. 그래도 두 사람은 서로 농담을 하며 체스판의 말을 움직였다.

"녀석들은 대포를 가지고 있어. 적어도 5,000명은 되겠는데. 그런데 저 요상한 얼굴들 보라고! 얼굴이 원숭이처럼 빨갛군!"

"말을 속이지 말라고. 그런 술수에 넘어갈 내가 아니지, 자아! 장군!"

"넌 정말 괴짜야. 자기 마을에 야단법석이 났는데 겨우 장군 어쩌고 하다니."

다음의 승부가 시작된 것은 오후 3시, 그리하여 시계가 4시를 쳤을 때 어느새 군대가 돌아가는 소리가 들렸다. 붙잡힌 태수가 영국군에게 끌려가는 중이었다. 여기서 프렘찬드는 이렇게 적는다. "시내에서는 소동도 싸움도 일어나지 않았다. 한 방울의 피도 흘리지 않았다! 아마 자유 국가의 지배자로서 이와 같이 조용히 유혈 소동도 보이지 않은 채 사라져간 예는 달리 없으리라! 이것은 신을 기쁘게 하는 비폭력은 못 되었다." 이윽고 해가 지고 박쥐가 날아오르지만 두 사람은 체스판 앞에 못 박힌 채이다. 그러나 말을 물려 달라, 안 된다 하고 입씨름이 시작되어 온갖 추태가 다 벌어지고, 마침내 두 사람은 칼을 뽑는다. 그들의 정치의식은 둔했다. 그들은 왕이나 왕권을 위해 죽지 않았으나, 개인적인 용기가 모자라는 것은 아니었던 것이다. 이리하여 두 사람은 칼싸움을 벌여 서로 찔려 그 자리에 쓰러진다. 프렘찬드는 다음과 같이 통렬한 한 마디로 이야기를 맺는다. "왕을 위해 흘릴 눈물조차 가지지 못했던 두 사람은 체스의 여왕을 지키기 위해서 그들의 생명을 희생시킨 것이다."[90]

영국의 인도 침입이 본격화된 계기인 플라시 전투(Battle of Plassey)를 보자. 1757년 로버트 클라이브(Robert Clive)가 이끄는 영국 동인도회사 군대는 벵골의 나와브(Nawab: 무굴제국의 태수) 시라지 웃다울라(Siraj ud-Daulah)가 이끄는 군대와 콜카타 북서쪽 플라시에서 전투를 벌였다. 영국군은 주요 지휘관들을 매수함으로써 자신들의 10배가 넘는 압도적 병력을 보유한 시라지 웃다울라 군대를 물리쳤다. 플라시 전투에서 승리한 후 로버트 클라이브가 700명의 군인(500명은 인도인, 200명은 영국인)을 이끌고 수도 무르시다바드에 입성했을 때 빨간 얼굴의 병사들을 보려고 10만 명에 가까운 구경꾼들이 몰려들었다. 훗날 클라이브는 의회 위원회에서 당시를 회고하며 구경 나온 군중들을 보고 마음속으로 무척 두려웠다고 술회했다. "그때 구경하러 나온 주민의 수는 10만에 가까웠다. 만약 그들이 유럽인을 해치우고자 하는 의지를 가지고 있었다면 몽둥이와 돌멩이만으로도 그것이 가능했을지 모른다."[91]

영국이 인도를 침입한 초창기에 인도에는 민족주의가 생성되지 않았다. 무굴제국은 쇠퇴하고 있었고, 수십 개의 언어로 분열되어 있는 소왕국들만이 있었을 뿐이다. 소왕국들의 '밑바닥 정서'는 민족주의와는 거리가 멀었다. 민초들은 이슬람이 지배하든, 힌두가 지배하든, 영국이 지배하든 상관없었다. 마르크스에 의하면 다음과 같은 이유 때문이다.

자급자족적인 공동체의 생산유기체의 단순성은 '아시아 국가들의 끊임없는 흥망 및 왕조의 쉴 새 없는 교체와 현저한 대조를 이루는' 아시아 사회의 불변성의 수수께끼를 해명하는 열쇠를 제공한다. 이 사회의 경제적 기본 요소들의 구조는 '정치라는 상공에서 일어나는' 폭풍우에 의해서는 조금도 영향을 받지 않는다.[92]

마르크스가 다음 인용문에 밝힌 것처럼 영국 중심의 '세계화'가 소공동체(마을)를 온전하게 남아 있지 않도록 파괴하자 그때서야 비로소 '우리의 조국 인도'라는 가상의 인도(Imaginary India)라는 개념을 갖게 되었다.

인도에서는 영국인은 지배자와 지대 착취자로서 직접적인 정치적·경제적 권력을 사용하여 이 작은 경제공동체를 분쇄하려고 하였다. 영국인의 상업이 인도의 생산양식에 혁명적인 영향을 끼쳤다고 한다면, 그것은 영국 상품의 낮은 가격에 의해 방적업과 직포업—이것들은 공업 생산과 농업 생산의 통일의 아주 오래된 구성요소이다—이 파멸되고, 이리하여 공동체가 파괴되었다는 것뿐이다.[93]

바로 이 지점에서 힌두 우익인 간디는 '물레를 돌리자' '영국 상품을 사용하지 말자'고 외쳐 힌두 상층 카스트 중심의 구세계로 돌아가고자 했던 것이다. 인도 총독의 1834~35년의 보고에 의하면, 영국 제품의 도입이 인도에 미친 심각한 영향은 "이 재난은 무역사에 유례가 없을 것이다. 면방직공들의 해골이 인도의 벌판을 하얗게 물들이고 있을 정도"였다.[94] 이런 착취가 진행되면서 1857년 인도를 하나로 묶어주는 인도 독립전쟁(세포이 항쟁)이 일어났다. 돼지기름과 소기름으로 총기를 수리할 것을 요구한 영국의 요구에 분노한 세포이 용병들이 일으킨 저항이었다. 이 사건은 처음으로 인도 전역에 침략자와 그에 맞서는 인도인이라는 인식을 심어주었고 이후 외국에도 인도의 이름으로 독립을 요구하고 있음을 알리는 계기가 되었다. 1871년 마르크스가 이끌던 국제노동자협회(International Working Men's Association)는 인도 콜카타에서 노동자들이 매우 비참한 상태에 있으며 인민들 사이에 거대한 불만이 있다는 편지를 받게 된다.[95] 인도인들이 인도라는 이름으로 국제적으로 인도의 상황을 알리고 이에 연대하려는 움직임이 싹트기 시작한 것이다.

마르크스는 1857년 인도 독립전쟁 당시에도 〈뉴욕 데일리 트리뷴〉의 해외 통신원으로서 인도의 상황을 지속적으로 세계에 알렸다. 이크발 후세인(Iqbal Husain)은 마르크스가 고통 받는 인도의 상황에 대해서 적은 〈뉴욕 데

일리 트리뷴〉 기사들만 모아서 《마르크스의 인도론(Karl Marx On India)》을 펴냈다. 마르크스는 약 300페이지 분량의 단행본 책으로 묶을 만큼 인도에 관해서 많은 글들을 썼던 것이다. 프라바트 파트나익(Prabhat Patnaik)은 인도에 관한 마르크스의 글들이 세계 자본주의 분석에서 《자본론》이 지닌 것만큼 가치가 있다고 평가했다. 델리의 간디 기념관에 가면 인도의 독립운동사가 기다란 벽면에 인쇄되어 있는데 이 독립운동사에서 마르크스의 얼굴을 발견할 수 있는 것도 그러한 이유에서이다.

1885년 인도국민회의가 뭄바이에서 처음 소집되면서 인도의 민족주의는 드디어 조직화의 길을 간다. 이옥순 교수는 크리켓 경기를 예로 들면서 인도 민족주의의 형성에 대해서 다음과 같이 잘 설명해주었다.

> 1906년 봄, 뭄바이에서 열린 힌두(교도)팀과 영국팀의 크리켓 경기는 영국의 예상을 깨고 힌두팀이 승리하는 뜻밖의 결과를 낳았다. 물리적으로 패배하여 정복당한 인도가 지배자의 '무기'인 크리켓으로 백인 지배자를 이겼다는 '기쁜 소식'은 철도와 전신을 타고 조용히 인도 전역으로 퍼져 나갔다. "우리가 이겼다!" 경기가 열린 뭄바이에서 멀리 떨어진 서북 라호르 지방에서 나오는 일간지 〈트리뷴〉은 '인도의 승전보'를 전하면서, 그날의 승리를 한 해 전인 1905년 러일전쟁에서 작은 나라 일본이 유럽의 대제국 러시아를 이긴 세계사적인 사건으로 비유했다. 일본의 승전보보다 인도팀의 승리는 영국의 지배를 받는 인도인에게 승리(독립)에 대한 희망을 고취했다.[96]

라간(소작료)을 판돈으로 영국군 군대와 촌락민 간의 크리켓 경기를 주요 이야기로 삼은 아슈토쉬 고와리케르 감독의 영화 〈라간(Lagaan: Once Upon a Time in India)〉(2001)을 보면 앞서의 인용문에 대한 이해를 높일 수 있을 것이다. 크리켓 경기를 계기로 인도가 민족주의를 어떻게 형성했는지 재미있게 알 수 있고 당시 소왕국을 다스리는 마하라자(Maharaja: 왕)와 지주들과 영국이 얼마나 비열한 착취집단이었는지도 알 수 있다. 일제강점기 시절을 배경으로 한 영화 〈YMCA야구단〉을 보았다면, 두 영화를 비교해서 보는 재미도 쏠쏠할 것이다.

02
국민회의는 영국놈 앞잡이인가, 민족주의자들인가

인도국민회의는 친영파 인도인들을 중심으로 출발한 단체이다. 국민회의 창립 당시 우메쉬 보네르지(Womesh Chandra Bonnerjee)는 다음과 같이 인도 국민의 희망을 표현했다.

인도 국민이 원하는 것은 다만 영국 통치의 근본 원리가 확대되어 이 범위 내에서 모든 사람이 타당하고 합법적인 주권을 행사할 수 있는 것뿐이다.[97]

그리고 국민회의 러크나우 대회에서 의장 수렌드라나트 바네르지 (Surendranath Banerjee)는 국민회의 내에 영국의 지배에 저항하는 움직임이 보이자 다음과 같이 그 저항을 막고자 위협했다.

우리는 개혁의 친구들이다. 왜냐하면 우리는 혁명의 적이기 때문이다. 우리는 우리의 길을 택했으므로 적들이 그들의 갈 길을 택하도록 내버려두자. [⋯] 개혁과 혁명의 중간단계는 존재하지 않는다. 그러므로 당신들은 스스로

개혁의 기치 아래 가담하든지, 그렇지 않으면 반란의 장소에 자리 잡아야 할 것이다.[98]

그러나 영국에 대한 충성심에서 나온 이 위협은 국민회의 내부에서 후일 과격파로 불리게 된 발 강가다르 틸라크(Bal Gangadhar Tilak) 등이 등장하면서부터 무색해지게 된다. 틸라크는 암소보호운동이나 힌두 종교 축제를 부흥시키고 영국과는 다른 인도의 힌두 민족문화를 강조해나가면서 영국에 저항하기 시작한 것이다. 이 운동은 영국의 자본가들과 경쟁하는 인도의 토착자본가들이 국민회의에 참여하면서부터 활기를 띠게 된다. 인도국민회의를 '영국놈 앞잡이' 라고만 부를 수 없는 상황들이 열리기 시작한 것이다.

박섭 교수는 한국과 인도의 식민지 기간 비교연구서인 《식민지의 경제변동: 한국과 인도》에서 '토착자본' 과 '통치비용' 을 주요한 개념으로 사용했는데 이 개념들은 식민지 연구에서 정말로 중요한 개념이다. 두 개념을 사용한 박섭 교수의 노작(勞作)을 단순하게 요약하자면, 국민회의의 지지 기반이었던 토착자본은 한국의 토착자본보다 제국주의로부터 상대적으로 자율적이었기에 국민회의를 적절히 활용할 수 있었으며, 또한 인도인들의 저항으로 더 이상 통치비용을 감당할 수 없었기 때문에 영국은 인도를 독립시킬 수밖에 없었다는 것이다. 박섭 교수는 토착자본가라는 개념을 사용한 이유를 다음과 같이 밝혔다.

이 책에서는 민족자본이라는 용어를 사용하지 않는데 이것에는 두 가지의 이유가 있다. 하나는 자본가에게 정치적 성향은 경영전략과 같아서 상황에 맞추어 다른 태도를 취할 수 있기 때문이다. 다른 하나는 한국인 자본가와 인도 자본가를 효과적으로 비교하기 위해서이다. 인도인 자본가들은 인도 정부의 각종 위원회에 참가하면서도 민족운동 단체에 많은 자금을 지원했다. 한국사에서는 민족자본과 예속자본을 구분해서 사용하는 경향이 있지만 인도사에서는 엄격히 구분할 수 없다.[99]

토착자본가라는 개념이 정확하다. 토착자본 자체가 경영전략에 따라 정치 성향 등을 왔다 갔다 할 수 있다는 것은 인도를 대표하는 기업 중 하나인 타타 그룹을 보면 알 수 있다. 타타 그룹을 설립한 잠셋지 타타의 조카로 50여 년간 타타 그룹을 경영한 JRD 타타는 토착자본가들의 세가 안정이 되어가는 1940년이 되어서야 국적을 인도로 바꿨다. 경영전략에 따라 그런 결정을 내린 것이다.*

국민회의는 토착자본가들의 지원을 받았으므로 토착자본가들의 이해에 따라서 왔다 갔다 할 수밖에 없었다. 국민회의와 노동운동 진영은 초기에 관계가 좋았다. 1937년 주 의회 선거에서 노동자에 할당된 38개 의석 중 18석을 국민회의가 차지했다. 그러나 1938년 노동자의 단체행동권에 제약을 가하는 뭄바이 산업쟁의법안이 발의되자 국민의회는 다수 법안으로 이를 통과시켰고, 이후 국민회의와 AITUC(All India Trade Union Congress: 전인도 노동조합회의)는 사이가 갈라지고 AITUC는 공산당의 지지를 공식화한다. 이렇게 된 이유는 무엇인가.

---

* 자본에게는 경영전략이 중요하지 국적은 중요하지 않다. 현재 남미는 이중국적이 허용되기에 토착자본가와 제국주의 자본가의 구별이 무의미하다. 호주의 미디어 재벌 루퍼트 머독은 1984년 미국 방송국을 인수하기 위해서 미국으로 귀화했다. 또 그의 회사 뉴스코퍼레이션(뉴스코프)은 2004년 매출과 수익의 75% 이상이 미국에서 발생함에도 불구하고 호주 회사라는 이유로 주가가 저평가되고 있다고 판단하고 본사를 미국으로 옮겼다. 이런 기업가들을 위해서 호주 정부는 이중국적 허용이라는 결정을 내렸다. 현재로는 국내 대기업들이 법적·제도적 장벽과 내수시장 때문에 국적을 옮길 일은 거의 없지만, 대우의 김우중 전 회장이 1987년 '세계는 넓고 할 일은 많다'며 프랑스 국적을 취득하고 한국 국적을 상실한 전례를 보더라도 앞으로 국적을 옮길 일이 없다고 단언할 수도 없다. 한국에서 이런 상황들이 현실화되는 징조의 하나는 이중국적의 허용이 될 것이다.

국민회의는 영국 기업가가 많은 벵골에서는 노동운동을 지지하여 반영 투쟁으로 이어지기를 원했지만 인도 기업가가 많은 뭄바이에서는 노동쟁의를 인정하지 않았다. 그리고 인도의 독립 전후로 계획경제에 대한 논쟁이 있을 때 뭄바이 기업가 집단은 네루의 계획경제 원안을 크게 수정하게 만들었다. 국민회의가 토착자본가들을 무시할 수 없었던 것은 그들이 정치자금의 주요 공급원이자 가장 중요한 지지기반이었으며, 토착자본가들이 국민회의에 참여해 직접 활동하고 있었기 때문이다.

1947년 독립이 선포되기 직전, 국민회의는 결국 자신의 노동운동 날개(wing)인 INTUC(Indian National Trade Union Congress: 인도전국노동조합회의)를 결성해 독립된 인도에서 자신들의 정치활동의 안정성을 가져가는 것을 선택했다. 한편 국민회의의 발라브바이 파텔은 간디 노선을 지지하는 아마다바드의 섬유노동조합협회를 모델로 한 노동조합 전국조직 HMSS(Hindustan Mazdoor Sevak Sangh)를 결성했다. 1955년 HMSS의 힌두 마즈두르 판차야트(Hindoo Mazdoor Panchayat) 분파가 독립하여 BMS(Bharatiya Mazdoor Sangh)를 결성했다. 자나 상(Jana Sangh)과 그 후신인 극우 정당 BJP의 노동운동 날개로 자리를 잡은 BMS는 현재 인도 최대 노동조합 전국조직이다.

03

간디를 떠나
인도 독립운동의 불꽃이 된
바가트 싱

바가트 싱(Bhagat Singh: 1907~31)은 좌우를 떠나서 인도인 모두의 자랑이다. 바가트 싱과 그의 동료들은 국회의사당에 가짜 폭탄을 터뜨린 후 일부러 잡혀가 법정에서 인도의 반제국주의 운동과 좌파 운동에 불을 댕기고 24세에 교수형을 당했다. 식민지 시대 인도의 영웅으로 '인도의 안중근 의사'라고 하면 이해가 빠를 것이다.

영국 정부는 1927년부터 1929년까지 영국의 정치가 존 사이먼을 위원장으로 한 사이먼위원회(Simon Commission)를 통해서 인도통치법의 개혁을 목적으로 인도의 자치 능력을 조사했다. 그런데 이 위원회에 인도인이 한 사람도 포함되지 않아 인도인의 격분을 사게 되었고(실제로 1930년 발표된 보고서와 1935년 개정된 인도통치법의 내용은 '개혁'과는 거리가 있었다), 이는 반영(反英) 운동의 계기가 되었다.

국민회의의 라지파트 라이(Lala Lajpat Rai)는 사이먼위원회에 반대하는 선봉에 서 있었다. 그는 1920년 결성된 인도 최초의 노총인 AITUC의 첫 번째 의장이었다. AITUC 소속 노동자들은 영국의 폭압적 통치에 항의했고 식민

정부는 무자비하게 진압했다. 라지파트 라이는 영국 정부에게 눈엣가시였다. 그러던 중 1928년 10월 30일, 펀자브 주 라호르에서 라지파트 라이가 이끌던 사이먼위원회 반대 평화시위대를 경찰이 폭력 진압했고, 그 과정에서 60대 노인이었던 라지파트 라이는 잔혹하게 맞아 결국 죽음에 이르렀다. 팔, 다리가 모두 부러졌을 정도로 계획적인, 잔혹한 살해였다. 바가트 싱은 라지파트 라이가 무참히 희생되는 모습을 목격했고, 결국 이 사건은 바가트 싱이 조직적인 선전 선동을 계획하는 계기가 되었다.

1929년 4월 8일 바가트 싱과 동료들은 국회의사당 회랑에다 누구에게도 피해를 주지 않는 가짜 폭탄을 터트린 후 "혁명이여 영원하라" 하고 외치며 전단지를 뿌렸다. 그들은 순순히 잡혀가 법정 투쟁을 시작했다. 그들은 테

사이먼위원회에 반대하는 시위를 묘사한 당시의 신문 삽화. 앞줄 왼쪽에서 두 번째 흰 콧수염이 난 이가 반대 시위의 선봉에 섰던 라지파트 라이.
* 출처: http://lh5.ggpht.com/_Ke14-Dvm8jw/SbaLtzfTpLI/AAAAAAAAEb0/vQWJw7NbUzw/Lalaji2-SP.jpg

러리스트가 아니었다. 법정 투쟁을 통해 인도 전역을 대상으로 공개적인 선전 선동 활동을 하려고 처음부터 계획한 것이다.

바가트 싱과 동료들은 법정에서 영국 제국주의를 비롯해 인도 내 영국 앞잡이들과 착취자들에 대해 격렬하게 비판했다. 그들의 법정 투쟁이 하루하루 진행될수록 저항의 열기 또한 뜨거워졌다. 법정에서 보여준 이들의 선전 선동 투쟁은 전 인도의 이목을 끌었다. 그 기간 동안에는 바가트 싱과 동료들이 간디 이상으로 인도 국민들의 이목을 끌었는데, 네루조차도 이들이 그토록 큰 반향을 일으킬지 몰랐다고 말했다. 전 인도는 그들을 구명하기 위해 들끓기 시작했고, 당시 간디와 영국의 인도총독 어윈 사이에 진행되던 간디-어윈협정(Gandhi-Irwin Agreement)을 이용하여 그들이 석방되길 기대했다(이 역사적인 부분은 라지쿠마르 산토쉬(Rajkumar Santoshi) 감독의 영화 〈레전드 오브 바가트 싱(Legend of Bhagat Singh)〉(2002)에 재현되어 있다).

그러나 간디는 오히려 국민회의 회기(Congress session: 국민회의가 1년마다 정기적으로 여는 회의로, 한해를 결산하고 이듬해의 방향을 결정한다)가 시작되기 전 바가트 싱과 그의 동료들을 처형해달라고 영국에게 간청했다. 회기가 시작된 후 사형이 집행되면 대중의 소요가 걱정이 된다고 부탁한 것이다. 인도 토착자본가의 이해를 대변하는 국민회의 입장에서, 영국 상품 불매가 주된 관심이었던 비협력운동은 농민의 지주 소작료에 대한 거부로 이어졌고 노동자 파업으로까지 번졌다. 간디는 이를 저지하기 위해 간디-어윈협정을 활용하기 원했던 것이지, 소요의 중심에 서 있는 바가트 싱과 동료들에게는 관심이 없었다.

간디는 비협력운동을 중지할 것과 영국-인도원탁회의(Anglo-Indian Round Table Conference)에 참여할 것만을 영국과 합의하고, 바가트 싱과 동료들에 대한 일반의 석방 기대는 냉정하게 저버리며 간디-어윈협정을 체결했지만, 그 결과는 신통찮았다. 영국은 정치범을 일부 석방하고 영국 상품의 불매를 부분적으로 인정하는 수준에서 인색하게 협정의 대가를 준 것이다.

바가트 싱과 동료들은 사형을 언도받을 것을 알고 판사에게 자신들은 범죄자가 아니라 전쟁에 참가한 군인이기에 "교수형이 아니라 총살형에 처해달라(No hanging, please shoot us)"고 간청했다. 물론 영국은 이를 거절했고 결국 1931년 3월 23일 바가트 싱과 순교자들은 교수형에 처해졌다. 바가트 싱의 교수형이 집행되기 며칠 전, 간수는 그에게 마지막 소원을 물었다. 그는 "현재 레닌 전기를 읽고 있는데 다 읽고 싶다"고 답했다. 물론 그 소원은 이루어지지 않지만 그는 끝까지 혁명가로 살았다(영화 〈랑그 데 바산티(Rang De Basanti)〉*는 사형 집행 당일에도 바가트 싱이 레닌 전기를 읽고 있는 장면으로 시작한다). 바가트 싱이 죽자, 간디는 그의 죽음에 대해서 추모사를 발표하고 지주 등과의 계급 협조와 비폭력을 당부했다. 간디가 힘을 써서 바가트 싱이 석방되기를 기대했던 인도 민중들의 바람과는 거리가 먼 처사였다.

바가트 싱은 시크교도로 태어났지만 인도 내 종교로 인한 내부 분쟁에 반대하는 무신론자가 되었다. 이 때문에 그는 법정에서 시크교도라면 절대로 벗지 말아야 할 터번을 벗고 산발한 채로 법정에 섰다. 지금의 시각에서는 그의 외모가 '록 스타'처럼 보이지만 당시 인도에서 시크교도가 터번을 벗

---

* 라케쉬 옴프라카쉬 메라 감독은 영화 〈랑그 데 바산티(영어제목 Paint It Saffron)〉를 통해 부패한 현실 속에서 바가트 싱과 함께 활동했던 순교자들을 그렸다. 당시 순교자들에 관한 영화를 찍게 된 델리의 철없는 젊은이들은 전투기 조종사인 친구가 미그기 고장으로 추락사하자 변화하기 시작한다. 조종사 친구는 시민들을 구하기 위해 목숨을 걸고 도시를 벗어나 불시착하고 산화했지만 부패한 정치인들에 의해 무능한 조종사로 공격당하고, 친구들은 분노하며 결국 순교자들과 비슷한 길을 스스로 택하며 억울하게 죽는다는 내용이다. "미그기는 1964년부터 우리나라에 도입되었고 중요한 장비였다. 그러나 15년간 206대의 미그기가 고장으로 폭발했고 78명의 조종사들이 목숨을 잃었다. 공군에서 조국을 위해 산화한 이들을 기린다"라는 엔딩 크레딧이 보여주듯, 이 영화는 바가트 싱 시절의 인도와 비교하며 현재의 인도를 통렬하게 비판한다. 인도가 아무리 부패했어도 상업 영화에서 이런 메시지를 담을 수 있을 정도로 인도는 민주주의가 살아 있다. 바가트 싱의 시대와 현재 인도의 부패에 대해 알고 싶다면, 볼리우드 영화 걸작 중 하나로 손꼽히는 이 영화를 꼭 보기 바란다.

고 법정에 선 모습은 대단한 충격이었을 것이다(그러나 시크 민족주의자들이나 힌두 극우 정당 BJP는 바가트 싱의 이미지를 호명할 때 머리를 산발한 이미지가 아닌, 사프란색의 터번을 쓴 이미지를 쓴다. 사프란색 터번을 쓴 시크교 우익들이 본인들과 같은 사프란색 터번을 쓴 바가트 싱의 초상을 전면에 내걸고 집회하는 모습을 바가트 싱이 보았다면, 격렬한 항의를 했을 것이라는 생각이 든다).

감옥에서의 바가트 싱.

바가트 싱 그룹은 간디주의자에서 테러리스트로, 종국에는 좌파 정당들로 진화해갔다. 바가트 싱 또한 1921년 학창 시절에 간디의 비협력운동에 감화되어 참여했지만 얼마 안 가 간디에 대한 환상을 버렸다. 그는 찬드라 쉐카르 아자드(Chandrashekhar Azad)의 혁명당(The Revolutionary Party)에 가입한 이후 테러리스트적 사고에서 벗어나 대중들을 조직화하는 것에 대해 고민하기 시작했다. 바가트 싱의 순교 이후, 생전에 그와 같이 활동을 시작했던 많은 이들이 대부분 좌파로 자신들을 재정립하고 조직화에 들어갔다. 당시는 미완의 혁명 활동에 그쳤던 가다르(Ghadar) 정당 운동에 종사하던 이들도 1919년 정당 해산 이후 좌파로 넘어가던 시기였다. 1925년 창당된 인도공산당(Communist Party of India: CPI)은 1933년 재정비 이후 세를 늘려갔고, 1934년 인도국민회의 내에 사회주의자 분파인 국민회의사회주의당(Congress Socialist Party)이 공식적으로 형성되었다. 국민회의에서 탈당하여 아예 인도공산당에 입당하는 이들도 있었다. 이들 모두는 국민회의와 간디에게서 한계를 느낀 이들이었다.

바가트 싱이 감옥에서 적은 '정치의식 있는 젊은 노동자들에게 보내는 글'의 마지막 부분을 함께 읽으면서 이 꼭지를 마치자.

　　1년 만에 자치를 이루겠다는 간디의 몽상일 뿐인 약속이 10년이 흘러가는 동안 혁명의 젊은 꿈들은 뒷전에 밀려나 있다. 이것은 어떠한 감정도 어떠한 죽음도 요구하지 않는다. 그러나 인생은 쉴 새 없는 투쟁이고 고통이며 희생이다. 우선 당신 자신을 부수어라. 개인적 안락을 꿈꾸는 것은 떨쳐버려라. 그리고 과업에 착수하라. 조금씩 조금씩 당신은 전진할 수 있을 것이다. 이는 용기와 인내와 과감한 결단이 요구된다. 어떤 어려움도, 어떤 고난도 당신을 낙담시킬 수 없을 것이다. 어떤 실패도, 어떤 배신도 당신을 낙담시킬 수 없을 것이다. 당신에게 부여된 어떠한 산고(產苦)도 당신 속의 혁명의 불꽃을 끌 수 없을 것이다. 고통과 희생의 시련을 통해서 당신은 승리하게 될 것이다. 그리고 이러한 개인적 승리들은 혁명의 귀중한 자산이 될 것이다.

혁명이여, 영원하라!
1931년 2월 2일[100]

04

국민회의를 떠난 이들

인도에서 훗날 좌파라고 불리게 된 많은 이들은 간디의 영향 아래 운동을 시작했지만 결국 간디에게서 돌아섰다. 케랄라 주의 선거에서 이겨 세계 최초로 선거에 의한 공산당 정권을 탄생시킨 좌파 지도자 남부디리파드(E. M. S. Namboodiripad)가 1955년에 남긴 회상을 읽어보자.

그 시절에 나는 마하트마와 그의 가르침으로 성장했다. 스와라지스트와 비변경파(Swarajists and the No-changers)*의 대논쟁 시기에 나는 후자에 전적으로 공감했다. 나는 간디주의의 건설적인 일꾼으로 몇 가지 원칙 아래 나를 집중시키기 시작했는데, 지금이라도 내 안을 추적해보면 그 흔적이 남아 있을 것이다. 간디주의자들 사이에 좌파 혹은 급진적 경향(네루에 의해 대표되

---

* 1922년 폭력 사건이 일어나자 간디는 비협력운동을 접을 것을 결정했고, 이에 국민회의는 이 두 그룹으로 분열되었다. 스와라지스트는 간디가 비협력운동을 접자 영국과의 합법 활동을 시작하겠다는 이들이었고, 비변경파는 간디의 이전 노선을 그대로 고수하겠다는 그룹이었다. 간디의 지도력이 대단한 것은 분열된 두 그룹을 달래어서 국민회의의 분열을 막았다는 것이다.

는 경향인)이 있을 때 나는 네루주의의 열렬한 추종자가 되었다. 후에 간디주의 안의 이 좌파 경향들이 더 좌측으로 갔을 때 국민회의사회주의당의 형성으로 이어졌다(초대 서기장이자 뛰어난 지도자는 자야프라카시 나라얀이었다). 나라얀은 현재 '간디 이후의 간디주의자'의 지도자가 되었다. 덧붙이자면 존경받던 자야프라카시 나라얀 같은 동료는 그들 중 대부분이 했던 '도약'*을 하지 않았기 때문에 친마르크스주의에서 간디주의로 돌아온 것이다.[101]

남부디리파드와 같이 대부분의 좌파들도 간디를 추종하면서 운동을 시작했다. 간디를 추종했기에 국민회의의 활동에 가담했고 이후 간디에 실망하면서 다양하게 분화하기 시작한 것이다. 이러한 영향이 국민회의 내에 가장 많이 남아 있는 곳이 케랄라 주이다. 독립 이후 케랄라는 공산당과 국민회의가 번갈아 집권하고 있다. 이를 예로 들면서 국민회의의 진보성을 논하는 인도인들도 있는데 이는 적절한 예가 될 수 없다. 비하르 주 등에서 국민회의가 한 일을 예로 드는 것이 차라리 국민회의의 성격을 잘 드러내준다. 케랄라 주의 국민회의는 사회주의자들의 전통이 강하며 타 지역의 국민회의와는 분위기 자체가 완전히 다르다. 국민회의 내 사회주의자 그룹 중 일부는 공산당으로 당적을 바꾸기도 했지만, 일부는 당에 남아서 국민회의 내에서 사회주의적인 주장을 계속했다.

1970년대 인디라 간디 비상계엄령 시기에 CPI(인도공산당)와 국민회의가 케랄라 주에서 연정을 꾸릴 수 있었던 것도, 다른 지역과 달리 그곳에서는 CPI와 국민회의 내 사회주의자들 간의 관계가 돈독했기 때문이다. 물론 양자가 손을 잡은 가장 큰 이유는 CPIM(인도마르크스주의공산당)과 다른 좌파

---

* 여기서 '도약'은 간디주의에서 마르크스주의로의 도약을 말한다.

정당의 연합전선에 맞서서 선거에서 승리하기 위한 것이었지만 말이다.

마지막으로, CPIM의 당수였던 A. K. 고팔란(A. K. Gopalan: 애칭 AKG)의 인도 독립 전날의 회고를 함께 보면서 이 꼭지를 마치자(참고로 인도의 독립 기념일은 8월 15일이다). 다음의 글을 보면, AKG와 같이 국민회의로 시작하여 좌파로 방향을 튼 많은 이들이 인도 독립 전후 국민회의와 어떤 관계였는지 알 수 있을 것이다.

독립을 선포하는 날에 마드라스 정부는 모든 정치범들을 풀어주었지만 AKG는 그들 사이에 있지 않았다. 그는 홀로 감옥 안에 있었고 그가 그토록 용감하게 싸워왔던 자유를 축하할 수 없었다. 그는 다음과 같이 이를 회상했다. "1947년 8월 14일에 나는 거대한 카나노어 감옥에 고독하게 있었다. '마하트마 간디에게 승리를(Mahatma Gandhi Ki Jai)' '위대한 인도에게 승리를(Bharat Ki Jai)'이라는 구호가 메아리가 되어 감옥 안에 울려 퍼졌다. 온 국가가 이튿날 해가 뜬 후 거행될 기념식을 기다리고 있었다. 얼마나 많은 이들이 오랜 세월 동안 이날을 기다렸고 이를 위해 싸웠고 투쟁에 자신들의 모든 것을 희생했던가! 나는 기쁨과 동시에 슬픔에 잠겼다. 나는 모든 젊음을 희생한 목표를 이룬 것이 기뻤지만 나는 아직 감옥 안에 있는 것이다. 그러나 나는 단순히 죄수인 것만은 아니다. 나는 인도인—국민회의 정부—에 의해 감금된 것이지 영국에 의해 감금된 것이 아니다. 1927년부터 있었던 국민회의에 관한 기억들이 지나갔다. 나는 케랄라의 국민회의 운동에서 내가 했던 역할들이 자랑스럽게 여겨졌다. 일정 기간은 케랄라 국민회의의 서기였고 대표였고 오랜 기간 동안 전국인도국민회의의 당원이었던 나는 감옥에서 8월 15일을 축하했던 것이다." 그는 축하를 하기 위해 다음날 아침 그가 간직해오던 국기를 몸에 걸치고 감옥 안을 걸었다. 깃발은 모든 죄수들이 다 모인 옥상에 게양되었다. AKG는 그들에게 자유의 의미에 대해서 말해주었다.[102]

05

일본군과 협력한
독립 영웅 찬드라 보세

웨스트벵골 주에서는 낫과 망치의 공산당 심볼 아래 벵골의 상징인 벵골 호랑이가 그려져 있는 공산당 깃발을 가끔 볼 수 있다. '공산당 소속 사냥꾼 노동조합 깃발인가?' 하고 고개를 갸우뚱할지도 모르겠지만, 인도 국민들이 열렬히 사랑하여 이름 앞에 네타지(Netaji: '위대한 지도자'란 뜻)를 붙이는 독립 영웅 수바스 찬드라 보세(Subhas Chandra Bose: 1897~1945)가 국민회의를 탈당해서 만든 포워드 블록(Forward Bloc)의 당 깃발이다.

찬드라 보세가 죽은 지 반세기가 넘는 시간이 흘렀지만 인도인들은 여전히 그를 사랑하며 포워드 블록은 꾸준히 그의 이념을 이어가고 있다. 웨스트벵골인들과 인도인들이 찬드라 보세에게 품고 있는 사랑은 대단하다. 미라 네어(Mira Nair) 감독의 〈네임세이크(The Namesake)〉(2006)는 미국으로 이주한 벵골인 1세대와 2세대의 이야기를 그린 영화다. 이 영화를 보면, 아버지를 여읜 아들이 아버지와 지내던 옛

포워드 블록의 깃발.

집에 돌아오는 장면이 나오는데 아들의 방에서 찬드라 보세의 사진을 발견할 수 있다. 벵골인이라는 정체성을 형성하는 데 찬드라 보세가 그만큼 중요한 존재임을 보여주는 장면이다. 인도의 돈 중에서 유일하게 간디의 얼굴이 아닌 다른 사람의 얼굴을 볼 수 있는 것도 찬드라 보세의 얼굴이 그려진 2루피짜리 동전이다.

찬드라 보세는 간디에게 영향을 받아 콜카타에서 물레로 짜서 만든 도티를 파는 것으로 독립운동에 참여하기 시작했다. 국민회의에서 활동했지만 후에 좌파로 돌아선 많은 이들이 그랬던 것처럼, 그는 간디에 대해서 정확하게 파악하고 그에게서 돌아섰다.

찬드라 보세는 바가트 싱과 같은 순교자들을 구할 수 없는 국민회의에 실망했다. 당시 간디는 의회가 열리면 대중의 분노가 확산될 것을 두려워하여 의회가 시작되기 전 이들을 서둘러 처형해줄 것을 영국에 요구했을 정도였

인도 독립 이전, 간디와 보세.

으니, 간디에 대해 보세가 느낀 배신감은 말로는 표현하기 힘들 것이다. 1939년, 간디와 공식적으로 대립한 후 찬드라 보세는 국민회의를 떠나 포워드 블록을 결성했다. 그는 이전까지 영국 식민정부와 맞서 열한 번이나 옥살이를 할 정도로 열렬한 국민회의의 활동가였다.

찬드라 보세의 전설은 국민회의를 떠난 이후 본격적으로 시작된다. 1941년 1월, 감옥에서 가석방된 보세는 쿠리(날품팔이 노동자)로 변장하여 인도를 탈출한다. 그는 아프가니스탄, 모스크바를 거쳐 베를린에 들어갔다. 그곳에서 히틀러를 만나 인도의 독립에 도움을 줄 것을 요청했으며 베를린 방송에서 조국 인도의 독립을 열심히 외쳤다. 히틀러는 소련 침공에 전력을 집중해야 했기에 보세의 요청을 거절했지만, 대신 그를 잠수함에 태워 일본으로 보내주었다.

일본의 동남아 침략이 시작되자 보세는 여기에 희망을 걸었다. 1943년 7월, 보세는 일본 군부의 원조를 얻어 인도국민군(Indian National Army)의 최고 지휘관이 되었다. 인도국민군의 주축은 일본군의 포로가 되었던 인도 병사 1만 6,000명이었다. 같은 해 10월, 싱가포르에 자유인도 임시정부를 수립하고 영국과 미국에 선전포고를 했다. 그리고 1857년 세포이 병사들과 반란군의 구호였던 "델리로 가자"를 다시 외치면서 일본군과 함께 진격했다. 그러나 인도국민군은 전투에서 패배해 영국과 인도의 연합군에게 항복했고, 보세는 싱가포르로 돌아가 모스크바 망명을 기도하던 중 대만에서 비행기 사고로 사망했다. 그의 죽음이 너무나 애석해서 나온 이야기이겠지만 그가 승려로 변장하여 어딘가에 살아 있다는 루머가 그 후로 계속되었다.

한편 네루는 일본군의 국경 접근을 앞두고 어떠한 희생을 치루더라도 일본 파시스트 침략에 저항하겠다고 외쳤고 일본군과 싸우는 중국공산당을 위해 모금을 하거나 의료반을 조직해 보내는 등 보세와 다른 길을 걸었다.

'사막의 여우'로 불린 독일의 장군 롬멜과 함께한 보세.

반면 간디는 적이 사용할 가능성이 있더라도 인도주의적 견지에서 곡물이
나 가옥을 파괴하지 말고 남겨주라며 비폭력 저항을 외쳤다. 보세, 네루, 간
디 세 지도자의 각기 다른 면모를 알 수 있는 대응이었다.

바가트 싱 같은 순교자들과 마찬가지로 인도국민군은 전장에서 인도인
들을 봉기시킬 수 없었지만, 법정에 회부되면서 인도인들의 단결을 이끄는
계기가 되었다. 변호사로 사회생활을 시작했지만 국민회의에 참여하면서
법복을 벗었던 네루는 거의 30년 만에 법복을 입고 변호사로서 법정에 섰
다. 영국 측에서 보면 이들은 국제적인 범죄자들이었으나 인도인의 민족 감
정에서 보면 인도의 독립을 위해 목숨을 걸고 출전한 국민 영웅들이었다.

유죄 판결에 항의하는 대중운동은 콜카타에서 시작하여 뭄바이, 델리로
전파되어 관공서에서부터 공장 노동자들의 동맹 파업으로 번져나갔다. 인
도의 폭압적인 상황과 이에 대한 구명 운동이 결합한 결과였다.

1943년 여름에 찾아온 벵골의 대기근은 물가 폭등, 기업가들의 매점, 수

송난이 원인이 된 재난이었다. 기아와 전염병으로 350만 명이 죽었다. 정부는 기근 구제를 포기했으나 대기근에서 벗어날 수 있는 답은 존재했다. CPI가 지도했던 "지주의 몫을 수확의 1/3로 삭감하라"는 1/3 운동이었다. 지주를 옹호하던 간디는 당연히 이 운동에 참여하지 않았다.

　1946년 2월 18일, 뭄바이의 해군 기지에서 인도인 수병이 차별대우 반대 파업을 시작했다. 수병들은 국민회의의 삼색기를 높이 걸고 영국인 병사들을 하선시키고 "인도를 떠나라(Quit India)!" "인도에서 승리를(Jai Hind)" 같은 구호를 외치며 뭄바이 시내로 시위를 넓혔다. 반란 진압을 명령받은 인도 군인들이 발포를 거부했기에 영국인 헌병대가 출동해서 2월 21일 7시간의 시가전이 벌어졌다. 이 반란은 영국인 관저와 상사에 대한 방화와 곡물상, 의류점에 대한 약탈로 이어졌으며 뭄바이를 넘어서 카라치, 콜카타, 마드라스 등의 해군 기지까지 번졌다. 국민회의 파텔이 중재에 나서 해군 중앙 파업위원회에 항복을 권유했다. 무기가 떨어진 위원회는 "우리들은 인도에 항복하는 것이지, 영국에 항복하는 것이 아니다"라는 성명을 내고 항복을 받아들였다. 3일간의 반란으로 사망 187명, 부상자 수천 명이 발생했다. 영국은 이런 저항에 맞닥뜨리면서 더 이상 통치비용을 감당할 수 없다고 판단했다.

06

세계 최대의 민주주의와
그 규모에 상응하는 부패

2008년 나는 JNU(자와할랄네루대학교) 정문 앞 동네인 문니르카의 슬럼가에 살았다. 당시 나는 동네 복사집 아저씨 미스터 양(Mr. Yang)과 친하게 지냈는데, 이 아저씨는 매우 특이했다. 그는 카슈미르 출신의 이슬람으로 태어났지만 종교도, 정당 조직도 거부했다. 성씨를 이슬람식 후세인(Husain)에서 중국식 양(Yang)으로 바꾼 것도, 아예 이름에서부터 종교의 흔적을 지워버리기 위해서였다. 그는 저서를 두 권이나 낸 재야 지식인이기도 했다.

문니르카의 슬럼가에서는 BJP의 깃발을 들고 인도 꽹과리와 북을 두들기면서 다니는 가난한 사람들이 자주 보였다. 궁금했던 차에 하루는 그 복사집 아저씨에게 물었다. "저 사람들은 무엇 때문에 BJP를 지지하고 다닙니까?" 그랬더니 그 아저씨가 한 말이 정답이었던 것 같다. "호영. 너도 그들에게 술을 사줘라. 저 사람들은 바로 네 이름을 외치면서 만세를 부르고 온 거리를 돌아다닐 것이다."

인도는 방대한 국토와 어마어마한 인구에 못지않게, 그에 상응하는 엄청난 부패도 자랑한다. 2004년 선거에서 선출된 하원의원들 중 4분의 1이 기소된 범죄자였는데, 그들의 죄목 중 살인, 강간, 유괴 등이 주를 이루었을 정도로 정치인들의 부패는 상상을 초월한다. 인도 비즈니스 컨설팅 전문 회사인 비티엔(BTN)의 동향 보고서를 읽어보면 실감이 날 것이다.

2009년 인도 총선은 사상 유례가 없는 돈 잔치였다. 2004년 총선에 비하여서 무려 2.3배가 넘는 3조 원에 가까운 돈이 이번 15차 하원 총선거에 사용되었다고 인도의 미디어연구센터가 조사 결과를 발표하였다. 이는 버락 오바마가 대통령으로 당선된 지난 미국의 대선에서 약 1년에 가까운 선거 기간 동안 대권 후보자들이 사용한 선거비용 총액 18억 달러보다 많은 23억 달러에 달하는 숫자인데 더 놀라운 것은 이 돈이 불과 수개월 동안에 지출되었다는 점이다. 일부 다른 조사기관의 발표에 의하면 이보다 훨씬 많은 32억 달러 또는 42억 달러까지 그 액수를 추정하고 있다. 이번 총선과 함께 동시에 치러진 AP, 오리사 그리고 아삼 지역의 주 의회 선거비용인 약 6,000억 원 정도를 더하면 그 금액은 더욱 더 높아진다. 선거 전일에 델리의 어느 동네에서는 유권자들을 모아놓고 밤새 술파티를 벌이고 다음날 준비된 차량을 타고 투표소로 무리를 지어 선거하러 가는 모습이 적지 않게 목격되었다고 한다. 그리고 선거를 마친 다음 이들에게는 각자에게 1인당 500루피(한화 약 1만 5천 원) 지폐가 건네졌다고 한다.

IT산업의 허브로 불리는 벵갈루루가 주 수도인 인도 남부 중앙의 핵심 주인 카르나타카에서 나온 자료를 근거로 본다면, 이 지역에서 하원 선거에 출마한 후보자들이 사용한 선거비용을 추정해보면 평균적으로 보아서 경합을 벌인 두 후보자 등이 사용한 누적 선거비용이 1999년에 15억 원이었다면 2004년엔 27억 원이고 이번 2009년 총선에서 무려 2배에 가까운 48억 원이라는 것이다. 주요 정당 관계자들의 말을 빌리면, 인도 총선에서 하원의원의 좌석을 확보하는 것은 곧 '지지 유권자 투표엔 현금'이라는 공식이 그대로 적용된다는 것이다. 한 명의 하원의원 선거에 연관된 유권자는 약 15만 명에서 22만 명 정도인데 그중 선거에 실제로 참여하는 비율은 평균 60~65%이다. 이들 투표에 참여하는 유권자들을 대상으로 각 후보자들은 선거운동을 전개하는데 당선되기 위해서는 전체 유권자의 10~15%를 구애하는 것이다. 이들 유권자 1인당 들어가는 비용을 이전에 1인당 6,000원에서 1만 5,000원 정도를 각 후보자들이 써왔는데 이제는 1인당 3만 원 꼴이 지출된다고 한다. 그런데 놀라운 것은, 인도에서도 이런 지출의 상당 부분이 바로 '술'이라는 점이다. 이는 인도인들은 술에 대해서 그리 자유롭지 않을 뿐더러 많이 소비하지 않는다고 여긴 일반인들의 생각과는 전혀 다른 내용이 아닐 수 없다. 비용의 첫째가 술, 주류 지출이었다면 그다음으로 들어가는 비용은 역시 선거운동원에 대한 인건비이다. 각 후보마다 약 2,000명에 달하는 행동파 운동원들이 있는데 이들에게 들어가는 인건비가 적지 않다. 즉 부락 단위별로 운영하는 선거 사무실, 차량 유지비 그리고 일반인들의 관심을 끌어 모을 수 있는 스타급 연설자 초청비도 여기에 포함된다. 이외 지역 유세를 위한 교통비용, 숙박비 등 선거에 들어가는 항목이 한둘이 아니다. 선거 기간 동안엔 차량과 소형 항공기 등 모든 교통수단이 총동원된다. 그뿐이 아니다. 이는 지역에서의 선거비용이라고 한다면 당 선거비용 또한 어마어마한데 그중 가장 큰 비중을 차지하는 것이 미디어 광고비용이다. TV 채널 확보를 위하여 지출되는 돈이 적지 않은데 이번 총선에서 국민회의가 미디어 광고비로 약 600억 원을 지출하였다고 한다. 선거에 사용된 비용의 특징은 '현금 지불'이라는 점이다. 여기에는 신용카드로 사용된 경우가 거의 없다고 한다. 이는 하원 선거비용에 대한 공식적인 상한선이 7,500만 원인 것을 생각한다면 이러한 지출 행태는 선거비용에 대한 사후 보고와 실사를 피하기 위한 수단이 아닐 수 없다. 선거에 나선 후보자가 최소 15억 원 정도의 현금을 손에 쥐고 있지 않다면 선거판에 뛰어들 생각을 하지 말라는 이야기가 공공연하다. 이러한 경향은 지역 주 의회 의원들에게도 마찬가지로 그들 가운데 신고한 재산으로만 살펴보아도 수천, 수백억 원 이상의 자산가가 적지 않다. 2008년 카르나타카 의회의 41.8% 의원들이 신고한 기준 보유자산이 30억 원 이상이라는 조사 결과가 이를 입증하고 있다.[103]

미국보다 돈을 더 많이 쓰는 것은 '인도가 미국보다 민주주의가 발전했기 때문인가' 하는 명청한 생각이 들 지경이다. 한편으로는, '경제가 발전하면 '기름칠'을 하기 위해 부패도 그만큼 심해지겠지' 하는 생각도 든다.

유권자들에게만 '검은 돈'이 들어가는 것은 아니다. 정치인들 사이에 오고가는 돈도 엄청나다. 2008년 인도와 미국 사이에 핵협정이 체결된 이후, 좌파 정당들은 국민회의 주도의 집권 연정인 UPA(통일진보연합)가 소속 정당들 간에 맺은 최소 합의사항인 CMP(Common Minimum Programme: 일반 최소 강령)를 지키지 않았다고 비판하며 UPA에 대한 지지를 철회하겠다고 선언했고, 결국 만모한 싱 총리 내각은 의회에서 신임투표를 받아야 했다. 2008년 7월 22일 신임투표가 진행되는 동안, 제1야당인 BJP 소속 의원 3명이 정부가 신임투표를 통과하기 위해 의석 매수를 자행했다고 폭로하며 그 증거로 돈 가방에서 현금 1,000만 루피(3억 원)를 쏟아내는 소동이 벌어졌고 이 모습은 방송을 통해 모두 생중계되었다. 의원들은 정부 측에서 국회의원 한 명당 몸값으로 적게는 3,000만 루피(9억 원)에서 많게는 3억 루피(90억 원)를 책정했으며 1,000만 루피는 그중 선불로 받는 금액이라고 주장했다. 하지만 국민회의 입장에서 신임투표 결과는 다행스러운 것이었다. 인도 헌법에서는 국회의원이 소속 정당 지침에 반대를 하거나 기권을 하면 국회의원 자격을 박탈하게 되어 있는데도, 의회의 숙적인 BJP 의원들 중 4명이 UPA 내각을 지지하고 4명이 기권하여 간신히 신임을 받을 수 있었던 것이다.

07

달리트 운동과 좌파는
대안인가

달리트 운동과 좌파는 국민회의와 BJP를 넘어설 수 있을 것인가. 지난 2009년 선거에서 가장 이슈가 되었던 부분은 양대 정치세력인 국민회의가 주축이 된 UPA와 BJP가 주축이 된 NDA(전국민주연합) 중 누가 승리할 것인지와 함께, 좌파 정당들과 달리트 정당 및 일부 지역 정당들이 연합한 제3전선(Third Front)이 과연 대안으로 나설 수 있는지 여부였다. 하지만 선거 결과는 제3전선이 UPA와 NDA를 넘어서기에는 아직도 갈 길이 멀다는 사실을 보여주었다.

달리트와 좌파는 이론적으로 둘 다 계급적 차별을 무너뜨리는 것을 목적으로 한다는 점에서 사이가 좋아야 한다. 하지만 실제로는 사이가 좋지 않았다. 영국으로부터 독립하기 전에는 달리트 운동을 인도의 특수한 현실로 제대로 파악하지 못하고 카스트 문제를 경시한 좌파의 잘못이 컸다. 하지만 독립 이후에는 좌파는 변화한 반면, 달리트 일부는 급진성을 상실한 채 어떤 면에서 상층 카스트보다 좌파에 더 적대적인 태도를 보이는 우를 범했다.

달리트란 용어는 달리트 운동을 통해서 달리트들이 대중화시킨 것이다.

안드라프라데시 주에서는 좌파 정당들이 '하리잔'이라는 (간디가 내세웠지만 달리트로서는 결코 받아들이지 않는) 용어를 사용하기까지 했으니, 그동안 좌파 스스로 달리트 진영이 탐탁지 않게 여길 이유를 많이 제공한 셈이다.[104]

독립 이전에 좌파는 토지개혁 등 농민운동을 지도하면서도 달리트들을 고려하지 못한 것이 사실이다. 좌파는 AIKS*를 거점으로 농민들에게 토지를 나누어줄 것을 요구했지만, 토지분배의 대상에 달리트는 포함되지 못했다. 실제로 달리트의 태반이 농업노동자 내지 자티와 맞물린 농노로 일하고 있었지만, 달리트는 농민이 아니었다. 토지개혁 운동이 급진적으로 진행된 케랄라 주 역시 카스트제도의 한계를 넘어서지 못했다. 그러나 토지분배는 토지가 없는 이들 모두를 대상으로 해야지, 농사를 지을 수 있는 카스트인 농민 카스트냐 아니냐를 따질 문제가 아니었다.[105] 또 노동운동에서도 마찬가지였다. 달리트에게 전혀 할당되지 않았던 숙련 업무를 주는 것에 대해 좌파는 무관심했다.[106]

달리트 운동의 이론가로 활동하고 있는 게일 옴베트는 좌파의 과거 행적에 대해 맹렬히 비판한다. 옴베트는 좌파 지도자들의 태반이 브라만이기에 그것은 너무나 당연한 결과라고 주장한다. 태생적 한계라는 것이다.

그러나 좌파가 경제개발과 카스트 철폐에 대해 계속 무시해오고 있다는 비판은 너무 지나친 것 같다. 좌파 정당이 30년 넘게 집권한 웨스트벵골 주를 예로 들어보자. 웨스트벵골의 경작지는 인도 전체 경작지의 3%밖에 되

---

* AIKS(All India Kisan Sabha)는 20세기 인도 농민운동의 모태가 된 소작농 운동 단체다. 1929년 스와미 사하자난드 사라스와티(Swami Sahajanand Saraswati)의 주도로 비하르 주에서 KS(Kisan Sabha) 운동이 시작되었고, 이후 점차 세력을 넓혀 1936년 전국 조직으로 공식 출범했다. 이들은 자민다르 시스템의 폐지와 농가부채 탕감을 요구하는 운동을 벌였다. 공식 출범 당시만 해도 국민회의의 산하 조직이었으나, 국민회의 지도부와 대립하면서 소원해지는 한편 사회주의자와 공산주의자들이 조직을 장악함에 따라 1942년 인도공산당(CPI)으로 합류했다. 1964년 인도공산당이 CPI와 CPIM으로 분당됨에 따라 AIKS 조직도 둘로 나누어졌다.

지 않지만, 독립 이후 인도에서 진행된 토지개혁의 50%가 웨스트벵골에서 일어났다. 그렇게 된 이유는 무엇이었을까. 1950년대에 지주들의 토지상한선을 정해서 상한선을 초과하는 잉여지는 분배하도록 하는 법이 제정되었지만, 실제로 토지개혁이 진행된 곳은 좌파 정권이 집권한 웨스트벵골 주, 케랄라 주, 트리푸라 주 외에는 거의 없었기 때문이다. 웨스트벵골에 좌파 정권이 집권한 초기인 1977년에 관개시설이 들어가는 농토는 32%밖에 되지 않았지만, 2006~07년에 이르러서는 70%에 도달했다. 웨스트벵골에서는 토지개혁 결과로 2.5~5에이커를 소유한 소농과 2.5에이커 미만을 소유한 영세농이 전체 토지의 84%를 소유하고 있다. 또 웨스트벵골의 토지개혁의 혜택을 본 이들의 41%는 달리트와 소수 부족들(Adivasis)이다. 웨스트벵골은 마찬가지로 좌파 정권이 집권한 트리푸라 다음으로 달리트와 소수 부족들이 토지개혁의 혜택을 많이 입은 주이다.[107] 또한 농촌 지역의 지방자치제인 판차야트(Panchayat) 시스템을 보아도, 웨스트벵골에서는 달리트와 소수 부족들이 판차야트 대표자의 37%를 차지하고 있으며 여성은 전체 판차야트 대표의 36%를 차지하고 있다.[108] 그리고 이런 토지개혁의 성과로 인도에서 쌀과 채소가 가장 풍부한 곳이 되었다.

독립 이전 시기에 좌파가 오류를 저지른 것은 부인할 수 없다. 하지만 아직도 좌파가 달리트를 무시하고 있다는 옴베트와 일라이아 등의 달리트 이론가들의 주장은 사실을 심하게 왜곡하는 것이다. 스피박의 번역으로 세계적으로 유명해진 웨스트벵골 출신의 소설가 마하스웨타 데비(Mahasweta Devi)는 좌파 정권이 언제나 달리트와 소수 부족들을 억압한다고 비난하고 있다. 좌파가 30년간 집권했다고 천 년 넘게 내려온 카스트제도가 한꺼번에 바뀌겠는가. 다른 주보다 웨스트벵골이 상대적으로 진보를 달성해온 것은 전혀 거론하지 않고 아직도 이루지 못한 것들만 가지고 비난하는 것이다. 마하스웨타 데비는 필사적으로 좌파 정권을 비판해서 반공 투사라는 이미지를 각인시켜서 노벨 문학상을 받으려는 속셈은 아닌가 하는 생각이 든다.

인도의 진보적 예술을 대표하는 인도민중연극협회는 카스트제도를 격렬하게 비판해왔는데 좌파가 지금까지 이를 주도했다. 인도를 대표하는 3대 영화감독으로 불리는 사티야지트 레이, 리트윅 가탁, 므리날 센(Mrinal Sen) 중 리트윅 가탁과 므리날 센은 스스로 마르크시스트라고 밝힌 이들이고 사티야지트 레이 또한 좌파로 분류되기도 하는 인물이다. 이 중 리트윅 가탁은 1962년 카스트제도를 냉정하게 비판한 영화 〈강(Subarnarekha)〉(개봉은 1965년)으로 영화계에서 거의 매장당했다가 1973년이 되어서야 방글라데시에서 자금을 지원받아 〈티타시라 불리는 강〉을 찍을 수 있었다. 이런 고통 때문에 그의 알코올 중독이 더 심해진 게 아닌가 하는 생각이 든다.

좌파 학자들도 카스트제도 비판에 충분히 앞장서왔다. 반공 정서가 가장 강한 미국에서조차 최고의 인도 역사가로 인정받았던 D. D. 코삼비(Damodar Dharmananda Kosambi: 1907~66)에서부터, 10만 권이 넘게 팔린(이 정도 판매 부수면 좌파니 우파니 따질 상황도 아니고 필독서다)《독립을 위한 인도의 투쟁(India's Struggle for Independence)》을 저술한 비판 찬드라(1928~), 그리고 이르판 하비브(Irfan Habib: 1931~) 등 많은 좌파 역사학자들이 저서와 논문에서 카스트제도를 충분히 비판해왔다(비판 찬드라는 간디를 내세워서 토지개혁을 반대하는 국민회의 우파는 아니지만 친국민회의 역사학자다). 힌두 극우주의를 비판하는 좌파 학자들이 모여 《코뮤날리즘과 인도 역사 서술(Communalism and the Writing of Indian History)》(1969) 같은 선집을 펴내는 작업도 오래전부터 전개되었고 이는 지금도 계속되고 있다.

힌두 극우의 가장 상위 조직인 RSS가 좌파 정당들의 사무실을 직접 공격할 정도로 힌두 극우와 좌파는 대립각을 세운다. 그런데도 달리트 이론가들은 좌파가 달리트 운동과 경제발전과 분배에 관심이 없다고 부정하면서 왜 글은 계속 쓰는 것인지 이해할 수 없어 한다. 좌파에 대한 오래된 증오라고

밖에 느껴지지 않는다. 이에 대해서 좌파 정당 인물 중 최초로 인도에서 내무부 장관을 지낸 인드라지트 굽타(Indrajit Gupta)의 말을 들어보자.

> 나는 공산주의자들, 마르크스주의자들이 이 나라에서 이 현상에 대해서 충분한 관심이나 필요한 연구를 하지 않았다고 생각하지는 않는다. 이것은 하루아침에 시작된 현상이 아니다. 1,000년 동안 있어온 것이다. 그리고 교육받은 자들, 우리 사회의 지식인들은 카스트 따위는 삶에서 벗어나 있다고 말하곤 한다. 이것은 거짓말이다. 신문에서 결혼 관련 기사를 읽어보아라. 생짜 그대로인 형태의 카스트—같은 잔으로 마시는 것을 허용하지 않는—를 이야기하지는 않는다. 그러나 그들이 불가촉천민을 같은 식탁에 불러서 먹을 것인가? 나는 아주 의심스럽게 생각한다. 물론 결혼은 범위를 벗어난 문제이다. 우리 의식에 깊숙이 뿌리 박혀 있는 것은 《마누법전》(역주-4성제를 법으로 만든 최초의 인도 법전)이나 《차투르바나》(역주-인도 브라만 신학교의 교재)이고 이것을 벗어나는 데 1,000년이 걸릴 것이다.[109]

인드라지트 굽타는 좌파가 카스트 철폐 문제에 관심을 기울이지 않았다는 것은 사실이 아니며 그 문제는 하루아침에 해결될 수 없는 문제라고 밝히고 있다. 인도의 좌파 정당들은 마오이스트를 제외하고는 누구도 폭력 혁명을 제시하지 않는다. 스탈린을 따른다고 하지만 이들이 지금까지 한 것은 토지개혁 등 최소한의 민주주의 강령의 실행이며, 이들은 선거를 통한 집권을 주장한다. 오히려 인도의 문제는 토지개혁을 실행하지 않은 국민회의나 BJP 등이 최소한의 민주주의 강령을 실천할 수준도 안 된다는 점이다.

굽타는 "좌파는 노동운동을 장악했고 파업 시기에는 열정적으로 당의 지도에 의해서 움직인다. 그러나 선거 시기가 되면 이들은 조금 더 나은 봉급을 받기 위해서, 좀더 나은 생활을 위해서 자기 카스트에 따라 정당을 지지

한다"고 말한다. 이렇게 그는 카스트 이기주의에 따른 인도의 정당 정치 지형을 비판했다.

따라서 옴베트가 국민회의의 네루와 CPI, CPIM 등을 '브라만 출신의 사회주의자'라는 카테고리로 한데 묶어서 논의를 전개하는 것을 보면 참 갑갑하다는 생각이 든다. 묶어서 논리를 전개하니까 국민회의와 다른 좌파가 구분이 안 되어 좌파와 연계할 이유가 없다는 결론이 나오는 것이다. 브라만 출신이기에 안 된다고 말하는 것은 비판이 아니다. 박근혜를 비판한다면, 박근혜가 박정희의 '생물학적 딸'이라는 것이 비판의 이유가 되어서는 절대 안 되는 것과 같은 이유이다. 박정희의 생물학적 딸이라는 이유로 박근혜를 비판한다면 이는 박정희가 실시한 연좌제와 다를 바가 하나도 없다. 박정희의 통치를 비판하는 이들이 박근혜를 비판한다면 박근혜가 박정희의 '정치적 딸'이라는 이유로 비판해야 한다. 인도에서 옴베트 등의 달리트 운동가들은 브라만 출신들의 악행에 계속 묶여 있기를 바라는 것인가.

또한 게일 옴베트는 국민회의와 BJP가 치열하게 다투는 주에서 달리트 정당인 BSP를 지지하지 말고 국민회의를 찍어야 한다고 달리트에게 호소해서 사람들을 당황하게 만든 적이 있다. 2000년 미국 대선에서 랠프 네이더 녹색당 후보를 지지했던 영화감독 마이클 무어가 4년 뒤에 공화당 조지 부시 후보의 당선을 막기 위해서 민주당 존 케리 후보를 찍어야 한다고 호소하면서 돌변한 것과 같은 입장이었던 것이다. 미국에서 자라고 공부한 미국인이 인도 남자와 결혼해서 인도 국적을 가지고 인도에 살아도 그동안의 미국식 정서가 몸에 배서 그런 것인가 하는 생각이 들기도 한다. 게일 옴베트를 가리켜 '1970년대 미국 민주당 전통의 사고를 가진 미국인이 인도에서 달리트 전문 학자로 활동하고 있다'라고 정리하면 너무 단순화한 것일까.

달리트 운동이 정당 운동으로 넘어가면서 정체성을 잃고 있다는 사실도 부정할 수 없다. 비하르 주를 오랫동안 집권했던 RJD(Rashtriya Janata Dal)의

랄루 야다브는 하층 카스트를 팔아먹는 정치꾼으로 인도에서 가장 부패한 정치인 중 한 명이었다. 달리트 정당인 BSP 역시 성장함에 따라 "브라만의 볼기를 때려라"는 예전 구호는 버리고 "우리는 브라만을 존중한다"는 선전을 하면서 달리트를 넘어 다른 카스트로까지 지지세를 넓히려 하고 있다. 국민회의나 BJP와 색깔이 비슷해지고 있는 것이다.

좌파 정당들, 특히 웨스트벵골에서의 CPIM의 개발 의지는 웨스트벵골 지역 우익 정당인 트리나물 콩그레스(Trinamool Congress)와 극좌 조직인 마오이스트 조직들의 연합 전선 속에서 뒤로 밀려나버렸다. 난디그람(Nandigram) 등지에 경제특구와 산업단지 건설을 추진하려는 좌파 연합 정권의 노력은 이 기이한 연합 전선과 주고받은 쌍방의 유혈 사태로 완전히 날아가 버렸고, CPIM은 전국의 시민운동가들에게 의해 '제1의 적'으로까지 선전되고 있다.

그러나 시민운동가들이 달리트나 부족민들과 동참하려는 연대나 지원이 모두 긍정적인 것만은 아닌 것 같다. '스타성'과 '지주들을 물적 기반'으로 움직이는 시민운동이 미디어에서 보여주는 것만큼 깔끔하기는 쉽지 않은 듯하다. 인도 환경운동의 시민운동적 성격의 한계를 예리하게 비판한 글을 같이 읽어보자.

운동에 필요한 조직과 자금, 인력을 끌어오고 국내외의 각종 시민단체, 환경운동 단체와 연계하여 조직적인 선전전을 펼치는 주체가 '안돌란'으로 통칭되는 '도시 중산층 지식인' 중심의 조직들이라는 점에서도 확인된다. 주민들의 생존권을 보장하기 위해 벌이는 투쟁이라는 본래적인 의미와 더불어 환경파괴에 맞서 환경을 보존하고 환경친화적으로 살아가기 위해 벌이는 '전 지구적 투쟁의 최전선'이라는 의미가 더해진 것이며, 운동이 대규모화하면서 전자보다 후자가 오히려 본질적이고 중요한 의미를 갖는 것으로 인식

되는 경향이 두드러지고 있다. 즉 국가-자본-지배계급 대 지역 주민의 대립이라는 구도에 시민단체라는 새로운 주체가 더해지면서 댐 건설이나 산림 개발로 삶의 터전을 잃게 될 처지에 놓인 주민이 더 이상 운동의 주체가 아니라, 안돌란이 주민을 '대변하여' 운동을 실질적으로 이끌어가는 현상이 나타난 것이다. 사다르 사로바르 댐 주변에서 안돌란 주최로 벌어지는 대규모 항의 집회에서 국내외 언론의 주목을 받는 것은 메다 파트카르나 바바 암테, 아룬다티 로이, 순더르랄 바후구나 등 소위 안돌란의 스타이자 '국제 환경운동의 잔다르크' 들이다. 나르마다 주변에서 숲과 강에 의지하여 살아가는 부족민들은 화려한 전통 의상에 활과 화살을 쳐들고 "진다바드(Zindabad)!"를 외치는 '정형화된' 모습으로 배경에 등장할 뿐이며, 더구나 산악 지대가 아니라 평야 지대에서 농사를 지으며 힌두 사회에 편입되어 살아가는 부족민들이나 이들을 착취하고 지배하는 지주-부농 계급인 파티다르 카스트는 뒷전으로 밀려난다. 하루하루 높아져가는 댐 건설을 저지하기 위해 수단과 방법을 가리지 말고 국제적인 지원과 관심을 끌어 모아야 하며, 그러기 위해서는 개발에 의해 희생될 "자연과 조화를 이루어 살아온 원주민"을 내세우는 것이 가장 효과적이라는 운동 자체의 논리에 의해, 운동의 본래적 성격과 목표가 크게 변화해버린 것이다.

그러나 안돌란이 개발에 대한 강력한 대안으로 내세우는 "자연과 조화를 이루어 살아가는 원주민"이라는 묘사는, 적어도 현재 히말라야나 나르마다 강에서 살아가는 부족민들의 경우에는 사실과 거리가 먼 허구이며 "Noble Savage"라는 신화의 변형에 불과하다. 영국 식민지 시대부터 독립 후 현재에 이르기까지 국가 기구에 의해 조직적이고 대규모로 행해진 자원개발 때문에 이미 부족민들의 생활 터전인 자연은 돌이키기 힘들 정도로 파괴되었으며, 숲에 기대어 숲과 더불어 살던 부족민들의 '전통적인' 생활방식으로도 이미 헐벗은 숲의 자원을 보존하면서 이용하는 것이 불가능해졌다. 자연을 경외하는 이들의 믿음은 변하지 않았으나, 하루하루 살아가기도 빠듯한 처지에 자원을 적당히 이용한다거나 자연을 보존해야 한다는 주장은 소위 환경운동의 '주체'인 부족민들의 입장에서는 현실과 거리가 먼 구호에 불과하다. 환경운동이 자연과의 조화나 환경의 보존과는 별 상관없이 일차적으로 자신들의 생존권 확보를 위한 투쟁이라고 인식하는 부족민들과, 실제로 운동을 조직하고 끌어가는 지도부의 인식 간에는 큰 차이가 있는 것이다.

또한 개발 이데올로기에 반대하는 지역 주민 전체의 집합체라는 안돌란의 일반적인 이미지도, 거기에 참여하고 있는 수많은 집단들(가령, 시민단체-환경운동 단체 대 지역 주민, 산악 지대의 부족민 대 평야 지대의 힌두 파티다르, 빈농과 농업 노동자 대 대토지 소유자와 부농 등)의 계급적 이해관계가 첨예하게 충돌하는 속사정을 고려한다면 그리 설득력이 없다. 지역 수준에서 안돌란의 활동에 필요한 자금과 물자, 인력과 조직을 담당하는 핵심 세력인 파티다르는 실상 환경보존이나 개발 반대에는 전혀 관심이 없을 뿐 아니라, 오히려 지금까지 이루어진 대규모 관개사업과 녹색혁명의 혜택을 가장 많이 입은 환경파괴의 주역이다. 이들이 안돌란에 참여하는 가장 근본적인 이유는 댐 건설로 자신들의 경작지가 물에 잠기게 되었기 때문이며, 따라서 피해에 대한 보상만 제대로 이루어진다면 언제든 새로운 곳으로 이주할 수 있다는 점에서 부족민들과는 전혀 다른 이해관계를 갖고 있다. 칩코나 나르마다 운동에서 발견되는 생존권확보 투쟁, 피해보상 운동, 시민운동 등 서로 다른 다양한 성격과 층위들, 그리고 운동에 참여하는 집단들 간에 존재하는 다양하고 때로는 상충되는 이해관계를 고려한다면, 이러한 운동들을 환경운동-시민운동으로 규정하는 것의 의미를 다시 한번 되짚어 볼 필요가 있다고 생각된다.[110]

이런저런 이유로 달리트 정당과 좌파 정당이 제3의 연합 전선을 형성해서 인도 정치의 대안이 될 길은 여전히 보이지 않는다.

08

인도와 네팔의 마오이스트 공산당은
현재 진행 중

앞으로 인도의 마오이스트 공산당은 역사의 뒤안길로 사라지게 될까, 아니면 더 기승을 부리게 될까. 2008년 12월, 미국의 국가정보위원회(NIC)에서는 2025년 글로벌 트렌드를 예측한 보고서를 내놓았다. 보고서에 따르면, 2025년 인도에서는 국가적 차원에서 화합은 지속되겠지만 종교 및 지역 문제는 계속될 것으로 보인다. 또한 인도 정부는 잠무카슈미르(Jammu and Kashmir) 주의 분리주의자 문제는 막을 수 있겠지만 마오주의적 낙살바리 운동의 성장은 막기 어려울 것이기에 여전히 지역에 따라 불안이 고조되고 폭력 사태가 빈번할 것으로 예측된다.[111] 마오이스트 문제는 향후 15년 내에 해결될 문제가 아니라 더 확장될 수도 있다는 것이다.

인도의 마오이스트는 낙살라이트(Naxalite)로 불리는데, 그 명칭은 1967년 웨스트벵골 주 낙살(바리) 지역에서 일어난 농민반란에서 비롯된다. 당시 낙살 지역에서는 1만 5천 명에서 2만 명에 달하는 농민들이 농민위원회를 구성하여 토지를 몰수하고 기록들을 불태워버렸다. 그들의 무력투쟁은 진압되었지만, 이후 마오이스트 운동이 인도 전역으로 확산되었고 2004년 안드라프라데시 주의 인민전쟁그룹(People's War Group)과 비하르 주의 마오공산주의센터가 통합되어 CPI(Maoist)(인도마오주의공산당)가 결성되었다.

현재 이들의 세력권을 지도로 보면 다음 두 페이지에 보는 바와 같다. 인도의 3분의 1에 이들 마오이스트가 활동하고 있다. 두 지도를 보면, 지금도 비하르 주와 자르칸드(Jharkhand) 주에서 총격전이 계속 일어나는 이유는 힌디 벨트와 마오이스트 세력권이 겹쳐지기 때문이라는 것을 짐작할 수 있을 것이다.

그런데 왜 이들 마오이스트 공산당은 인도공산당이나 다른 공산당과는 다르게 선거를 통한 평화적인 권력 쟁취의 길을 주장하지 않는가. 이 부분에 대해서는 일찍부터 독보적인 연구 성과를 내고 있는 인류학자 정채성이 비하르 현지 조사를 통해 연구해 발표한 글을 같이 살펴보자. 10여 년 전, 한국인이 직접 비하르 지역에 가서 현지 조사한 이 연구 성과는 정말로 탁월하다. 이에 관해 내가 읽었던 인도 학자들의 글들을 따로 인용할 필요를 전혀 못 느낀다. 길더라도 충분히 인용할 가치가 있다.

> 비하르의 Congress(국민회의) 운동은 소 자민다르와 상층 소작인들이 주도하였으며, 영국과의 투쟁에서 독립을 얻을 때까지 농촌 계급들이 이해관계의 대립을 접어두고 화해, 협력해야 한다고 강조하였다. 이것은 불평등한 농업 구조를 그대로 유지하여 기득권을 보호하고 피억압계급의 요구를 무시하는 노선이었으며, 독립 후에도 이 노선은 변하지 않았다. 즉 독립 이전 비하르 농민운동을 주도한 BPKS(Bihar Provincial Kisan Sabha: 비하르 지역 농민연합)와 국민회의는 농업 문제를 해결하기 위해서는 억압적이고 불평등한 계급구조를 근본적으로 변화시켜야 한다는 사실을 무시하였고, 그 결과 농촌 계급들 간의 갈등과 대립은 토지개혁과 "녹색혁명"을 거치면서 더욱 심화되었다.
>
> [⋯] 인도의 토지개혁은 반(反) 대지주적(Anti-big-landlord)이자 반 빈농적

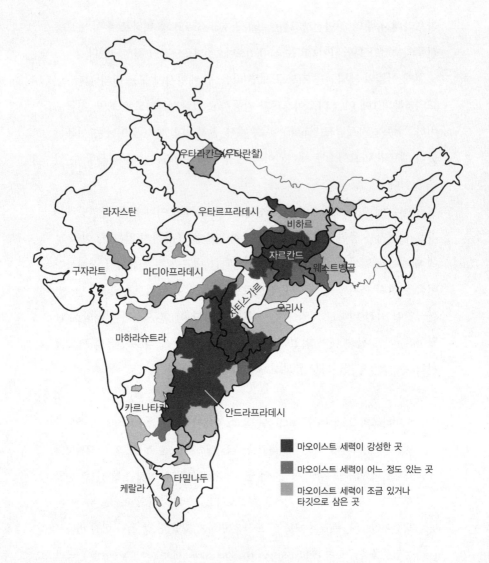

우타라칸드(우타란찰)

라자스탄

우타르프라데시

비하르

자르칸드

웨스트벵골

구자라트

마디아프라데시

차티스가르

오리사

마하라슈트라

카르나타카

안드라프라데시

케랄라

타밀나두

■ 마오이스트 세력이 강성한 곳

■ 마오이스트 세력이 어느 정도 있는 곳

■ 마오이스트 세력이 조금 있거나
　타깃으로 삼은 곳

*출처: http://en.wikipedia.org/wiki/Naxalite

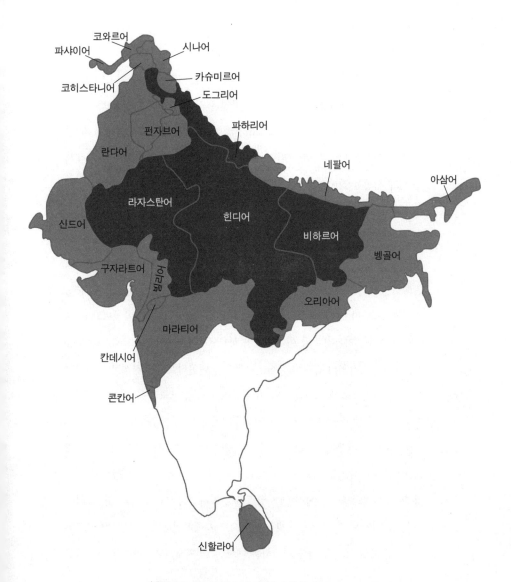

왼쪽 페이지의 그림은 마오이스트의 세력권을 보여주는 지도이고, 위의 그림은 힌디 벨트(Hindi Belt)를 나타내는 지도이다. 힌디 벨트는 힌디어가 광범하게 통용되는 지역으로 힌디어가 제1공용어 또는 제2공용어인 지역이다. 마오이스트 세력권과 힌두 극우 세력들이 활동하는 힌디 벨트는 일부 겹치는데, 이렇게 겹쳐진 지역에서 총격전이 일어나고 있다.

(Anti-rural-poor)인 절충형이었으며 이 때문에 개혁의 혜택은 독립을 전후하여 영향력을 확대하고 있던 중간계급들(중·상층 카스트 출신의 하층 자민다르와 상층 소작인들)에게 돌아갔다. 농촌의 새로운 지배세력이 된 신흥 말릭 계급은 과거의 자민다르 계급보다 훨씬 넓은 사회적 기반을 바탕으로 농촌 외부의 세력들과 정치적, 경제적으로 긴밀한 유대 관계를 맺으면서, 1960년대 후반부터 진행된 "녹색혁명"의 성과를 독점하였다. 신품종 재배를 위해서는 관개 시설을 정비하고 화학비료, 살충제 등을 구입할 자본이 필요했기 때문에 "녹색혁명"은 자본을 가진 상층계급들에게 부와 토지를 더욱 집중시키고 하층계급들의 생활은 악화시키는 결과를 낳았다. 이와 더불어 농업의 성격이 생산지향적, 이윤지향적으로 변화하면서 과거의 착취 관계를 은폐하고 완화하면서 농촌 빈민들에게 최저한의 생계와 취업 기회를 보장해주던 공생적 틀(가령, 자즈마니 체계(Jajmani System), 페트론-클라이언트(Patron-Client) 관계*, 가부장주의 이데올로기 등)은 거의 사라졌다. 고용자와 노동자, 지주와 소작인의 관계는 점점 더 계약적, 비인격적이고 경제적 이해관계에 한정된 것으로 변모하였으며, 이에 따라 계급들 간의 갈등은 공개적인 적대 관계와 폭력 충돌의 형태로 드러나게 되었다.

[…] 좌익 조직들은 GMK와 말릭들의 잉여 토지 재분배, 법정 최저임금 지급, 인간다운 대접을 받을 권리 등의 문제들을 중심으로 농업노동자와 빈농 등 농촌 사회의 최하층에 속한 사람들을 조직하였다. 이들은 말릭과 그 하수인들이 마즈두르와 빈농들에게 일상적으로 자행하던 강도, 강간, 가축 도둑질, 작물 약탈 등의 범죄를 퇴치하는 데도 힘을 써서, 경찰 간부들조차 낙살

---

* 페트론-클라이언트 관계(Patron-Client relationship)는 후견인-피후견인 관계 또는 간략히 후견인 관계 등으로도 불리는 개념이다. 로마시대 귀족과 평민의 관계, 중세시대 주종관계 등이 대표적이다. 인도에서 상층 카스트와 하층 카스트의 관계도 같은 맥락에서 볼 수 있다. 상층 카스트가 달리트나 하층 카스트를 보호해주고 달리트나 하층 카스트는 상층 카스트에게 서비스를 제공하는 관계를 말한다.

라이트 조직이 강력한 곳에는 범죄가 거의 없다는 사실을 인정하고 있다. 이 운동들은 착취 관계의 여러 측면들(경제적－저임금, 불평등한 토지 소유: 사회적－인간적 존엄성 무시: 강제적－마즈두르에 대한 각종 범죄와 성폭력 등)을 폭로하고 피착취자를 투쟁의 주체로 내세움으로써 착취 관계를 유지시키는 기존의 불평등구조에 근본적인 문제를 제기하였다. 말릭 계급은 다양한 사병(私兵) 조직들을 만들어 자신들의 지배 기반을 위협하는 이 운동들을 무자비하게 탄압하고 있다.

[…] 다음은 비하르 농촌에서 일어난 폭력 충돌 기록의 일부이다(PUDR 1983; 1986; 1989 참조).

〈표〉 학살의 기록

기간	공격자	사망자 수	공격 방법	사망자 수
1980.1.~1983.6.	말릭과 세나	108	무장단 습격	54
	경찰	60	선별 살해	19
	말릭과 경찰	5	경찰 발포, 교전	60
	기타	7	기타	4
	미상	5	미상	48
	계	185	계	185
1984.1.~1986.4.	말릭과 세나	72	무장단 습격	60
	경찰	81	선별 살해	21
	말릭과 경찰	18	경찰 발포, 교전	79
	기타	6	기타	10
	미상	3	미상	10
	계	180	계	180
1986.5~1988.1.	말릭과 세나	84	자료 없음	자료 없음
	경찰	29		
	계	113		
1991.1.~1992.6.	말릭과 세나	113	자료 없음	자료 없음
	경찰	34		
	좌익 조직	44		
	계	191		

[…] 여러 팀들과 기자들의 조사에 의하면 경찰의 주장은 신빙성이 없다. 19명의 경찰이 부상하였다고 발표했으나 수많은 조사팀과 기자들의 요구에도 불구하고 경찰은 단 한 명의 부상자도 내보이지 못했으며, 서장이 공격당했다는 증거도 제시하지 못했다. 군중이 파출소를 공격했다는 증거도 없다. […] 경찰이 압수했다는 총기는 사제 엽총 한 자루와 권총 두 자루인데, 낡고 녹슬어 발사할 수 없는 것들이다. 목격자들 중에 경찰의 발표가 맞다고 동조하는 사람은 하나도 없다.

[…] 말릭 계급이 국가기구를 뜻대로 이용하는 데는 정치인들과 유대 관계를 맺을 수 있는 사회적 능력이 필수적인 역할을 한다. 대부분의 세나(Ranvir Sena)*들은 이데올로기에 상관없이 각종 정당 정치인들의 후원을 받고, 선거가 있을 때는 후원자들을 위해 투표소를 점거하고 투표함을 탈취하거나 유권자들을 위협하는 등 공생 관계를 유지하였으며, 1990년대에는 세나 지도자들이 직접 선거에 출마하는 일이 늘어나고 있다. 불평등과 억압이 구조화된 비하르에서는 공정한 선거를 통해 유권자들의 대표를 뽑는다는 민주주의의 기본 원칙이 지켜지지 않는다. 틴디하(Tindiha) 마을의 달리트들은 1989년 12월에 국회의원(Lok Sabha, 인도 하원) 선거가 열렸다는 사실조차 몰랐으며, 코에리디(Koeridih) 마을에서는 태양빛 세나의 지도자인 초테 칸(Chhote Khan)의 집에 투표소가 설치되어 달리트들은 감히 투표할 생각을 못했다. 멘의 달리트들은 한 장의 투표용지도 배정받지 못했으며, 바라에서는 상층 카스트 거주 구역에 투표소가 설치되어 달리트나 하층 카스트의 출입을 막았다. 나라얀푸르의 달리트들은 투표 당일, 투표함 탈취를 방지한다는 구실로 경찰에 의해 연금당했다. 피억압계급의 참여가 실질적으로 봉쇄

---

* 세나는 상층 카스트들의 사병 조직으로, 낙살라이트 조직원뿐 아니라 달리트와 지정 카스트에 대한 살인, 강간, 약탈 등 테러 공격으로 악명 높다.

된 선거 과정 때문에 국회, 주의회, 군의회 등 여러 단계의 입법기관에 선출되는 대표들은 지배계급 출신이거나 그들의 이해를 대변하는 자들이다.[112]

태국에서는 마오이스트 공산당이 몰락했다. 1980년대 태국이 산업화의 길로 접어들 때 산속에서 무장투쟁을 벌이던 태국의 마오이스트 공산당은 도시로 내려갈 것인가, 산속에서 계속 투쟁할 것인가를 두고 논쟁을 한 끝에 결국 후자의 노선이 승리했다. 이후 태국은 급속히 산업화되었고 산속에서 고립된 태국 마오이스트 공산당은 쇠퇴해버리고 말았다.

일본 공산당이 마오쩌둥을 방문해 일본 혁명의 길을 묻자 그는 산속에서 게릴라 투쟁을 시작하라는 '어이없는' 권고를 했다고 한다. 이 일 때문만은 아니겠지만 이후 일본 공산당은 급격하게 우경화되어 의회 내에서만 활동하면서 자민당과도 필요(?)에 따라 협력하는 정당으로 변신을 했다.

그러나 인도에서 마오이스트의 문제는 태국 및 일본과는 다르다. 인도의 마오이스트들은 선거가 제대로 진행이 될 수 없을 정도로 인도가 부패했으니 자신들이 선거를 부정하는 것이며, 상층 카스트에 의해 일상적인 착취, 강간, 학살이 이어지고 있으니 마오이스트 공산당 조직들을 중심으로 농민들이 무장하게 된 것이라고 밝힌다. 카스트제도를 중심으로 엮인 인도의 농촌 문제가 해결되지 않는 한, 마오이스트 공산당 조직은 계속적으로 움직일 것이다. 토지개혁? 앞서 본 지도에서 마오이스트가 강성하다고 표시된 지역에서는 요원한 일이다.

설사 고전적인 마오이즘 전략으로 해방구를 독립국가로 만들 수 있다고 해도, 그 이후가 더 큰 문제일 것이다. 인도에서 마오이스트가 한두 개의 주를 고전적인 마오이즘에 의해서 장악하게 되더라도, 그들이 괴멸될 때까지 중앙정부와의 끊임없는 전투가 이어질 것이고 동시에 그 주들은 경제봉쇄를 당할 것이다. 20세기 중반처럼 소련이나 동구의 지원도 없다. 마오이스

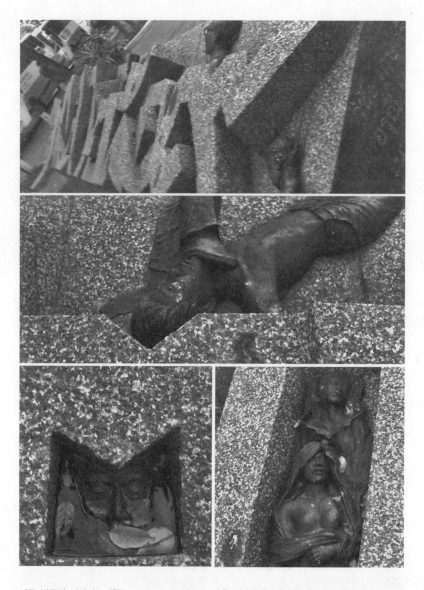

태국 방콕의 타마사트대학(Thammasat University)은 아름다운 교정과는 대조적으로 아픈 역사를 품고 있다. 1976년 10월 왕실을 모독했다는 명목으로 우익 폭도들이 교정에 난입해 수백 명의 학생들을 학살하는 사건('피의 수요일')이 일어났다. 그 뒤 곧바로 군사 쿠데타가 일어나 타닌 군부 독재 정권이 들어섰다. 당시 3천여 명의 대학생들이 학살을 피해 산으로 들어가 마오이스트가 되었다. 타마사트대학에는 그때 희생된 선배들을 기리는 추모 조각상이 놓여 있다. 조각상의 글자 사이사이에는 그날의 참혹한 장면이 새겨져 있다트가 새로 만든 독립국가의 인민들의 생활은 최악의 상황으로 치달을 것이다. 마오의 사상을 이어가고 있다고 자처하고 있는 중국공산당과 중국의 지원? 기대할 수 없다. 2009년 뉴델리에서 열린 세계공산당대회에서, 중국공산당은 마오쩌둥은 살아생전 스스로를 마오이스트라고 말하지 않았고, 인도의 마오이스트는 마오쩌둥과 관계가 없는 테러리스트이며, 지금의 사회주의는 시장이 필요하다고 언론에 밝혔다. 인도의 마오이스트와 선을 분명히 그은 것이다.[113]

잠시 네팔로 눈을 돌려서 인도에 대한 이해를 높여보자. 인도 마오이스트들의 고향인 낙살은 차(茶)로 유명한 관광지 다르질링에서 네팔로 가는 길목에 있다. 네팔의 최대 축제인 다사인 축제와 웨스트벵골의 최대 축제인 두르가 푸자 축제는 똑같이 두르가 여신이 악마와 싸워 이긴 것을 축하하는 축제로 산짐승의 목을 베는 종교 의식을 올리는 것도 같다. 봄맞이 종교 축제인 사라스와티(Saraswati)도 공휴일로 지정해 같은 날에 쉰다. 이처럼 네팔과 벵골은 문화적으로 공유점이 많다. 두 지역이 공유하는 것은 문화뿐이 아니다. 네팔의 수출품이 외국으로 나가는 유일한 항구는 바로 웨스트벵골의 콜카타 항구이며, 웨스트벵골 내에는 많은 네팔인들이 살고 있기도 하다. 네팔의 마오이스트들이 벵골 낙살바리들의 직접적인 영향을 받아서 출발한 점도 기억해둘 필요가 있다.

2006년 기획을 시작해서 2009년 12월 18일 방영한 KBS 특별기획 5부작 〈인간의 땅〉의 마지막 편 '네팔: 히말라야의 딸'을 보면 왜 마오군이 네팔에서 필연적으로 나올 수밖에 없었는가를 알 수 있다. 카스트제도로 신음하는 네팔에서, 가장 천대받는 카스트의 여성도 마오 반군이 되어 '공산혁명'에 참가하는 순간 현세에서 바로 카스트제도를 벗어날 수 있다. 이 다큐멘터리를 보면, 인도 마오이스트들의 상황도 유추해볼 수 있을 것이다.

네팔에서는 2001년 왕세자 디펜드라가 결혼 문제로 화가 나서 총기를 난

사해 비렌드라 국왕을 비롯해 왕실 가족들을 죽인 일명 '궁정 만찬 사건'으로 인해, 신정 통치를 하던 왕실의 권위가 실추되었다. 왕자가 국왕을 죽였다는 것 자체를 네팔인들 대부분이 믿지 않는다. 그 사건은 새 국왕이 된 갸넨드라와 미국이 꾸민 짓으로 판단하는 이들도 많다. 그러나 누가 국왕을 살해했는가는 부차적인 문제였다. 중국 근대문학에서 루쉰의 《아큐정전》이 그랬듯이, 또 한국 현대소설에서 이인직의 《혈의 누》가 그랬듯이, 네팔 국민문학의 형성에 있어서 중요한 텍스트인 《라마야나》는 그 나라의 현실을 반영한 문학 작품이 아니었다. 네팔에서 《라마야나》는 '번역 텍스트'였다. 물론 《라마야나》는 인도에서 매우 중요한 텍스트인 것처럼, 240여 년간 힌두 왕국이었던 네팔에서도 가장 소중한 텍스트였다. 그런데 《라마야나》의 주인공이자 인도에서 아요디아를 다스렸던 라마 신의 '아바타'인 네팔 왕이 그렇게 어처구니없이 살해당할 수는 없는 것이다. 결국 네팔 국왕은 라마 신이 아니었음이 드러나고, 이 사건을 계기로 두 세기 넘게 난공불락이었던 힌두교 신정 통치의 지배 이데올로기는 급속히 약화되었다.

　여기서 하나의 의문이 들 수 있다. 네팔의 마오이스트는 무력으로 국토의 80%를 장악했다. 눈앞에 거칠 것이 없어 보였다. 그런데 그들은 왜 수도 카트만두를 점령해서 무력 집권을 완성하지 않았을까. 그들은 왜 휴전을 선언하고 선거를 통해서 권력을 쟁취하는 길을 선택했을까.[114] 네팔 마오이스트 지도자 이름을 딴 '프라찬다(Prachanda) 노선'에 대해 의아해할 수 있지만, 결과적으로 그들에게 선거를 통한 집권 전략은 멀리 내다보는 현명한 선택이었다.

　네팔 마오이스트들이 카트만두마저 무력 점령해 나라 전체를 접수했다면 어떻게 되었을까. 얻을 것보다는 잃을 것이 너무나 많았을 것이다. 먼저 외세에 의한 직접적인 무력 개입의 가능성이다. 네팔 정규군은 이미 미국으로부터 지원을 받고 있었고, 인도는 네팔과의 군사협정에 의해 인도 총사령관이 판단하면 언제든지 네팔에 무력 개입을 할 수 있었다. 인도는 자국 내 마오이스트가 네팔의 마오이스트와 연결되는 것을 두려워하기에 바로 무력 행동에 들어갈 수 있었다. 네팔에서 10여 년간 벌어진 내전으로 13,000명의 마오군이 죽었는데 또 외세와의 전쟁이라? 너무나 끔찍한 시나리오 아닌가.

물론 직접적인 무력 개입은 일어나지 않을 수도 있다. 하지만 무력 개입보다 어떤 면에서 더 치명적인 경제봉쇄의 가능성이 있었다. 인도는 네팔의 해외무역을 관할하며 네팔은 제한된 운송권만 가지고 있기에 언제든지 경제봉쇄 조치를 취할 수 있다. 네팔에서 그나마 산업이라고 유지되고 있는 황마산업 등도 인도인들이 해온 것이다. 인도에는 하인으로 일하는 네팔인들이 셀 수 없이 많으며 성매매 장소에는 네팔 여성들로 가득하다. 인도인들은 네팔을 속국처럼 보는 경향이 있다(한창 더울 때 러닝셔츠에 반바지 차림으로 슬리퍼를 신고 다니는 나를 보고 옷을 좀 단정히 입고 다니라는 충고를 하는 이들이 있는데, 네팔 사람처럼 보여서 좋을 게 뭐가 있느냐는 이유 때문이었다). 식량은 어느 정도 자급되지만 지금도 수요와 공급의 혼란으로 문제가 있다. 경제봉쇄로 운송에 필요한 에너지원 보급이 중단되면 네팔 많은 지역에 사는 인민들은 아사할 것이다. 또한 인도, 중국, 미국 등에서 받고 있는 원조도 끊길 가능성이 크다. 네팔 마오이스트들이 선거를 통해 집권한 후, '다국적 기업을 반대한다'의 슬로건을 서둘러 내리고, '이제 네팔은 안정될 것이다. 민주적 절차를 거친 선거에서 보았듯이 우리는 인민의 지지를 받고 있지 않은가. 우리는 경제개발을 원하고 있다. 안심하고 네팔에 투자를 해달라'고 전 세계에 호소한 것도 그런 이유에서였다.

만약 카트만두를 무력으로 점령한 후 마오이스트들이 국유화를 진행했다면? 네팔은 베네수엘라가 아니다. 베네수엘라처럼 석유를 국유화한 뒤 '이제부터 누가 더 아쉬운가 보자'라고 할 수 없다(베네수엘라는 정말 특수한 경우다. 베네수엘라를 모델 국가로 여기고 '지도자 차베스'를 지나치게 떠받드는 분들은 조금 신중해주셨으면 좋겠다). 현실적으로 네팔 경제는 당장 국유화를 하더라도 경제 자립은 불가능할 것이다(자립경제 건설의 어려움은 오늘날 경제구조에서 석유가 꼭 필요하다는 점을 감안하면 네팔에게만 해당되는 상황도 아니다.) 네팔 마오이스트는 '우리는 싸우다가 산화하더라도 우리의 뜻은 이후에도 이어질 것이다' 고 말하면서 고립되어 괴멸될 가능성이 있는 길이 아니라 장기전을 선택한 것이다.

네팔의 시급한 과제는 토지개혁이다. 토지개혁은 내전 과정에서 마오이스트들이 내건 가장 중요한 약속이기도 하다. 네팔마오주의공산당(Communist Party of Nepal(Maoist): 약칭 CPN(M))*은 2008년 제헌의회 선거에서 압승을 거둬 집권에 성공했다. 당 지도자 프라찬다는 총리로 순조롭게 선출되었다. 하지만 예상 밖으로 대통령 배출에는 실패했다. 제2당인 네팔국민회의(Nepali Congress)의 후보가 대통령으로 선출된 것이다(외신에서는 "대이변"이라고 표현하기도 했다). 대통령이 비록 상징적 자리라고는 하나, 마오이스트의 앞길이 순탄치 않을 것임을 보여주는 사건이었다. 아니나 다를까, 프라찬다 총리는 2만여 명에 이르는 마오 반군을 네팔 정부군에 편입시키려다 대통령과 갈등을 빚은 끝에 좌절되자 2009년 5월 4일 총리직을 사퇴했다. 정국의 혼란으로 토지개혁법도 입안시키지 못한 채 사퇴했지만, 제헌의회는 2009년 9월 18일 네팔마오주의공산당이 제시한 토지개혁법을 통과시켰다.[115]

그러나 토지개혁법의 통과를 '절반의 시작' 으로 보기엔 이르다. 인도가 1950년대에 토지개혁법을 제정했지만 현재까지도 제대로 실행되지 않는

---

* 네팔마오주의공산당은 2009년 1월 네팔통합센터마살공산당(Communist Party of Nepal(Unity Centre-Masal): 약칭 CPN(UC-M))과 통합하여 네팔마오주의통합공산당(Unified Communist Party of Nepal (Maoist): 약칭 UCPN(M))이 되었다.

것을 보면, 네팔 토지개혁법의 앞날도 순조로울지 알 수 없다. BJP는 사라진 네팔의 신정 통치 대신 BJP식 힌두 우익 정치를 네팔에 도입시키려고까지 한다. 왕실을 지키는 어린 여신 '쿠마리'(네팔어로 '살아 있는 여신'이란 뜻)를 부각시키려고 하는 세력들도 가끔 보이고 있다. 현재 네팔은 시위가 끊이지 않고 있다. 현실 정치라는 것은 이렇듯 쉽지 않다.

인도 UPA 2기 정권은 마오이스트들을 토벌해야 한다고 목소리를 높이지만 토지개혁에 대해서는 언급하지 않는다. 만모한 싱 총리가 한국의 새마을운동에서 배우겠다고 한 것도 애초부터 꺼내면 안 될 말이었다. 노인들만 남고 농민 자살이 끊임없이 일어나고 있는 한국 농촌과 새마을운동의 관계는 언급할 필요도 없다. 새마을운동은 주민들의 자발적인 노력을 강조한다. 한국에서는 토지개혁이 선행되었기에 관 주도의 새마을운동 구상이 가능했다. 인도와 네팔에서 마오이스트가 활동을 하는 곳은 땅이 전부 지주들 소유인데 "새벽종이 울렸네 새 아침이 밝았네 […] 살기 좋은 내 마을 우리 힘으로 만드세"라고 할 주민들이 어디 있단 말인가.

웨스트벵골 주가 인도에서 공산주의자들이 가장 많은 곳이기는 하나, 앞서 지도에서 보았듯이 비하르 주처럼 짙은 색의 마오이스트 지역으로 표기되지 않고 엷은 색깔로 표시된 것은 토지개혁의 성과다. 웨스트벵골에서는 소규모 시위와 파업 등 주 정부를 비판하는 마오이스트들의 활동이 다른 주에 비해 활발하다. 이유는 무엇일까. CPI(Maoist)가 합법인 곳은 웨스트벵골 주가 유일하기 때문이다. 합법이기 때문에 이런 비판 활동이 가능한 것이다. 웨스트벵골 주 정부에서 CPI(Maoist)를 합법화할 수 있었던 것은 사상의 자유를 보장한다는 기본 원칙을 지키는 것 외에, 마오이스트에 대한 대응에 자신감이 있었기 때문이다. 물론 웨스트벵골 주 총리인 부다데브 바타차르지(Buddhadeb Bhattacharjee)는 주 정부의 업무에 방해가 된다면 연방정부의 법을 적용할 것이라는 단서를 달고 있다.

비하르 주에서는 세나와 경찰과 농민 간의 대립 때문에 그리고 가난 때문에, 농민들이 살아남기 위해 웨스트벵골 주로 계속 넘어가는 현상이 이어지고 있다. 2006년 9월 9일 방영된 KBS 스페셜 〈후세인과 샬림의 캘커타 이야기〉는 콜카타 인력거꾼들의 이야기를 다루고 있지만 비하르와 웨스트벵골의 관계도 간접적으로 엿볼 수 있다. 이 다큐멘터리를 보면서 왜 후세인과 샬림이 콜카타에서 인력거를 끌게 되었는지 한번쯤 생각해보면 좋겠다. 웨스트벵골로 사람들이 계속 몰리는 것은 극우들의 반대에도 불구하고 좌파 정부가 비하르나 방글라데시 등 인접 지역 난민들의 유입을 방치해왔기 때문이다(2008년 JNU에서 나는 인도 극우 학생조직 ABVP가 담벼락에 붙인 대형 포스터를 본 적 있다. 포스터에는 방글라데시에서 넘어오고 있는 악마의 형상을 한 이슬람교도들이 인도의 국경을 동강내는 그림이 그려져 있었다. 1년 뒤 다시 JNU에 가보니 그 포스터들은 갈기갈기 찢겨 있었다).

오리사 주에서는 포스코가 진출하는 문제로 대립이 일어나고 있다. 2005년 포스코는 풍부한 철광석 자원을 보유한 오리사 주와 일관제철소 건설, 광산개발, 사회간접자본 건설을 핵심으로 하는 투자양해각서(MOU)를 체결하고 인도 포스코 프로젝트를 야심차게 추진했다. 하지만 주민들의 반대로 프로젝트는 수년째 난항을 겪고 있는데, 이 문제에도 마오이스트들이 개입하고 있다. 포스코는 타타자동차가 웨스트벵골에 공단을 만들려다 실패한 사례를 답습하지 않으려면 인도의 상황에 대해서 현실적인 분석과 대응을 할 필요가 있다. 포스코는 타타자동차 공단과 달

JNU의 기숙사 담벼락에 붙어있는 안티 포스코 관련 세미나 공지.

리 다른 주로 갈 수도 없지 않은가. 철광석이 오리사에 있는데!

　한국에서 불교 성지순례를 가는 사람들은 모두 비하르 주 붓다가야를 방문한다. 야다브 전 주 총리가 관광자원을 개발하기 위해 투자를 해서 예전보다 방문하기 좋아진 것으로 알고 있다. 석가모니가 붓다가야에서 깨달음을 얻고 그 깨달음에서 카스트 철폐를 설법했다고 하는데 이 붓다가야가 속한 비하르 주가 인도에서 가장 참혹한 곳이라는 것을 알게 되면 불교 신자들은 마음이 편치 않을 것이다. 비하르 주에서 카스트 문제와 뒤얽힌 부패한 정치인들과 지주들이 만들어내는 구조적 문제를 이제라도 알게 되었다면, 성지에서 불공을 드릴 때 내 가족만 잘 되게 해달라고 하지 말고 인도의 구조적인 문제가 해결되기를 같이 기원하면 좋겠다. 그게 석가모니가 바라는 것 아니겠는가.

　인도의 마오이스트 조직이 역사의 뒤안길로 사라지기에는 인도의 현재 상황은 너무나 참혹하다. 보수적인 미국의 국가기관 보고서조차 2025년에는 문제가 더 심각해질지 모른다고 연구 결과를 낸 것은 그 때문 아닐까.

09

나는 마오이스트의
어머니가 아니다

1962년 인도와 중국의 국경분쟁은 공산당의 입지를 일층 어렵게 만들었다. 이 사건을 둘러싸고 인도공산당은 두 파로 분열되었다. 당게(S. A. Dange)가 영도하는 우파 혹은 민족주의 파벌은 인도 영토에 대한 중국의 행동을 '침략'으로 규정하면서 인도 국민들이 모국을 지키기 위해 총단결할 것을 강조한 데 반해, 좌파는 우파의 주장을 프롤레타리아의 국제적 단결을 저해하는 수정주의라 비난하였다. 그 후 좌파와 우파 간의 갈등은 중소 분쟁에 대한 당 정책을 둘러싸고 더욱 첨예화되었으며, 1964년 친중 노선을 표방하던 좌파가 이탈함으로써 인도마르크스주의공산당 CPIM(Communist Party of India(Marxist))과 인도공산당 CPI로 분열하기 이른다.

                              – 고경희, 《현대 인도의 정당정치》, 2003, 54쪽.

1962년 악사이친(Aksai Chin) 지역의 국경 문제로 인도와 중국 사이에 국경분쟁이 발생했고 인도는 침략해온 중국군에게 총 한 발 못 쏘고 전원 생포되었다. 중국은 인민해방군의 수많은 죽음을 감수하면서 악사이친 지역을 관통하여 청장공로(靑藏公路)를 완공한 후 "위대하신 영도자 마오쩌둥 지도자의 힘으로 3,100km가 넘는 길을 냈다"고 발표했다. 그리고 인도가 이에 항의하면서 전쟁이 시작되었다. 중국은 악사이친 지역을 관통하는 길을 내는 데만 3년이 걸렸고, 전쟁 이후 악사이친 지역은 공식적으로 중국 땅이 되었다. 네루가 이 전쟁으로 인한 울화증으로 2년 후 사망하게 되었다는 이야기가 나돌 정도로 인도에게는 굴욕적인 일이었다.

인도공산당은 처음에 CPI라는 단일 공산당 조직이었으나 현재는 정파, 지역을 달리하는 수십 개의 조직으로 분화되었다. 제일 처음 일어난 분화는 CPI에서 CPIM이 분리된 것이다. 이 분열이 친소 노선과 친중 노선에 따라서 일어났다는 《현대 인도의 정당정치》의 서술은 올바르지 않다. CPIM의 초기 멤버였던 남부디리파드와 조티 바수(Jyoti Basu)는 결코 친중 노선이 아니었다. 1962년 중국이 국경을 침입한 후에 밝힌 성명은 이를 명확히 드러낸다. "우리의 입장은 명확하다. 인도의 국경 방어선은 강화되어야 하고, 우리 정당은 인도의 자유를 지키기 위해서 모든 노력을 경주해야 한다. 침략국의 정치적 성향과는 관계없이 말이다."(일간 〈스테이트맨(Statesman)〉지, 1962년 10월 31일자)[116] CPI와 CPIM의 분열은 국민회의를 둘러싼 정치적 입장 차이가 가장 큰 원인이었다. CPI는 세속주의를 내세우고 친소 외교의 길을 걷고 있는 국민회의와 협력하여 극우 정치 세력들을 막는 것에 중점을 둔 반면, CPIM으로 분화한 당내 급진파들은 국민회의와의 관계를 단절할 것을 요구했던 것이다. 1967년 CPIM이 분화된 이후 선거에서 CPI와 국민회의가 선거 연합을 하고 CPIM과 다른 좌파 정당들이 선거 연합을 하는 양상들이 한동안 전개되었다.

정작 친중 노선으로 불려야 할 세력은 CPIM에서 또 다시 분화한 CPIML(Communist Party of India(Marx-Leninist): 인도마르크스레닌주의공산당)이다. CPIM은 CPI에서 분화되어 나왔지만 CPI가 1950년대부터 내세웠던 선거를 통한 평화적 권력 이행의 노선은 그대로 유지했다. 반면 CPIM 내부에서 이 평화적 권력 이행 노선을 거부하는 이들이 분리되어 나와 창립한 CPIML은 "마오쩌둥이 우리의 의장이다"라고 노골적으로 밝히면서 게릴라 투쟁에 나섰다. 그리고 이 CPIML은 저마다 진정한 인도공산당을 자처하며 합법 투쟁과 비합법 투쟁을 어느 선까지 인정하느냐에 따라 수십 개의 정당들로 분화되었다. 현재 CPIML로 활동하는 정당들은 합법 투쟁과 비합법 투쟁을 혼합할 것이라고 주장하지만, CPI(Maoist)에 이르면 선거 자체를 거부하는 수준으로까지 극단화된다.

CPIM이 친중 노선이라는 비난을 받게 된 가장 큰 이유는 '마오이스트'라는 딱지를 붙이게 되면 정치적 탄압이 용이했기 때문이다. 인디라 간디 시절 만들어진 이 '전통'은 현재까지 계속되고 있다. 지금도 인도에서는 대부분의 주에서 마오이스트라는 오명이 떨어진 이는 영장 없이 곧바로 체포되는 것이 당연시된다. 중국은 국경분쟁 이후에 적대국인 인도로 간첩을 보내곤 했다. 그래서 인도인일지라도 마오이스트라면 적대국인 중국을 위해 복무하는 간첩으로 간주되는 것이다.

웨스트벵골 주를 기반으로 한 정당 트리나물 콩그레스는 2009년 4월 선거 이전까지 웨스트벵골의 마오이스트 정당인 SUCI(Socialist Unity Centre Of India: 인도사회주의자통합센터)와 손을 잡고 웨스트벵골의 산업개발을 반대했지만 2009년 4월 선거 이후 당세가 신장하자 SUCI와의 관계를 끊고 있다.[117] 선거 이후 철도부 장관이 되는 등 기세가 등등해진 트리나물 콩그레스 지도자 마마타 바네르지(Mamata Banerjee)는 CPIM 소속의 웨스트벵골 주 총리 부다데브 바타차르지를 마오이스트라고 격렬하게 비난한 바 있는데, 그가 마오이스트인 이유는 그의 집을 수색하면 마오이스트가 보는 책자가 분명히 나올 것이기 때문이라는 것이었다. 마마타 바네르지의 논리(?)에 의하면, 그의 집에서 마오쩌둥의 책이 한 권이라도 나오면 그는 마오이스트가 될 수 있는 것이다. 그러면 마오쩌둥 책을 파는 서점 주인들은 모두 마오이스트란 말인가. 마오쩌둥 글을 최소한 한 번은 보게 되는 중문과 학생들도 전부 마오이스트란 말인가.

인도에서는 마오이스트이기 때문에 잡혀가는 것이 아니라 정치적 탄압으로 인해 마오이스트라는 오명을 쓰고 잡혀갈 수도 있다. 마오이스트로 찍혀 정치적 탄압의 대상이 되는 것은 매우 험악한 일이다. 22명의 노벨상 수상자들이 석방 탄원서를 보낸 비나약 센(Binayak Sen)에 관한 다음 신문기사를 읽어보며 함께 생각해보자.

지난 1년간, 82세의 노모는 아들을 보기 위해 매달 웨스트벵골에서 차티스가르의 감옥까지 먼 길을 오간다. 그의 아들은 마오이스트라는 혐의를 받고 있다.

어머니 아나수야 센의 가방은 언제나 아들 비나약을 위한 책들—타고르의 시집 《기탄잘리》부터 아미타브 고쉬의 소설 《섀도 라인》까지—로 가득 차 있고 더러는 코코넛 과자인 나콜 나루스도 들어 있다.

그러나 가져간 것들이 모두 반입 허용되지는 못한다. 노벨상을 수상한 타고르의 시집은 반입이 허용되었지만, 고쉬의 소설은 반입이 불허되었다. "벵골어로 된 책은 마오이스트 문건이라고 의심받습니다"라고 아나수야는 말했다. 그녀는 유치원을 운영하고 있으며 최근에는 아들의 구명 운동을 벌이고 있다.

57세의 의사인 비나약은 JNU의 지역사회의학 교수직을 버리고 1980년대에 차티스가르 주 빌라스푸르의 낙후된 소외 부족 지역에서 활동을 시작했다. 지난해 5월 체포, 구금되었으나 법적으로 항의할 수도 없었다.

비나약은 2008년 의료와 인권에 기여한 인물에게 수여하는 조나단 만 상(Jonathan Mann Award)을 받았다. 4년 전에는 가난한 이들에게 의료봉사를 한

이에게 주는 폴 해리슨 상(Paul Harrison Award)을 수상하기도 했다.

지난 달, 전 세계 22명의 노벨상 수상자들이 인도 총리와 대통령에게 그의 석방을 탄원하는 편지를 보냈다. 2주 전에 아나수야는 아들을 면회했다. "노벨상 수상자들이 자신의 석방을 위해 싸워줄 거라고 얘기해주더군요. 그러니 자기 걱정은 말라고, 외려 저보고 건강 조심하라고 하더군요."

[…] 군의관이었던 남편이 죽은 후 지난 10년간 아나수야는 유치원을 운영해왔다. "차티스가르 정부는 불법적으로 제 아들을 감금했습니다. 아들은 쉽게 편안한 삶을 살 수도 있었습니다. 그러나 아들은 가장 가난한 이들의 건강을 돌보는 데 평생을 바쳤습니다. 아들이 그들의 권리를 위해 싸웠다고 마오이스트로 만들 수 있는 겁니까?"

[…] 지난 4월, 어머니는 이웃 주민들의 도움으로 가두집회를 십여 차례 열었다. "저는 고향 사람들에게 마오이스트의 어머니가 아니라, 가난한 이들을 위해 일하고도 억울한 대우를 받고 있는 의사의 어머니라고 말합니다."

칼리야니대학 경제학과 전 교수이자 비나약의 친구이기도 한 조티프라카쉬 차크라보티는 비나약에 관한 사람들의 관심을 높이기 위해 노력하고 있다며 이렇게 말했다. "일반 사람들은 어머니 마쉬마를 마오이스트의 어머니로 알고 있습니다."[118]

10
인디라 간디 시절의 독재

인디라 간디 시절, 아들이 마오이스트란 오명으로 죽은 후 아들의 행방을 찾아 나선 애차라 배리얼의 자전 기록이 김수아의 번역으로 아시아인권위원회 광주국제교류센터에서 출판되었다(웹에서도 다운받아 볼 수 있다). 인권 소설로서 일독을 권하고 싶다. 애차라 배리얼의 《아버지의 기억》에 대해 김준태 시인은 아래와 같이 글을 남겼다.

애차라 배리얼 교수의 이 작은 책자는 '쥐도 새도 모르게' 실종당한, 죽임을 당한 아들을 찾아 나선 한 인권운동가의 절절한 고백의 기록이다. 이야기를 요약하면 이렇다. 1976년 3월 어느 날, 배리얼 교수는 그야말로 '눈에 넣어도 아프지 않은 아들' 라잔이 실종된다. 아니 경찰에 의해 잡혀간 대학생 아들 라잔이 고문을 받다가 죽임을 당한 끝에 급기야는 설탕 가루와 함께 뼈도 없이 불태워져버린 것이다. 아들은 공과대학을 다니고 있었는데 이 무렵 인도는 인디라 간디 수상이 선거에 패한 나머지 재집권하기 위해 헌법을 무시하고 국가비상사태를 내린 상황이었다. 그래서 진리와 정의를 좇는 젊은 대학생들과 양심 세력은 불법 비상사태와 폭압 정치에 분노, 투쟁을 하게 되었는데 이 와중에 배리얼 교수 아들도 희생된 것이다.

그런데 우리들이 이 책자에서 주목하는 것은 라잔의 억울한 죽음 그것에만 있지 않다. 아버지인 T. V. 애차라 배리얼 교수가 사라진 '아들의 진실'을 찾는 데에 무려 10년 이상의 끈질긴 법정 투쟁과 보수 언론과의 싸움 등에서 보여주는 눈물겨운 투쟁이다. 그리고 억울하게 죽임을 당한 아들의 영혼을 진실이 밝혀질 때까지 지상에 붙들어놓고 싶어 하는 그 '사랑의 위대함'이 우리들의 가슴속을 깊숙이 파고든다.

결국 아버지 배리얼 교수는 오랜 투쟁 끝에 학살자들과 아들의 진실을 밝혀내고 라잔이 다닌 학교에 추모기념관을 세운다. 그러나 이 책자는 여기에서 슬픔이 끝날 수 없다는 것을 보여준다. 깊은 밤 지붕을 때리는 빗소리 속에서도 배리얼 교수는 아들 라잔의 영혼이 창밖에서 울고 있는 소리를 듣기 위해 잠들지 않는 것이다.[119]

《아버지의 기억》은 한 아버지의 자전 기록일 뿐만 아니라 인디라 간디 시절의 역사에 대한 소중한 기록이다. 11만 명에 달하는 사람들을 재판 없이 구금했던 인디라 간디의 국가비상사태 시기 국민회의와 연정을 했던 CPI는 비상사태가 끝난 후 국민회의와 관계를 끊기는 했지만 지지 기반을 급속하게 잃었고 국민회의에 반대했던 CPIM은 성장했다. 《아버지의 기억》에는, 케랄라 토지개혁의 선두에서 일했고 주 총리를 맡았던 CPI 소속 메논이 국민회의의 카루나카란에게 꼼짝 못하며 애차라 배리얼에게 냉정하게 대한 것에 대한 애차라 배리얼의 분노가 나온다.

"1949년 3월의 어느 날 밤, 누군가 한밤중에 나를 깨웠다. 눈을 뜨자 거기에는 허름한 차림새의 아추타 메논 씨가 지친 얼굴로 서 있었다. 그는 당황해하고 있는 듯했다. 나는 다른 누군가가 그와 함께 왔을 거라고 생각했다. 그 당시는 인도공산당에서 라나디베 이론(Ranadive Thesis: 훗날 좌익 기회주의란 평가와 함께 CPI에 의해 자체 폐기되었다 – 인용자)이 팽배해 있던 시기로 공산당은 격변의 시기에 요동치고 있었다. 다른 많은 공산당 간부들처럼 메논 씨도 몸을 숨기고 있었다. 지하조직의 규칙에 따라 그는 경호원 없이는 혼자서 나다닐 수 없었다. […] 우리는 내 형의 집에 메논 씨의 은신처를 마련해줬는데, 형이 유명한 간디주의자였기 때문에 아무도 그가 반체제 공산주의자에게 은신처를 제공하고 있다고 의심하지 않았다.[120]

[…] 나는 메논 씨에 대한 희망을 버리지 않았다. 어두운 밤에 마주쳤던 긴 머리와 턱수염을 기른 그의 얼굴이 여전히 내 마음속에 생생히 남아 있었다. 경찰이 우리 마을에서 잔학 행위를 일삼았던 그때, 그의 눈 속에 타올랐던 자비의 불꽃은 투쟁하고 고통 받는 이들에게 많은 힘을 주었었다. 나는 케랄라 주의 가장 빈곤한 이들이 밝혀준 그의 마음속 작은 불씨가 어떤 정치적 타협에도 꺼지지 않을 것이라고 꿈꾸고 있었다.

우리는 아침 일찍 트리반드룸에 도착해 자나르다난이 준 번호로 메논 씨에게 전화를 걸었다. 한참 동안 아무도 전화를 받지 않았다. 나는 메논 씨의 목소리를 기다렸다. 마침내 그의 목소리가 전화선을 타고 들려왔고, M. S. 마스터 씨가 그와 이야기를 나누었다.

"당신이 지난번에 말씀하신 대로 K. K. 마스터 씨와 함께 와 있습니다. 지금 만나 뵈러 가도 될까요?" M. S. 마스터 씨가 말했다.

"난 K. K.든 어느 젠장할 ○○든 만나지 않겠소!" 그가 대답했다.

나는 지금까지도 그가 정확히 어떤 단어를 썼는지 알지 못한다. 그는 화가 나 있었다. "내가 당신 아들을 찾아서 케랄라 주 경찰서를 일일이 뒤지기라도 하기를 바라는 거요?" 그가 계속 말했다. 분노가 치밀어 올라 소리를 지르고 싶었지만, 나는 침착하게 전화를 받아든 후 그에게 말했다. "수석장관

JNU의 학생운동 동아리인 DSU의 선전물들. 위 선전물은 낙살라이트 시인 드로나차리야 고쉬 (Dronacharya Ghosh)의 글을 인용했다. "총구에서 나온 힘이 제국주의를 완전히 박살낸다는 것. 이것을 기억하라. 적들을 골라 무기를 들어 그들 하나하나씩 겨누어라." 아래는 칠레의 시인 파블로 네루다의 유명한 구절을 인용했다. "당신은 모든 꽃을 꺾을 수는 있어도, 봄이 오는 것을 막을 수는 없다."

이 하위 공무원으로부터 아무것도 알아낼 수 없을 정도로 약한 권한을 가지고 있을 줄은 정말 몰랐습니다. 진즉에 알았다면 당신을 결코 찾아오지 않았을 겁니다."

우리는 고통을 느끼며 트리반드룸에서 돌아왔다. 나는 권력이 한 공산당 지도자를 낯설고 이상한 사람으로 바꿔놓았다는 것을 깨달았다. 공산당 조직을 세우기 위해 케랄라 주를 돌아다녔던 메논 씨는 나에게 소중한 사람이었다. 오늘날의 그 누구도 메논 씨와 같은 사람에게 우리 세대가 가졌던 신념을 이해할 수 없을 것이다. 평범하고 무지한 사람들의 가슴 속에 메논 씨는 허름한 옷차림에 피곤한 기색으로 밤이면 자신들의 오두막에서 잠을 청했던 사람으로 남아 있었다. 그 가난한 사람들은 목숨을 무릅쓰고 포악한 경찰로부터 그를 보호했었다.

공산당에 있는 한 친구에게 그동안 일어난 일을 다 말하자, 그는 냉소를 지으며 메논 씨가 수석장관의 자리에서 물러날 때 안전하게 집에 돌아갈 수는 없을 거라고 말했다. "케랄라 주의 빈민들은 그를 몇 년 동안이나 집에 안전하게 데려다 주었어"라고 나는 대답했다. 내가 이전에 알고 있던 아추타 메논 씨는 잘못된 정보를 전하는 그 같은 사람들을 필요로 하지 않았을 것이다. 그러나 우리는 그와 같은 위대한 공산주의자가 카루나카란 씨와 같은 못난 사람의 하수인으로 전락한 것에 대해 유감스럽게 생각한다. 라잔의 일에 대해 보인 메논 씨의 반응은 카루나카란 씨보다 훨씬 더 나를 고통스럽게 했다. 나는 카루나카란 씨에 대한 기대가 없었지만, 아추타 메논 씨로부터 그런 대접을 받을 거라고는 꿈에도 생각하지 못했다.

메논 씨에 대한 이 기록이 많을 사람들을 고통스럽게 할 거라는 것을 안다. 하지만 내가 견뎌야 했던 고통은 훨씬 더 큰 것이었다. 역사에 그를 올바로 평가하려고 하는 나를 부디 용서하고 이해해주길 바란다."[121]

≪아버지의 기억≫에는 CPIM의 A. K. 고팔란(AKG)에 대해서도 나온다.

> "내가 공산당 지도자인 A. K. 고팔란 씨에게 편지를 받은 것은 그때쯤이
> 었다. 그것은 우리 집의 어둠을 부수는 달빛 같았다. 그는 나에게 내 탄원서
> 를 인디라 간디 수상에게 전달한 후 라잔을 찾는 조치를 취해줄 것을 강력히
> 요구했다고 알려왔다. 그동안 수많은 사람들에게 탄원서를 보냈지만, 누구
> 도 답장을 해주지 않았다. 야당 총수인 A. K. 고팔란 씨가 라잔의 일을 관심
> 있게 다루어준 것은 나에게 위안이 되었다."[122]

국가 비상사태 시기가 끝난 후, CPI는 국민회의와 관계를 완전히 끊는 노
선을 채택하고 CPIM과 연정하는 노선으로 변경했다. 혹독한 탄압을 받았
던 마오이스트들은 평화적 정권 이행을 주장하는 이 좌파 정당들에 (국민회
의에 그랬던 것처럼) '적' 이라고까지 선언을 하게 된다.

11

훌륭하신 달라이라마,
지지하기에는 난감한
티베트 프리덤 운동

가끔 외국인들이나 명상가들이 성하님께 "당신은 깨달았는가" 하는 질문을 많이 한다. 그러면 당신은 "내가 깨닫다니요. 내가 부처나 관세음보살의 화신이라니요" 하시며 얼른 법상 위의 물을 한 잔 들이켜면서, "보세요, 부처나 보살이라면 이렇게 목이 타서 물을 마시겠습니까?" 하신다. 또 고개를 숙여 뒷목 부분을 보여주면서 "요즘 여기에 종기가 나서 잘 때도 불편하고요" 하면서 웃음을 자아낸다. 당신은 끝까지 부처님의 제자일 뿐이며 우리 출가 스님들과 똑같이, 매일 경전 읽고 공부하는 한 승려라고 소탈하게 말씀하신다. 필자도 한국 스님들 중 몇 명이 이와 똑같은 질문을 하여 통역했던 것이 기억난다. 한 스님은 법문을 듣고 있다가 "그러면 당신은 깨달았습니까?"라고 좀 거북한 질문을 했다. 질문을 말씀드리니 꽤 실망한 모습으로 한참을 계시다가 한숨을 푹 내쉬었다. 얼마 있다가, "예, 상대방이 깨달았는지 안 깨달았는지는 본인이 지혜의 눈을 갖췄다면 알아볼 수 있는 거지요"라고만 답을 하셨던 것이 기억난다.

― 청전, 《달라이라마와 함께 지낸 20년》, 2006, 14쪽.

달라이라마는 중국의 마오쩌둥이 티베트에 처음 왔을 때 중국이 티베트의 근대화를 도와줄 것이라 기대하기도 했던 분이고, 인도에 망명정부를 세우고 헌법을 제정할 때 역시 법왕임에도 불구하고 당신도 법에 의해 자리에서 물러날 수 있음을 문구에 넣어 당신을 모시던 이들을 경악하게 만든 분이다.[123] 달라이라마는 다시 환생하지 않겠다고 했다. 제정일치의 티베트가 근대화되기 위해서는 그가 환생하지 않는 것이 맞다. 달라이라마는 제정일치 시대의 티베트를 근대화하려고 지금까지 노력해온 분이기에 나는 달라이라마를 존경한다.

중국군이 티베트에 들어오기 전까지 티베트 땅은 제정일치의 땅이었다. 그리고 그곳은 샹그릴라*가 아니었다. 티베트 땅이 결코 석가모니의 말씀에 따라 사는 아름다운 샹그릴라가 아니었다는 것에 대해 살펴보자.

달라이라마가 마지막으로 티베트를 통치했던 1959년까지 대부분의 티베트 농경지는 여전히 농노들이 관리하고 있었다. 티베트 구질서에 동정적인 작가들도 '사원이 엄청난 땅을 소유하고 있어 이 사원 대부분은 막대한 부를 축적했고 [⋯] 승려와 라마 개개인은 무역과 사업, 사채를 통해 엄청난 부를 축적할 수 있었다'는 사실을 인정한다.

[⋯] 승려 타시세링은 소작농의 자녀가 사원에서 성폭행당하는 일은 흔했으며 자신도 9세부터 상습적으로 강간을 당해왔다고 말했다. 또한 사원은 빈곤에 시달리는 농부의 아이들을 징집하여 일생 동안 집안의 노예나 춤꾼, 사병으로 일하게 했다.

---

* 샹그릴라(Shangri-La)는 티베트어로 '마음속의 해와 달'이란 뜻이다. 샹그릴라는 제임스 힐튼의 소설 《잃어버린 지평선(Lost Horizon)》(1933)에서 평화와 행복을 누릴 수 있는 유토피아로 묘사된 가공의 장소로, 소설이 유명해지면서 지상천국의 대명사가 되었다. 현재는 중국인들이 티베트를 관광지로 개발하면서 공식적으로 사용하는 문구다.

구 티베트에서 생계를 스스로 해결할 수 있었던 자유농의 수는 얼마 되지 않았다. 그리고 대략 1만 명 정도가 중산계급이었는데 이들은 상인이나 영세 무역상들이었다. 나머지 수천 명은 거지였다. 그중 일부는 노예들이었는데 대부분 가정 노예였고, 아무런 재산도 없었다. 이들의 자녀도 노예가 되었다. 총 125만 명의 시골 인구 중 대다수인 70만 명이 노예였다. 농노들과 기타 소작인들은 노예와 다름없었다. 학교 교육은 물론 병원 혜택도 일체 없었다.

[…] 티베트 사원들은 세금을 내지 못하는 사람들에게 20%에서 최고 50%의 살인적인 이자로 돈을 빌려주었다. 어떤 빚은 할아버지에서 손자까지 전수되었다. 빚을 갚지 못하면 평생 노예 신세를 각오해야 한다. 이 신권통치 사회에서 종교적 가르침은 계급질서를 강화했다. 가난하고 고통 받는 사람들은 자신들의 고난이 전생에서 사악한 짓을 했기 때문이라고 배웠다. 따라서 그들이 지금 겪고 있는 고통이 하나의 업보라고 생각했고, 다시 태어나면 자신들의 운명이 더 나아질 것이라고 믿고 있었다. 물론 부자와 힘 있는 권력자들은 그들의 행운을 과거의 선행에 대한 보상이라고 생각했다. 달라이라마 통치 시기의 티베트에서는 도망친 농노와 절도 행위자에 눈알 파내기, 혀 뽑기, 근육·수족절단 등의 고문과 사지절단 등의 처벌이 성행했다.

[…] 1904년 퍼시발 랜든은 달라이라마의 통치를 '압제의 원동력'이라고 설명했다. 그 당시 또 다른 영국인 여행자 오코너의 목격담은 다음과 같다. "티베트에서는 대지주와 승려들이 […] 어떠한 저항도 받지 않고 무소불위의 권력을 휘두르고 있다. 반면 일반인은 사원의 무서운 성장과 승려들의 지배 계략에 억눌려 살았다. 티베트의 지도자들은 조잡한 미신을 만들어 일반 사람들에게 불어넣었다." 1937년에 방문했던 스펜서 채프먼은 이렇게 기록했다. "라마승들은 사람들에 봉사하거나 교육하는 등의 일은 하지 않았다. […] 승려들은 길가에 버려진 거지들을 전혀 신경 쓰지 않았다. 티베트에서 지식

은 사원의 특권을 보호하고 그들의 세력과 재산을 늘리기 위해 철저히 조작되었다."[124]

1943년 세몬 노부 왕걀이라는 이름의 고위 귀족은 100명의 농노를 드리궁 지역의 승려에게 팔았다. 이때 농노 한 사람의 가격은 4달러에 불과했다. 농노가 일할 능력을 상실하면 지주는 그의 가축, 농기구를 포함한 모든 재산을 압수한다. 만일 농노가 도망쳤다 붙잡히게 되면 그의 소유물의 절반은 잡은 사람에게, 나머지 절반은 농노가 일하고 있던 지주에게 돌아간다. 그런 다음 매질을 당하거나 죽임을 당한다. […] 1947년 한 해에만 농민 반란이 200건이 일어났다.[125]

이와 같은 구 티베트 봉건체제가 지속되던 시기에, 달라이라마는 15세의 나이에 즉위했다. 티베트의 참혹한 체제에 대한 책임을 달라이라마에게 지울 수는 없다. 다음의 인터뷰를 보면, 달라이라마가 봉건체제를 혐오했다는 사실을 알 수 있다.

1994년 멜빈 골드스타인과의 인터뷰에서 자신은 어린 시절부터 고국의 학교 건물과 '기계', 도로 등을 좋아했다고 한다. 그는 티베트 계급의 강제 노역(지주를 위한 농노의 무급 강제 노동)과 소작인들에게 부과하는 여러 세금을 "더 없이 사악한" 짓이라 생각했다고 주장했다. 그리고 그는 대대로 세대를 이어 내려온 빚에 시달리며 살아가는 방식을 혐오했다. 그는 현재 더 나아가 성문화된 헌법, 의회 그리고 민주주의에 필요한 요소를 갖춘 티베트의 민주화를 제안하고 있다. 1996년 달라이라마는 망명 사회에 동요를 가져올 만한 성명을 발표했다. 성명의 일부분은 다음과 같다.

"모든 경제학 이론에서 자본주의가 오로지 이익과 수익성에만 관심을 가지는 반면 마르크스주의 경제학 체제는 도덕적 원칙에 기초했습니다. 마르크스주의는 부의 평등한 분배와 생산수단의 공평한 이용에 관심을 두고 있습니다. 또한 마르크스주의는 다수를 차지하는 노동자계급뿐만 아니라 혜택받지 못한 사람들과 도움이 필요한 사람들의 운명에 관심을 가지며 소수에 의해 착취되는 희생자들을 염려하고 있습니다. 이런 이유들 때문에 저에게는 마르크스주의 경제학이 호소력이 있고 정당한 것으로 보입니다. […] 저는 저 자신을 반쯤은 마르크스주의자, 반쯤은 불교도라고 생각합니다."

보다 최근이었던 2001년 캘리포니아를 방문한 달라이라마는 다음과 같이 말했다.

"티베트는 물질적으로 너무나 낙후되어 있습니다. 물론 정신적으로는 매우 부자지요. 하지만 영성이 우리의 뱃속을 채워주지는 못합니다."

이것이 구 티베트에 점점 향수를 느끼는 서양의 풍족한 불교도들이 귀 기울여야 할 메시지다. 잃어버린 낙원은 실제 농노제와 빈곤에 시달리는 부패한 신권통치 사회였으며 소수의 선택된 사람들이 다수의 피와 땀과 눈물로 권세를 누리며 고상하게 사는 곳이었다. 그 땅은 샹그릴라와는 거리가 멀었다.[126]

그러나 달라이라마와는 달리 '평화롭게' 살아가던 티베트의 승려들과 귀족들에게 중국 공산주의자들의 침입은 곧 그들만의 '평화'가 깨어진다는 것을 의미했다. 중국의 티베트 점령 이후 노예제와 무급 농노제는 없어졌고 채찍질, 사지절단 등의 극단적인 처벌도 사라졌다. 또한 살인적인 세금제도도 없애고 대중 교육을 실시하여 사찰에서만 행해지던 교육 독점을 없앴다. 근대주의자인 달라이라마도 이런 근대화를 환영했던 것이다. 그러나 티베트의 승려들과 귀족들에게는 자신들의 평화가 깨어진다는 것을 의미했기에 그들은 달라이라마를 앞세워 망명을 선택했다.

티베트 망명정부의 티베트 관련 선전들은 믿을 수 없는 게 많다. 예컨대 티베트인 학살이 그렇다. 중국이 자행한 티베트인 학살을 부정할 수는 없다. 그러나 학살된 티베트인의 수는 과장된 것이다.

달라이라마의 막내 동생이자 측근이었던 텐진 체걀은 '중국 점령으로 인해 120만 명의 티베트인들이 사망했다'고 주장하였다. 그러나 중국의 대대적인 탄압 6년 전인 1953년에 실시한 인구조사에서 티베트의 인구는 127만 4,000명이었다. 다른 인구 조사에서도 티베트의 인구는 약 200만 명 정도였다. 만약 중국이 1960년 초에 120만 명의 티베트인들을 죽였다면 도시 전체와 대부분 시골 지역의 거의 모든 티베트 사람들이 사라졌어야 하고 티베트 땅은 집단 처형장과 공동묘지가 널려 있는 도살장이 되었을 것이다. 그러나 이런 증거는 아직 발견되지 않았다. 티베트를 공격한 중국 군대는 매우 소규모였으며, 다른 일을 하지 않고 처형만 한다 하더라도 부족한 숫자였다.[127]

중국이 티베트의 언어를 말살하고 있다는 주장도 나는 믿을 수 없다. 델리의 티베탄 콜리니에서 쇠고기 요리를 시켜서 식당에서 밥을 먹고 있으면, 자연스럽게 TV를 보게 된다(사족이지만, 이곳의 쇠고기 요리는 매콤하니 맛있다. 델리에서 쇠고기 생각이 간절하면 티베탄 콜리니로 갈 것을 추천한다). 중국의 XZTV란 티베트 채널이 나오는데, 티베트어로 더빙한 중국 드라마들과 티베트인들이 자체 제작한 티베트어 뉴스들을 보게 된다. 티베트인들이 자기 말을 잃어버려서 현재는 중국어만 쓰고 있다는데, 왜 중국에서 방송되는 채널은 아무렇지도 않게 티베트어로 나오는 것일까. EBS '다큐 10' 5부작 〈영혼의 땅, 티베트〉를 보면, 초등학교에서 티베트어를 가르치고 있고 티베트 사람들은 대부분 중국어를 못하는 상태임을 알 수 있다. 참고로, 이 다큐멘터리의 4부 '티베트 불상 도난 사건'은 40년간 중국공산당에 충성했던 티베트인이 공산당의 은퇴 통보로 연금마저 받을 수 없게 된 처사에 원한을 품고 중국공산당을 비판하는 것으로 끝난다. 일본에서 제작한 이 다큐멘터리는 친중국, 친공산당 드라마가 아니고 반공 다큐멘터리라면 반공 다큐멘터리인 것이다. 이 프로그램을 보면서 나는 티베트 언어가 말살되었다는 건 아무래도 망명정부 쪽 인사들의 과장이 아닌가 하는 생각을 했다. 중국군이 들어오기 전에 티베트 승려들은 글을 아예 가르치지도 않았다. 지식은 승려들이 독점하고 있었기 때문이다.

현재 티베트 망명정부와 달라이라마 사이에는 지속적으로 약간의 긴장이 흐르고 있다. 2008년 베이징올림픽을 앞두고 티베트 망명정부의 강경파들은 인도에서 6개월간 올림픽 반대 시위를 벌였고, 티베트에서는 연일 시위와 경찰의 진압이 되풀이됐다. 중국 정부는 이들 시위의 배후에 달라이라마가 있다고 공격했지만, 달라이라마는 자신이 베이징올림픽을 인정하고 있기에 중국 정부의 공격이 터무니없다고 외신과의 인터뷰에서 밝혔다. 또한 달라이라마는 강경파에게 이 이상의 사태가 이어진다면 임시정부의 수반을 그만두겠다고 말하기도 했다. 당시 카메라에 잡힌 강경파의 시위 장면을 보면 성조기를 목에 두르고 있는 승려의 모습이 보였는데[128] 이는 미국이 중국과의 대결 구도에서 여전히 티베트인들을 이용하고 있는 것이 아닌가 하는 의구심이 들게 했다. 티베트 망명정부에서 강경파와 달라이라마의 대립에 대해 티베트 불교를 전공한 분께 이 문제에 대해 어떻게 생각하느냐고 의견을 물으니 다음과 같이 답을 했다(본인이 이름을 밝히기를 원하지 않아, 따로 이름을 밝히지는 않는다).

만약에 티베트인들이 티베트 산악에서 게릴라전을 펼쳤다면 현재 티베트가 이 정도 위치에 있을 수 있겠는가? 싸우고 싶은 사람이 싸우겠다는 것은 어쩔 수 없는 일이다. 그러나 현재 다람살라 티베트 망명정부 내에서 강경파라고 해도 이들이 총을 들고 싸우는 것이 아닌 이상 강경파라고 부르기는 무리가 있다. 600만 밖에 되지 않는 티베트인들이 중국을 대상으로 싸워서 이기는 것은 불가능하다. 게다가 현재의 티베트에는 600만 명의 중국인들이 이주해와 살고 있다. 현실적으로도 티베트는 게릴라전보다는 비폭력 평화운동으로 대항하는 것이 맞다. 팔레스타인 저항운동이 극단으로 발전하여 탈레반이 등장했고 이로 인해 이슬람은 극단적인 테러리스트라는 오명을 얻었다. 하지만 달라이라마의 비폭력 평화운동으로 인해 티베트인들은 세계 어느 곳을 가더라도 인정받고 있다.

나는 이 의견이 일리가 있다고 생각한다. CIA에서 지속적으로 달라이라마의 친형을 통해서 티베트의 게릴라 부대에 자금을 지원했지만, 달라이라마는 무력 투쟁을 반대했다. 달라이라마는 게릴라 부대를 해체할 것을 간곡히 호소하는 메시지를 육성으로 녹음해서 게릴라 부대에 보냈고, 결국 게릴라 부대원들은 눈물을 흘리면서 해체했다. 게릴라 부대의 대장은 달라이라마의 말씀을 따르겠지만 자신은 부대의 장수이기에 책임을 져야 한다며 자살을 한 일도 있었다. 이에 대해서는 청전 스님이 《달라이라마와 함께 지낸 20년》에서 밝힌 바 있다.* 청전 스님은 불교도가 물질에 집착하는 것에 비판하면서, 한국에서 돈을 버는 게 목적인 법회가 티베트 불교의 이름으로 열리는 것에 대해서도 냉정하게 꾸짖으며 달라이라마도 그런 일은 절대로 원하지 않을 것이라고 말했다.

티베트인들은 성공적으로 자기 정체성을 지니고 정착을 한 모범적인 사례로, 인도에서도 연구의 대상이 되고 있다.[129] 그러나 청전 스님은 고급 외

---

* 반면, 청전 스님의 주장과 달리, 게릴라들이 항복한 후에야 달라이라마가 무장봉기의 해산을 명했다는 주장도 있다. 이에 대해서는 유재현의 글을 꼭 참고하기 바란다. 유재현, 「아시아의 오늘을 걷다」 달라이라마의 '생각대로' 망명정부」, 〈한겨레21〉, 2008. 09. 04., 제726호.

제 승용차를 타고 가는 티베트 망명 승려의 뒷모습을 무섭게 노려보는 인도 하층민을 이야기하면서 불교도가 어떻게 살아야 하는가를 논하며 이들 티베트 승려를 비판했다. 델리의 티베탄 콜리니에서 약 3주쯤 지내다가 티베탄 콜리니 옆의 야무나 강가에 있는 인도 빈민들의 거주지를 보았다. 인도 하층민들은 '조국도 없는 티베트인'들을 불쌍하게 생각할까, 아니면 부러워할까 생각해보았는데 그들을 전혀 불쌍하게 생각할 것 같지 않았다. 망명 티베트 승려들이 물질적 부를 누리는 일은 비단 인도에서만 일어나는 일은 아니다.

캘리포니아에 정치적 망명을 허가받은 티베트 승려들은 사회보장을 신청했다. 한때 루이스 자신도 열정적인 지지자였으며, 서류 작업을 도와주기도 했다. 그런데 그녀는 그들이 의료보호와 건강진단과 함께 매월 550~700달러에 달하는 사회보장 혜택을 계속 지원받는다는 것을 알게 되었다. 이와 함께 이 스님들은 고급 아파트에 집세도 내지 않고 산다.

그들은 공과금도 내지 않고 팩스, 휴대폰, 케이블 TV와 함께 제공된 컴퓨터를 이용해 무료로 인터넷에 접속한다. 뿐만 아니라 스님들은 자신들의 계급에 따라 월급을 받는다. 그리고 달마 센터는 회원들에게(모두 미국인들이다) 특별 기부금을 받고 있고, 회비에 따라 회원의 일도 달라진다. 쇼핑, 아파트, 화장실 청소 등 스님들을 위해 열심히 잡일을 하는 회원들도 있다. 이러한 대접을 받는 승려들은 '미국인들은 물질에 너무 얽매여 있다'라고 쉽게 비난한다.[130]

달라이라마는 위대한 스승으로 존경받을 만한 분이다. 노벨 평화상을 주려면 일찍 주었어야지, 1989년 중국 천안문 사건이 터진 후 노벨 평화상을 수여함으로써 정치적 목적이 빤히 드러나도록 주었다며, 청전 스님이 화를

티베탄 콜리니 옆 인도의 빈민들. 위 사진에서 뒤편에 보이는 건물들은 티베트인들이 살고 있는 집이거나 그들이 운영하는 게스트 하우스다. 빈민들은 끔찍하게 오염된 야무나 강가에 살면서 채소밭을 일군다. 한국인들이 자주 가는 델리의 마켓에 가면 무 값이 비싸다며 흥정을 하려고 하면 인도인인 가게 주인이 유창한 한국말로 말한다. "이거 야무나 똥물로 키운 무 아니에요. 그래서 비싸요." 글쎄 올시다?

내는 것도 타당하다고 생각한다.

그러나 나는 티베트의 완전한 독립을 원한다는 티베트 프리덤 운동에 대해서는 회의적이다. 티베트 망명정부는 티베트가 아니다! 내가 생각하기에 현재 티베트 민주화운동의 가장 큰 문제는 완전한 독립을 원하는 망명정부의 목소리도, 중국공산당의 목소리도 아닌 티베트에 살고 있는 티베트인들의 목소리를 들을 수 없다는 것이다.

3
경제성장과
빈곤의 딜레마

01

인도는 사회주의 정책을
펼친 적이 없다

　　자유주의 시장경제 사상의 선구자 프리드리히 하이에크가 《노예제로의 길
(The Road to Serfdom)》에서 강조했던 내용도 이 점이다. 특히 하이에크는
인간 지식의 한계성에 주목하여 계획경제의 불합리성을 주목한다. [⋯] 계획
경제의 철학적 배경은 인도주의에서 나온 것이지만 인간 본성에 대한 통찰
부족으로 실현될 수 없는 이상주의로 흘렀기 때문에 오류를 남기고 만 것이
다. 인도는 고대 문명을 탄생시킨 곳으로 고대에서부터 상업과 수공업을 발
전시킨 나라이다. 그러나 인도주의적이기는 했으나 오판일 수밖에 없었던
지도자의 의사결정이 고대로부터 전승해오던 상인 정신을 죽여버림으로써
짧지 않은 기간에 걸쳐 인도 국민들이 헐벗지 않을 수 없었던 원인을 제공했
던 것이다.

　　　　　　　　　　　　　　　－ 정동현, 《인도의 사회와 경제》, 2009, 68쪽.

　　경상대학교 박종수 교수는 인도가 건국 초기부터 선언한 사회주의*라는
것은 인도의 현실과 관련이 없다고 이미 1990년대부터 의견을 개진한 바

있다. 최근 박종수 교수가 번역한 에쇼 히데키(繪所秀紀)의 책에는 그 점이 다시 한번 논의되었다.

> 종종 "1991년 경제자유화 조치 이전의 인도는 사회주의 체제였다"는 주장이 제기되곤 하지만, 이것은 잘못된 인식에서 비롯된 것이다. 네루가 소련의 경제계획에 강한 흥미를 가졌던 것은 사실이지만 독립 이후 인도는 한 번도 사회주의국가가 된 적은 없다. 기간산업 분야에 대한 통제권은 공공 부문이 장악하고 있었지만 민간 기업의 여지가 전혀 없었던 것은 아니다. 소련과는 달리 농업은 국유화하지 않았으며, 오히려 토지개혁의 불철저로 인해 지주 및 부농들은 절대적인 세력을 유지할 수 있었다. [⋯] "인도의 지배 계층은 산업자본가, 부농, 공공 부문 종사자의 세 그룹으로 구성된다. 이해를 달리하는 세 집단이 이질적 압력단체가 되면서 불안전한 지배 연합을 이루고 있다"는 바르단의 가설은 인도 정치경제 시스템의 현상을 정확하게 표현해주고 있다고 본다.[131]

네루는 페이비언 사회주의자였다. 페이비언 사회주의(Fabian Socialism)는 마르크스 이전부터 영국에 정착된 사회주의로 자본주의를 수정의 대상이 아닌 극복의 대상으로 간주하며 프롤레타리아트 독재와 계급 혁명을 부정했다. 그리고 평화적이고 점진적인 방법으로 사회주의를 지향하며 계급투쟁보다는 윤리와 공리주의를 더 중시하기에 사실 한국인들이 언뜻 떠올리는 사회주의와는 거리가 멀었다. 가치 판단 기준을 효용과 행복의 증진에 두어 '최대 다수의 최대 행복' 실현을 윤리적 행위의 목적으로 하는 공리주

---

* 인도 헌법에는 인도가 Sovereign Socialist Secular Democratic Republic(주권 사회주의 세속 민주공화국)'이라고 명기되어 있다.

의 전통에 가깝다. 한국의 일반적 시각에서는 물론 '좌파'일 것이다.

인디라 간디는 사회주의 정책을 펼친다고 말하면서 많은 부분들을 국유화시켰지만, 인디라 간디 시기의 정책들을 사회주의 정책이라고 오해해서는 안 된다. 첫째, 어떤 사람이 사회주의를 외친다고 해서 반드시 사회주의

인도의 초등학교 어린이들이 책가방이나 노트에 붙이는 스티커를 스캔한 것으로, 인도의 독립 영웅들의 초상이 담겨 있다. 간디는 힌두 우익, 네루는 페이비언 사회주의자, 찬드라 보세와 바가트 싱은 공산주의자다. 이들은 인도의 독립을 위해 싸운 많은 이들 중에서 대표적인 인물들로 손꼽히는데, 독립 영웅 4명 중 3명이 좌파고 그 좌파 중 2명은 공산주의자다. 인도에서 누가 좌파나 공산주의자라고 말해도 크게 긴장할 필요는 없다. 초등학생용 스티커에도 이렇게 공산주의자들의 얼굴이 담겨 있으니 말이다.

자는 아니기 때문이다. 예를 들어, 1996~98년과 2004~08년 두 차례에 걸쳐 재무부 장관을 역임한 치담바람(Chidambaram: 현재 내무부 장관)은 자신이 소비에트 계획경제를 신봉한다고 말하지만, 그는 현재 인도가 세계화되는데 가장 큰 기여를 하고 있는 관료들 중 한 명이다.

둘째, 국유화와 계획경제가 사회주의경제만의 것이 아니기 때문이다. 국유화와 계획경제를 추진한다고 해서 사회주의자라고 하면, 박정희 전 대통령도 오바마 미국 대통령도 사회주의자다. 박정희는 고속도로를 국가 재정으로 건설했으며 POSCO는 원래 포항제철이란 이름의 국영기업으로 출발했다. 오바마는 2009년 GM이 파산에 이르자 GM을 국유화했다. GM은 미국 정부가 60.8%, 캐나다 정부가 11.7%, 전미자동차노조가 17.5%, 채권단이 10%의 지분을 보유하는 '뉴 GM'에 매각되었다.[132] 그렇지만 지금 미국이 사회주의화되고 있고 오바마 대통령은 사회주의자라고 말하는 사람은 없다. 국유화되었다 하더라도, GM의 경우 노동자 수를 6만 1,000명에서 4만 명으로 줄일 계획을 발표하고 인력감축을 진행 중이다. 이게 자본주의식 국유화고 계획경제인 것이다. 네루식 계획경제를 네루식 사회주의라고 부르면서 사회주의 체제라고 한다면, 박정희도 오바마도 모두 사회주의자다. 그러나 박정희나 오바마는 국가가 주도하는 국가자본주의의 계획경제를 펼친 것이다.

프리드리히 하이에크의 《노예제로의 길》을 언급하면서 계획경제는 인간 본성에 어긋나기 때문에 무조건 실패할 수밖에 없다는 유의 이야기는 이제 그만하면 좋겠다. 소련은 제1차 세계대전의 폐허 위에서 전 세계가 공황으로 고통을 당할 때도 전혀 피해를 입지 않았다. 한국! 고도성장의 기반은 계획경제였다. 과거를 이야기할 것도 없다. 중국! 지금도 철저하게 계획경제이고 지속적인 성장을 달성하고 있다. 인도의 좌파 정당들은 중국이 자본주의화되고 있지만 자신들은 중국공산당과 좋은 형제 정당 관계라고 지속적으로 과시하는데, 그렇게 하는 이면에는 자신들이 정권을 잡을 경우 중국처럼 경제개발을 이룰 수 있다는 메시지를 간접적으로 전달하려는 의도가 담겨 있다. 인도 개혁 이후의 경제성장? 정부 개입의 형태가 달라졌을 뿐 아직도 계획경제의 테두리 안에 있다. 2008년 세계 경제위기 발생 당시 인도 정부는 '우리 정부가 금융을 자유화하지 않아 큰 피해가 없었다'고 자화자찬하며 자랑스러워했다(경제위기 이전, 금융을 사영화해야 한다고 항상 주장하던 정부가 한 말이다).

　한국에서 정말 이상하게 생각되는 것은 프리드리히 하이에크의 추종자들이 왜 4대강 개발이라는 계획경제에 대해서는 전혀 언급을 하지 않는가 하는 점이다. 이건 정말 이상한 것 아닌가. 하이에크에 대해서 그동안 언급을 해왔다면 하이에크 이론으로 한국에서 현재 진행되고 있는 계획경제에도 '인도의 사회주의경제'에 비판을 가한 것처럼 격렬히 비판해야 한다. 아니면 하이에크 이론의 파산을 인정하거나.

02

국가자본주의인가,
사회주의인가

마르크스가 다른 학자들과 다른 점은 그가 '역사는 계급투쟁의 역사'라고 말한 것에 있지 않다. 역사는 계급투쟁의 역사라는 말이나 역사 발전 5단계설 등 마르크스가 한 말로 알고 있는 것들은, 봉건사회가 아직 안 무너진 것에 분노하고 갓 출발한 자본주의사회가 너무나 무자비함을 비판하면서 이미 다른 이들이 한 말이다. 마르크스는 자신의 주장을 전개하면서 당시 유행하던 그 말들을 인용했을 뿐이다.

마르크스가 여타의 학자들과 다른 '마르크스'가 된 것은 '노동의 분업'과 '잉여가치의 생산'이라는 개념을 중심으로 자본주의 사회를 '상품'으로 분석했기 때문이다. 마르크스는 사회주의 경제체제에 대해 구체적으로 말하지 않았다. 사회주의 경제체제는 레닌이 러시아혁명 이후 추진하기 시작해 스탈린에 이르러 체제가 갖추어졌다. 레닌과 스탈린의 사회주의 체제에 대해 간결하게 말하면 '상품이 중심이 되지 않는 사회'이다.

실제로 러시아혁명 후 구축된 소련과 중국의 사회주의 체제는 기존 자본주의 체제와는 달랐다. 사회주의 체제는 스탈린이 주도하여 구축했고 그는 그 과정에서 이론화도 병행했다. 현재 중국은 여전히 공산당이 지배하고 있지만 중국이 사회주의국가에서 자본주의국가가 되었다고 본다면, 그것은 중국이 스탈린이 이론적으로 정의했던 시스템에서 이미 벗어났다는 관점에서다. 중국은 1980년대 농업에서의 사회주의적 생산관계인 협동농장 해체에 이어 1990년대 초반 사회주의 시장경제론을 전면화하면서 회사제도와 주식제도를 도입했다. 사회주의적 국영기업을 낡은 것으로 치부하고 자본주의적 회사제도로 개편한 것이다. 이는 2002년 공산당 규약에 삽입된 '3개 대표론*'을 기초로, 자본가의 공산당 입당 허용 결정으로 완성되었다. 자본가가 생산력을 대표하는 한 부분이라고 공식적으로 인정하고 자본가의 입당을 공식적으로 허용한 것이다. 이에 따라 자본가가 공산당원이 될 뿐만 아니라 공산당원이 자본가가 되는 길이 제도적으로 열렸다. 중국공산당의 강령에는 스탈린과 마오쩌둥의 사상을 이어간다고 나와 있지만 중국공산당은 더 이상 공산당이 아니며 중국의 경제체제도 사회주의 체제가 아니라는 것은 이러한 이유에서다.

'사회주의국가는 지독한 관료들이 지독하게 타락해 특권 계층을 형성해서 국민들의 피를 빨아먹고 사는 곳'이라고 얄팍하게 정의하는 사람들이 많다. '타락한 관료 국가=사회주의'로 알고 있다면 아직도 부패 문제가 극복되지 않는 인도는 이미 사회주의를 계속 실현해왔다고도 할 수 있을 것이다. 또 미얀마야말로 최고의 사회주의국가가 될 것이다. 부패한 관료들의 문제를 분석하는 것과 자본주의적 체제와 사회주의적 체제의 차이를 분석하는 것은 어느 정도 독립적인 분석이 요구되는 영역이다.

---

* 3대 대표론은 공산당이 선진 생산력(자본가), 선진문화 발전(지식인), 광대한 인민(노동자·농민)의 근본 이익을 대표해야 한다는 이론으로, 노동자·농민의 적으로 규정돼온 자본가와 지식인을 포용해야 한다는 것을 의미한다. 2000년 장쩌민 주석이 주창했고 2002년 중국공산당 16기 전국대표대회에서 공산당 규약에 정식으로 삽입되었다.

소련 붕괴 이후 구 사회주의권이 자본주의로 역이행하는 과정을 연구하는 학자들 중 우파라고 자처하는 이들조차도 이 역이행의 기준은 스탈린이 정의한 방식으로 운영되던 사회주의 체제가 있다는 사실을 전제로 연구한다. 이건 스탈린을 지지하느냐 지지하지 않느냐의 문제가 아니라 실제 존재했거나 존재하고 있는 사회주의 체제에 대해 접근할 때 가장 기본적인 태도이다.

트로츠키는 문학 평론을 쓸 정도로 심오하고 대단한 사람이지만 스탈린은 글이 딱딱하기만 하고 재미가 없어서 이야기할 만한 게 없다는 식으로 말하는 사람들이 있다. 스탈린의 글을 보면 영감이 떠오르지 않아서 할 이야기가 없다고 '도인'처럼 말하는 사람들은 국가가 계획경제를 주도하도록 했던 네루가 국가자본주의자라는 것을 결코 이해할 수 없을 것이다. 계획경제를 했던 박정희도, 기업들을 국가의 재원으로 구제해준 오바마도 사회주의자가 아니냐고 따지면 할 말도 없을 것이다. 물론 그들이 '도인'의 세계에 머무르면서 '사람만이 희망이다'라는 말을 자랑스럽게 한다면, 필자의 질문 자체가 속물 같다고 생각하기에 답할 필요가 없다고 생각하겠지만….

03

네루 시기의 계획경제와
더불어 시작된 부패

계획경제를 했다고, 인도가 처음부터 경제 부문에서 낙제생이었던 것은 아니다. 인도는 마셜원조계획(Marshall Plan)에서 제외되었기에 사실 자력갱생하는 길 외에 다른 길이 없었으며 초기에는 나름대로 잘해왔다. 네루 시기에 인도는 경제성장률이 7.8%였는데, 이는 당시 개도국들 가운데 선두권에 해당하는 훌륭한 성적이었다. 독립 이후 15년간 인도 경제는 어느 정도 성과를 거두었다. 공업 부문은 국제적 기준에서 보더라도 높은 성장률을 올렸다. 다양한 산업 기반을 조성했으며 주요 인프라 건설을 위해 공공 부문도 확대했다. 공업 원료나 자본재의 경우, 이를 수입할 수 있는 외화를 보유하고 있었음에도 이를 허용하지 않았다.

계획과 통제로 일관된 네루 시대의 개발 전략을 관통하는 기본적인 아이디어는 '수출 비관주의'에 입각한 수입대체 공업화 및 국산화 전략이다. 수출 비관주의란 "인도의 주요 수출품들은 세계 수요가 매우 낮은 품목들에 치우쳐 있기 때문에 수출에 의존한 경제성장은 바람직하지 않다"라는 사고방식이다.[133]

인도는 수출 비관주의로 인해 한국과는 전혀 다른 계획경제의 길을 걷는다. 1962년 박정희 정권이 제1차 경제개발5개년계획 원안에서 인도의 계획경제 안과 유사하게 중공업 우선 정책과 수입대체산업으로 계획을 잡은 것은 당시 인도 경제성장의 영향이 분명히 있었을 것이다. 1월에 이 안이 나오고 3월에 원자력 연구소에 첫 점화를 하면서 중공업에 집중할 것을 결의하는 모습을 보여주었다. 그러나 이 원안에서 박정희 정권은 전체 수출 가운데 공업의 목표 비중을 10%만 책정할 정도로 기대를 걸지 않았다. 수요가 많은 상품은 이미 선진 독점자본에 의해 점령되었다는 판단을 하고 있었고 먼저 기간산업을 육성하는 것이 선결 과제라고 보았다. 그러나 계획을 이행하는 과정에서 공업 제품의 수출이 급증하자 저임금 노동력이 국제 시장에서 비교우위로 기능할 수 있다는 생각에 확신을 가지기 시작했다. 1964~65년 경제개발계획 수정안이 발표되고 경공업 제품 수출로 급선회하기 시작했다.[134] 이후 한국은 인도와는 전혀 다른 길을 걷게 된 것이다.

인도는 1960년대 중반에 이르자 수입대체 정책에 의한 자극책도 효력을 다했고 1970년대까지 만성적 정체 현상이 계속되었다. 일단 인도 내부의 문제를 보면 국가자본주의에서의 국가 개입을 통한 경제 활성화를 도모했지만 내부의 모순이 심각했다. 국가가 기업인들로 하여금 지속적 성장을 창출할 수 있도록 유도하는 규제 수단이 없었다. 토지 및 조세 관련 법률의 무시, 기타 경제 시스템 기능에 대해 영향을 줄 수 있는 법률의 무시는 인도 자본가들의 원시적 축적을 위한 주요한 수단이 되었다. 이러한 집합적 원칙의 부재는 네루 스타일의 개입주의를 넘어서는 다른 종류의 국가 개입, 이를 테면 일본이나 한국이 취할 수 있었던 국가 개입 같은 활력 있는 정책 대안의 채택을 불가능하게 만들었다.

인도는 네루 시기에 공기업을 통해 공적 투자를 해서 사전적 의미에서의 '기업하기 좋은 환경'인 도로와 전기 발전 시설 등 인프라를 건설해나갔다.

이때의 공기업은 '공기업이라서 경쟁력이 문제가 되는 공기업'이 아니었다. 어느 기업인이 적자를 보면서 이런 인프라를 구축하겠는가. 이는 국가만이 할 수 있는 일이었다. 또한 기업인들은 자신의 기업가 정신 즉 '야성적 활기'를 발휘하지 않았다. 그들은 부패한 정부 관료들과 작당해서 조성한 '특혜'를 누리면서 인도를 썩게 만들어왔다. 또 인도의 지주들은 토지개혁을 철저하게 막고 사병 조직까지 거느리면서 하층 카스트들을 억압해왔으며 국민회의나 BJP 등의 정당에 소속되어 자신들의 권익을 지켜왔다. 지주들은 기업인으로 변신할 필요를 전혀 느끼지 못했다.

경제개혁 이후 경제발전 속도가 높은 주일수록 부패가 높다는 통계가 있다. 왜 그럴까. 쉽게 생각할 수 있다. 공금횡령이라는 부패가 너무 많으면 회사가 썩어 자빠지겠지만 회사 입장에서는 필요한 부패도 있다. 회사가 잘 돌아갈 때는 접대가 많다. 이런 접대는 부패이기는 하지만, 한국에서는 일반적으로 회사가 잘 돌아가기 위해 필요악 같은 것으로 인정되지 않던가. 직장생활을 하는 사람들은 알 것이다. 한국 사회에서 거래처 직원의 술을 얻어먹고 2차 가서 돈 봉투를 받는 것이 사회에서 얼마나 성공했는지 판단하는 잣대가 된다고 여기는 사람들이 많다는 것을 말이다. '권력'에는 두 종류가 있다. 거래처에 주문할 수 있는 구매력(buying power)이 있거나, 구매력은 없어도 납품 물건에 트집을 잡거나 거래처의 작업을 방해하는 '꼬장'은 부릴 수 있는 파워가 있는 것. 그러나 사실 후자가 더 저지분하기는 하다. 인도처럼 부패가 해결되지 않은 사회에서는 경제발전 속도가 높은 주일수록 부패가 높은 것은 당연한 일일 것이다.

리트윅 가탁 감독의 영화 〈티타시라 불리는 강〉을 보면 이런 장면이 나온다. 아들은 자신처럼 문맹이 되지 않도록 학교에 보내고 싶다고 아버지에게 말을 하니, 아버지 말하길 "학교를 보내 법원 서기나 되어가지고 뇌물이나 받으려고 하는 거야?", "좋다. 학교는 보내라. 대신 사기꾼이 되면 아무것도 그 아이를 위해서 해주지 않을 거야. 네 해골을 부숴버릴 거야'라며 분노하는 장면이 나온다. 이 영화의 후반부에는 상층 카스트들이 경찰과 함께 마을을 휘젓고 다니는 장면도 나온다. 이 장면을 보면, 인도의 관료들에 대해 인민들이 기본적으로 가지고 있는 생각을 읽을 수 있다.

사티야지트 레이 감독은 죽음을 앞둔 일흔 살에 가까운 나이에 만든 영화 〈나무의 가지들(Branches of the Trees)〉(1990)을 통해 4세대가 함께 모인 가족을 조명함으로써 썩을 대로 썩어가는 인도의 부패를 드러내고자 했다. 사티야지트 레이가 죽기 직전 혼신의 힘을 다해 보여주고 싶어 했을 정도로 인도의 부패는 심각한 문제이다.

04

국가자본주의를 강화한
인디라 간디

1965년 제2차 인도-파키스탄전쟁과 인도의 베트남에 대한 입장을 빌미로 미국은 PL-480(미국 공법 480호: 농산물 교역발전 및 원조법)에 근거한 인도와의 잉여농산물도입협정 갱신을 거부했다. 미국 존슨 대통령은 '엄격한 구속(short leash)'을 통해서 인도가 미국의 정책에서 떨어져서 너무 방황하지 않도록 하겠다는 발언까지 했다.

미국과 세계은행과 IMF는 무역과 산업 통제의 자유화, 루피화 절하, 새로운 농업 전략 도입을 인도에 권고했다. 말이 권고이지 실질적으로는 무시할 수 없는 외부의 압박이었다. 인디라 간디는 루피화를 55%까지 절하하는 등의 극단적인 조치로 이들의 권고를 따랐으나 산업에서의 불황, 인플레이션과 수출 부진은 나아지지 않았다. 또 국내적 요인으로 1966년과 1967년의 대기근 때문에 압박은 더해갔다. 인디라 간디는 관료가 절대적으로 통제하면서 소수의 기업가들만 혜택을 주는 국가자본주의 정책을 네루 시기보다 더 강화했다. 그러나 이를 위해 세수를 올리기보다 허리띠를 졸라매는 방법을 택했기에 정부 지출은 1970~71년에 1966~67년의 절반으로 줄었고 이 때문에 경제성장은 후퇴할 수밖에 없었다. 1951~66년 평균 7.8%였던 경제성장률은 1966~74년에 4.99%로 떨어졌다.[135] 1969년에는 은행 국유화, 독점규제법(MRTP: Monopolies and Restrictive Trade Practices)의 통과, 1971년 선거 승리 이후에는 1972년 보험의 국유화, 석탄산업 국유화가 이어졌다(밀 도매에 대한 국유화도 추진했으나 얼마 안 가 포기했다). 1973년에는 외환규제법(FERA: The Foreign Exchange Regulations Act)을 통과시켜 외국인 투자와 외국 기업의 활동을 제약했다. 또 부실기업들을 폐쇄하기보다는 이를 인수해서 운영하기로 결정했다. 이런 일련의 조치들은 장기적으로 경제를 쇠약하게 한 원인이 되었지만, 당시의 시대적 상황도 고려할 때 선진국들로부터 독립성을 유지하고 존엄을 지켜낸 성취도 분명했다.

인디라 간디 시기는 경제성장률로만 판단해서는 안 되는 성과들이 있었다. 사실 인디라 간디 시기는 재앙의 연속이었다. 인디라 간디가 집권하자마자 미국의 원조가 중단되었고, 1971년에는 제3차 인도-파키스탄전쟁이

인도-파키스탄전쟁 때 사망한 전몰장병들을 추모하는 위령탑. 인디아 게이트가 뒤편에 보인다.

벌어졌으며, 1972~73년에는 2년 연속으로 가뭄이 들었다. 1973년에는 제1차 오일쇼크로 국제 원유가가 4배 가까이 치솟았고 1979년에는 제2차 오일쇼크로 원유가가 다시 약 2배 상승했다. 엎친 데 덮친 격으로 1979~80년에는 독립 이후 최악의 가뭄이 찾아왔다.

이 중에서 인도의 승리로 돌아간 제3차 인도-파키스탄전쟁은 1971년 12월 3일 발발해 2주도 채 지나지 않은 그달 16일에 종료되어 기간 자체는 아

주 짧았지만 배경과 양상은 복잡하고 만만치 않았다. 이 전쟁을 이해하기 위해서는 현재의 방글라데시가 탄생하게 된 배경을 거슬러 올라가야 한다. 1947년 영국으로부터 인도가 독립할 당시 힌두권인 인도와 이슬람권인 파키스탄으로 각각 분리 독립되었는데, 파키스탄은 인도를 사이에 두고 동서로 영토가 나뉘어 있었다. 문제는 동(東)파키스탄과 서(西)파키스탄은 이슬람교 외에는 공통분모가 별로 없었다는 점이다. 인종도, 언어도, 생활양식도 달랐다. 게다가 동파키스탄은 서파키스탄보다 인구가 더 많았으나 오히려 정치적·경제적·군사적·인종적 차별과 무시를 당했고 그 결과 불만이 고조되었다.

그러던 중 1970년 12월 파키스탄 최초의 국회의원 총선거가 실시되었다. 선거 결과 동파키스탄에 기반한 아와미연맹(Awami League)이 전체 300석 중 과반수가 넘는 의석을 휩쓸며 다수당이 되었다(동파키스탄 지역에서만 169석 중 167석을 석권했다). 원래대로라면 아와미연맹의 무지부르 라만(Sheikh Mujibur Rahman)이 파키스탄의 총리에 취임해야 했다. 하지만 파키스탄의 지도자 야히아 칸(Yahya Khan)은 동파키스탄의 자치권을 요구하는 아와미연맹의 집권을 인정하지 않았을 뿐만 아니라 오히려 무력 진압에 나섰다. 이에 아와미연맹의 무지부르 라만은 동파키스탄의 독립을 선언하며 맞섰고, 동파키스탄 지역은 내전의 소용돌이에 휘말리게 되었다(이때 동파키스탄이 내세운 국호가 바로 방글라데시다). 1971년 3월의 일이다.

야히아 칸은 무력 진압에 나서기 전 군사 참모회의에서 "(동파키스탄인 중에서) 300만 명만 없애면 나머지는 시키는 대로 할 것"이라고 내뱉었다고 한다. 아니나 다를까, 파키스탄군은 내전 초기에 주요 도시인 데카에서만 수만 명을, 동파키스탄 전역에서 수십만 명(자료에 따라서는 300만 명)의 양민들을 학살했다. 내전 과정에서 1,000만 명에 달하는 동파키스탄 난민들이 인접한 인도의 웨스트벵골로 넘어왔다(말이 1,000만 명이지, 오스트레일리아 같은 나라 인구의 절반에 해당하는 엄청난 수이다).

인디라 간디는 서파키스탄에 의한 대량 학살을 막기 위해 미국에 지원을 요청했다. 미국은 서파키스탄 군인들이 미제 탱크와 비행기와 총으로 다카에서 대량 학살을 자행하고 있었음에도 인디라 간디의 요청을 냉혹하게 거부했다. 표면적으로 내세운 이유는 '파키스탄 내부의 문제'이기 때문이란 것이었지만, 이면에는 미국과 중국을 연결할 중개인으로 야히아 칸을 필요로 했기 때문이었다. 중국 역시 서파키스탄의 입장을 지지했다.

미국과 중국 모두 외면하자, 인디라 간디는 얼마 후 모스크바를 방문했다. 이에 소련 총리 알렉세이 코시긴은 "역사상 인도와 소련이 이러한 유대감을 가진 적이 없습니다"라고 따뜻한 환영 인사를 건네며 인디라 간디의 손을 잡았다. 얼마 안 가 러시아제 비행기, 탱크, 중화기가 뉴델리 공항에 속속 도착했으며, 12월에는 소련과 인도 연합군이 다카를 해방시키기 위해 동쪽으로 진군했다. 12월 16일 파키스탄의 사령관은 무조건 항복을 했다(비로소 동파키스탄은 방글라데시인민공화국으로서 파키스탄으로부터 분리 독립했다). 인디라 간디에 대한 국민적 지지는 이때 급상승했고, 이런 지지세는 이후 인디라 간디 독재 정치의 기반이 되었다.

닉슨 대통령은 파키스탄의 패색이 짙어지던 12월 11일 원자력항공모함 엔터프라이즈호를 벵골만으로 급파했다. 인도인들은 엔터프라이즈호의 배치를 핵 위협으로 받아들였으며 자국의 영해 부근에서 위협적으로 버티고 있는 미 항공모함을 보고 미국을 더욱 혐오하게 되었다. 인도의 비동맹 외교, 친소(親蘇) 외교는 미국 스스로 원인을 제공한 측면이 있는 것이다.

파키스탄 내전 과정에서 인도 웨스트벵골로 건너온 1,000만 명의 난민들은 장제스의 대만 망명이나 달라이라마의 인도 망명처럼 금은보화를 짊어지고 온 것이 아니라 대부분 굶주린 배를 안고 빈손으로 왔다. 그 결과 경제 개발계획에 들어갈 자금 대부분은 식량 수입에 사용될 수밖에 없었다.

이와 같은 인디라 간디 시기의 험악한 역사적 사실들은 다 제쳐놓고, 인도가 사회주의적 계획경제를 밀고 나갔기에 경제가 후퇴하게 되었다고만 주장하는 것은 너무나도 몰역사적이지 않는가.

인디라 간디는 이어지는 환난의 시기에 재정 상황의 균형을 이루었고 녹색혁명을 통하여 식량 안보를 이루어 나름의 성과를 거두었다. 1980년대 남미가 처한 것처럼 부채 위기에 몰리거나 1950년대 대약진운동 시기의 중국처럼 기근으로 인한 대규모 사망자들은 없었다. 아마르티아 센이 개발경제학 연구를 통해 노벨 경제학상을 받을 수 있었던 것도, 같은 기근 상황에서 인도는 인디라 간디 시기에 기근을 넘겼지만 왜 중국은 대규모 아사자들을 만들어냈는가 하는 사례를 분석하면서 경제학은 경제성장만을 강조해서는 안 된다는 결론을 이끌어내 서방세계가 약간의 공감을 했기 때문이다. 또한 인디라 간디 시기에 외화보유고도 증가했다. 중동에서 근무하는 이주노동자들의 송금과 약간의 수출 증가 덕분에 1965~66년에 2개월 치 수입만 가능했던 외화보유고는 1978~79년에는 9개월 치 수입을 할 수 있는 정도로 늘어났다.[136]

당시 서방세계의 지원이 끊겼기에 인도는 비동맹 외교를 통해서 친소련, 친사회주의권 외교 정책을 추진을 했다. 이는 소련과 사회주의권으로부터 원조, 차관, 기술이전을 받는 것이 목적이었다. 이것이 인디라 간디가 펼친 비동맹 외교의 실체다.

그러나 인디라 간디 시기는 사회주의 시기가 아니고 국가자본주의 시기였다. 인도공산당인 CPI가 행동을 자제하도록 압력을 가해줄 것을 그들의 '사회주의 모국'인 소련에 인디라 간디가 요청하고 마오이스트 공산당원들을 무자비하게 학살한 것을 역사적인 증거로 들 수 있다. 마오이스트와 관계없더라도 자신에 반대하는 이들을 마오이스트 공산주의자로 몰아서 무자비하게 학살했다. 자신의 반대자들을 마오이스트로 몰아서 감금하거나 학살하는 인도 정치의 고질적인 병폐가 인디라 간디 때부터 시작되었다. 심지어 자본주의 법 안에서 시행되어야 할 토지개혁도 실시하지 않았고 지주들의 이익은 그대로 유지되었다.

인디라 간디가 받아야 할 비판들은 또 있다. 독재를 통한 무자비한 국가통제와 소수의 기업가들에게게만 집중된 특혜 문제가 그렇다. 인디라 간디 정권은 인구 조절을 위해 길에서 남자들을 잡아서 1년 동안 750만 명이나 무자비하게 거세해버렸다. 아이가 있는지, 미혼인지 기혼인지는 '묻지도 따지지도 않고' 말이다. 한국의 삼청교육대에 끌려간 사람들처럼, 이들 또한 사회의 상층이 아니라 대부분 낮은 카스트였다.

사회의 최상층에 속한 소수에게 특혜를 주어서 경제를 안정시키고자 한 것도 문제였다. 식량자급을 위한 농업 생산성을 높여 식량증산이 이루어졌지만, 이것이 토지개혁을 중심에 두고 진행된 결과가 아니라 펀자브를 중심으로 소수의 농업 기업가들을 지원해서 이룬 결과였기에 농촌에서 빈부격차는 더 커졌다. 상층 시크교도가 펀자브의 독립을 원했을 때 불가촉 시크들은 독립을 하면 상층 시크교도들이 빈부격차를 더 벌릴 것이 두려워 펀자브의 독립을 지지하지 않았을 정도였으니, 특혜와 차별이 실제로 어땠는지 알 수 있다. 그때 무분별하게 사용한 화학비료 등으로 현재 인도의 농토는 아직도 회복이 안 된 곳이 많다.

2009년 UPA 정권이 재집권하고 국민회의 자신감이 커져서인지, 국민회의를 중심으로 지배 이데올로기 강화를 하기 위해서인지 인디라 간디의 이미지들이 TV나 거리의 선전물에 종종 보인다. 그녀의 무자비한 독재를 생각하면 나는 인디라 간디의 이미지가 전혀 반갑지 않다. 부유한 집안에서 태어나지도 않고 직업이 없거나 비정규직이라 불안한 삶을 살아가고 있는 당신, 아직 아이도 없는 당신의 남편이 길을 가다가 잡혀서 거세된 후 길에 다시 버려진다고 생각해보라. 끔찍하지 않은가.

05

고용 없는 경제성장

일본의 경제학자 에쇼 히데키 교수가 '한국에서 인도 경제의 1인자'라 칭했고, 인도가 주목받지 않았던 때부터 인도 경제를 연구하기 시작해 가장 많은 연구 성과를 내온 박종수 교수의 말부터 들어보자.

"인도 경제의 눈부신 발전은, 사람들의 눈을 밝은 쪽으로만 향하게 한다. 빚더미에 눌려 농약을 마시는 농민들이 한 해에 수백 명이 넘는데도, 경제는 번창하고 있다고 주장한다. 실업 문제는 날로 심각해지는데도 경제성장률은 놀라운 속도로 증가하고 있다고 강변한다. 농촌 주민의 75%가 하루 2,400칼로리도 섭취하지 못하고 있는데도, 인도는 경제대국으로 부상하고 있다고 자랑한다. [⋯] 세계인들의 눈에 빛나는 인디아(Shining India)가, 인도의 위정자들과 소수 부유층의 눈에는 더욱 '빛나던 인디아'가 정작 농촌의 가난한 백성들을 비춰주는 빛은 아니었기 때문이다."[137]

'고용 없는 성장(jobless growth)'과 '존엄성을 갖춘 발전(development with

dignity)'은 인도에서 인도 경제를 논할 때 가장 많이 논의되는 개념들이다. 정치가나 기업인이 '빛나는 인도(Shining India)'를 아무리 외쳐도 절대다수의 사람들의 실생활이 점점 어려워진다면 경제성장은 과연 의미가 있을까. '누구를 위해 무엇 때문에 경제성장이 필요한가'라는 의문이 드는 것이 자연스럽지 않을까.

2006년 인도는 GDP 8,261억 달러로 세계 13위였으며, 실질구매력(PPP) 기준 GDP는 미국, 중국, 일본에 이어 세계 4위였다. 세계은행에서 발표한 최근 자료에 의하면, 2009년 GDP는 1조 3,101억 달러로 세계 11위를 차지해 3년 전보다 두 계단이 올랐으며, 실질구매력(PPP) 기준 GDP는 3조 7,520억 달러로 여전히 세계 4위를 유지하고 있었다.

인도 경제를 산업별로 살펴보면, 1차산업인 농수산업은 19.9%, 2차산업인 광공업은 26%, 3차산업인 서비스업은 54%의 비중을 차지하고 있다.[138] 농수산업은 인도 전체 인구의 절대다수를 차지하고 있지만 전체 GDP에서 차지하는 비중은 약 20%에 불과하다(서비스업의 비중이 54%라는 점을 감안하면 매우 대조적이다). 농수산업은 이미 초포화 상태의 인구가 종사하고 있음에도 생산성은 극히 낮다. 따라서 실제로 고용창출 효과를 낼 수 있는 산업은 제조업이지만 인도 제조업은 성장의 속도도 낮고 설비 고도화도 더디기 때문에 고용은 거의 늘어나지 않는 상태에서 성장하고 있다.

인도는 3차산업의 성장으로 인한 경제성장에 힘입어 부자 증가율이 19.3%(한국에 이어 2위)로 높은 편이다. 하지만 절대다수의 '보통 사람들' 입장에서 부자 증가율이 높다는 것은 가파르게 벌어지고 있는 빈부격차를 드러낼 뿐이다. 〈표 1〉을 보면, 절대다수의 사람들이 종사하는 1차산업과 2차산업은 현재 경제 구조에서는 혜택을 보기 힘들다는 것을 알 수 있다. 1차산업 종사자는 80%인데 GDP에서 20% 정도밖에 차지하지 않는 경제 구조에서는 GDP가 몇 배가 상승하고 그에 따라 국민 1인당 GDP가 2~3배나 올라

〈표 1〉 인도의 산업별 구조

구분	2005/2006년 GDP
1차산업: 농수산업	19.9%
2차산업: 광공업	26.0%
광업	2.0%
제조업	15.1%
전기, 가스, 수도	2.2%
건설	6.7%
3차산업: 서비스업	54.0%
무역, 호텔, 운송, 통신	26.2%
금융, 부동산, 상업	12.9%
지역, 사회, 개인	12.9%

간다고 하더라도 절대다수의 사람들에게는 큰 의미가 없다. 평균은 평균일 뿐이고, 증가한 몫을 1차산업 종사자들이 가져갈 것은 아니기 때문이다. 이것이 바로, '빛나는 인도'를 외치면 가파른 경제성장을 달성하고 차기 집권에도 문제가 없을 것이라고 믿었던 BJP가 2004년 선거에서 참패한 이유다.

인도에서 2차산업과 3차산업을 각각 대표하는 두 업종인 섬유산업과 IT산업은 운 좋게도 내가 한때 노동자로 종사했던 분야이기에 '배운 게 도둑질'이라고 나름대로 정보를 가공하거나 분석하기가 비교적 용이하다. 이 두 산업을 가지고 이야기를 풀어보자.

제조업에 속하는 섬유산업은 인도에서 농업에 이어 두 번째로 많은 일자리를 창출하고 있는 주요 산업이지만, 서비스업에 속하는 IT산업과 GDP 규모 대비 고용을 비교해보면 참담하다는 생각이 든다. 두 산업의 GDP 규모와 고용 실태를 정리해 〈표 2〉를 만들어보았다.

섬유산업 고용 노동자의 5%도 안 되는 IT산업 고용 노동자가 섬유산업보다 많은 금액을 벌어들이고 있다. 1인당 GDP는 IT산업이 섬유산업보다

〈표 2〉 2006년 섬유산업과 IT산업 고용 비교

구분	섬유산업	IT산업
GDP 규모	360억 달러(전체의 4%)	446억 달러(전체의 5.4%)
고용	3,500만 명	163만 명
1인당 GDP	1,028달러	27,000달러

26배 이상 높다. 이것은 경기가 어려워지면 IT산업은 163만 명의 종사자가 어려워질 뿐이지만, 섬유산업은 3,500만 명에 달하는 종사자가 휘청거리게 된다는 의미다. 인도에서는 2008년부터 스태그플레이션, 즉 경제불황과 인플레이션이 동시에 발생하는 위기가 발생할 것이라는 경고음들이 지속적으로 울리고 있다. 실제로 스태그플레이션이 발생하게 되면, 소득이 높고 상대적으로 수가 적은 IT산업 종사자보다는 소득이 낮고 수가 많은 섬유산업 종사자가 큰 타격을 입을 것임에 분명하다.

'27세의 IT 엔지니어가 그동안 아내에게 비싼 사리를 자주 선물하고 취미로 크리켓 장비들을 구매하고 벵갈루루 교외에 비싼 아파트를 사기 위해 대출을 받았는데 부사장이 지난주에 그를 불러 갑자기 해고를 통보했다'[139]는 내용의 기사는 실업으로 인한 IT업계의 침체 상황을 나타나는 예가 될 수 있다. 그러나 인도 전체 인구의 85% 이상을 차지하는 중·하류층, 그중에서도 특히 저소득층 및 빈곤층과는 거리가 있는 기사인 것이다. 그런데 IT업계의 침체를 넘어 인도 경제 전체의 침체를 의미한다면, 이야기는 달라진다. 인도 국가응용경제연구위원회(NCAER) 추산에 따르면, 인도 전체 인구의 55%인 6억 명 가량이 연 소득 250만 원 이하의 빈곤층이다. 이들은 소득의 80% 정도를 식료품 등 기초 생필품에 지출하고 있다. 가난한 섬유 노동자들에게 2008년 스태그플레이션 조짐이 보이는 상황, 즉 직업을 잃은 상태에서 도매 물가가 12.5% 상승한 것은 바로 쌀과 밀가루를 살 돈도 없는 생존을 위협받는 상황을 의미한다. 사리나 크리켓 장비를 못 사는 상황과는 완전히 다른 것이다.

2008년 말 〈이코노믹 타임스〉지의 기사에 따르면, 섬유업계에서는 2008년 상반기에만 70만 명의 노동자가 일자리를 잃었다. IT업계 전체의 절반에 육박하는 수의 노동자가 불과 6개월 사이에 일자리를 잃은 것이다. 어떤 다른 산업 부문도 이런 일은 없었다. 면화가격의 상승, 주문물량 감소 등으로 불과 6개월 만에 70만 명이 자리를 잃은 것이다. 이 같은 섬유공장의 대량 실직 사태는 인도 남부 타밀나두(Tamil Nadu) 주부터 마하라슈트라(Maharashtra) 주와 구자라트 주는 물론 북인도 지역까지 인도 전역에 걸쳐 예외 없이 몰아쳤다. 또한 관리직 종사자도 실직의 칼날을 피할 수는 없었다.

CITI(Confederation of Indian Textile Industry: 인도섬유산업연맹)의 의장이자 센추리 텍스타일(Century Textiles)의 사장인 R. K. 달미아(R. K. Dalmia)는 다음과 같이 말했다. "섬유업계는 그날그날 운영할 비용 외에 별도의 여유 자본이 없어서 해고를 단행할 수밖에 없다. 우리 회사 또한 이러한 현상에서 예외는 아니다." CITI의 사무총장인 D. K. 나이르(D. K. Nair)는 실태 조사 결과 "(섬유)공장들은 주당 3~4일만 가동하거나, 생산 가능량의 75%만 생산하거나, 생산량의 3분의 1을 줄이고 있다"고 지적했다.[140] CITI에 따르면, 2008년 가을 시즌에 해외 주문물량이 약 30~35% 줄었으며, 2008년 총 수출액은 75억 달러에 머물러 2007년 90억 달러 대비 약 17% 하락할 것으로 추정되었다. 이는 세계 금융위기로 인한 미국과 유럽의 경기 침체 때문이었다. 섬유산업의 위기로 CITI는 기술향상기금제도(Technology Upgradation Fund Scheme: TUFS)로 받은 200억 루피 이외에 추가 지원금을 정부에 요청했으며, 정부는 2009년 기술향상기금으로 190억 루피를 추가로 책정했다.

그러나 CITI는 정부의 기술향상기금제도만으로는 인도 섬유산업의 당면한 문제를 해결할 수 없으며, 중국 정부와 파키스탄 정부가 수출 인센티브를 늘려가는 것과 대조적으로 인도 정부는 오히려 수출 장려책을 점점 줄이고 있다고 밝혔다. 이것은 섬유산업에서 인도와 치열하게 경쟁 중인 파키스탄과 비교되는 부분이다. 파키스탄의 경우 섬유산업 수출액이 2007년 35억 7,300만 달러에서 2009년 35억 3,900만 달러로 거의 변동이 없었다. 인도와 마찬가지로 파키스탄에게도 글로벌 금융위기와 원자재의 가격 상승이란 악조건이 있었다. 하지만 파키스탄은 정부 차원에서 R&D지원제도(R&D Support)로 아낌없이 뒷받침해주었고 인도에 비해 임금도 싼 덕분에 '선방'할 수 있었다.[141] 인도 정부는 2007년부터 섬유 수출업자에게 낮은 이율로 대출을 해주었으나, 루피화가치가 하락된 2008년에는 그와 같은 낮은 이율의 대출을 2009년 10월 이후에는 철회하겠다는 결정을 내렸다.

인도의 섬유산업은 노후화된 시설, 그에 따른 낮은 생산성, 저가의 제품 생산이 고질적인 문제다. 이 때문에 인도 정부는 기술향상기금제도를 통해 새로운 설비를 지원해서 섬유산업의 체질 개선을 도모했다. 하지만 인도보다 더 싼 인건비로 운영되고 있는 파키스탄 섬유산업의 성장 때문에, 파키스탄과 비교하여 파격적인 변화가 없다면 경쟁력이 점점 떨어질 수밖에 없는 실정이다. 인도와 파키스탄이 똑같은 설비로 업그레이드하면 인도보다 인건비가 싼 파키스탄이 경쟁우위가 있다는 이야기다. 인도 정부가 파키스탄보다 더 과감히 투자해서 월등한 설비를 갖추고, 저가 제품 위주의 포트폴리오를 고부가가치 제품 중심의 포트폴리오로 바꿔낸다면 섬유산업의 문제들을 해결할 수 있을지 모른다. 그러나 현재 시점에서 같은 돈을 다른 산업에 지원하면 더 많은 돈을 벌어들일 수 있기 때문에 섬유산업을 더 이상 지원할 필요가 없다고 판단한 것 같다. 경제성장을 위해 섬유산업에 투자할 필요가 없다는 논리라면, 섬유산업이 계속 사양화되면서 실업자들을 양산해도 무방하다는 말인가. '고용 없는 성장'이 문제로 제기되고 BJP, 국민회의에서까지 '존엄을 갖춘 발전'을 앞다퉈 논하는 것은 그런 배경에서다.

거의 대부분의 사람들이 섬유산업은 현재 사양세라서 성장 가능성이 없다고 이야기한다. 반면 IT산업은 몇 배의 성장이 예상된다고 이야기한다(인도 IT산업이 넘어야 할 장벽에 대해서는 뒤에서 논하겠다). IT산업으로 인해 인도 전체 GDP가 올라가고 1인당 GDP가 덩달아 올라간다고 해도 섬유산업 종사자들의 생활은 전혀 나아지지 않을 것이다. 평균값인 1인당 GDP는 숫자상으로만 존재하지 재화가 모두에게 균등하게 분배되는 것이 아니기 때문이다. IT 부문에서 올린 소득은 IT 부문에서 나누어가질 뿐 섬유 부문으로 흘러가는 것이 아니다.

섬유업계와 IT업계 종사자는 서로 어떻게 생각할까. 섬유산업에 비해 IT산업에 대한 정부의 지원이 파격적이기에 섬유업계 종사자들은 IT업계 종사자들에 대해 부러움의 차원을 넘어서는 뭔가 억울한 감정을 느끼지 않을까. 정부가 중산층만 더 잘 살게 해주는 것으로 보이지 않을까. IT업계 종사자들은 섬유업계 종사자들에 대해 아마 관심이 거의 없을 것이다. 본디 사람은 위만 보지 아래는 잘 보지 않는 법이니까.

인도 섬유업계가 처한 상황을 보면 마지막 직장생활을 할 무렵의 일이 떠오른다. 당시 노동계에서 이슈가 되었던 이랜드 뉴코아 사태를 주제로 직장 동료들과 열띤 토론을 벌인 적이 있다. 이랜드 회장이 십일조로 130억을 낸다고 간증을 하고 다니면서 80여만 원의 월급을 받는 비정규직 직원들은 무자비하게 해고하는 것은 무슨 처사냐며 이야기를 하고 있었는데, RFID*가 도입되고 나면 어차피 파업하고 있는 사람들은 필요 없어지는 사람들 아니냐며 그 사람들이 해고당하는 것이 당연한 것처럼 말하는 직원이 있었다.

---

* RFID(Radio Frequency Identification)는 IC칩과 무선 전파를 이용하여 정보를 인식·관리하는 기술이다. 바코드를 이용한 POS 시스템과 유사하지만, 더 다양한 정보를 담을 수 있고 원거리 이용이 가능하다는 점에서 진일보한 기술이다. 정보를 판독하기 위해 리더기를 일일이 접촉시키지 않아도 되기 때문에, 매장 인력을 감축할 수 있다.

평소 성경책을 틈나는 대로 보는 신실한 기독교 신자인 그 직원의 머릿속에 들어가 보지 않아서 무슨 생각에 그런 말을 했는지 다 알 수야 없지만 그 직원은 이랜드 파업에 참가한 사람들의 입장에서 한 번도 생각해보지 않았기 때문에 그런 말을 한 것이 아닌가 하는 생각이 들었다. 한국의 그 직원도, 현재 인도의 IT 종사자들도 대표적인 3D 업종인 섬유산업 종사자들에게는 관심이 없을 것이다. 이런 것이 국민 간의 위화감이 조성되는 과정이 아닐까.

서비스업은 성장하더라도 서비스업 전체 고용이 늘어나는 것은 쉽지 않을 것 같다. 서비스업 내부에서 고용 성장의 향후 추이가 다를 것이기 때문이다. 무역업, 관광업, 운송업 등에서는 고용이 늘어날지 몰라도 금융업에서는 아닐 것이다. 3차산업 중 금융업은 GDP의 5%인 485억 달러를 차지하고 지속적인 성장이 예상되지만 더 이상 고용을 창출할 것 같지 않다.

인도에서 카드결제한 것을 환불한 적이 있었다. 침대 시트를 샀는데, 집에 돌아와서 매트에 씌워보니 사이즈에 맞지 않는 시트를 속고 샀다는 걸알게 되어 주인과 한참 싸우고 나서 겨우 환불할 수 있었다(인도에서는 가게 주인의 말을 절대 믿지 마라. 팔면 그만이고, 팔고 나서 자기 주머니에 돈 들어가면 다시 나올 일은 거의 없다). 그런데 환불 프로세스는 엄청나게 복잡했다. 우선 내가 환불에 관련된 서류에 사인을 하고, 가게 주인이 사인을 한 다음, 가게 직원이 서류를 들고 은행에 가서 사인을 받아오는 과정이었다. 이렇게 얘기하면 간단한 것 같지만, 번거롭고 시간도 무척 오래 걸리는 과정이었다. 아마도 은행에서 접수받는 사람이 접수번호를 붙여서 서류를 담당자에게 넘기고 담당자가 사인하고 자기 부서장에게 결재 받아서 돌아오지 않았나 싶다. 가게 주인은 "서류를 절대로 잊어버리지 마라. 나중에 환불 과정에서 문제가 생길 경우 서류를 잃어버리면 돈을 돌려받지 못할 수도 있다"고 얘기했다. 이 말은 환불 과정이 제대로 전산화가 되어 있지 않다는 이야기다. 공과금을 내거나 ATM기기에서 돈을 뽑기 위해 은행에 갈 때 직원들이 일하는 것을 보고 있으면 참 갑갑하게 보인다(물론 직원들 입장에서는 원래 그렇게 하던 일을 하니까 고객이 갑갑해할 것이라는 생각은 안 할 확률이 높다).

　나는 업무 전산화 노동자로 산 적이 있다. 고객관리와 과금 시스템이 내 업무였다. 물론 과금 업무를 맡았다고 하더라도 금융권의 업무와는 분명히 차이가 있겠지만, 업무를 효율화한 전산화의 측면에서는 그리 다르지 않을 것이다. 가만히 생각해보니 복잡한 은행 업무들이 전산화가 된다면, 은행 지점 직원들은 전산화 이후 다른 업무에 재배치되지 않는 한 절반 이상이 해고될 것 같았다. 금융업의 성장은 추후 은행의 민영화, 외자유치, 합병을 통한 성장일 것이고 이 성장은 필히 업무 통합이 요구된다. 업무 통합을 위한 전산화가 기존 사업의 효율성을 높이고 신사업을 위해 인력을 효율적으로 재배치하는 방향으로 진행된다면 인력을 감축할 이유는 없겠지만, 그런 경우는 전 세계를 통틀어 전무하다고 보면 된다. 인도라고 해서 뭐 다른 세상이겠는가. 인도의 금융업 또한 인력을 줄이거나 가급적 늘리지 않는 방향으로 진행될 것이기에 고용창출 효과는 거의 없을 것이다.

　글로벌 경영 컨설팅업체 AT커니(AT Kearney)의 발표에 의하면, 인도의 소매유통산업은 발전가능성이 가장 높으며 향후 5년간 250만 명의 직접 고용이 추가로 일어날 것으로 예측된다.[142] 소매유통업에서 250만 개의 일자리가 추가로 창출된다니 좋은 것일까. 장밋빛 전망과 달리 일대 혼란이 일어날 수도 있다. 무슨 얘기일까. 기업에서 사업계획서를 작성하거나 비즈니스 모델을 만들 때 SWOT분석을 거친다. 기업의 내부·외부환경을 살펴 강점 (Strong)은 살리고 약점(Weak)은 최소화하고 기회(Opportunity)는 활용하고 위협(Threat)은 억제하는 전략을 검토·수립하는 것이다. 그런데 이론과 달리 실제로는 SWOT분석을 거치는 과정에서 약점이 압도적으로 많은데 한두 개만 남기거나 결정적인 것은 빼버리고, 장점은 얼마 없는데 같은 이야기를 세분화시켜 장점이 많은 것처럼 보이게 하는 일이 비일비재하다. 이렇게 만들어진 사업계획서나 비즈니스 모델 제안서로 사업이 추진되는데, 당연히 깔끔한 서류처럼 일이 돌아갈 리가 없다.

새로 성장하는 유통산업에서 고용 효과가 있다고 말하는 것은 잘못 만들어진 사업계획서와 같은 것이 아닌가 하는 생각이 든다. 잘못 만들어진 사업계획서야 회사 하나 망하면 되지만 이게 국가 전체의 문제라면 정말 심각하지 않겠는가. 인도에서 소매유통은 길가나 재래시장에 다닥다닥 붙어 있는 손바닥만 한 가게, 노점 등이 대부분이다. 다시 말해, 〈표 3〉에서 보는 것처럼 전통적으로 가족들이 운영하는 소규모 가게들, 즉 비조직 부문이 2006년 현재 인도의 전체 소매유통의 97%를 차지하고 있다.

풀어 생각하면, 인도의 소매유통업의 발전은 비조직 부문이 담당하던 소매유통업을 이제 조직 부문이 가져가게 된다는 것이다. 즉 재래시장과 소형 점포 및 노점 등 비조직 부문은 붕괴하고 월마트 같은 외국 대기업이나 릴라이언스 프레시(Reliance Fresh) 같은 인도 대기업 등 조직 부문인 대형 유

〈표 3〉 각국 조직 유통의 비교

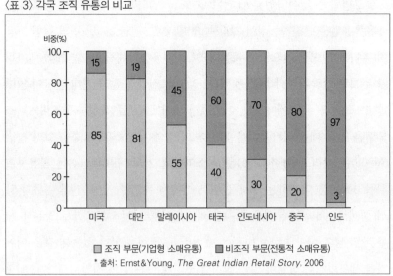

* 출처: Ernst&Young, *The Great Indian Retail Story*, 2006

통업체들만 성장할 것이라는 이야기다. 대형 유통업체가 향후 250만 명을 추가로 고용할 만큼 성장한다면, 과연 이 업체들이 지금까지 작은 점포와 노점을 생계의 근간으로 해온 이들을 고용 인력으로 흡수할까. 전망은 부정적이다. 남루한 복장으로 리어카에 감자 몇십 개, 양파 몇십 개를 올려두고 파는 사람들이 매장에 취직할 확률은 거의 없다고 여겨진다. 설사 취직을 하더라도 언제든 해고될 수 있는 비정규직일 공산이 크다.

인도에 투자하는 외국 기업 입장에서 소매유통 시장은 절대적으로 탐나는 영역이다. 하지만 인도 정부의 입장에서 인도 전체 고용인구의 8%를 차지하는 소매유통업을 바로 개방하는 것, 즉 기업들에게 넘기는 것은 엄청난 부담이 아닐 수 없다. 인도의 고용자 수를 4억 4,000만 명으로 보면, 소매유통업 종사자는 약 3,500만 명이다. 직접 생산해서 직접 판매하는 소규모 제조업체까지 포함하면 그 수는 더 많아질 것이다. 한국 언론 기사나 자료들을 보면, 인도 좌파 정당들의 반대로 인도의 소매유통업이 열리지 않는 것을 안타깝게 여기는 논조가 횡행하던데, 물론 좌파 정당들이 반대는 하지만 인도 정부도 개방을 할 경우 그 뒷감당을 하기가 겁이 나 함부로 할 수가 없다. 소매유통업에 종사하는 8%의 사람들은 자영업자(self-employment)다. 쉽게 말해서 골목에서 혼자 좁은 공간에 앉아 장사를 하는 사람들이다. 이 조그만 가게가 문을 닫으면 여기에 목을 걸고 있는 한 가족은 길거리로 나앉게 될 것이다. 이들이 거리로 내몰리면 폭동이 일어날지도 모른다. 현재의 타협점은 월마트의 경우처럼 소매상에게 물건을 공급하는 중간 도매에 진출하는 것이다. 이것은 어느 정도 명분도 있다. 한 예로 인도의 식품은 유통 과정에서 30%가 썩어버린다. 이 같은 손실을 최신 설비와 유통 시스템으로 최소화하고 이윤을 올린다는 것이다. 월마트와 달리, 도매뿐 아니라 직접 소매시장에 진출하고 있는 릴라이언스가 격렬한 반대에 부딪치고 있는 것도 그런 이유에서다.

이 꼭지에서 보았듯 인도의 경제성장은 고용창출이 일어나기 힘든 방향으로 가고 있다. 때문에 존엄성을 갖춘 발전이 그 대안으로 제시되는 것이며, 2009년 선거에서 국민회의가 '보통 사람(Aam Admi)의 시대' 를 선언했던 것이다. 2007년 네루 집안의 장손으로 국민회의의 사무총장으로 선출된 라훌 간디(Rahul Gandhi)는 의회 연설에서 '암 아드니는 국가의 자산(Aam Admi is a national asset)' 이며 국민회의의 정치적 주제로 암 아드니를 지속할 것이라고 발표했고 이것은 현재도 지속되고 있다.

꼭지를 마무리하며, 산업혁명 이야기를 해볼까 한다. 산업혁명은 인류의 역사를 바꾼 엄청난 혁명이었다는 데 이견이 없다. 그런데 산업혁명 시기 경제성장률이 얼마나 되는 줄 아는지 묻고 싶다. 저명한 경제사학자 폴 베어록(Paul Bairoch)은 1800년부터 1913년까지 유럽의 연평균 경제성장률이 1.1%에 불과하다고 추정했다. 그는 급속한 경제성장이라는 산업혁명의 신화의 실체는 이것이고 산업혁명 시기를 급속한 경제성장의 시기라고 본 것은 역사에 대한 학자들의 무지에 기한 것이라고 주장했다. 경제성장 신화의 덫에서 벗어나야 한다. 경제성장은 좋은 것이다. 그러나 어떤 경제성장인가 따져보는 것이 이 성장 신화의 덫에서 벗어나는 길이 될 것이다.[143]

06

존엄성을 갖춘 발전

존엄성을 갖춘 발전에 대한 이해를 높이기 위해서 예를 하나 들어보자. 사장과 부사장, 두 사람의 연봉 합계가 8억 원이고, 직원 8명이 각각 연봉 1,000만 원을 받는 회사가 있다고 하자. 이 회사의 1인당 연봉 평균은 8,800만 원이 나온다. 그러나 실제 현실은 연봉 1,000만 원 가져가는 8명이 존재할 뿐이다. 이것이 10명이 일하는 회사가 아니라 12억 인구의 다양한 산업 종사자들이 있는 국가, 즉 인도라면 이런 예를 들어 설명하는 것은 웃길 정도로 복잡한 문제가 된다.

앞서 말했듯이, 인도는 1차산업 종사자 수가 80%인데 1차산업이 GDP에서 차지하는 비중은 20% 정도밖에 되지 않는다. 2006년 11월 〈포브스〉지의 '스페셜 리포트'에 의하면, 2006년 인도의 억만장자(재산 10억 달러 이상)는 36명으로 중국보다 15명이 많았고 인도 40대 부자의 재산을 모두 합하면 무려 1,700억 달러였다. 인도 최대 갑부이자 세계 5위의 갑부인 철강왕 락쉬미 미탈의 재산은 250억 달러에 달했다. 주목할 부분은 부자들의 재산이 급격히 불어나고 있다는 점이다. 인도의 억만장자 수는 2005년 27명에 비해 9

명이나 늘어난 것이고, 40대 부자의 총 재산 역시 2005년 1,060억 달러보다 60%나 늘어난 것이다.[144]

'부익부' 현상은 2010년의 조사에서도 계속되고 있다. 2010년 현재 인도의 억만장자는 49명으로 불어났다. 인도 최대 갑부 자리를 차지한 릴라이언스 그룹 회장 무케시 암바니는 재산이 290억 달러였고, 근소하게 2위로 밀려난 락쉬미 미탈의 재산은 287억 달러였다. 무케시 암바니와 락쉬미 미탈의 재산은 각각 세계 갑부 순위 4위와 5위에 해당하는 것이다.[145]

〈포브스〉지 같은 매체에서 집계하는 재산은 인도 갑부들의 공개된 재산을 기준으로 한 것일 뿐이다. 공개되지 않은 재산을 모두 합하면 어마어마한 규모가 될 것임은 불 보듯 뻔하다. 반면, 대부분의 인도 국민들의 삶은 어떠한가. 경제개혁의 발을 사사건건 잡고 있다는 좌파 정당의 하나인 CPI의 당수인 바단(A. B. Bardhan)이 2008년에 낸 의견은 다음과 같다. 인도에서 좌파 정당들은 폭력 혁명을 하자는 소리는 하지 않는다. 현실을 비판하고 법 테두리 내에서만 움직인다. 편견을 갖지 말고 보았으면 한다.

실업인구의 빈곤 문제와 다수 대중의 굶주림을 조금도 누그러뜨리지 못했다. 오히려 어떤 경우는 절대적으로 악화시켰다. 경제가 성장할수록 사자의 몫(lion's share)*은 최상위 소수의 금고에만 들어갔으며, 나머지 사람들은 버림받은 채 소외되었다. 부자와 빈자, 지역 간의 놀라운 불평등은 지금까지 전례가 없었던 것이다.

마니 샹카 아이야르 장관은 고백하듯이 적었다. "약자와 빈자의 1인당 국

---

* '사자의 몫'은 이솝우화에서 유래한 말이다. 어느 날 사자, 당나귀, 여우가 사냥을 나가 사슴을 잡았다. 당나귀가 공평하게 나누기 위해 사슴을 세 토막 냈다. 그러자 사슴을 잡을 때 자신이 가장 공이 크다고 생각한 사자가 이에 격분하여 당나귀를 죽였다. 이를 본 여우는 자기 몫을 조금만 떼어내고 나머지 모두를 사자에게 주었다. '사자의 몫'이란 '(부당하게 얻은) 가장 큰 몫'이란 뜻이다.

민소득 수준은 조롱받기 십상이다. 이와 대조적으로, 기업의 세후이익은 연성장이 2006~07년으로 끝나는 지난 4년간 47%가량의 성장을 기록했고 세후이윤의 할당으로 이익잉여금(retained profit)*은 2001~02년 30.9%에서 2005~06년 73.6%로 급상승했다."

이것은 실제적으로 사적 부문에서의 전문직 중간계급의 최상위층과 새로이 부자가 된 이들에게는 횡재가 되었다. 한편으로 노동 착취는 증대해왔다. 기업의 이윤이 13배 성장하는 동안, 노동자의 임금은 단지 2.4배가 올랐을 뿐이다. 노동생산성은 올라갔지만 제조업에서의 실질임금은 하락하고 실업률은 높아졌다. 유엔개발계획(UNDP)의 인간개발지수**에서 인도는 2000년 124위에서 2004년에는 126위로 하락했으며, 2006~07년에는 128위로 더 떨어졌다.

공식 경제 보고서는 최근의 빈곤선이 27.8%라고 밝히고 있지만, 이 수치는 광범위하게 반박되고 있다.

아르준 센굽타 보고서는 인도의 빈자와 약자 그룹은 일일 하루 소비액이 2004~05년에 20루피 미만인 이들이며, 이들의 수는 인도 인구의 78%에 달하는 8억 3,600만 명이라고 밝혔다.

이 빈자들은 문맹이고 교육 수준이 낮고 건강관리를 할 수 없다. 빈곤 자체에 대한 공적인 정의는 전적으로 1인당 소득의 하루 필요 칼로리에 기반을 두고 있다. 이 정의는 음식을 제외한 어떠한 필요도 인정하지 않으며 저축이나 투자는 배제한다. 이러한 접근은 빈자를 존중받는 인간으로 인정하지 않

---

* 이익잉여금은 기업이 영업활동으로 인한 이익창출로써 획득하는 이익 중에서 배당으로 주주총회결의에 의해 주주에게 분배하여 사외 유출되거나 상법에 근거한 자본전입(법정적립금)으로 대체되지 않고 사내에 유보된 금액이다.

** 인간개발지수(Human Development Index)는 매년 문자해독률, 평균수명, 1인당 실질국민소득 등을 조사해 각국의 선진화 정도를 평가하는 수치다.

으며, 또한 이 나라의 사회·경제적 과정에 동참하는 일원으로서 사회적인 소망을 가지는 것을 부인하고 있다. 그가 기아선상에서 살아가는 것만으로 충분하다는 것이다![146]

빈곤 자체에 대한 공적인 정의가 전적으로 1인당 소득의 하루 필요 칼로리만을 기반에 두고 있다는 것은 빈자들은 굶어죽지 않을 정도의 식량만 구매할 수 있으면 된다는 비인간적인 관점이다. 인간은 가축이 아니기에 최소한의 의복과 주거, 최소한의 문화적 욕구들도 충족되어야 한다.

농민들 중 60%는 점점 높아지는 생산비용과 낮아지는 판매가격 탓에 부채를 갚을 수 없는 상황이며, 이로 인해 15만 명의 농민이 자살했다. 몬산토(Mosanto) 등의 다국적기업이 인도에 진출한 후 농업 생산비용이 급격히 높아져 농민들은 빚을 내어 농사를 지었으나 수확량은 오히려 줄어들었고 설

JNU의 학생운동 동아리인 AISA가 사회대 벽에 붙여놓은 선전물. 기업 구제, 기업의 부, 세금 감면, 이윤, 투자 실패로 인도라는 나라가 침몰하고 있는데 만모한 싱 총리는 이 중 어느 하나도 버리려 하지 않고, 민초들에게만 노를 저으라고 다그치고 있다고 풍자하고 있다.

상가상으로 미국 면화 등이 대량으로 수입되어 인도 농업은 완전히 파탄지경에 이르렀다. 몬산토는 인도 전역에서 BT 면화(해충이 발생하지 않게 자체적으로 독성물질을 분비하도록 개발된 유전자 변형 면화)를 판매하고 있다. 하지만 이 면화를 먹은 가축들의 절반이 죽어나가고 있다. 몬산토가 판매하는 BT 면화가 재배되는 곳과 농민 자살이 번지고 있는 곳이 겹치는 것은 우연이 아니다.[147]

현재의 인도 경제 구조에서는 GDP가 몇 배 상승하고 그에 따라 인도 국민 1인당 GDP가 2~3배 올라간다고 하더라도 절대다수의 사람들에게는 큰 의미가 없다. 인도 국민들 입장에서는 장밋빛 이야기들을 수없이 들어왔어도 단순한 결론에 도달할 수밖에 없다. "빛나는 인도라는데 나는 하루 600원도 못 쓰고 살잖아? 그 많은 돈은 대체 어디로 간 거야?"

국민회의가 2009년 선거에서 지지율이 상승한 것은 '빛나는 인도' 따위의 경제성장 구호는 자제하고, 전국농촌지역취업보장법(NRGEA)*과 소수부족보호법(Forest Rights Act)이라는 굵직한 두 법안을 통과시키고 농촌 부채를 탕감할 예산을 책정했기 때문이다. 국민회의는 BJP 집권 시기에서 가속도가 붙은 신자유주의의 기조를 바꾸지는 않았지만(예를 들어 금융 부문과 수익이 나오는 공공 부문을 사영화하는 정책은 절대 포기하지 않는다) 재집권을 위해서 최소한의 양보가 필요하다는 것은 알았던 것이다. 국민회의가 이런 양보를 한 데에는 '고용 없는 성장'의 경제 구조에서는 경제가 아무리 성장하더라도 절대다수의 삶이 나아질 수 없다는 것을 알 정도로 인도 국민의 의식 수준이 높아졌다는 점이 기저에 깔려 있다. '경제성장과 삶의 질은 같지 않

---

* 전국농촌지역취업보장법(National Rural Employment Guarantee Act: NREGA)은 사회보장의 일환으로 제정된 법안이다. 농한기에 농민이 최대 100일간 공공근로를 할 수 있도록 하고 최저임금을 보장해준다. 특히 일자리의 3분의 1은 여성에게 할당해 빈곤에 취약한 농촌 여성들을 배려했다.

다'는 것을 아느냐 모르냐는 측면에서 보면 인도의 국민의식이 한국보다 높은 것이다. 국민회의가 국민을 의식해 추진 중인 정책들을 가리켜, 인기 영합을 위한 포퓰리즘(populism) 정책이라느니, 이로 인해 인도의 국가 재정이 엉망이 될 것이라느니 하면서 색안경을 끼고 보는 한국인들이 이해가 안 간다. 농가 부채로 인해 자살까지 하는 농민의 삶이 조금이나마 개선되는 것이 그렇게도 나쁘게 생각되는가. 인도 국토의 40%에서 마오이스트들이 활동하고 있다. 국민회의도 얼마나 갑갑하면 그런 양보들을 했겠는가.

국민회의를 주축으로 한 UPA 1기 정권은 2009년 선거를 한 해 앞두고 농민 부채 탕감을 약속했다. 국민회의가 2009년 선거 슬로건으로 '보통 사람의 시대'를 내건 것은 '존엄성을 갖춘 발전을 이루겠다'는 이미지를 보여주기 위한 것이었다. 국민회의의 당수 소냐 간디의 아들이자 차기 당수로 예

국민회의의 대학생 날개인 NSUI에서 라훌 간디의 JNU 강연회 소식을 선전하고 있다. 라훌은 UPA 2기 집권에 발맞춰 인도 전역을 바쁘게 다녔다.

정된 '황태자' 라홀 간디는 선거운동 기간에 전기도 들어오지 않는 시골 오지에 가서 불가촉천민들에게 전기를 넣어주겠다고 약속하고 대화 장면을 언론을 통해 홍보했다.

라홀 간디가 선거운동을 위해 찾아간 오지에는 실제로 전기가 들어갔을까. 만일 전기가 들어갔다면 국민회의를 위한 정치선전 효과를 위해 그곳에만 들어갔을 것이다. 시골 오지에 전기를 공급하는 것보다는 IT산업단지에 안정적인 전기를 공급하는 것이 현재의 인도 분위기에서 훨씬 중요하기 때문이다. 현재 인도의 경제성장 방향인 '고용 없는 경제성장'은 절대다수의 인도인들에게 고통스럽다. 그러나 '존엄성을 갖춘 발전'으로 전환하기에는 경제성장 그 자체에 매몰되어 있는 인도 사회의 현재 분위기로는 쉽지 않을 것 같다.

2009년 인도 선거 당시 한국의 주요 언론들의 보도는 인도의 정당들이 내건 선거공약들이 선심성 공약이라 선거 후 포퓰리즘 정책들로 인해 경제성장 속도가 늦어질 수도 있다는 걱정 어린 시선이 대부분이었다. 하지만 일련의 정책 발표나 공약들은 선심성이 아니라 정부가 해결해야 될 문제를 뒤늦게나마 해결하겠다고 나서는 시늉은 아니었을까.

좌파 정당들이 인도의 개혁을 가로막고 있었다는 주장도 인도 현실에 비추어볼 때 100% 진실은 아니다. 좌파 정당들이 금융 개방, 유통업 개방, 공기업 민영화에 대해 반대하고 있는 것은 사실이다. 그러나 좌파 정당들은 의석 점유율이 낮으며, 개혁을 막을 정도로 힘이 세지도 않다. 지난 1기 UPA 정권은 좌파들이 국민회의를 지지했기 때문에 UPA 정권 성립이 가능했고, 따라서 좌파들은 요구 사항을 내걸 때 UPA 정권 지지 철회를 무기로 국민회의를 압박할 수 있었던 것이 사실이다. 그런데 국민회의는 좌파 정당들의 이런 요구들이 어느 면에서는 반가웠을 것이다. 국민회의의 지지 기반인 기업가들이 '고용 없는 경제성장'을 다그칠 때 좌파 정당들 핑계라도 댈 수 있었기 때문이다. 국민회의 또한 인도 정부가 기업들의 요구를 다 들어주게 되면 닥칠 환난을 어느 정도 두려워하고 있다. 장기 집권을 위해 정책을 구상, 실행해서 정권을 계속 유지해야 하는 국민회의의 입장과, 국민회의가 돌아갈 수 있는 '기름'을 대주고 있지만 그 기름에 대한 투자비용이 빠르게 회수되기를 바라는 기업의 입장은 다를 수밖에 없다. 국민회의의 존재 이유는 영구 집권을 통해 네루 가문을 영원히 왕실 가문으로 만드는 것이지만, 봉건 시대의 마하라자 가문과 그 가신들과 달리 자본주의 하에서 '지지도'를 유지해야 한다. 이것이 현실의 인도 정치에서 국민회의의 위치인 것이다.

국민회의는 왜 농민 부채 탕감 정책을 발표했을까. 인구의 절대다수인 농민의 60%가 부채를 갚을 수 없는 상황으로 몰렸으며, 1997년 이후 10년 동안에만 16만 명이 넘는 농민들이 자살했다. 자살이 계속 이어진다면 정권은 유지될 수 있을까. 여기에 이유가 있는 것이다. 이를 두고 선심성 공약이라고 이야기하는 것은 인도에 종자를 계속 팔아먹기 원하는 몬산토 등 다국적 기업이나 그와 관련된 인도인들의 입에서나 나올 수 있는 말이다. 2009년 출범한 UPA 2기 정권은 안정된 좌석을 확보하여 좌파 정당들 없이도 국정을 운영하는 데 아무런 문제가 없다. 그러나 이젠 좌파 정당들이 없어 기업가들의 요구에 대해 크게 핑계 댈 만한 여지가 없어졌다. 국민회의는 고용없는 경제성장에 대한 국내외 기업가들의 압박을 받아가면서 자신들에 대한 정치적 지지를 어떻게 유지할 수 있을 것인가. 현재는 집권 전반기라서 큰 문제가 없어 보이지만 국민들과의 정치적 갈등이 점차 커질 것이다. 그리고 이 갈등은 UPA 1기 정권이 인도 사회 전반의 최소 개선 사항에 대해 내부 정당들과 합의했던 사항인 CMP(일반 최소 강령)[148]의 내용을 기준으로 2기 정권에서도 재현될 것이다. 좌파 정당이 없음에도 말이다.

꼭지를 끝내면서 잠깐 쉬어가는 이야기를 하나 할까 한다. 한국의 제조업

노동자 평균 연봉이 4,000만 원이라는 소리를 듣고 와서 박사과정을 밟고 있는 한 친구가 그랬다. 진짜 그만한 돈을 받을 수 있다면 자기가 공장에 나가서 일하고 살았지 왜 이렇게 오래 공부를 하고 있겠느냐고, 지금이라도 그게 현실이라면 당장 공부 때려치우고 공장에 나가겠다고 그러더라. 이런 푸념들이 나오는 것도 제조업 노동자 평균 연봉을 어떻게 계산한 것인지 제대로 밝히지 않고 항상 결과만 발표하기 때문이다. 결과만 발표하지 말고 어떻게 계산해서 나온 결과인지 밝혀야 이런 푸념들이 안 나올 것 아닌가. 경제에 대해서 발표되는 통계들은 참 아름다운데 우리가 사는 현실은 왜 이렇게도 갑갑할까.

07

1인당 GNP 성장률과
행복

단순히 성장률 수치만 가지고 이야기하는 경제성장이 모두를 행복하게 해줄 것이라는 사고에 대해 우리는 조금이라도 재고해보아야 한다. 물가는 계속 오르고 실업자는 계속 늘어나는 가운데에도 경제성장은 충분히 가능하다.

GNP(국민총생산: Gross National Product)란 일정한 기간 동안 한 나라의 국민이나 그 나라 국민이 소유하는 생산요소에 의해서 생산된 모든 최종 생산물의 시장가치를 말한다. 단, 국내에서 생산된 것이라고 하더라도 외국인이나 외국인 소유의 생산요소에 의해서 생산된 것은 GNP에 포함하지 않는다. 반면 해외에서 생산된 것이라도 내국인 소유의 생산요소에 의해서 생산된 것은 GNP에 포함된다. 국내에서든 해외에서든 그 나라 국민이 생산한 것만 계산한다는 것이다.

GNP의 이와 같은 정의에 따르면, 현대자동차가 인도에서 차를 많이 생산하고 삼성과 LG가 가전을 많이 팔면 GNP는 올라간다. 그러나 다시 생각해보자. 인도에서 올린 GNP는 한국에서 고용으로 이어지지 않는다. 경제학에서 분배란 개념은 생산에 참여한 대가로 그 몫을 나누어 받는 것이고 사회에서 분배는 고용을 통해서 이루어진다. 한국 기업이 인도에서 성장하는 것을 비하하고자 꺼내는 이야기는 아니다. 나의 지도교수가 "내 냉장고는 삼성, 에어컨은 LG, 차는 현대, 그리고 내 제자는 Korean"이라고 농담으로 말씀하셨을 때, 나도 사실 어깨가 으쓱했었다. 내가 지금 말하고 싶은 것은 현실을 똑바로 보자는 것이다.

수출을 많이 하기 위해 환율을 인위적으로 낮추면 수입가격이 올라가 물가가 계속 상승하게 마련이다. 한국은 자급하는 게 거의 없다. 거의 모든 생필품이 수입이다. 수출을 많이 해서 경제성장이 된다고 저절로 분배되지 않는다. 수출 위주의 고용 없는 경제성장은 분배가 되지 않는 경제성장이며 물가만 가파르게 상승시켜서 대다수의 국민은 죽을 맛이 되는 것이다. 그러니 이러한 경제성장이 국민 모두가 잘사는 것과는 아무런 관계가 없다. 1인당 GNP가 몇 배로 뛰어서 국민 모두가 잘살게 될 것이라는 이야기는 더 이상 들리지 않으면 좋겠다. 이건 좌파 우파를 따지기 이전에 상식이다. 현재의 상황에 대해 조금이라도 비판적이기만 하면 좌파라고 일단 몰아붙이는 뉴라이트의 네거티브 마케팅식 사고를 갖지 말았으면 한다. 현실을 제대로 직시하자.

대중적인 경제서 중 한 권을 골라 일부를 인용하는 것으로 이 짧은 꼭지를 끝맺고자 한다. 다음 인용문을 읽어보면 나의 주장이 상식이라는 것을 이해할 수 있을 것이다.

"1인당 국민소득이 높다고 반드시 잘사는 나라는 아니다. 우선 물가가 비싸면 소득이 많아도 실속이 없다. 그만큼 구매력이 떨어지기 때문이다. 환율도 정확하지 않으면 곤란하다. 국민소득은 달러로 표시된다. 따라서 적정 환율이 적용되지 않은 달러 소득은 엉터리다. 예컨대 한 사람이 1년에 1,000만

원을 벌었다고 하자. 만약 환율이 달러당 500원이라면 이 사람은 2만 달러를 번 셈이다. 그러나 환율이 1,000원이라면 달러 표시 소득은 1만 달러에 불과하다. 잘사는 나라는 1인당 국민소득이 높을 뿐 아니라 물가와 환율이 적정 수준에서 안정되어야 한다. [⋯] 1인당 국민소득이 실제 소득 수준을 정확히 대변하려면 바로 이와 같은 적정 환율이 전제되어야 한다. '1달러=1,000원' 이 정상인 환율을 '1달러=500원'으로 조작하면 국민소득을 2배로 높일 수 있다. 그러나 이는 수치상의 트릭일 뿐이다."

   – 김영권, 《경제신문이 무지무지 재밌어지는 시사경제 포인트 따라잡기》,

2002, 312쪽.

IT산업은 인도 경제의
희망이 아니다

나는 인도의 버스나 지하철에서 혹은 서점 거리에서 'Dot Net', 'ASP', 'Java' 관련 책을 들고 있는 인도 젊은이들의 밝고 진지한 얼굴을 보고 있으면 그들이 딱하다는 생각이 자주 든다. 상대적으로 다른 분야보다 취업이 잘되고 매스미디어에서 IT산업의 밝은 미래를 이야기하기에 쉽게 현혹되지만, 그들의 기대를 배반할 아름답지 않은 미래가 기다릴 수도 있다는 걸 알기에 드는 생각이다. IT산업에서 IT가 'Information Technology(정보 기술)'의 약자인 동시에 'Itinerant(공사판을 찾아 움직이는 뜨내기 노동자)'의 약자라는 것을 그들은 알까.

근래의 인도 경제를 논할 때 가장 활발하게 논의되는 IT 부문은 중국과 비교할 때 인도가 우위에 있다고 강조되는 분야이다. 글로벌 기업들이 발주한 BPO(Business Process Outsourcing)는 '사업 프로세스 아웃소싱'으로 아름답게 포장이 되어 과대선전되었다고 생각된다.

우선 인도의 IT 부문에서 소프트웨어 개발자들의 수부터 잘못 알려져 있다. 인도의 IT 부문은 개발자들만 칭하는 것이 아니라 콜센터 등의 ITES(ITenabled Service) 인력들을 포함해 통계를 낸다. 한국에서 인도 관련 IT 통계 등을 다룰 때 IT와 ITES를 구분하지 않고 모두 IT 인력으로 같이 간주하고 있는 것도 인도 IT를 상당히 과대평가하게 만드는 요인이다.

NASSCOM(인도소프트웨어기업협회)은 IT산업과 ITES산업을 합쳐 IT산업이라고 칭한다. 2007년 NASSCOM의 〈Indian IT Industry-Factsheet〉를 참조하면, 인도 전체 IT 인력은 129만 3,000명으로 추정된다. 이 중 소프트웨어 개발자가 39만 8,000명이고 ITES-BPO 부문은 41만 5,000명이며 나머지 48만여 명은 국내 부문, 연구 개발, 기업 내 고용 인력들이다. 예를 들면 코딩을 하는 인력보다 콜센터 일 등을 하는 인력이 더 많다. BPO라는 것이 원래 그렇다. 기업의 핵심 업무를 전산화시키는 것은 최대한 내부에서 처리하는 대신, 콜센터 업무 같은 단순 업무는 인도로 외주를 다 주어버리면 편해지는 것이다.

인도의 길거리를 걷다보면 "우리 학원에서 3달 과정인 콜센터 인력 훈련 과정을 1만 루피(30만 원)를 내고 들으면 매달 1만 루피를 버는 전문가가 될 수 있습니다"라는 광고가 정말 많다. 이곳 콜센터 훈련 과정 매뉴얼도 구해서 보았는데 인도라고 특별한 것은 없는 것 같았다(나는 고객관리와 과금 업무 시스템 책임자로 있던 시절 콜센터와 연동하기 위해 콜센터 책임자들과 업무 회의도 하고 콜센터에서 콜 인력이 대응하는 스크립트 편집과 운영도 볼 기회가 있었다. 즉 콜센터 업무 자체에 대해서는 정통하지 않지만 콜센터를 지원하는 업무 협조는 할 수 있는 정도의 얕은 지식은 있다). 콜센터 운영의 미덕은 오늘 당장 신규 인력이 들어와도 잘 짜인 스크립트를 가지고 고객에 바로 응대할 수 있도록 하는 것이다. 지극히 단순해야 하는 것이다. 이들을 사이보그워커(cyborg-worker)라고 일컫는 이유는 전산화된 시스템에 육체와 정신 모두 종속되어 움직이기 때문이다. 콜센터 업무는 전혀 창조적이지 않으며 인간의 육체와 정신을 급속하게 마모시킨다(콜센터의 회식에서는 엄청난 폭음이 잦으며 정신과 치료를 받는 사람도 꽤 있다는 이야기를 예전에 한국에서 들은 적이 있다. 그만큼 반복되는 업무로 인한 육체적인 고통과 고객들에게 받는 스트레스가 많기 때문이다). ITES 인력과 IT 인력은 업무가 완전히 다르며 서로 동질감을 전혀 가지고 있지 않다. 콜센터 운영이나 월말 정산 등이 주 업무인 ITES–BPO 하청 거래들은 현재 인도 서비스업의 성장률을 좌지우지하지도 않으며 전체 경제에 끼치는 영향도 미미하다. 필리핀에서 '더 싼 값으로 우리 콜센터 할 수 있다. 우리는 미국 식민지 경험이 있어서 미국식 발음은 인도보다 낫다'고 어필하면 바로 넘어갈 수 있기 때문이다.

또한 이들 ITES 인력과 IT 인력 사이에는 벽이 높다. IT 인력들은 ITES 인력들을 경멸하는 경향이 있다. ITES 인력은 미국식 발음을 사용하는, 신용 불량자가 많은 계층으로 인도 사회에서 인식된다고 한다. 실제 경제적 여건보다 한참 높은 삶을 동경해서 그 간격으로 인해 생긴 신용 불량들일 것이다. JNU 앞 슬럼가인 문니르카에 살던 시절, IBM에서 일하는 사람이 있다는 얘기에 놀랐던 기억이 난다. 밤 10시가 가까워지면 여자들은 겁이 나서 절대 혼자 다니지 못하는 그 슬럼가에 IBM에서 일하는 인력이 있다니 놀랄 수밖에. "와우! 무슨 일해요? 네트워크 엔지니어인가요? DB 엔지니어인가요?"라고 물으니, 그 친구가 굉장히 당황해하면서 콜센터 일을 한다고 고개 숙이면서 말하던 기억이 지금도 생생하다.

그럼 이제 혼동하지 않고 우리가 알고 있는 IT산업만을 살펴보자. IT에서의 하청은 크게 솔루션을 제공하는 하청 그리고 원청업체('갑')에서 제시한 프로세스를 요구에 맞추어 구현해주는 하청(IT업계 용어로 그냥 '삽질')으로 나눌 수 있다. 전자는 SAP나 오라클 등의 솔루션 제품을 제공하고 실제 업무 프로세스를 공동으로 만들기에 하청이라고 말하기보다는 컨설팅이라고 부른다. 이런 이유로 IBM은 업무 프로세스 등을 설계할 수 있는 컨설팅 회사들을 흡수했고 이제 세계 최대의 컨설팅 회사가 되었다. 인도는 후자가 압도적이다. 후자는 쉽게 말해서 갑이 기획하고 설계한 것을 '코딩만 열심히 해서' 납품하는 것이다. 마이크로소프트의 윈도우즈의 코드 대부분을 인도인들이 코딩했다면서 인도 IT 기술이 대단하다고 하는 소리들이 쉴 새 없이 흘러나왔지만 이건 '원천 기술'이 아니다. 그 방대한 OS의 코딩을 맡기려고 보니 가장 싼 가격에 커뮤니케이션하면서 납기를 맞출 수 있는 사람들이 인도에 있었기에 받은 것일 뿐이다. 코딩을 했던 수많은 인도 프로그래머들 중 마이크로소프트의 OS 내부 구조에 대해서 아는 사람은 없다. 인도 프로그래머들이 '삽질' 하는 사람들 중 가장 싸게 '삽질' 해줄 수 있었기에 받은 용역인 것이다. 후발 주자로 나서고 있는 필리핀, 체코, 폴란드 등에 싼 인력이 있다고 해도 그들은 시작한 지 얼마 되지 않아 SI(System Integration) 경험이 풍부하지도 않았다. 이제 후발 주자들이 조금씩 수주를 받아 인도를 대체할 수 있는 '삽질 부대'로 만들고자 경험을 쌓아 준비하고 있는 만큼 인도의 대형 SI 회사들이 위태롭게 보인다.

인도의 대형 IT 회사들의 지금까지의 성장 과정은 대형 SI 회사로서의 성장 과정이었다. 대형 SI 회사가 하나의 프로젝트를 끝낼 때마다 향상되는 건 단적으로 말하면 프로젝트 관리 능력뿐이다. 기술적 성취를 이루어가는 과정은 아닌 것이다. 한국에서 IT산업은 지속적으로 성장하고 있고 그 중요성은 해마다 강조해왔지만 한국의 대형 SI 회사인 삼성SDS나 LG CNS 등이 한국 경제를 이끌어왔다거나 앞으로도 그들이 이끌어갈 것이라고 하지 않는다. 그런데 왜 인도는 대형 SI 회사들이 인도 경제를 이끌어갈 것이라고 비상식적으로 이야기하는가.

SI 회사들을 폄하하려는 의도는 전혀 없으니 오해는 하지 않기 바란다. SI 회사에 외주를 준 갑의 프로젝트 매니저로서, SI 회사에 재하청을 받은 회사의 프로젝트 매니저로서의 개인적인 업무 경험으로도 SI 회사는 절대적으로 필요하다고 알고 있다. 초기 사업 시작이나 사업 성장 시에 세팅을 해야 하는 인력이 필요하나 세팅 완료 이후에는 운영 관리 인력 외에 세팅 인력을 계속 가져갈 이유가 없는 대부분의 경우에서 SI 회사들은 절대적으로 필요하다.

따라서 나는 SI 회사들의 필요성은 절대적으로 인정하지만, 내가 강조하고 싶은 것은 IT산업을 논한다면 인도에서 급부상한 대형 SI 회사들을 기준으로 인도의 IT를 논의해서는 안 된다는 것이다. 인도의 IT산업은 프로젝트 자체를 수행하는 것이 아니라 프로젝트 관리를 수행하는 것뿐이다. 이는 더 '싼 가격'(점잖게 얘기하면, 갑이 요구하는 '합리적 가격')에 프로젝트 관리를 할 수 있는 SI 회사가 출현한다면 바로 경쟁력을 잃게 되는, 즉 수주가 없어져서 사양길로 갈 수밖에 없음을 의미한다.

프로젝트 관리 능력이라는 것은 수주를 준 원청업체 입장에서는 주어진 기간 내에 프로젝트를 끝내고 프로젝트 이후에 발생하는 클레임을 해결 혹은 감당할 수 있는 능력이고, SI 회사 차원에서는 하청업체들 사이를 업무적으로 잘 조율하고 각 업체를 적절히 관리·통제하여 2차 하청업체들이 프로젝트 과정에서 생산한 잉여가치를 SI 계약 관계를 통해 가장 효율적으로 이전받는 능력이다. 그것은 IT산업의 전부도 아니고 핵심도 아니다. 어떤 산업이든지 프로젝트가 우선이지 프로젝트 관리가 우선은 아니다. 프로젝트가 없다면 프로젝트 관리는 없다. IT 등의 비물질 노동 등이 경제를 좌우하게 되었다는 무게 없는 경제의 신화에 대해 비판한 어슐러 휴즈의 말에 귀 기울여보자.

거리의 사멸, 무게 없는 경제, 접속된 경제, 디지털 경제, 지식 기반 경제, 가상 조직, 이 모든 구절은 1998년 봄 이 글을 쓰기 전 6개월 동안 출판된 책 제목에서 추려낸 것들이다. 이 구절들은 앞에 수식어를 바꿈으로써 수없이 반복될 수 있다. 가상, 사이버, 텔러, 네트워크, 심지어 그냥 이(e)를 무한히 많은 추상 명사 앞에 서로 바꾸어 붙일 수 있다. […] 무게 없는 경제학파의 핵심 신조를 따져보도록 하자. 이런 주장을 파는 문건들에 나타나는 분명한 주제는 세 가지, 곧 비물질화, 생산성 역설, 세계화다. […] 비물질화 명제를 앞장서 주장하는 계량경제학자 대니 퀴의 핵심 주장은 가치의 주요 원천이 날로 물질적인 재화에서 눈에 보이지 않는 서비스로 대체되면서 경제가 점점 비물질화되고 있다는 것이다. […] 하지만 꼭 상기할 것이 있다면, 이런 물건의 원재료는 땅에서 나온 것이고 마술이 개입됐다면 그건 인간의 창의성과 노동이라는 것이다. […] 영국의 철강 소비는 1900년에 비해 20배가 늘었다. 전 세계 알루미늄 생산은 1950년 150만 톤에서 오늘날 2,000만 톤으로 늘어났다. (이론가들이 믿는 바대로라면 '무게 없는 효과'가 가시화되어야 할 시기인) 1984년에서 1995년까지 영국의 알루미늄 소비는 49만 7,000톤에서 63만 6,000톤으로 늘어났고 철강 소비는 1,433만 톤에서 1,509만 톤으로, 나무와 종이 소비는 4,100만 톤에서 9,300만 톤으로 두 배 이상 늘어났다.[149]

비물질 노동을 대표하는 전산산업이 발전한 것은 그와 같은 물질 노동의 규모 확대 때문이다. 인터넷을 사용하거나 디지털 방송을 보면서 이제는 비물질 노동의 시대라고 감탄하는 포스트모더니즘적인 우둔함에 대해서는 관심을 주지 말자. 디지털 방송을 보기 위해서 몇 만 개의 전봇대 위에 얼마나 많은 노동자들이 올라가서 케이블 선을 달아야 하는지 한 번이라도 생각해 보았는가. 한국의 인터넷망은 대전을 중심으로 8자망 백본으로 전국에 걸친 것이 여러 개 있는데 이것은 모두 땅 파고 전봇대 세워서 만든 망들이다. 수많은 노동자들이 각 가정과 사무실까지 매설 공사를 했으며 중간 중간 연결을 위해 네트워크 엔지니어들이 장비들을 설치했다. 유선방송이 지상파만 재전송하고 보는 사람이 별로 없던 시절에는 가입 전화가 오면 기사가 전봇대 위에 올라가서 그 집까지 케이블 회선 가설하고 종이로 된 장부에다

가입자 1명 증가, 언제 수금 예정 등의 사항을 일일이 적곤 했다.

조금 규모가 커지면서 PC를 가져와 엑셀 프로그램으로 관리하다가 고객 관리 시스템이라는 것을 PC에 깔아 비디오 대여점의 비디오 대여 프로그램처럼 관리하기 시작했다. 현재의 규모는 고가의 서버들을 구매해서 고객관리—과금 시스템을 운영하지 않고서는 고객관리와 과금관리가 되지 않는다. 현재 콜센터 단말기에서 고객관리—과금 시스템을 통해서 각 가정에 설치된 셋톱박스를 직접 제어할 수 있는 수준으로까지 발전했다. 땅을 파고 전봇대를 세우면서 망을 더 많이 깔고 각 가정에 셋톱박스 보급 대수가 늘어나니까 전산이 따라서 발전한 것이다. 이렇듯 비물질 노동의 성장은 물질

내가 살던 자다푸르의 지역 유선방송국 사무실. 유선방송 고객 가입도 받고 비디오CD와 DVD도 판매하는 곳이었다. 이 지역의 전봇대들은 한 부자(父子)가 장악했는데, 아들은 이 유선방송국 사무실에서 업무를 보고 아버지는 바로 맞은 편 간판도 없는 정비실에서 인터넷 접속 서비스를 하고 있었다. 한국에서는 기간망 사업자들과 이들의 기간망을 임대한 지역 케이블 방송국이 인터넷 접속 서비스 사업자로서 경쟁 관계이다. 그러나 한국에서도 하나로통신(현 SK브로드밴드) 등이 기간망과 서비스를 맡고 지역 유선방송국이 고객에게 들어가는 댁내 망과 댁내 설치를 맡아 협업을 하던 시절이 있었다. 이제 'IT 강국(?)' 인도에서 이런 상황이 시작되었다.

노동의 성장을 항상 따라온다. 본말을 전도시키지 말자. 이것을 명심하고 인도 IT산업을 보면 인도 자체의 프로젝트, 즉 물질 노동에 따라 발전해온 것이 아니라 싼 가격으로 외주를 받는 것으로 지금까지 성장해온 것이 문제임을 알 수 있다.

필리핀 등의 영어권 국가와 중국 등에서는 현재 인도의 IT산업을 추격하고 있다. 인도의 IT산업이 현재의 상태에서 벗어나 가까운 시일 내에 제조업이나 타 서비스업 속으로 녹아들지 못할 경우, 당분간은 그동안 확보한 '프로젝트 관리 능력'과 기존 고객과의 관계를 통해서 수주를 유지할 수 있겠지만 곧 사양길에 접어들 것이다. 인도는 현재의 경향대로 가기만 한다면 대다수의 한국 IT 업무 종사자들처럼 '삽질'은 열심히 하지만 미래는 거의 안 보이는 IT산업 구조의 늪에서 헤어나기 어려워질 것이다.

시장조사 기업인 IDC는 아시아 · 태평양 지역을 중심으로 35개 도시의 해외 아웃소싱 적합도를 비교한 결과를 내놓은 바 있다. 이는 GDI(Global Delivery Index)를 도입한 것으로 GDI는 노동비용, 임대비, 언어 기술, 정부 정책, 인프라, 직원 이직률 등을 기준으로 한다. 인도의 미래는 IDC의 예측에 의하면 〈표 4〉에 나온 것처럼 어둡다.

인도 IT산업을 보고 영감을 받아 쓴 것으로 알려진 토머스 프리드먼의 저서 《세계는 평평하다》(2005)는 내가 보기에는 잘 만들어진(제출자 입장)/잘못 만들어진(현실) 사업계획서 같은 것이다. SWOT를 작성할 때 강점과 기회만을 강조하고 약점과 위험은 구색만 갖추려고 넣었지 실제로는 제대로 작성

〈표 4〉 아시아 · 태평양 지역 해외 아웃소싱 적합도

	1위	2위	3위	4위	5위	6위
현재	벵갈루루	마닐라	델리	뭄바이	다롄	상하이
2011년	다롄	상하이	베이징	벵갈루루	마닐라	뭄바이

* 출처: IDC 보도자료(2007년 7월 3일). 이재기, 《현대 인도 경제론》, 형지사, 2008, 190쪽에서 재인용.

하지 않은 사업계획서 같은 책이다. 보기에는 참 아름다운 내용들이다. 그리고 이 책에 참여한 사람 중 한 명이 영감을 주었다는 인도의 모 IT기업에 고액 연봉으로 취직한 것도 좋은 일이다. 그러나 인도와 세계는 평평하지 않다.

09

한국-인도 간 CEPA 이후에 인도 고급 인력들은 과연 한국으로 올까

이 꼭지에서는 한국과 인도가 CEPA*를 체결한 후에, 인도의 고급 인력들이 한국에 많이 들어올 거라는 세간의 기대에 대해 다른 예상을 제시하고자 한다. 특히 인도 고급 인력 중 가장 많이 유입될 것으로 예상하는 IT 부분을 중심으로 이야기하겠다.

우선 한국 IT 엔지니어들은 이미 싼 값으로 충분히 노동력을 제공하고 있기에 인도 엔지니어들보다 가격 경쟁력이 절대 떨어지지 않는다. 한국의 고급 인력들은 태반이 이미 박사과정에서부터 값싼 노동력을 '산학협동'의 이름으로 공급하면서 직장생활 아닌 직장생활을 시작한다. 한국은 박사급의 고급 인력들을 아주 값싸게 사용할 수 있는 나라이기에 타국에서 고급 인력을 이들보다 싸게 제공해주는 것은 쉽지 않다.

한국정보통신산업노동조합(IT산업노조)에서는 2004년 3월 9일부터 7월

---

* CEPA, 즉 포괄적경제동반자협정(Comprehensive Economic Partnership Agreement)은 FTA와 유사한 협정으로 상품 교역, 서비스 교역, 투자, 경제협력 등 경제관계 전반을 포괄하는 내용의 협정이다.

10일까지 인터넷 사이트(http://it.nodong.net)를 통해 정보통신산업 노동자 실태 조사를 진행했다. 총 1,081명의 노동자가 조사에 참여한 결과, 평균 주당 노동시간은 약 57.8시간으로 전체 산업 평균보다 훨씬 긴 것으로 조사되었다. 60시간 이상의 장시간 노동을 하는 비중은 전체 응답자의 43.4%에 달했고, 80시간 이상의 초 장시간 노동을 하는 노동자들의 비중도 7.6%였다. 이러한 장시간 노동에도 연·월차 휴가를 사용하는 노동자는 20~30%에 불과했고 시간외근무 수당을 받는 경우는 8%에 불과했다. 응답자의 35%가 임금체불 경험이 있었고, 이직 사유의 40%는 임금체불과 회사의 부도였다. 이 통계만을 보더라도 한국 IT 노동자들은 충분히 가격 경쟁력이 있다.

두 번째로, 한국 엔지니어들은 세계에서 가장 다양한 OS와 언어를 다룰 수 있는 '이상한' 경쟁력을 가지고 있는데 이를 따라올 다른 나라의 엔지니어들은 없다고 본다. 한국 엔지니어들은 '나는야 분식집'이라고 자조적으로 표현하곤 한다. 한 분야에 정통해 하나의 메뉴로 승부하는 전문 식당이 아니라, 어떤 취향의 손님이 오더라도 모두 맞출 수 있도록 떡볶이에서부터 라면, 순대, 김밥, 볶음밥, 짜장면 등을 두루 제공하는 분식집 같다는 이야기다. 실제로 엔지니어들은 프로젝트가 닥치면 네트워크 세팅도 하고 Java나 C로도 애플리케이션을 만든다. 한국 IT산업의 갑들이 계획성 없이 계약을 하고 그 벤더가 전문이 아닌 것들까지 요구하면서 만들어낸 인력들이 바로 한국의 엔지니어들이다.

세 번째는 두 번째와 관련이 있는 커뮤니케이션 문제다. 우선 한국 IT산업 대부분의 갑의 문제는 사업 기획을 끝내고 계약을 하는 것이 아니라 계약을 하고 나서야 사업 기획에 들어간다는 점이다. 더구나 태반이 서너 번 이상 기획서 뒤집기를 '가볍게' 요구해, 개발한 것을 통째로 바꾸는 사태가 비일비재하게 일어나게 만든다. 한 번의 계약으로 한 개의 프로젝트가 아니라 서너 개의 프로젝트를 진행하고 있다는 것을 아는지 모르는지 알 수 없지만 납기는 충실히 지켜줄 것까지 요구해, 온갖 종류의 '꼼수'를 이용해 을이 채택하도록 만들고 추후 유지 보수가 불가능할 지경으로 몰고 간다. 이런 '꼼수'도 갑을병정으로 진행되는 하도급 계약의 복잡함 때문에 을병정으로 내려갈수록 복잡해진다. 나중에 유지 보수가 불가능해지면 어떻게 될까. 당연히 클레임을 처리할 수 있도록 자산 규모가 어느 정도 되는 SI 회사를 끼고 계약할 수밖에 없다. 다시 대형 SI 회사는 을병정으로 내려가는 하도급 계약을 진행하고 하도급으로 내려가는 '꼼수들', '유지 보수'나 '클레임 처리 문제'가 다시 나올 수밖에 없게 한다. 무한 반복되는 악순환은 한국 IT산업의 구조적 현실이다. 하여간 을이 해야 할 계약 내 범위가 아닌데도 당연히 엔지니어는 전부 다 할 수 있는 것으로 믿으면서 진행된 것이 반복되면서 이런 슈퍼맨들이 만들어진 것이다(내가 같이 일했던 최악의 프로젝트 매니저는 "전부 다 되게 하라"는 말을 부끄러운 줄도 모르고 하는 사람이었다. 이런 사람은 일단 수주 받고 보자는 무대포 영업정신으로 충만한 영혼이지 엔지니어는 절대 아닌 것이다. 그냥 영업이나 뛰면서 허풍이나 치면서 자신의 길을 갈 것이지 왜 엔지니어 행세를 하는지 의심스러웠다. 이런 사람은 진짜 영업사원도 될 수 없다. 진짜 영업사원은 회사에 이익이 되는 프로젝트를 받아온다. 허풍을 쳐서 수주를 받아오면 계약금액보다 훨씬 더 많은 일들을 하게 되고 그 결과 회사는 적자로 달리게 마련이다). 인도, 아니 대체 어떤 나라의 엔지니어들이 이런 황당한 요구 사항을 커뮤니케이션이라고 받아들일 것 같은가.

넷째로 언어 문제이다. '여기는 한국이다. 인도 엔지니어가 영어로 말한다고 나도 영어로 말하리?'란 문제가 있다. 일본의 경우 이 때문에 아주 오랜 기간 인도 IT업계와 관계를 맺어왔지만, 인도인 엔지니어 유입은 거의 없었다. 일본 IT업계에서 일하기 원하는 한국인들은 일본어를 공부해서 취업을 준비한다. 하지만 인도인들은 따로 일본어를 공부하지 않기 때문에 일본에서 인도인 IT 엔지니어를 데려오기 힘들었던 것이다. 한국이라고 다를까.

마지막으로 인도 엔지니어 입장에서 생각해보자. 인도인 엔지니어는 이렇게 생각할 것이다. '내가 진짜 고급 인력이라면 한국에 안 간다. 미국에 가지.' 미국에 가서 아예 국적을 바꾸어서 그곳에서 현지화를 하고 잘사는 인도인들은 인도 IT산업 인력이 아니다. 그들은 미국인이지 인도인이 아니다. 이 NRI들은 인도에 거주하지 않는 인도인(Non-Resident Indian)이 아니라 돌아오지 않는 인도인(Non-Returning Indian)들이다. 인도에 근무하는 이들보다 레벨이 높아서 실리콘밸리에서 근무할 능력을 갖추고 있는데 실리콘밸리로 가지 않고 왜 덥고 생필품도 부족한 인도에 남았을까 하고 자조적으로 말하는 인도인들을 본 적이 있어서 하는 이야기다. 급여 하나만으로 이야기해도 미국에 가면 한국보다도 훨씬 더 많은 급여를 받을 수 있는데 한국에 왜 오겠는가.

10

아마르티아 센이 지지한
웨스트벵골 좌파 정권

웨스트벵골 주는 면적이 88,752km²로 남한보다 약간 작은 정도라고 생각하면 된다. 인구는 9,031만 명으로 인도에서 네 번째로 많은 주이며, 인구밀도는 1km²당 1,017명으로 인도에서 가장 높은 주다(2010년 기준). 평균수명은 63.4세이고, 글을 읽거나 쓸 수 있는 사람의 비율은 71.6%이다(2006년 기준). 주민들의 72%가 농촌에 거주하고 있다.[150]

웨스트벵골은 좌파 정권이 들어선 이후 공업이 정체되거나 후퇴했다. 두 가지 이유를 들 수 있는데, 그중 하나는 좌파 정권이 다른 주로 확산되는 것을 두려워한 중앙정부에서 좌파 정권이 들어선 주를 경제적으로 봉쇄했기 때문이다.

인도는 무늬만 연방제일 뿐, 사실은 중앙정부의 힘이 압도적으로 강하다. 영국 식민지 시절 식민지 정부가 인도 국민들에게 형식상의 지방자치를 부여하던 기본틀이 독립 이후에도 그대로 유지가 되었다. 인도 헌법 356조는 대통령이 주지사로부터 보고를 받도록 했으며 주 정부가 정상적인 통치 업무를 수행할 수 없는 사태가 발생했다고 판단하면 주 정부의 권력을 박탈해버리고 대통령이 직접 주를 통치할 수 있는 권한을 부여하고 있다(법적 절차로는 그렇지만, 실제 권한 발동은 집권 정당과 총리가 진행한다. 법적으로 대통령은 총리와 내각, 주지사를 임명하는 권한을 가지고 있지만 실제 임명은 선거 결과에 따라 진행되는 것과 같은 이치다). 네루는 1957년에 세계 최초로 선거를 통해 평화적으로 권력을 잡은 케랄라 좌파 정권을 바로 헌법 356조를 근거로 비상조치령을 발동하여 2년여 만에 무너뜨렸고, 마찬가지로 펀자브 주에서 시크교도들이 정권을 잡은 후 맘에 들지 않자 주 정부를 무너뜨렸다. 인도 헌법 356조는 독립 이후 14년 동안 8번 사용되었고 1965년에서 1987년까지는 70번 사용되었다. 주 정부는 언제라도 중앙정부에 의해서 붕괴될 수 있는 것이다. 재판도 끝까지 가려면 연방대법원까지 가야한다. 미국이나 독일의 경우 주 헌법을 가지고 있기에 주 최고법원에서 모든 재판이 끝나지만, 인도는 주 헌법이 따로 있지 않고 연방헌법으로 갈음하기 때문에 주 차원에서는 재판은 끝날 수가 없는 것이다. 세금도 중앙정부에서 징수하는 것이 압도적으로 많다. 주 정부는 중앙정부의 보조가 없이는 상시적으로 적자일 수밖에 없는 재정 구조를 가지고 있다.

웨스트벵골 주 정부는 1980년대에 콜카타 근처 솔트레이크에 전자산업 단지를 건설할 계획이었지만 중앙정부로부터 웨스트벵골은 국경지역이라서 안 된다며 불허되었고(그럼 인도 서부와 북부에 있는 다른 주들은 국경지역이 아니란 말인가), 할디아 화학단지는 11년이나 연기되었다. 웨스트벵골은 정부 정책에 의해서도 피해를 입었다. 지하자원을 인도 어느 곳으로 수송해도 같은 운임을 받도록 한 운임균등제(freight equalization policy)는 1948년부터 적용되었는데, 이 정책의 최대 피해자가 바로 웨스트벵골이다. 웨스트벵골은 바다에 인접한 지리적 이점을 지니고 있을 뿐 아니라 비하르 주와 함께 광물을 비롯한 풍부한 자원 매장량을 자랑하는 곳이지만, 운임균등제로 인해 이 점들을 전혀 살리지 못했다. 반면 마하라슈트라와 구자라트 등으로

콜카타에 있는 레닌 반신상.
화환을 목에 건 레닌 동상 앞
에 걸인이 앉아 있다. 인도의
다른 주와 마찬가지로 웨스트
벵골도 빈곤 문제가 해결되지
않았다. 웨스트벵골은 산업화
되어야 한다.

가는 광물 수송비에는 중앙정부가 운임 보조금을 줌으로써 이들 주는 큰 혜택을 받았다.

웨스트벵골에서 공업 발전이 지체한 두 번째 이유는 노동운동의 활성화와 관련이 깊다. 인도에서 최초로 공업단지가 들어선 곳인 만큼 노동운동도 가장 활성되어 있는 곳이 웨스트벵골이었다. 운임균등제가 실시되고 중앙정부가 경제발전을 봉쇄하기 시작하자 그렇지 않아도 노동운동에 골치 아팠던 기업들은 웨스트벵골을 신속하게 벗어나기 시작했다.

인도에서 좌파 정당들은 선거를 통해 합법적으로 집권했으며 법 테두리 내에서만 활동하고 있다. 대표적인 것이 1950년대에 제정된 토지개혁법을, 좌파 정당들이 집권하면서 법 테두리 내에서 실시한 것이다. 낙살바리의 무장봉기가 일어난 것은 농민들이 자신들이 속한 주에서 토지개혁이 실행될 가능성을 제로라고 판단했기 때문이었다. 폭력혁명을 주장하고 해방구를 단위로 움직이는 마오이스트 공산당들은 세 군데 주에서 집권하고 있는 좌파 정당들과는 전혀 다른 성격의 정당이다.

물론 좌파 정당들의 강령은 스탈린주의를 지향한다. 그러나 스탈린주의에 대해서 알아야 할 것은 유럽의 좌파 공산당 대부분이 스탈린주의를 강령으로 하여 의회 활동을 했다는 것이다. 또 스탈린 생전의 스탈린주의와 사후의 스탈린주의는 차이가 있음을 알아야 한다. 한 예로 1968년 프랑스 학생 폭동이 혁명으로 넘어가는 것을 막은 것은 프랑스 공산당의 공로(?)였다. 당시 노동운동 조직을 장악하고 있던 프랑스 공산당은 합법 공간에서 정권 교체를 하려 했지 의회 밖에서 무슨 일이 일어나는 것은 원치 않았기에 학생운동이 노동운동과 결합해 혁명화되는 것은 막았던 것이다. 이 프랑스 학생 폭동 이후 우경화된 유럽의 노동운동은 더 이상 신뢰를 할 수 없다고 '이제는 문화다'라고 하면서 별별 희한한 포스트모더니스트들이 판을 치게 되었지만 이들 역시 결국은 모두 '우'로 갔다.

마오이즘은 스탈린주의에서 나왔지만, 현재 활동하고 있는 마오이즘은 스탈린주의와는 아주 많은 거리가 있다. 그리고 이 마오이즘과 웨스트벵골에서 집권하고 있는 공산당들은 현재는 관계가 없다.

인도 공산당들이 합법화된 밑바탕에는 인도국민회의가 소련과 동구권으로부터 지원을 받기 위한 이유가 가장 컸다. 그리고 국민회의가 내세운 대의명분은 미국과 소련으로부터 독립적으로 외교를 펼치겠다는 비동맹 외교였다. 이러한 특수한 역사적 배경을 가진 인도 공산당들의 활동이 '상식적으로 우리가 알고 있는 공산당' 활동인가에 대해서는 생각해보아야 한다.

인도의 공산당들이 마르크스, 엥겔스, 스탈린을 아무리 이야기해도 인도에서의 토지개혁은 '협동농장을 목표로 하는 공산주의 혁명'이 아니다. 폭력혁명이 아닌 선거를 통해 집권해 30여 년간 웨스트벵골 공산당 정권을 이끈 조티 바수는 공산주의 혁명은 아주 오랜 세월이 걸려야 가능할 것이며 자기 세대에는 보지 못할 것이라고 했다. 1996년 조티 바수가 인도 연립정권의 총리로 지명*되었던 이유도 이런 인도 공산당의 목표가 구소련이나 중국의 집단농장이 아니라, 대만이나 한국이 건국 과정에서 가장 먼저 실시했던 토지개혁 수준의 가장 기초적인 민주주의 구축이었기 때문에 가능했다.

개발경제학을 대표하는 노벨 경제학상 수상자인 아마르티아 센은 자신이 반(反)스탈린주의자임을 분명하게 밝혔으면서도 케랄라 주를 개발경제학의 모델로 제시한 이유가 무엇이겠는가. 케랄라 공산당 정권은 토지개혁을 펼치고 그 기반 위에서 사회안전망을 구축해갔기 때문이다.

독립 이후 인도 공산당들이 추진한 가장 큰 숙원 사업인 토지개혁은 한국

---

* 인도에서 공산주의자 총리가 탄생할 수 있었던 이 결정적 기회는 무산되었다. CPIM 중앙위원회에서 당내 반대의견을 들어 정권에 참여하지 않기로 결정했기 때문이다. 훗날 조티 바수는 이 결정을 '역사적 실수'라고 칭했다.

의 경우 이승만 정권 때 시작해 박정희 정권 때 마무리했고 대만의 경우 장제스 정권 때 실시했고 인도네시아의 경우 수하르토 정권 때 이루었다. 이승만과 박정희와 장제스와 수하르토의 반공을 지지하는 사람이라면 인도 공산당의 목표인 토지개혁을 지지하지 않을 이유가 없다. 1949년 남한은 인구가 2,020만 명이었는데 한국전쟁 전후로 죽은 민간인의 수가 무려 100만 명에 달했다. 이는 전투로 인한 군인 및 민간인 희생자를 제외한 수치다. 이 100만 명이 모두 공산주의자일 리는 없을 것이다. 김구를 포함하여 우익계 독립운동가들까지도 학살당했다.[151] 인도네시아의 수하르토는 1965~66년 사이에 1억 명의 인도네시아 국민들 가운데 50만 명을 공산주의자라는 죄명으로 죽이고 150만 명을 감옥에 보냈다. 하지만 산업화를 위해 토지개혁은 실시했다.[152] 대만의 장제스 반공 정권은 당시 600만의 대만 인구 중 2만 명을 공산주의자로 몰아서 마녀사냥을 했지만 토지개혁은 실시했다. 대만에서는 3천여 명이 간첩죄로 사형을 당했고 8천 명이 감옥에 갇혔는데 이들에게 누적된 형기는 1만 년이 넘었다.[153]

국민당은 대륙에서 공산당에게 패배한 이유가 자신들이 지주들에게 기반을 두었기 때문이라는 것을 알았기에 과감히 토지개혁을 단행하여 지주세력의 기반을 없애버렸다. 수하르토 정권도 독재를 위해 국민들의 저항을 최소화해야 했고 이를 위해 전임 수카르노 대통령과 공산당이 시작했던 토지개혁을 강행했다. 한국의 토지개혁(농지개혁)은 미군정이 한국의 공산화를 막기 위해서 계획했고 이승만 정권이 실제적으로 이루었으며 박정희 정권 때 마무리되었다. 한국의 토지개혁은 3정보(약 1헥타르) 이상의 토지 소유를 금해서 대지주 계급의 경제적 기반을 없애버렸고 지주들의 정당이던 한민당도 이승만 정권으로부터 배제되었다. 이승만 정권의 토지개혁이 기반이 됐기에 박정희 정권의 산업화와 새마을운동이 시작될 수 있었다. 토지개혁이 선행돼야 새마을운동의 '살기 좋은 내 마을, 우리 힘으로 만드세'라는 슬로건이 가능하다. 온 마을의 땅이 지주 땅이고 열심히 일해도 소출이 전부 지주에게 가는 상황이라면 어떻게 '내 마을'이라는 생각이 들겠는가. 인도 공산당들의 토지개혁 프로그램은 이승만 정권, 장제스 정권, 수하르토 정권이 이룬 토지개혁(지주의 토지 소유 상한선을 정하고 상한선을 넘는 것에 대해서는 유상으로 정부가 사들여서 유상으로 농민들에게 분배하는 것)과 동일하다.

토지개혁은 이승만 · 박정희, 장제스, 수하르토가 현재의 한국, 대만, 인도네시아의 국가 기반을 이루기 위해 가장 먼저 실시한 제도다. 인도는 한국, 대만, 인도네시아에서 공산화를 막기 위해 진행한 토지개혁을 거부한 결과, 이제 마오이스트 공산주의자들이 곳곳에서 '해방구'를 건설하는 상황에 직면해 있다. 인도의 카스트제도 붕괴? 토지개혁이 이루어지기 전에는 요원한 일이다. 전체 인구 중 60%가 농민인 농업국가 인도에서 토지개혁 없이 지주의 땅을 중심으로 봉건적 자티 시스템이 가동되는 한 카스트제도는 사라지지 않을 것이다. 한국은 토지개혁을 이루었기에 '양반/상놈'이라는 신분의식에서 벗어날 수 있었다. 인도에서 기독교 단체들이 벌이는 선교 활동이 큰 성과를 거두지 못하는 것도 힌두교 때문만은 아니다. 만인이 평등한 '비베카난다의 힌두교'가 아닌, 지주의 이익을 중심에 두고 '만인이 신 앞에서 카스트제도로 당연히 불평등하다'는 '힌두교 우익'이 인도 사회의 상부구조로 자리 잡고 있기 때문이다. 토지개혁을 단행해 '자티 시스템'이 붕괴되지 않는 한, '만인이 신 앞에서는 평등하다'는 것을 교리에서 내세우는 기독교 선교는 인도에서 불가능할 것이다. '만인이 평등하다'고 믿는 기독교인들이라면 이제부터 선교를 위해서라도 인도에서 공산당이 집권하지 않은 주에서도 토지개혁이 이루어지기를 기도하면 좋겠다. 인도에서 토지개혁이 이루어지지 않는다면, 오리사의 기독교인 학살 같은 사건은 언제 어디서든 다시 일어날 수 있다.

이렇게 토지개혁 측면에서 인도의 민주주의를 바라보면 독립 이후 공산당 집권 주 이외에는 토지개혁이 거의 진행되지 않은 여기 인도의 민주주의가 근본적으로 얼마나 취약한 기반 위에 서 있는지 알 수 있다. 세계 최대의 민주주의 국가에서 왜 세계 최대의 마오이스트 세력들이 등장했겠는가.

이승만, 박정희, 장제스, 수하르토의 숭배자들도 그들의 시대가 세계 최대의 민주주의를 꽃 피운 시대였다고는 말하지 못할 것이다. 그러나 만약 이승만·박정희가 윤회를 통해 인도에서 다시 태어나 토지개혁을 실시하겠다고 외치고 있다고 가정해보자. 인도의 지주들과 힌두 우익들은 토지개혁을 반대했던 '당신들의 성자' 간디를 내세우면서 인도에서 다시 태어난 이승만·박정희를 공산주의자로 낙인찍을 것이다. 이승만 정권, 장제스 정권, 수하르토 정권의 반공을 강력하게 지지하는 사람들도 반공주의자 아마르티아 센처럼 인도 공산당의 개혁 프로그램들은 지지할 수 있다. 이들 반공 정권들이 50~60년 전에 완수한 토지개혁을 못해서 인도식 양반제도인 카스트 차별에서 헤어나지 못하고 있는 인도를 세계 최대 민주주의 국가라고 말하는 것은 어디에 근거를 둔 것인가. 세계에서 가장 많은 사람들이 투표를 하는 국가이기 때문이라고? 그렇게 생각한다면 민주주의가 무엇인지 근본적으로 다시 생각해보아야 한다. 그렇지 않고서는 '울퉁불퉁한 인도'를 있는 그대로 볼 수 없을 것이다.

다시 웨스트벵골로 돌아가 보자. 웨스트벵골은 토지개혁의 성과로 꾸준히 발전해왔다. 하지만 아직 부족하다. 인도 최고의 인구 밀집지역인 웨스트벵골은 소규모 영세농들이 개발할 수 있을 만큼은 농지가 개발되었지만 기존의 농업으로는 더 이상 발전이 불가능하다.

또한 토지개혁의 성과가 산업화로 이어지기 힘든 구조상의 난점이 있다. 예컨대 타타자동차가 공단 조성을 위해 토지를 구매하려고 하니 13,000여 명이 토지 보상을 요구했고 이 중 2,250명이 보상안을 거부했다.[154] 타타자동차 공단 유치 같은 일은 단기간에 기획된 일이 아니다. 한 예로 좌파 정권은 웨스트벵골에 공업단지가 들어설 때를 대비해 인재 양성을 위해 주 정부 차원에서 JU(자다푸르대학)에 과감한 투자를 해왔다. 좌파 정권은 한때 벵골 민족주의를 강조하며 영어 사용을 금지하던 시절이 있었다. 이 오류로 인해 교육 부문에서부터 낙후된 적이 있었다. 이를 벗어나기 위한 이유도 JU를 대폭 지원한 배경 중 하나다. JU에 다니는 인도인 학생들은 한 학기 등록금 이 한국 돈으로 6,000원에 불과하다. 시설? 사회학과의 예를 들면 세 곳의 강의실 중 두 곳에 에어컨이 설치되어 있으며, 에어컨이 설치된 PC룸이 있 어 학생들이 자유롭게 인터넷을 사용하고 있다. 인도의 수도 뉴델리에 있는 대학들도 갖추지 못한 시설이다. 산업단지가 계속 들어서지 못한 탓에 JU를 나온 우수한 인재들이 콜카타를 벗어나 인도 내 다른 지역으로, 또 미국 등 해외로 흩어져버렸지만 주 정부가 인재 양성까지 포함해서 얼마나 장기적 으로 산업개발을 준비했는지 알 수 있다. 인구 과잉의 상황에, 토지는 토지 개혁으로 소규모의 땅을 가진 소유자들이 많은 상황인데, 공업단지가 들어 설 땅을 어디에서 찾을 수 있단 말인가. 이로 인해서 타타자동차 공단 유치 를 위한 토지 소유자들과 좌파 정권의 대립이 일어난 것이다. BJP와 연합 정권을 구성하려고 했던 극우 트리나물 콩그레스와 극좌 마오이스트들에 의해 산업단지는 건설이 저지되었다. 물론 쌍방이 총격전을 벌이게 된 빌미

콜카타의 한 주택가에서 바라본 풍경. 이곳은 10년 전만 해도 끝도 없이 야자수만 보이던 곳이었다. 당시는 야자숲에 가까워서 사나운 들개들이 누비고 다녔다고 한다. 지금은 도시개발이 진행되어 야자 숲은 거의 없어졌다. 아울러 사나운 들개들도 사라졌다.

를 좌파 정권이 제공했으니 좌파 정권의 책임도 있다.

공단 유치와 관련한 일련의 사태로, 스탈린주의 정당들로 구성된 웨스트벵골 좌파 정권이 공격을 받자 서구세계의 반스탈린주의자들이 2007년 10월 인도의 일간지 〈힌두(Hindu)〉에 웨스트벵골 좌파 정권을 지지하는 성명을 냈다. 그리고 2007년 12월 반스탈린주의자 아마르티아 센은 인도에서 가장 오래된 일간지 중 하나이자 웨스트벵골 지역 신문인 〈텔레그래프(Telegraph)〉에 (자신은 스탈린을 지지한 적 없다고 하면서도) 좌파 정권의 산업개발을 지지하면서 트리나물 콩그레스와 마오이스트들을 비판하는 특별 기고문을 세 차례에 걸쳐 연재했다. 다음은 노암 촘스키를 필두로 한 반스탈린주의자들의 성명 중 일부이다.

> 우리는 벵골인들이 그간 일궈온 토지개혁이나 지방자치 정권(판차야트를 통한 지역으로의 권력 분배) 등의 중요한 성과들을 최근의 몇 가지 쟁점들(난디그람 등의 공업단지 건설)로 인해 무너뜨리지 않을 것이라고 여전히 믿고 있다. 우리는 낙심하고 있는 농부들에게 뜨거운 연대를 표한다. 우리는 주 정부가 난디그람 부근에 공단을 세우지 않겠다고 약속한 것을 알고 있다. 폭력으로 인해서 상처받은 이들이 이제 자신의 집으로 돌아갈 수 있음을 알고 있다. 우리는 지금이 화해를 나눌 때임을 알고 있다. 우리가 바라는 바이다. […] 세계를 둘러싼 힘의 균형에 있어서 좌파를 분열시키는 것은 성급한 행동이 될 것이다. 우리는 지금, 한 나라(이라크)를 완전히 파괴해버렸고 또 한 나라(이란)를 위협하고 있는 세계적인 강대국과 직면하고 있다. 지금은 분열할 시간이 아니다."[155]

성명을 한 이들은 모두 세계적인 석학들이다. 우리에게 너무나 잘 알려진 노암 촘스키, '미국의 양심'으로 불린 역사학자이자 자유민주주의 신봉자

하워드 진, 〈뉴 레프트 리뷰(New Left Review)〉의 편집자인 타리크 알리(Tariq Ali) 등이 대표적이다. 타리크 알리는 스탈린주의에 대해 평생 반대해온 트로츠키주의자이고, 노암 촘스키와 하워드 진 역시 스탈린에 대한 혐오를 저서에서 충분히 표현해왔다.

웨스트벵골에서 산업공단 건설을 둘러싸고 일어났던 사태들을 해결하기 위해서는 좌파 정권이 스탈린주의자냐 아니냐를 따질 게 아니라는 것은 아마르티아 센의 기고문이나 세계적인 석학들의 성명서를 보아도 알 수 있다.

그리고 사실 강령만 가지고 그 정당을 판단하는 것도 문제는 있다. 새로 정당을 만든다면 강령은 그 정당의 나아갈 바를 보여주는 것이기에 중요할 수 있다. 지금 중국의 공산당이 자신들의 강령대로 공산당이 맞을까. 중국 국가자본주의를 운영하는 관료들의 정당일 뿐이다. 그리고 한국 민주노동당의 강령이 스웨덴 극우 정당들의 강령보다 수위가 낮다는 사실들도 현실 정치를 고려해볼 때 한번쯤 생각해볼 필요가 있다.

웨스트벵골은 산업화될 수밖에 없다. 인도 최대의 인구 밀집지역이고 토지개혁을 통한 농업 발전은 한계에 도달했기 때문에 중앙정부도, 어떠한 지방정부도 공업단지를 통한 경제개발은 선택의 여지가 없기 때문이다. 경제 발전을 이루지 못하면 비하르 주처럼 되어버릴 것이다. 이건 어떠한 중앙정부도 원하지 않을 최악의 시나리오다.

차기 선거에서 경제개발을 원하는 공산당 정권이 물러나고 경제개발을 반대하는 트리나물 콩그레스와 국민회의 연합전선이 집권하더라도 경제특구와 개발은 진행될 것이다. 현재로는 트리나물 콩그레스와 국민회의 연합전선이 집권할 확률이 높다. 웨스트벵골 사람들은 30년 넘게 집권해온 공산당들이 아닌 정당이 집권해서 어떤 변화가 오기를 기대하는 듯하다. 현장조사를 해보지 않았지만 이 사람 저 사람에게 물어보니 콜카타 사람들은 트리나물 콩그레스가 집권을 하게 되면 그간의 개발 반대 입장에서 완전히 선회

할 것이라고 믿고 있는 것 같다. 선거를 위해서 트리나물 콩그레스가 개발을 반대했지만 당선되면 그들도 개발을 하지 않을 수 없을 것이라고 판단하고 있는 것이다. 공산당이 다시 집권하면 당연히 지금까지 해온 것처럼 경제개발을 밀어붙일 것이다.

공산당 정권으로 인해 날이 갈수록 웨스트벵골이 낙후되고 있다는 소리 따위는 믿지 말기를 바란다. 좌파들을 혐오하는 인도인들에게서 흔히 들을 수 있는 소리이다.* 웨스트벵골 공산당 정권이 들어선 지 하도 오래되어 부패했으니 절대 투자를 하면 안 된다는 주장도 신경 쓸 필요 없다. 부패는 인도 전역의 문제이고 공산당의 문제만도 아니다. 부패가 문제라면 일본 자본들이 비하르 주처럼 절대 타락한 주에 뭐 하러 들어가서 투자하겠는가. 인도에서 투자와 부패의 문제는 '구더기 무서워서 장 못 담그랴'의 문제와 같다.

웨스트벵골은 공산당이 오래 집권한 여파로 파업을 너무 많이 하니 절대 투자를 해서는 안 된다는 말도 믿지 않는 것이 좋다. 영화 〈시티 오브 조이〉는 인력거 노동조합 이야기다. 인력거 노동조합은 좌파 정권을 강력하게 지지하는 조합이었지만 현재는 좌파 정권과 충돌하고 있다. 인력거는 교통의 장애물이기 때문이었다. 이들은 콜카타에서 지금도 영업을 계속하지만 계속 줄어드는 추세다. 현재는 한정된 지역에서만 영업을 할 수 있으며, 도로 교통을 위반할 경우 70루피(2,100원)의 벌금을 내야 한다. 2009년 공해 문제로 오래된 오토 릭샤를 폐기하는 방안이 통과되어 오토 릭샤들의 파업 위협 등이 있었지만 강행되었다. 인력거나 오토 릭샤 등에 종사하는 이 인력들의

---

* 인도 국내 문제에 대해 잘 모르는 인도인들이 적지 않다는 것을 경험하고 깜짝 놀라곤 한다. 한번은 델리 근방에 위치한 한국인 기업에서 일하고 있는 인도인들에게 웨스트벵골 문제에 대해 어떻게 생각하는지 물어본 적이 있었다. 그런데 그들은 웨스트벵골의 집권 공산당이 타타 공단이 들어서는 것을 막고 있다고 알고 있었다. (평화적 권력 이행을 주장하는 공산당들과 폭력혁명을 추구하는 마오이스트 공산당을 전혀 구별하지 못한 채) 공산당들은 산업발전을 막아서 다 나쁘다는 것이었다. 내가 오히려 오래된 스토리를 들려주어야 할 판이라서 그냥 아무 말 하지 않았다.

실업 문제는 산업개발이 되어야만 해결될 수 있다. 오랫동안 웨스트벵골의 주 총리를 역임한 조티 바수는 IT 노조에 활동을 자제해줄 것을 요구한 적이 있다. 개발이 되면서 새로운 노동조합이 생기고 하는 것들도 나중 문제다. 웨스트벵골 좌파 정권의 정치적 쟁점은 예전처럼 취약한 기반을 강화하기 위해 노조를 지원하는 문제가 아니라 개발을 어떻게 할 것인가로 초점이 바뀐 것이다. 그리고 좌파가 오래 집권했으니 웨스트벵골은 파업이 많을 것이고 그래서 기업하기 어려울 것이라는 생각은 편견이다. 좌파가 한 번도 집권하지 않고 경제적으로도 부유한 편인 타밀나두 주와 구자라트 주의 파업 일수도 웨스트벵골의 파업 일수에 뒤지지 않는다. 이 문제 또한 '구더기 무서워서 장 못 담그랴'의 문제이다.

자! 편견을 버리고 사실 그 자체로만 이야기하자. 역사상 평화적 선거를 통해 연속 집권한 공산당은 CPIM이 유일하다. 웨스트벵골 주 총리를 20년 넘게 역임한 CPIM의 조티 바수는 생전에 '살아 있는 전설'로 불렸다. 저승사자가 그를 찾아오지 않는 것은 염라대왕이 저승사자를 보내면 저승사자가 조티 바수를 만난 후 저승사자 노조를 결성할까봐 두려워서 보내지 않고 있다는 우스갯소리도 있었다. 어쨌든 조티 바수는 현재 웨스트벵골 산업화 정책을 제시한 조타수였다. 이런 조티 바수가 병중에 있을 때 달라이라마는 다음과 같이 말했다. "저는 조티 바수를 콜카타와 델리에서 여러 가지 일들로 만났습니다. 그는 공산주의자입니다. 그러나 그가 신을 믿든 안 믿든, 우리는 그를 위해 기도해야만 합니다."[156] 공산주의자는 마지막 숨이 붙어 있을 때까지 인민에게 봉사해야 한다는 유언에 따라, 2010년 1월 17일 조티 바수가 숨진 뒤 그의 장기와 시신은 기증되었다.

마더 테레사가 간디의 고향인 구자라트 주에서 활동했다면 어땠을까. 그렇게 오랫동안 활동할 수 없었을 것이며, 어떤 형태로든 종교적 탄압을 받았을 것이다. 웨스트벵골은 오리사같이 기독교도 학살 같은 종교 분쟁에 휩

싸이지 않고 마더 테레사가 오랫동안 안정적으로 봉사활동을 할 수 있었다. 콜카타의 시내 한복판에는 힌두교도들이 끔찍해할 쇠고기를 파는 정육점들이 들어서 있으며, 쇠고기 요리가 메뉴에 있다고 간판에 써넣고 공개적으로 쇠고기를 파는 레스토랑들도 있다. 웨스트벵골은 이슬람의 비율이 다른 주들에 비해 높고 좌파 정권의 오랜 계몽 활동으로 종교 분쟁으로부터 안전한 지역이다(카스트제도가 상대적으로 약해 나이트클럽에서 외국인의 부킹 성공률이 다른 주들에 비해 높다는 농담 섞인 이야기도 들었다).

현재 웨스트벵골은 꾸준한 교육 투자의 결과 우수한 인재들을 다수 배출하고 있다. 공대 졸업 후 미국 기업에 곧바로 취직하는 사례들이 해마다 늘어나는 추세다. 또한 성장률도 인도 평균을 상회하고 있다. 한 예로 주(州)총생산(state domestic product: SDP)은 2004년에 12.7%, 2005년에 11%를 기록했다.[157]

솔트레이크에는 IT 기업들이 속속 세팅되고 있다. 웨스트벵골 주 정부의

콜카타 시내 한복판에는 쇠고기만 파는 푸줏간들이 있다.

계획은 현재 전체 산업에서 3%인 IT산업의 비중을 몇 해 안에 15~20%로 증가시키는 것이다. 또한 풍부한 광물 자원과 항구를 활용한 개발도 기대되고 있다. 웨스트벵골에도 광물 자원이 많지만, 인접한 자르칸드 주에는 석탄, 철광석, 우라늄, 페라이트 등의 매장량이 인도 전체의 40%에 달한다. 자르칸드 주가 본격적으로 개발될 경우 해외 수송의 관문이 될 웨스트벵골이 개발되어야만 한다.[158] 아! 그리고 운임균등제는 이제 더 이상 실시되지 않고 있기에, 웨스트벵골의 풍부한 자원은 다시 이점으로 작용할 수 있게 되었다. 웨스트벵골에 진출한 한국 기업은 아직 거의 없다. 웨스트벵골의 산업에 투자하러 오시라!

11
중소기업의 인도 진출은
신중하게

[2009년] 3월 인도 특집은 현지 프로덕션에 사기를 당하기도 했어요. 촬영의 편의를 위해 인도 국영방송에 관련된 프로덕션과 계약을 했거든요. 나무에 10년째 매달려 사는 사두, 평생 앞구르기만 하는 기인 등을 다 섭외해줄 수 있다고 했고, 발리우드 댄서들도 섭외해 뮤지컬 장면을 찍기로 계획했어요. 그런데 촬영 첫날 사두가 왔는데 너무 평범해 보이고 요가를 해보라니까 다리도 못 찢어요. 이튿날에는 두 번째 기인이 왔다는데 보니까 어제 온 그 사람이 저쪽에서 가짜 수염을 붙이고 있는 거예요.(좌중 폭소) 알고 보니 기인 6명이 다 같은 사람이었어요. '하나마나 송'(〈무한도전〉 멤버들의 별명을 소개하는 노래)을 인도어로 편곡해서 뮤지컬을 찍는 날은 한 무리의 여성이 트럭에서 내리는데 할머니, 애 업은 아주머니 등 동네 아낙들인 거예요.[159]
– 〈무한도전〉 김태호 PD 인터뷰 중에서

인도에서 사업하는 건 만만치 않은 일이다. 김태호 PD가 밝힌 것처럼, 인도 국영방송과 관련된 프로덕션도 한국의 지상파 방송국에다 사기를 치는

데 다른 곳이야 오죽하겠는가.

어느 웹사이트에선가, 인도의 한국 식당 한 곳을 250만 원에 인수하려다 이야기가 잘 안되어서 인수에 실패한 분이 사기 당했다고 노발대발하면서 인도에선 사기 당하지 않게 조심하라고 쓴 글을 본 적이 있다. 그 글을 보고 한국 사람들이 인도에 대해서 품는 전형적인 환상을 잘 보여주는 사례가 아닐까 하는 생각이 들었다. 인도는 냉장고 가격이 한국보다 1.5배 비싸다. AS도 신통찮고 제품 수명도 한국보다 짧으니 가격을 2배로 보면 된다. 인도 현지에서 겨우 식당용 냉장고를 살 수 있을까 말까 한 돈으로 식당을 인수할 수 있다는 생각을 하면 절대 안 된다. 인도 물가 절대 싸지 않다!

인도에서 사업해서 성공할 분 같으면 한국에서 사업해도 당연히 성공할 분이다. BRICs에 희망을 건다는 이야기는 그곳이 사업하기 만만하다는 뜻이 아니다. 전 세계 시장은 포화 상태이고 남아 있는 시장이 BRICs밖에 없으니 BRICs에 가서 장사를 해야 한다는 이야기다. 서울 혜화동이나 방배동에서 치킨집 하기보다는 인도에서 한국인 식당 하는 게 나을 것 같다고 판단하는 것도 사실은 이 맥락과 관계가 있다. 그러나 사업이라는 게 쉬울 리가 있겠는가. 인도에서 대규모 인프라 건설 사업을 하든지, 인도에서 한국인 식당을 하든지, 영역이 달라서 그렇지 결코 한국에서 하는 것보다 쉽지는 않을 것이다.

중소기업이 대기업의 하위 모듈 공급업체로 들어오는 것이 아니라면, 열악한 인프라, 부패, 문화적 이질감 등으로 인해 대기업 운영하기보다 더 힘들 것이다. 인프라? 콜카타, 델리 모두 여름에는 하루 한 번씩 꼭 정전이 된다. 한국에서는 1시간이면 끝날 에어컨 설치가 여기에서는 한 달이 걸리는 걸 경험해봤다. 전선이 약해서 배선공사부터 시작해야 했다. 배선하는 속도 역시 상상을 초월하게 느리다. 가정집에 에어컨 하나 설치하는 데 이 정도이니, 사무실이나 공장은 어떻겠는가.

부패? 금품 요구나 술자리 1차, 2차만이 부패가 아니다. 인도 사회학에서 왜 비효율(inefficiency)을 부패의 범주에 넣는지 인도 이곳저곳에서 생활해 보니 이해가 되었다. 부패를 막기 위해서 서류 점검을 철저히 하려다 보니 시간이 오래 걸리고 과정이 비효율적으로 진행되고, 그러다 보니 부패할 공간이 더 넓어지는 악순환이 계속되는 것이다. 개인 통장을 개설하려니 어떤 은행은 한국에 있는 인도대사관에 직접 가서 허가를 받아오라고 했다. 그나마 좀 나은 은행에 갔더니, 한국까지 갈 필요는 없었지만 서류 작성하고 은행에서 우편으로 보내준 서류를 받아서 다시 방문하는 과정을 두 차례나 거친 뒤 세 번째 방문하고서야 개설할 수 있었다. 무려 2주 만이었다. 들고 갈 서류도 한 뭉치다. 개인이 통장을 개설하는데도 이렇게 복잡한데 기업이야 더 복잡하지 않겠는가. 또 자기에게 바로 이익이 되지 않으면 다음 생에서 하면 될 일로 여기는 주류 힌두문화와, 속여서 이익을 보는 것이 미덕인 바이샤 카스트의 문화가 자본주의의 보편화와 맞물려 전 카스트로 퍼져나간 상태이고, 이것이 녹아들어 있는 인도 비즈니스 문화에 상당한 '문화 충격'을 받으면서 그에 따른 '수업료'를 지불하는 것이 불가피할 것이다.

델리에서 콜카타로 이사를 올 때 대사관에서 이용한다는 이삿짐센터를 이용했었다. 콜카타에 먼저 도착한 후 이삿짐이 오전에 온다고 해서 하루 종일 기다렸는데 다음날 새벽 0시에 도착했다. 중간에 왜 안 오느냐고 전화를 한 번 하니까 그 이후에는 아예 받지를 않았다. 새벽 0시에 도착해서도, 늦어서 미안하다는 말은커녕 돈 더 주지 않으면 짐을 4층까지 올리지 않고 바닥에 두고 가겠다고 협박부터 하는 것이었다. 이삿짐 다 내리고 보니 문제가 있어서 클레임 신고를 했다. 하지만 신고를 받은 직후부터 담당자 라지니(Mrs. Rajni)는 전화도 안 받고 메일 답변도 거부했다. 그 상황이 3달간이나 지속되어 참다 못해 직접 델리 사무실을 방문해서 항의하니, 담당자 라지니가 해외 출장 중이니 콜카타로 돌아가 기다리면 연락을 주겠다고 했다.

다시 항의하는 메일을 보내니, 자신들이 계약한 보험회사의 연락처를 주면서 직접 해결하라는 공식 메일 답변이 처음이자 마지막으로 왔다. 이에 화가 나고 있다는 메일을 보내자, 전혀 모른 사람에게서 상상을 초월하는 욕으로 나를 죽여버리겠다는 내용의 메일이 왔다. 인도 오기 전 IT업계에서 밥벌이 했는데 IP 추적 하나 못하겠는가. IP 추적을 해보니 이삿짐센터의 담당자 라지니의 IP 주소였다. 해외 출장 복귀 후 연락? 물론 없었다. 내가 해야 할 일은 아니지만 호기심(?)에 알려준 보험회사로 전화해보니 자기들 담당 업무가 아니라며 다른 전화번호를 알려줬는데 전화기는 늘 꺼져 있는 상태였다. 다국적기업과 합작한 회사조차 그 지경이었다.

임플란트 치료를 받을 때도 웃기는 상황을 겪었다. 한 치과의사는 대사관에 계신 어떤 분 이름을 거론하면서 자기가 치료 참 잘 해주었다며 가격을 부르는데 한국보다 더 비쌌다. 그건 좋다. 내가 그 돈을 지불할 능력이 없다는 것을 모르면 가장 비싸고 좋은 서비스의 가격을 제시할 수도 있으니까. 그러나 웃기는 건 제대로 된 검진도 없이 다음 주에 바로 이식하자면서 돈을 준비해오라는 것이었다. CT 촬영을 하고 다른 곳에서 검진을 받아보니 내 잇몸은 그 고가의 방법을 사용할 경우 몇 달 못 가서 문제가 바로 발생할 수 있었다. 제대로 치료하려면 잇몸 강화를 포함해서 6개월은 걸려야 했다 (독자들이 오해하지 않았으면 한다. 그 치과의사가 대사관을 언급했을 뿐이지 대사관은 그 치과의사와 관계가 없다. 그 치과의사처럼 대사관을 사칭하는 자들을 조심해야 한다는 점에서 이야기한 것이다).

인도에서는 보증금이란 명목으로 걸어놓은 것들은 집 임대 보증금이든, 학교 기숙사 보증금이든, 생수통 대여 보증금이든 돌려받지 못하는 것이 태반이라고 보면 된다. 만 원짜리 생수통 비용도 돌려주기 싫어서 전화하면 끊어버리니 황당할 따름이다. 집주인들이 계약 이후에 전기도 넣어주고 식수 문제도 해결해주겠다고 한 뒤 막상 돈을 받고 나면 돌변해버려서 애 먹는 분들도 많다.

일반화의 오류인 '모든 인도인들이 나쁘다' 는 말은 하지 않겠다. 내가 경험한 이삿짐센터 같은 회사들이나 '몇몇(?)' 사람들이 문제일 것이다. 치과의 경우, 제대로 치료할 곳 알아본다고 시간이 '아주 많이' 걸리기는 했지만 결국 다른 의사에게 임플란트 치료 잘 받았다.

인도에서는 비즈니스의 기본 원칙들을 한 번 더 새겨보아야 할 것이다. '우리는 누구와 무슨 관계가 있다' 는 소리들은 여기서는 더 철저하게 무시하고 일을 시작하는 것이 맞다. '기본적으로 돈만 받으면 되지 책임 따위는 지지 않겠다. 책임 따위를 지게 될 상황이 오면 전생에 네가 나에게 뭔가 잘못했으니 이생에서 받고 있는 거라고 생각하라(또는 이 일은 다음 생에서 해결하자)' 는 식의 사고를 가진 사람들이 곳곳에서 당신 주머니를 노리고 있을 것이다.

컨설팅 회사에 자문을 받는 것이 방법이 될 수 있다. 사업 초기에 몰라서 당하는 일을 사전에 방지하려면, 또는 당하더라도 최소 비용으로 해결하려면 컨설팅 회사가 도움이 될 수 있다. 그러나 중소기업이 컨설팅 업체를 선택할 때는 신중해야 한다. 단순히 시장조사를 하는 정도라면 문제는 조금은 다르겠지만, 구체적인 사업진출 전략까지 도출하는 컨설팅이라면 더욱 신중해야 한다. 중국의 '관시(關係)' 보다 더 복잡한 인도의 업무 프로세스를 감안할 때 산전수전 공중전까지 치러본 대단한 능력을 지닌 인력들을 지닌 업체여야 한다. 그들이 실전 경험이 없(어 보인)다면 경계하라. 만일 당신이 인도에 진출하려는 회사 대표라면, 저녁 몇 번 먹고 골프 몇 번 치다가 어영부영 돈만 뜯긴 채 장밋빛 미래가 제시된 쓸모없는 보고서만 남게 되지 않도록 조심하라. 예전에 회사 다닐 때 컨설턴트 때문에 엄청나게 고생한 경험이 있다. 경영진에게 하는 보고를 이 컨설턴트들에게도 해야 했다. 이들은 경영진에게 보고할 내용을 뽑아내기 위해 거의 매일 내 옆에 붙어 있었다. 업무와 시스템 관련해서는 개념이 없는 사람들이었는지라 ABC부터 설명하면서 이야기해야 했다. 이런 사람들이 내 업무에 도움이 되었을 리는 당연히 없다. 최소 상의할 수준이라도 되어야 같이 일을 하지 않겠는가. 그렇지 않아도 업무가 과다해서 거의 매일 새벽에 퇴근하고 있었는데 '돌아버릴' 것 같았다. 업무에 단 1분도 도움을 안 주는 사람들이 컨설턴트라고 들어오면 담당자만 피가 마른다. '이런 컨설팅을 왜 하나. 돈도 더 적게 드는데, 직원이나 더 채용하지' 란 생각만 들었다. 이런 식의 컨설팅 계약은 절대 하지 마시라. 담당자 사표 내고 나간다.

여기가 아무리 '신비의 나라' 인도라도 해도 냉혹한 비즈니스의 원칙이야 바뀌겠는가. 컨설팅 계약도 원칙에 충실해라. 컨설팅 회사와 계약을 한다면, 인도의 열악한 인프라 문제를 대처할 방안과 부패 문제를 헤쳐 나갈 수 있는 실제 업무 프로세스 설계를 요구하고, 사업 초기에는 업무 프로세스를 공동으로 진행해서 책임을 지게 해서, 컨설팅한 대로 진행이 납득할 만큼 되었을 때 컨설팅비가 지급되도록 계약을 디자인해야 한다. 또 계약을 턴키(turnkey)가 아니라 사업 단계별로 갱신해가는 것도 좋은 방법이다. '사업을 하지 않는 것이 낫다' 는 컨설팅 결과가 나왔다면, 그것도 나쁘지 않다. 사업을 시작해서 실패하는 것보다는 낫기 때문이다. 이런 저런 불안요소들을 감안하고도 가능성이 보이면 그때 인도로 본격 진출해도 늦지 않다.

그렇다면, 컨설팅 회사와 계약해 자문을 받을 만한 규모가 안 되는 사업을 계획하는 분들은 어떻게 해야 할까. 인도에서 사업하려는 한국인 예비사업가들을 많이 지켜본 분의 의견으로는 일단 인도에 와서 생활하면서 가능성을 스스로 타진해보는 것이 가장 좋다고 한다. 나도 그 의견에 동의한다. 그렇게 하려면, 인도에서 미리 생활하면서 버틸 비용을 사업예산상에 별도로 책정해야 할 것이다.

12

인도 중산층과
볼리우드 영화

 'CEPA가 체결되었습니다. 12억 인도 인구가 고객이 됩니다.' 리서치 비
자 받으러 한국 갔을 때 본 슬로건이다. 그 슬로건을 보니, 중국과 무역관계
가 열린다고 했을 때 "중국 인구가 얼마냐? 중국인들한테 젓가락 하나씩만
팔아도 돈이 얼마냐"란 소리가 여기저기서 들리던 기억이 떠올랐다. 그 많
은 중국 인구는 한국에서 젓가락을 구매하지 않았다. 오히려 젓가락을 만들
어 한국에다 팔았다. 우리가 중국에 대해서 모르던 시절이었으니 그런 말을
했던 것이다. 지독하게 빈부격차가 심한 인도라는 나라에서 12억 인구의 대
다수는 한국 물건을 살 돈이 없다. 인도에서 한국의 물건을 살 수 있는 사람
들은 중산층으로 불리는 3억 정도의 사람들뿐이다.
 12억 인구가 고객이 될 수 있는 경우는 있다. 12억 인구가 사용하는 전
력, 도로 등의 국가 기반시설에 투자를 하고 국가 전체 경제에 영향을 줄만
한 설비 투자를 한다면 가능하다. 인도가 한국과 서둘러 CEPA를 맺은 이유
는 일본을 자극해서 일본이 하루라도 빨리 인도에 투자하기를 원했기 때문
이다. 인도가 풍부한 지하자원을 산업화하기 위해서는 자르칸드의 광산을

개발해주고 이를 수출하기 위해 웨스트벵골의 항만시설에 투자해줄 기업들이 필요한 것이다. 그러나 현재 여기에 과감하게 투자할만한 한국 기업들이 있을까.

중산층의 문제를 들여다보자. 이곳 인도 물가 절대 싸지 않다! 사는 데 필수적인 가재도구들도 무척 비싸다. 나는 상품의 미관에 별 관심이 없는 편인데도 책상, 책장, 주방용품 등을 갖추는 과정에서 '환장할' 뻔했다. 한국에서 중저가 제품 정도의 품질을 갖춘 상품을 인도에서 구입하려면 최소 2배 가까운 비용이 든다. 인터넷 서비스의 경우, 가끔 회선에 문제가 생겨서 끊길 경우도 있고 256kbps 속도도 안 나오는, 상품명 '인터넷 512kbps 접속 서비스'의 월 사용료가 한국 돈으로 45,000원이다. 한국의 대형마트에서 1만 원도 안 되는 프랑스산 저가 와인들이 인도에선 몇만 원씩 한다(아마도 와인이 사치품으로 분류되고 사치품에 대한 수입관세가 높아서일 것 같다). 한국에서 술안주로 즐겨 먹던 1만 원 미만의 네덜란드산 훈제 치즈도 인도에서는 값이 3~4배 더 비싸다. 옷도 이곳 사람들이 보통 입는 것을 사보면 바느질이 어찌나 허술한지 금방 터져 나가고 옷감은 바람이라고는 거의 통하지도 않는다. 무엇보다 빨래를 하면 염료가 다 번져서 옷이 엉망이 되어버린다. 한국에서 내가 주로 입고 다니는 5천~1만 원짜리 반팔 티셔츠와 같은 품질의 옷을 인도에서 사려면 3만 원은 줘야 한다. 태국 방콕에서는 하루 15,000원이면 에어컨도 있고 침대 시트도 매일 갈아주는 싱글룸에서 묵을 수 있지만, 인도에선 그 돈으로는 에어컨도 없고 누렇거나 얼룩덜룩한 시트를 퇴실할 때까지 절대 갈아주지 않는 싱글룸에서 묵어야 한다. 왜 이렇게 비싸냐고 물으면, 욕실(손바닥 반만 한 크기의 바퀴벌레도 즐겨 출현해주시는)을 쓰니 그 정도 숙박비는 받아야 한다는 소리들을 해댄다.

여기서 싼 건 식재료 중 양파와 감자뿐이다. 하지만 반찬에 쓸 식품 중 햄, 김, 참치통조림 등 2차 가공이 필요한 품목들은 가격이 한국보다 2~4배나 높다. 아! 천연화장품과 약품은 싸다. 동네 이발소는 위생 상태가 너무 끔찍해서 가기가 무섭다. 그래서 시내 번화가에 있는 이발소에 가서 머리를 깎는데 이런 이발소들은 면도날은 새 것이고 가위는 소독한 것이라는 점을 먼저 보여주고 시작한다. 안심이 되는 것이다. 대학가에서 1만 원 이하로 머리를 깎던 입장에서 보면 당연히 한국보다 훨씬 비싸다. 여성들이 파마, 염색, 스트레이트 등을 하는 비용은 정확히 모르지만 한국보다 훨씬 비싸다고 들었다. 인도 여성의 파마머리가 부의 상징인 이유다. 여기 인도에서 일반적인 한국 사람들 정도의 삶의 수준을 누리고 산다면, 그 사람은 한국 사람보다 더 많은 돈을 쓰면서 살고 있는 인도의 중산층이라고 봐도 무방하다.

모델로 경력을 시작해 저널리스트 생활을 하기도 한 여성 작가 쇼바 데는 소설 표지에 빠짐없이 자기 얼굴을 내세울 만큼 미모가 뛰어난데, 그녀의 대표 소설인 《봄베이의 연인》을 읽어보면 '인도 중산층'이라고 불리는 이들의 방탕한 삶을 약간은 엿볼 수 있다. 사실 인도 중산층을 가장 잘 엿볼 수 있는 것은 볼리우드의 상업영화들이다. 천박한 댄스음악에 맞추어 추는 춤들에 '인도 중산층'이라는 환상이 대부분 다 들어 있다.

물론 볼리우드 영화도 나름 민중성을 가미하는 경우도 있다. 예를 들면 수바시 가이(Subhash Ghai) 감독의 영화 〈야데인(Yaadein...)〉(2001)에서, 닷컴 기업의 선두주자 역할을 맡은 배우 리틱 로샨(Hrithik Roshan)이 락쉬미 여신 앞에서 인도의 가난한 이들을 걱정하는 대사를 하는 장면이 그렇다.

오, 행운의 여신이시여. 당신은 모든 이의 어머니입니다.
권력을 가진 이나 천한 이나 부유한 이나 가난한 이나 모두 당신을 섬깁니다.
인도에 있는 수많은 가난한 이들이 당신을 섬깁니다.
왜 당신은 그곳에 가서 그들의 가난을 일소하지 않나요.

여기 사는 우리 모두는 부유합니다. 왜 여기에 머무시나요.

오, 어머니 여신이시여. 부자들을 버리고 가난한 이들에게 가소서.

모든 인도인들은 당신을 기다립니다.

우린 여기서 잘 지내고 있어요. 아주 잘 지내고 있어요.

그런 뒤, 장면이 바뀌면? 언제 저런 대사를 했냐는 듯이 인도 중산층 여성의 전형적인 이미지를 절대적으로 대변하는 카리나 카푸르(Kareena Kapoor) 같은 여배우와 신나게 춤을 추면서 인도 중산층의 환상을 배포하는 것이다. 정말 짜증날 정도로 한결 같은 소재와 주제다. 미국 소비주의에 충만한 삶을 동경하지만 약간 인도식을 가미해서 최소의 애국심은 충족시키면서 요란한 춤과 노래로 표현되는 인도 중산층의 풍요로운 삶. 개인적으로, 볼리우드 영화 중간 중간 들어가는 가무 장면들은 자기 스스로 멋지다고 믿어 의심치 않는 '듬직한(?)' 외모의 남자들이 춤추는 여성들을 뒤에 '병풍처럼 거느리고' 마초와 날티를 발산하는 춤을 추는 것으로밖에 느껴지지 않는다(볼리우드 애호가들에겐 미안하지만 그리고 문화의 다양성은 인정하지만, 개인적으로 볼리우드의 가무 장면은 식상하고 느끼할 뿐이다).

내가 좋아하는 배우는 샤룩 칸뿐이다. 영화 〈화이팅! 인도(Chak De! India)〉(2007)에서 파키스탄과의 격전을 앞두고 샤룩 칸이 인도 여자 하키 감독으로서 '알라여, 제게 힘을 주소서'라고 기도하는 장면은 정말 감동적이었다. 이슬람 배우 샤룩 칸은 볼리우드에서는 군견일랑(群犬一狼: 인도 길거리에서 볼 수 있는 수많은 개떼 속에 돋보이는 한 마리 늠름한 늑대)이다. 테러가 난무할 때 긴급 기자회견을 열어 이슬람에 대한 편견을 가지지 말아달라고 온 국민에게 호소하던 샤룩 칸, 그 외의 영화배우들에게는 진짜 정이 가지 않는다.

13

인도의 노동운동

"기존의 노총들은 정치적 성향을 띠고 있어서 기업 내부의 문제뿐만 아니라 외부 이슈로 노사갈등이 발생할 수 있으므로, '독립 노조'를 유지함으로써 협력적 노사관계 모델을 추구하는 것이 바람직하다. 대표적인 독립 노조로서는 은행사무직 노조, 정부기관 노조 등이 있고, 타타 그룹도 이에 속한다."

- 강혜영, '유연화 요구 받는 인도 노동시장', 〈친디아 저널〉,
2009년 7월호, 48쪽.

위에서 인용한 강혜영 포스코경영연구소 수석연구위원의 주장은 일면적이다. 정당과 노조의 관계에 대해 이보다는 다각도로 보아야 한다. 인도의 노조가 강성이라는 보도가 많이 되고 있으나 노조가입률은 8% 정도로 낮은 편이며 또 워낙 많은 수의 노총이 난립하기 때문에 전국적 단위나 산업 단위에서의 노동자들의 결집력은 약한 편이다. 실제로 노조가 있더라도 설립 이후 단 한 번의 쟁의가 없었던 기업들도 꽤 많다. OECD 보고서가 밝혔다시피 인도의 노동운동은 다른 나라와 비교하면 강성이 아니다.[160] 산업이 발전함에 따라 노동문제는 이제부터 본격적으로 발생하기 시작할 것이다.

2005년 델리 근처의 노이다 공단에 있는 일본 혼다자동차에서 노사분규가 격렬하게 일어났다. 현지 혼다 노동자가 일본인 경영진에게 심한 발길질을 당했는데 이것이 사태의 도화선이 되었다. 경찰의 진압으로 750명 이상의 사람들이 부상해 인근 병원에 입원했고 약 500명이 연행되었다. 과도한 진압으로 인해 인근 공장의 노동자들까지 시위에 참가하는 등 사태는 악화되기 시작했다. 2005년은 좌파 정당들이 지원하는 UPA 1기 정권이 집권하고 있던 시기였다. 좌파 정당들은 연립내각에는 원칙적으로 참여하지 않고 외곽에서 지지와 비판을 하고 있었다. 혼다자동차 노조는 CPI(인도공산당)의 노동운동 날개인 AITUC(전인도노동조합회의)에 속해 있었는데, 이 당시 CPI는 하원의장직을 차지하면서 연립정권과 긴밀히 협조하고 있었기에, 해고 노동자들이 복직되고 제1여당(국민회의)의 당수이자 연립내각을 구성하는 정당 협의체의 의장인 소냐 간디가 시위 노동자들과 피해자 가족들을 뉴델리 자택으로 초대해 직접 위로하면서 마무리가 되었다. 혼다 노조가 UPA를 지지하고 있던 CPI 계열의 AITUC라는 사실이 오히려 정치적 해결에 도움이 된 것이다.

다음은 대한무역투자진흥공사(KOTRA) 소속으로 인도에서 오랫동안 일한 경험이 있는 이운용 영산대 인도비즈니스학과 교수의 인도 노동조합에 대한 글 중 일부다.

"타밀나두에 현대자동차와 20개에 달하는 한국 협력업체들이 진출한 지 6년이 넘어가므로 이제부터는 노조 문제가 기업 경영에 중요한 요소로 등장할 때가 되었다. 타밀나두 주에서 노동운동에 영향력이 가장 크다고 하는 CITU의 경우 노조 지도자들이 교육 수준이 상당히 높고 사용자 측에서 매수하기 힘들만큼 청렴결백한 것으로 소문나 있어 노조원들이 CITU를 선호한다고 한다. 다른 노조 지도자들은 금전으로 매수가 가능한 것으로 알려져 있다. 타밀나두의 인도 기업인 아쇼크레이랜드는 CITU가 노조를 장악하고 있으며 TVS 그룹은 INTUC가 노조를 이끌고 있는데 TVS가 노사문제를 가장 원만히 끌어가고 있는 것으로 정평이 나 있다. 이는 일반적으로 INTUC 노조 지도자들이 회사 경영에 가장 협조적이라는 인도 내 일반적인 평가와도 깊은 관련이 있다."[161]

CITU(Centre of Indian Trade Unions: 인도노동조합센터)는 CPIM(인도마르크스주의공산당)의 노동운동 날개이고, INTUC(인도전국노동조합회의)는 국민회의의 노동운동 날개이다. INTUC는 한국에서 지난 대선 때 조직적으로 이명박 후보를 지지한 한국노총과 유사한 친자본적인 노총이라는 이야기다. 혼다자동차의 예나 이운용 교수의 권고 등을 받아들인다면 인도 노동시장과 노동운동을 분석하고 대안을 도출하는 데 있어 '정치와 관련이 있으면 일단 거리를 두는 것이 좋다' 라는 시각에서 출발한 강혜영 연구위원의 의견은 너무나 일면적으로 보인다.

이 꼭지의 서두에서 인용한 강혜영 연구위원의 글의 요지는 노사화합 문화를 통해 인도 노동자들을 이끌고 노조는 독립 노조를 운영하면 된다는 것이다. 먼저 노사화합 문화에 대해 이야기하면, 포스코는 한국에서처럼 인도에서도 생산직 인력 다수를 비정규직이나 재하청 회사를 통해 고용할 계획을 가지고 있을 것 같다. 노사화합 문화가 좋으니 나쁘니 말은 하지 않겠다. 그러나 분명한 것은 노사화합 문화는 정규직을 대상으로 할 때 가능하다. 관행상 정규직으로 고용이 안정된 고위 관리직과 고급 기술자들은 알아서 노사화합 문화를 실천할 것이다. 하지만 포스코가 인도에서 비정규직이나 재하청 회사를 통해 인력을 고용한다면 몇 달 뒤도 기약할 수 없는 고용불

안 상태의 노동자들로 과연 노사화합 문화를 다질 수 있을까.

다음으로, 독립 노조에 대해서 살펴보자. 1980년대 가장 극심한 파업이었던 1982년 봄베이 섬유 파업은 20~30만 명의 섬유산업 노동자들이 참여해 1년 넘게 계속되었는데, 이 파업은 독립 노조가 주도한 것이다. 지도자였던 두타 사만트(Dutta Samant)는 국민회의 당원이었지만, 그는 국민회의 및 국민회의의 노동운동 날개인 INTUC와는 전혀 관계를 가지지 않았고 조합원들의 요구에만 충실했다(인디라 간디 총리는 그를 정치적 위험으로 간주할 정도였다). 비정치적인 봄베이의 독립 노조는 급속히 세를 불려서, 봄베이산업법(Bombay Industrial Act 1946) 이후 INTUC 계열의 RMMS(Rashtriya Mill Mazdoor Sangh)가 수십 년간 독점해온 단체협상 대상자(Representative Union)로서의 지위를 박탈해버리기에 이르렀다. 1982년 1월부터 시작된 봄베이 섬유 파업은 그해 8월 경찰이 가세하기도 하는 등 1년 넘게 기세를 이어갔지만, 군경을 동원한 정부의 강경한 진압과 섬유공장들의 잇따른 직장 폐쇄 및 교외 이전 등으로 수만 명의 노동자가 일자리를 잃게 된 채 실패로 끝이 났다.

1997년 1월 프리미어 오토모바일(Premier Automobile Ltd) 노조를 조직하고 있던 두타 사만트는 청부 살인자들에 의해 암살당했다. 경찰에서는 뚜렷한 근거도 없이 라이벌 노조에서 암살한 것 같다는 추측으로 수사했지만, 별 성과도 올리지 못하고 사건은 유야무야 종결되는 듯했다. 그러다 2005년 4월 세 명의 남성이 체포되어 두타 사만트 살해 혐의로 기소되었고, 2007년 10월 암살 주범인 비제이쿠마르 차우다리가 경찰에 의해 사살되었다. 암살 사건이 일어난 지 만 10년이 넘은 뒤였다.

인도에서는 이 같은 암살 사건이 빈번하게 일어난다. 두타 사만트의 경우처럼 10여 년이 지나서 범인이 체포되는 경우는 인도에선 운이 나쁜 편이 아니다. 수사가 미궁에 빠져 아예 사건이 종결되고 잊히는 경우가 허다하다. 인도를 대표하는 거대 기업인 릴라이언스 그룹에 의한 경쟁 사업자 암살설 등 추문이 끊이지 않는다. '세계 최대의 민주주의 나라' 인도가 가진 어두운 측면이다.

1970년대까지만 해도 인도의 노동운동과 정당은 긴밀하게 밀착 관계를 이루었다. 하지만 1980년대 들어, 정당과 일정한 거리를 두고 임금인상, 노동조건 개선 등 조합원들의 경제적 요구에 충실하는 독립 노조 활동이 노동운동의 새로운 경향으로 등장했다는 것은 인도 노동운동사의 ABC다. 두타사만트의 봄베이 파업은 대표적인 예다. 경제개혁 이후 구조조정으로 인해 정규직 일자리들이 줄어들면서 노동운동에서 이런 '독립 노조'적인 경향은 더욱 거세져가고 있다. 강혜영 연구위원이 대표적인 독립 노조라고 칭한 '은행사무직 노조'가 정확히 어디를 말하는지 명기하지 않아서 알 수 없으나, 은행사무직을 비롯한 금융 부문은 전산화와 기업 합병으로 인해 해마다 정당의 활동과는 거리가 먼 격렬한 쟁의가 있는 부문이다. 또 친노조적인 정책으로 유명한 웨스트벵골의 CPIM이 이끄는 좌파 정권은 1990년대 들어 웨스트벵골 내에서는 노조의 파업을 CPIM의 노동운동 날개인 CITU를 통해 최대한 통제하고 있다. 현재 인도 노동운동은 정치적인 문제보다 경제적 요구를 중심으로 움직이고 있다. 힌두 극우 정당 BJP의 노동운동 날개인 BMS도 파업을 벌이고 있다. INTUC도 전국적인 총파업에 참가할 조짐이다.

만약 현재의 '독립 노조 추세'가 정당과 관계없는 독립 노조를 사측에서 주도적으로 개입한 결과라면 이것도 신중하게 고민(?)해보아야 한다. 인도의 노동법은 노조를 사측에서 만드는 것을 불공정노동관행(unfair labour practices)으로 규정하고 있으며 복수노조를 허용하고 있다. 사측에서 노조를 만들어도 노동자들이 독자적으로 노조를 만들어서 사측에서 만든 노조가 불공정노동관행에 의해 만들어진 노조라는 증거를 제시하고 노동자들의 지지를 더 많이 얻게 된다면, 결과적으로 사측에서 노조를 만든 비용만 낭

비될 것이다.

상황이 이렇듯이 복잡한데도, 왜 강혜영 연구위원은 독립 노조 권고를 쉽게 했는지 도저히 이해가 되지 않는다. '노사화합 문화와 독립 노조'를 노사관계의 대안으로 제시하는 것은 적절치 않다. '울퉁불퉁한 인도'에 진출하는 기업들에게 만병통치약으로 쓰일 수 있는 '평평한 대안'은 없다고 본다. 정치와 관련이 있고 없고를 떠나서 인도의 현실을 있는 그대로 받아들이고 분석할 수 있어야 할 것이다.

인도의 노총들은 인도의 고질적인 빈부격차를 해소하기 위한 방안을 촉구하는 한편, 노동자가 해직된 후 재고용 때까지 생활을 뒷받침해주는 제도적 장치가 전무한 데 대해 제도 정비를 요구하고 있다. 인도에서 역사가 가장 길고 260만 명이 넘는 노조원이 소속된 AITUC의 부의장 H. 마하데반(H. Mahadevan)은 〈비즈니스 스탠더드〉지와의 인터뷰에서 "(노동법 개혁을 위해 설립한) 제2차 국가노동위원회(Second Commission on Labour)에서 모든 권고 사직자에게 최소 3개월 치 급여를 지급할 것을 권고했었으나, 현재 법적으로 15일 치 급여를 지급할 뿐이다"라고 개탄했다. 글로벌 컨설팅 회사인 왓슨 와이어트 월드와이드(Watson Wyatt Worldwide)를 운영하고 있는 쿨린 파텔(Kulin Patel)은 "인도 기업의 40%는 급여 이외에 상여금 지급을 위한 자금을 따로 책정해놓지 않으며, 95%의 기업은 해고할 때 줄 자금조차 마련하지 않고 있다"며 인도의 현실을 통계적으로 알려주었다. 정부는 이 문제와 관련해 직원 해고에 대비해 별도의 자금을 책정하는 기업에 대해서는 세금 관련 혜택을 주겠다고 밝혔으나 이를 기업의 준수사항으로 못 박지는 않았다.[162] 이런 것들을 보면 노동문제에서 가장 기본적인 것조차도 갖추어지지 않은 나라가 인도인 것을 알 수 있다. 인도의 노동문제는 지금부터 시작되고 있는 것이다.

간략하게 인도 노총들을 소개하는 것으로 이 꼭지를 마무리하도록 하자.

1928~29년 공산주의자들이 주도하는 AITUC가 노동운동을 이끌던 시기를 인도 노동운동의 절정기로 보는 견해가 일반적이다. 간디가 영향력을 행사 하던 아마다바드 지역 섬유노조를 제외하고는 AITUC를 중심으로 한 노동 운동 진영이 거의 모든 노조를 장악했기 때문이다. 당시는 현재의 인도처럼 십여 개의 전국 단위 노총이 존재하지 않았다. 1920년 AITUC 창설 당시 의 장은 국민회의의 라지파트 라이였고, 1928년 AITUC의 전국 의장 또한 국 민회의의 네루였다. 국민회의 소속 정치 지도자들이 후에 다양한 정당들로 분화된 것처럼 인도의 노동운동 또한 AITUC를 정점으로 분화되기 시작했 다. 현재의 인도 노총들과 그 성향을 간략하게 훑어보기로 하자.

BMS는 RSS의 산하조직이니 당연히 BJP의 노동운동 날개이다. 민족주의 를 표방하는 이들답게 국제 노동단체와 아무런 교류가 없다. INTUC는 국 민회의 계열이며 간디의 이념을 계승하고 있다고 내세운다. HMS는 유일하

〈표 5〉 인도의 대표적인 노총

단체명	연계 정당 또는 정치성향	노조원 수
BMS(Bharatiya Mazdoor Sangh (Indian Workers' Union): 인도노동 조합)	RSS(Rashtriya Swayamsevak Sangh(National Volunteer Organi- zation): 민족자원봉사단) BJP(Bharatiya Janata Party: 인도 인민당)	6,215,797
INTUC(Indian National Trade Union Congress: 인도전국노동조합회 의)	국민회의(Indian National Con- gress)	3,892,011
HMS(Hind Mazdoor Sabha(Workers Assembly of India): 인도노동자의회)	사회주의	3,342,213
CITU(Centre of Indian Trade Unions: 인도노동조합센터)	CPIM(Communist Party of India (Marxist): 인도마르크스주의공산당)	3,222,532
AITUC(All India Trade Union Con- gress: 전인도노동조합회의)	CPI(Communist Party of India: 인 도공산당)	2,677,979

* 소속 노조원 수는 인도 노동부에서 발표한 'Trade Union Verification Data' (2002년, 잠정치)에 의거했다. 2002년 현재 인도의 노조들에 소속된 총 노동자 수는 2,460만 1,589명으로 조사되었다. 자세한 사항은 다음을 참 고하라. http://www.labourfile.org/superAdmin/Document/113/table%201.pdf

게 정당과 관계가 거의 없어진 노총이지만 사회주의, 공산주의란 단어가 과잉으로 사용되는 인도답게 사회주의를 지향한다. 이들의 사회주의는 우리가 알고 있는 사회주의가 아니다. 기존 사회주의국가의 사회주의도, 자본주의도 모두 반대를 하는 사회주의다. CITU는 CPIM의 노동운동 날개로 HMS와 통합을 논의했으나 결렬되었다. AITUC는 CPI의 노동운동 날개이며, CPI는 CPIM과 비교해 의회 의석수는 10분의 1가량밖에 안 되더라도 노동자 대중조직을 동원할 수 있는 역량은 대등한 수준이다. 참고로 이야기하자면 노조의 역량을 판단할 때 조합원 수만으로 판단해서는 안 된다. 철도노조가 파업하는 것과 황마노조가 파업하는 것은 파급효과가 다를 수밖에 없다. 노조의 힘은 어느 산업 분야에서 어떻게 조직되었는가도 같이 보아야한다. AITUC와 HMS의 통합도 논의되어 왔으나 결국 통합에 실패했고, AITUC와 CITU의 통합도 논의가 있으나 이는 CPI와 CPIM의 합당 논의만큼이나 불투명해 보인다.

인도에서는 어느 정도 산별체제가 확립되어 있으며, 특별한 이슈가 없는 한 이들 노총이 산별노조 활동에 개입하는 일은 드물기에 이들 노총과 산별체제가 움직이는 것은 별도로 분석을 해야 한다. 각 노총들 간의 통합을 통해 노동운동이 힘을 키우자는 논의는 한 30여 년 진행한 것 같은데 논의의 진전은 거의 없다고 보면 된다. 각 노총들이 정당들의 노동운동 날개라는 문제도 있지만, 앞서 거론한 노총들 말고도 각 주에 또 나름 영향력을 지닌 지역 노총들과의 통합 문제도 있기 때문이다. 이 지역 노총들은 인도의 정치 특성에 따라서 당연히 각 주의 지역 정당의 노동운동 날개인 경우가 태반이다.

4

인도에서
지낸다는 것

이 장은 인도의 정치·사회·경제 외의 주제를 다룬 글들과, 제목 그대로 인도에서 지낸다는 것에 대한 체험적인 글들을 한데 모은 것이다. 3장까지와 달리, 이 장은 편한 마음으로 읽을 수 있도록 썼다. 일반적인 여행기를 읽는 기분으로 읽어주기 바란다. 다만, 다른 분들에게 청탁해 받은 글들은 해당 필자의 경험과 고민이 녹아 있는 것들이니 진지하게 읽어주길 기대한다.

01

'여행을 떠난 자만이
인생을 알 수 있다' 는 말

외견상 여행기처럼 보이는 글이라도 글의 특성에 따라 달리 읽을 필요가 있다. 학자들이 여행기의 형식을 빌려 적은 글이나 저널리스트들이 지역 연구를 위해서 적은 글은 여행기처럼 보이더라도 일반적인 여행기와 다르기에 진지하게 읽어야 한다. 반면 통속적인 여행기를 읽을 때의 가장 중요한 미덕은 '가볍게 읽고 흘려버리는 것' 이다. 여행기의 주인공을 '숭배' 하다시피하고 '나도 이런 신비한 경험을 해야지' 라고 여행 정보서 한 권과 여행기 한 권 달랑 들고 인도로 오는 걸 말릴 수는 없다. 하지만 한국에서는 개인의 체험일 뿐인 여행기를 너무 심각하게 여기는 것 같다. 글쓴이들은 '여행을 해본 사람만이 인생을 알 수 있다' 라고 만용에 가까운 말을 하며, 읽는 이들 역시 여행자의 이야기들을 자못 심각하게 받아들이는 것 같다. 그런데 칸트는 태어나서 죽을 때까지 활동 반경이 조그만 마을을 벗어나지 않았다. 여행은커녕 매일 동네나 산보하던 그는 서양철학사에서 손꼽히는 위대한 철학자로 남았다. 또 원효대사도 당나라 유학길에 해골에 괸 물을 마시고 크게 각성한 뒤 발길을 돌려 그 좁은 신라에서 벗어나지 못했지만 세계적인 고승이 되었다.

'How much?'와 '多少錢?' 단 두 문장만 구사할 줄 아는 회화실력으로, 여행 정보서만 가방에 넣고 장장 6개월에서 1년간 중국과 인도를 다녀오는 패기 넘치는 분도 본 적 있다. 그러나 그렇게 여행 갔다가 돈이 다 떨어지고 나서 한국에 돌아온다면 무엇이 남아 있을까. 여행이 당신의 인생을 바꾸어주기보다는 잠시 인생에서 쉬어가는 (뭐 한때 유행한 말로) '일탈' 내지 '탈주'일 뿐이지 않을까(쉬고 싶어서 여행을 떠나는 것까지 부정하는 것은 아니다. 나 역시 직장생활이 힘들 때 나에게 조금 보상을 해주는 기분으로 여름휴가 때 태국에 놀러간 적이 있다).

삶이란 일상 속에 있는 것이지, 다른 곳에 여행을 떠나서야 만날 수 있는 것은 절대 아니다. '네팔의 고산을 걷고 나면 인생이 뭔지 알 수 있다. 세상이 다르게 바뀐다' '바라나시에 가서 화장터를 보면 삶의 무상함을 느끼고 세상이 새로 보인다' …. 그렇다고 치자. 다시 당신은 일상으로 복귀해야 한다.

사회생활을 시작한 지 얼마 안 되었을 때 중국 출장을 간 적이 있다. 그때 비행기를 놓치는 바람에, 코스가 꼬여서 홍콩을 거쳐 광저우로 들어가는 배를 타게 되었다. 넓디넓은 바다 같은 강을 거슬러 광저우로 들어갈 때 '아! 대자연' 어쩌고 하면서 나름 혼자 진지했던 기억이 난다. 하지만 그런 상념도 잠시뿐, 배에서 내리고 나니 내 출장 목적만이 머릿속을 가득 채우고 있었다. 좋은 일도 아니고 클레임이 걸려, 회사 전체를 대표해서 최말단인 내가, 정확히는 직장 상사(혼자 해외출장을 그리 잘 다니더니만 처음으로 나를 혼자 보냈다) 대신 내가 욕을 얻어먹으러 가는 길이었으니….

삶의 문제는 네팔의 고산이나 바라나시의 화장터가 답을 주지 않는다. 여행기를 써서 먹고살만한 인세가 들어오고 강연을 다닐 만큼 명성을 얻는다면 답을 줄지 모르겠다. 아니면 한국에서의 삶을 완전히 정리를 해버리고,

자신의 영혼을 흔들어놓았던 바로 그곳에서 민박집을 차리고 산다면 새 삶이 주어질지도 모른다. 그러나 그렇다고 해도 다른 밥벌이일 뿐이지 않겠는가. 장소만 바뀐 일상에서, 운 좋으면 조금 더 낫게 살아갈 수 있을 것이나 쉽지 않을 것이다.

'여행을 해본 사람만이 인생을 알 수 있다'는 문구는 여행이 사업이나 직업이어서 여행을 문화자본으로 살아갈 수 있게 된 사람들이 하는 말이니, 광고와 실제 현실을 구분하자. 여행사는 필요하다. 나는 여행에 도가 튼 인간이 아니라서 여행사를 이용해서 움직인다. 여행사가 불필요하다는 이야기로 오해하지 말았으면 좋겠다. 광고는 당연히 필요하지만 광고를 액면 그대로 받아들이지는 말자고 이야기하는 것이다.

인도를 여행할 계획이라면, 좀 다른 식의 준비를 해보면 어떨까. 만약에 콜카타에 간다면, 출발 전에 볼리우드 오락영화와는 다른 인도 예술영화들을 챙겨보는 것은 어떨까. 예컨대 리트윅 가탁 감독의 콜카타 3부작이나 사티야지트 레이 감독의 〈아푸〉 3부작 같은 영화들을 보고 출발하면 어떨까 (이런 영화들과 콜카타를 배경으로 한 할리우드 영화들, 예를 들면 패트릭 스웨이지가 주연을 맡은 〈시티 오브 조이〉를 비교해보면 아주 색다를 것이다). 콜카타에 며칠 머물면서 이들 영화가 촬영된 시점과 현재의 콜카타는 어떻게 다른지 나름대로 느껴보는 것도 좋다.

인도인들과 얘기할 기회가 올 때, 사티야지트 레이나 리트윅 가탁 영화 얘기를 해보라. 대화가 좀더 업그레이드될 가능성이 높다. 인도인들이 당신을 보고 '좀 놀게 생겼는데 보기와 달리 생각이 괜찮네'라고 생각해줄지도 모른다. 사티야지트 레이나 리트윅 가탁은 인도의 근대화를 인도의 사회적·역사적 맥락에서 고민했던 이들이다. 현재 세계화되고 있는 도시 콜카타에서 이들을 생각하면서 거리를 걸어 다니는 것이 콜카타 기차길 역 근처에서 밤새도록 영혼의 대화를 나눌 걸인들과의 만남을 기대하는 것보다 더 현실적이고 낭만적일 것이다. 그리고 귀국 전에는 친구들에게 줄 선물로, 금방 부러질 액세서리나 옷 같은 것 말고 인도의 현실을 담은 〈랑그 데 바산티〉나 〈델리 6〉 같은 영화 DVD를 선물하면 어떨까.

02

인도의 언어

영어

인도 사람들 영어 잘하는 것 아니다. 10억 정도는 영어 못한다. 이 책 전체에 걸쳐 인도인 절대다수는 가난하다고 충분히 이야기한 것 같다. 가난한 절대다수의 사람들이 무슨 교육을 받았겠는가. 인도 전체로 보면, 교육의 혜택을 받는 이는 소수에 불과하다. 인도의 모든 대학에서 강의를 영어로 진행하는 것도 아니다. 그러면 인도는 영어를 못하는 나라인가. 1억에서 2억 명 정도는 아주 잘한다. 이들을 기준으로 보면, 인도는 영어를 엄청나게 잘하는 나라다.

류시화 작가는 오지로 가는 버스에서 인도 사람들과 정답게 대화를 나누었다고 어느 여행기에 적은 바 있다. 그런데 나는 한 가지 가능성밖에 없다고 생각한다. 그날 어느 대학 교수와 학생들이 어디 단체로 이동하려고 했는데, 류시화 작가가 온다기에 인도 국민을 대표해 순박한 모습을 보여주고자 작정하고 기다렸다가 만나 대화를 나누었을 가능성 말이다. 그 외에 다른 가능성? 전혀 떠오르지 않는다. 글쎄, 인도도 한국처럼 '영어마을'이 있어서 그 마을로 가는 버스를 류시화 작가가 탔을까.

임헌갑 작가의 여행기 《떠나는 자만이 인도를 꿈꿀 수 있다》의 앞부분을 보았을 때 좀 황당했다. 인도 여행이나 어학연수를 계획하는 사람들이 그 책을 읽고 액면 그대로 받아들일까봐 우려가 되기도 했다. 그들이 책을 읽고 감동 받아서, 혹시 짜이 한 잔 들고 콜카타의 하우라 역에 죽치고 앉는 일정을 잡지 않았을까. '거리의 철학자'들을 만나 밤새도록 대화를 나누면 영혼도 정화되고 영어도 늘어서 좋겠다는 생각을 하지 않았을까. 여행기 읽을 때의 가장 중요한 미덕인 '듣고 흘려버리기' 했기를 바랄 밖에.

힌디어

간디는 힌디어를 잘하지 못했고 강연도 대부분 구라자트어로 했지만(그의 유명한 책 《스와라지》도 구자라트어로 썼다) 그래도 힌디어를 사용하자고 했다. 말년에는 힌디어로 강의를 많이 했다. 인도를 하나의 민족으로 묶는 민족어가 필요하다고 생각했기 때문일 것이다.

인도에서는 전체 인구의 45%가량이 쓰는 힌디어를 표준어로 삼으려는 움직임이 있었다. 하지만 인도 내 각 언어권에서, 특히 남부 지역에서 난리가 났다. BC 15세기경 아리아계가 인도 북부로 밀고 들어오는 바람에, 원래 살던 터전을 내주고 인도 남부로 밀려나 오랜 세월 살아야 했던 드라비다계로서는 아리아계의 주류 언어인 힌디어를 공용어로 한다니 격렬히 반대할 수밖에. '그렇지 않아도 너희 흰 피부의 아리아인들이 들어와서 지배층을 이루며 우리 까만 피부의 드라비다족을 멸시하고 바르나(varna: 색깔)로 카스트를 만들었는데, 언어도 너희 언어를 사용하라고? 너희보다는 우리 역사가 더 유구한데 어디서 말도 못하게 만들어!' 뭐, 이런 식으로 남부 드라비다계 사람들이 참을 수 없게 된 것이다.

지역 언어

1957년 케랄라 주에서 최초로 공산당이 선거를 통해 집권할 수 있었던 배경에는, 한해 전에 케랄라 주가 이웃 주의 일부를 편입해 단일한 말라얄람어권으로 묶인 점을 무시할 수 없다. 당시 CPI의 지도자 남부디리파드가 그 중심에 있었다. 펀자브 주가 여러 주로 나뉜 것도 주민들이 힌디어를 사용하느냐, 펀자브어(주로 시크교도들)를 사용하느냐가 중요한 역할을 했다.

현재도 인도의 화폐에 못 들어간 언어를 사용하는 지역의 정치인들은 선거철이면 자신이 당선이 되면 자기네 지역 언어도 화폐에 넣도록 하겠다고, 즉 공용어로 만들겠다고 유권자들을 공략한다. 인도 화폐에는 수십 개의 지역 언어가 명기되어 있다. 우리 눈에는 이상해보일지 몰라도, 그게 맞다. 힌디어를 표준어로 제정해 국가경쟁력을 강화하려다가 분열을 불러오는 것보다는 인도 내에서 많이 사용하는 주요 언어는 전부 공용어로 하고 인도 화폐에 다 넣고 '다양성 속의 통일성, 우리는 인도!' 이게 훨씬 낫다. 모든 공문서는 영어로 하고 각 주마다 많이 쓰는 언어로 한 벌 더 작성하면 된다.

인도의 언어를 공부하겠다면 뚜렷한 목적이 있어야 하지 않을까. 인도 고대 문헌에 근거를 둔 인도철학을 공부하겠다면 산스크리트어를 익혀야 하고, 인도 르네상스(벵골 르네상스)를 공부하려면 벵골어를 익혀야 한다. 비즈니스를 위해서 인도 언어를 공부한다면, 어느 지역에서 비즈니스를 할 것인지를 먼저 생각해보아야 한다. 따지고 보면 힌디어도 지역 언어일 뿐이다. 벵골에서 비즈니스를 하려면 힌디어가 아니라 벵골어를 배워야 한다.

03

인도인들은 게으른가

인도인들이 게으른지에 대해 내게 묻는다면, 솔직히 대답하기가 어렵다. 첫째, "40도가 넘는 더위 속에서 너는 부지런할 수 있는가"란 질문에 외국인 그 누구도 쉽게 답할 수 없을 것이다. 둘째, '부지런해 봐야 미래가 바뀔 확률이 전무한 사회에서 부지런해질 필요가 있는가'라는 문제도 생각해볼 필요가 있다. 인도 사람 대부분은 날 때부터 죽을 때까지, 그리고 자기 자식까지도 삶이 변화될 확률이 거의 없다. 이런 사회에서 열심히 일할 필요가 있는가 하는 질문을 다시 하게 된다. 인도에서 일을 열심히 하는 사람들은 대부분 고액의 급여를 받는 사람들이라고 한다. 그게 사실이라면, 그들은 미래가 좀더 나아질 것이라는 희망이 있는 사람들이기 때문에 열심히 일을 하는 것이다. 반면 다수의 사람들은 희망이 없으니 부지런해질 필요를 못 느끼는 것 아닐까.

그러나 인도 전체가 게으르다면 현재의 인도는 없을 것이다. 열심히 일해 온 사람들이 있기에 현재의 인도가 만들어질 수 있었다. 반공포로로서, 제3의 나라로 인도를 선택해서 인도에 정착해 살고 있는 현동화는 1970년

대부터 인도 노동자들을 중동으로 인력 송출을 하는 사업을 해왔는데, 그는 회고록 《격랑의 세월 인도에 닻을 내리고》에서 다음과 같이 말하고 있다.

"코브라와 인도인이 동시에 나타나면 인도인부터 먼저 죽여라"라는 속담이 말해주듯이 나태함과 낮은 생산성, 신뢰성 부족이 인도인에 대해 갖고 있는 선입견이다. [⋯] 인도인들은 더위를 잘 견딘다. 일을 할 때는 잽싸고 민첩하게 움직이지 않고 느릿느릿하지만 열사의 뜨거운 햇볕 아래서도 할당된 일을 꾸준히, 그리고 묵묵하게 마무리 짓는다. 인도 노무자들의 이런 태도를 아니꼽게 생각한 한국 노무자들이 인도인을 주먹으로 쳤다는 것이었다. 인도인들은 또 이런 말도 했다. 그늘에 앉아서 게으름을 피우다가도 현장 감독이 나타나면 후다닥 열심히 일어나 열심히 하는 척하는 사람이 한국 노무자들이라고. 또 다른 예를 보자. 당시 작업 현장에서는 무더위 때문에 작업장 옆에 있는 물탱크에 물을 하루에 네 번씩 채워 넣어야 했는데, 트럭으로 멀리까지 가서(오전 2회, 오후 2회) 실어 날라야만 했다. 인도인들은 계약 조건이 그렇다고 하더라도 물이 부족할 때는 하루에 다섯 번이고 여섯 번이고 날라오는데, 그러면 "너희들 때문에 우리가 피해를 본다"며 하루 네 번 이상은 물을 날라 오지 못하도록 한국인들이 방해를 한다는 것이었다. [⋯] 이상과 같은 문제가 빈발하자 많은 회사들이 작업 방식을 도급제로 바꾸었다. 도급제 하에서는 한국인들은 인도인들보다 훨씬 빠른 기간 안에 작업을 완료했다. 그러나 뒤에 부실 작업이었음이 드러나 힘들게 만들어 놓은 설치물들을 뜯어내고 공사를 다시 하는 경우가 허다했다. 처음에는 인도인의 생산성을 한국 사람의 절반 이하로 추산했으나 종합적으로 따진 평균치에서는 비슷한 성과를 올렸다는 것이 노무 담당자들의 사후 평가였다."[163]

인도인들이 게으른지 부지런한지를 판단하려면 이와 같은 문화적 차이를 감안해야 할 것 같다. 즉 일방적 잣대로 판단해서는 안 된다는 말이다. 외국인인 나로서는 쉽게 답변을 하기는 힘들다.

하지만 인도인들이 같은 질문을 받는다면 다수의 인도인들은 인도 사람들은 게으르다며, 자신들의 노동 문화에 대해서는 비판적으로 말할 것이다. S. 샹카르(S. Shankar) 감독의 타밀나두 영화 〈아니얀(Anniyan)〉(2005)은 인도에 만연한 무책임과 나태함을 잘 드러낸 작품이다(무책임과 나태함을 사람들의 이기심 때문으로 본 결론에는 이견이 있을 수 있지만). 감전사고로 세상을 뜬한 소녀의 죽음에 대해 경찰, 공무원, 전기 기사 등 수많은 사람들이 책임이 있었지만, 재판정에서는 '자연재해'가 원인이라고 판결한다. 이 영화에는 사람들의 안전이라고는 눈곱만큼도 생각하지 않는 오토바이 부속 공장주, 기차에 공급하는 음식을 만들면서 이윤에만 눈이 먼 식당 주인, 일하지 않고 늘 술에 취해서 지내는 부랑자 등 다양한 군상들이 구체적으로 나온다. 인도 사회 전체에 퍼진 부패와 무책임함에 대해 알고 싶다면 이 영화를 볼 필요가 있다.

04

모른다고 하지 않는
인도인들

인도에서 길을 물으면 거의 대부분은 모른다고 하지 않고 가르쳐준다. 그런데 맞는 경우가 거의 없다. 한 사람이 알려준 말만 믿고 가라는 대로 가면 절대 안 된다. 최소한 세 명에게 물어보고 확률상 높은 쪽으로 가야 한다. 친절히 웃으면서 가르쳐주더라도 믿어서는 안 된다.

왜 인도인들은 길을 모르면서도 모른다고 하지 않고 일단 아는 것처럼 길을 가르쳐주고 보는 것일까. 모른다는 것을 치욕스럽게 생각하는 것 같다. 이것은 인도 사람들이 "No problem"이라고 말하더라도 거의 대부분 "아직도 Problem"일 것이라고 생각하고 긴장해야 되는 것과 비슷하다.

학교에서 수업 시간에 발표하다가 어떤 것이 틀렸다고 교수에게 지적받으면 말을 바꿔 "나도 그렇게 생각했다"고 한 뒤 바로 앞뒤가 안 맞는 발표들을 척척 하는 모습을 종종 본다. 한국 학생들은 그런 모습을 보고 놀라워하는데 인도 학생들은 대수롭지 않게 여기고 평소처럼 수업을 듣는다. 인도인들이 논쟁을 하는 것을 보면 "내게 1분만 달라"며 아우성을 치는 경우가 흔한데, 1분을 주면 당연히 1분만 말하지 않고 가만 두면 1시간이고 2시간이고 말하는 경향이 있다.

　인도인들은 자신이 모른다고 말하는 것을 굉장히 치욕으로 여기며 자신이 아는 것에 대해서는 어떻게 하든지 그것을 알고 있다는 것을 남에게 어필해야만 하는 기질이 있는 게 아닐까 하는 생각이 든다. 인도인 전체가 그렇다고 주장할 생각은 없다. 제대로 길을 가르쳐주는 인도인들도 있고 모르면 모른다고 하는 인도인들도 있다. 그렇더라도 길을 물을 때는 세 번은 꼭 물어보자.

05

속이는 인도인들

인도의 방대한 신화들 가운데는 처세술에 관한 내용이 엄청나게 많다. 신화에 등장하는 처세술 몇 가지를 훑어보면 말을 어떻게 잘 하는가, 말로 어떻게 잘 속이는가가 얼마나 중요한지 알 수 있다.

어떻게 아부해서 성공할 것인가에 대한 사례

시바와 파르바티는 두 아들인 무르간과 가네샤에게 누가 먼저 우주를 돌아서 올 것인가 시합을 시킨다. 공작을 타고 다니는 무르간은 이 경기의 승자가 자신일 것이라 확신했고 쥐를 타고 다니는 큰 몸집의 코끼리 신인 가네샤는 이 경기에서 정식으로 승리할 수 없다는 것을 알고 있었다. 가네샤는 우주 전체를 도는 대신 시바와 파바로티의 주변을 한 바퀴 돌면서 말한다. 부모님이 나의 우주입니다. 승자는? 가네샤가 된다.

거짓말을 해서 승리를 거둔 사례

인도의 서사시 《마하바라타》에서 하나 뽑아보자. 위대한 전사 드로나는 판다바의 군대에 엄청난 피해를 준다. 아들 아쉬와타마가 죽었다는 잘못된 정보를 들으면 드로나의 기세가 꺾일 것이라고 크리슈나는 제안한다. 모두가 이를 받아들이는 것을 주저하지만 유디스티라는 이를 받아들인다. 이 지점에서 판다바의 일원인 비마는 코끼리를 죽이고 크게 외친다. "내가 아쉬와타마를 죽였다." 드로나는 브라흐마스트라(Brahmastra: 파괴력이 엄청난 천상의 무기)를 들어 판다바 군대를 전멸시키려는 찰나에 이 소리를 듣게 되었다. 그는 아쉬와타마가 죽었다는 소리를 듣고 유디스티라를 찾아가서 사실이냐고 묻는다. 유디스티라는 "사실이다. 아쉬와타마는 죽었다"고 한다. 드로나는 더 이상 살아갈 이유를 잃어버리고 정신을 잃게 된다. 젊은 판다바 전사인 드리쉬타디윰나는 그의 목을 쳐버렸다.

기원전 4세기 마우리아왕조 시대의 재상 카우틸랴(Kautiliya)의 저작으로 알려진 《아르타샤스트라(Arthashastra: 실리론)》를 보면, 먼 후대에 마키아벨리가 《군주론》에서 말한 핵심부터 데일 카네기의 처세술과 유사한 내용까지 이미 서술되어 있다. 칸차 일라이아는 《왜 나는 힌두가 아닌가》에서 상업을 담당하는 바이샤들이 남을 속이는 것이 그들 카스트에 충실한 것으로 되어 있는 카스트제도에 대해 철저히 비판한다. 실제로 바이샤들이 보는 경전에는 잘 속이는 것이 그들의 업이라고 노골적으로 나와 있다.

나는 어린이 동화책을 한 권 보다가 경악한 적이 있다. 숲에서 친구가 참 많았던 토끼는 늑대에게 쫓기게 되어 다른 동물 친구들에게 도움을 청했지만 다 거절당하는 줄거리였다. 이 동화는 친구는 많아봐야 도움이 안 된다는 살벌한 결론을 내리고 있었다. 어린이 동화책도 처세술에 관한 것이 주요 내용인 경우가 적지 않다.

인도인들은 비물질적이라는 시각에 대해 나는 '환상'이라고 생각한다. 인도에서 오래 비즈니스를 해온 이운용 교수의 충고는 인도인들을 대할 때 유용한 것으로 생각된다.

"계약서 초안을 놓고 교섭이 시작되면 우리 측은 크게 마음을 먹고 첫째 조항부터 문제점을 지적하면서 인도 측이 부담해야 한다고 이야기하게 된다. 그러면 인도 측은 큰 양보를 해주듯이 우리 지적을 받아들인다. 조항 하나하나를 지적하면서 매번 인도 측이 양보하라고 하다 보면 한국식 사고방식이 고개를 들게 된다. 예를 들어 100가지가 모두 인도 측 부담이어야 한다고 가정해보자. 여기서 30여 가지를 인도 측에 넘기고 나면 우리가 너무한 것이 아니냐는 생각을 우리 기업인은 갖게 된다. 즉, 염치가 있어야 한다는 한국인의 사고방식이 고개를 들기 때문이다. 당초 계약서 초안 자체가 '몰염치' 하게 작성되었다는 것은 협상 중에 이미 잊어버리고 '염치'를 생각하는 것이다. 이러한 한국적 사고방식이 적용되는 순간부터 우리 측의 손해가 시작되는 것이다."[164]

비단 인도나 콜카타만의 문제는 아니겠지만, 인도에서 택시를 탈 때는 조심해야 한다. 택시기사들이 외국인들을 대상으로 다른 목적지에 떨어뜨려 놓고 그곳이 맞다고 우기며 돈을 달라는 경우가 아주 흔하기 때문이다. 프리페이드 택시*를 타더라도, 목적지에 제대로 도착하기 전에는 절대 슬립 (Slip)을 주지 마라. 택시에서 내린 다음, 적어도 2명에게 물어서 목적지를 확인한 뒤에 줘라. 일반적으로 택시기사들은 30루피(900원)면 갈 곳을 미터기 안 올리고 100루피(3,000원) 달라고 하거나, 미터기를 올리더라도 80루피

---

* 프리페이드 택시(pre-paid taxi)는 택시의 바가지요금을 막기 위해 시행하고 있는 선불 택시 제도다. 목적지까지의 정상 요금에 해당하는 슬립(바우처 또는 쿠폰이라고도 부름)을 출발지에서 미리 구입하고, 택시를 이용한 뒤 목적지에 도착해서 기사에게 슬립을 주는 방식이다.

(2,400원)면 갈 곳을 온갖 우회로를 거쳐서 결국 150루피(4,500원)를 받아내는 일들을 서슴지 않고 한다. 내 경우, 자주 가는 코스라서 80루피인 줄 뻔히 아는데 뺑뺑 돌아간 끝에 150루피를 달라고 하기에 돈을 기사 얼굴에다 던져버리고 같이 경찰서 가자고 대판 싸운 적도 있었다. 이런 위험한 짓 이제는 안 한다. 이런 코스로 와야 했는데 왜 다른 코스로 왔냐고 딱 한 번 말하고 뒤도 안 돌아보고 간다.

콜카타에 와서 방을 구할 때 겪은 일이다. 계약서를 작성할 때 에어컨을 설치할 수 있는지 몇 번을 물어보고 확인했다. 에어컨을 설치할 수 있다고 자신 있게 대답해서 계약을 완료하고 이사를 와서 에어컨을 설치하려고 보니 에어컨 설치가 불가능한 건물이었다. 에어컨 가동에 필요한 전력 자체가 공급이 되지 않는 건물이었다. 따지러 가니 주인이 인도 신화 속에 나오는 인도인처럼 답하더라. "에어컨 설치해도 되냐고 물어봐서 된다고 말했다. 네가 설치하고 싶으면 해라. 이 건물이 에어컨 가동에 필요한 전력을 공급할 수 있는지 여부와는 다른 문제가 아닌가?" 어이가 없어 얼굴을 보았는데 미안해하는 기색이 하나도 없더라.

열 받아서, 에어컨을 돌릴 만한 전력 설치가 안 되면 이 집에서 나가야 하니까, 2달간 월세의 보증금이 있으니 월세 내지 않고 전력 설치를 기다리겠다고 했다. 그리고 월세를 안 내고 지내고 있었다. 그러던 어느 날 아침에 자고 있는데 문을 두드리고 난리가 나서 나가보니, 주인이 전력 설치가 되었으니 돈을 달라는 것이었다. 나가보니 전력 설치가 안 되어 있었다. 설치가 안 되었는데 왜 돈 달라고 하느냐고 꾹 참으면서 물어보니 집 바로 앞의 변전기를 가리키는 것이었다. 저기에 전력이 설치되어 있고 자기 건물에 연결만 되면 되니 돈을 달라는 것이었다. 무슨 말장난 가지고 이렇게 아침부터 법석을 떠나 싶어서, 계속 떠들고 있는 걸 무시하고 아무 말 없이 방으로 돌아왔다. 인도 신화에 나오는 이야기들이 이렇게나 이들에게 체화되어 있구나 하는 생각이 들었다. 인도인들 전체가 그렇지는 않을 것이다. 그러나 이런 생각은 들었다. 간디주의자들 말대로 역사보다 신화가 중요해지면 이런 식의 악행들이 범해지는구나.

06

채식주의와 브라만

　브라만들의 채식주의 문화를 찬양하는 한국의 채식주의자들 웹사이트를 본 적이 있다. 그런데 실상을 몰라서 그렇겠지만, 브라만들을 찬양하는 내용이 있어 솔직히 좀 거슬렸다. 같은 채식이라고 해도 우리나라 사찰의 정갈한 채식과 여기 브라만들이나 크샤트리아로부터 유래된 채식은 완전히 다르다. 이들의 채식에는 온갖 호화스러운 비싼 향신료가 듬뿍 들어간다.

　상층 카스트만 먹을 수 있었던 기(ghee)라는 버터를 정제해서 만든 음식은 사치의 극치다. 얼마나 많은 버터가 들어가야 기가 소량이라도 나오는가를 알면 사치라고 말할 수밖에 없다. 비교를 하자면, 우리나라에서 예전에 민초들은 보릿고개에 굶주려 죽어가고 있는데 양반네들은 쌀로 소주를 담가 마시면서 지난번보다 잘 담가졌느니 못 담가졌느니 하고 평가하는 격이다. 이들이 즐겨먹던 스윗(sweet) 또한 우유로 만든 과자인데 엄청나게 복잡한 공정, 즉 인간의 노동력이 대거 들어가는 조리과정을 거친다. 고대에 소를 잡아먹던 지배 카스트들이 석가모니의 등장으로 자기들의 기득권이 위협받자 이를 지키기 위해서 채식주의자로 변신한 후, 소를 잡아먹지는 않지만 여전히 하층 카스트들의 피를 빨아먹는 과정은 지속하지 않았나 하는 생각이 든다. 지금에서야 '기' 나 '스윗' 은 시장에서도 흔히 파는 음식이지만 예전에는 하층민들이 먹을 수 있었겠는가.

채식주의 자체를 반대하는 것은 아니다. 여기서 내가 말하고 싶은 것은 인도 상층 카스트의 채식 문화를 '인도의 신비' 와 연결해서 무비판적 찬양조로 흘러가는 것은 좀 생각해볼 여지가 있다는 것이다.

07

하층 카스트와
인도의 성매매

인도에서 성매매는 신화 《라마야나》에서부터 당연시된다. 라마의 대관식을 거행하려 할 때 사제 바시슈타는 백성들에게 만반의 준비를 당부한다. 그는 쾌락을 제공하는 아름다운 소녀들을 준비해두라고 명한다. 그러나 라마는 왕으로 추대되는 대신 추방을 당하고, 아내 시타를 구하기 위해 원숭이 신 하누만과 함께 악마 라바나와 치열한 싸움을 벌이게 된다. 오랜 전쟁 끝에 라마가 승리를 거두고 돌아온다고 하자 이복동생 바라타는 뛸 듯이 기뻐하면서 다음과 같이 명한다. "순수한 사람들은 향기로운 꽃과 온갖 노래로 도시의 성스러운 장소들을 채워 라마를 환영하라. 전설과 찬가에 정통한 수타, 찬양할 글을 쓸 시인, 모든 성매매 여성들, 왕의 부인들, 재상들, 모든 군대와 군대의 위안부들은 모두 나와서 라마를 환영하라." 늦었지만 이제라도 라마 신과 그의 용사들에게 성매매 여성들을 제공하겠다는 의지를 보이는 것이다.

예나 지금이나 인도에서 성매매 여성은 대부분 하층 카스트로 항상 성적 착취의 대상이다. 역사적으로 가장 오래된 매춘은 사원매음(temple prostitution)이라는 형태였으며, 고대 인도에서는 데바다시(devadasi: 무희)가 사원 참배자에게 몸을 맡기는 매음이 공공연히 일어났다.

데바다시를 성매매 여성으로만 간주하는 것이 아니라 인도 문화의 상속자로 보면서 전통으로 복귀시키자는 움직임이 있는데, 이는 모든 데바다시가 성매매 여성이었던 것은 아니라는 인식이 있기 때문인 것 같다. 사원에 봉사하던 무희는 상류계급 소녀가 무희가 된 '데바다시'와 하층민 딸이 직업 무희가 된 '나튜니' 두 부류가 있었으며, 매음은 이들 '나튜니'가 했다는 설에 근거하는 것 같다(나는 데바다시와 나튜니의 구분에 대해 문헌으로 확인하지 못했다. 따라서 짐작은 가나 확실하지 않기에 이 꼭지에서 데바다시와 나튜니를 따로 구분하지 않겠다).

사원에서는 데바다시의 춤과 음악이 끝난 후에 '꽃을 꺾는 의식(deflower ceremony)'을 벌였는데 이 의식을 통해 데바다시와 그녀의 부모는 물질적 대가를 받았다. 데바다시의 첫 번째 꽃을 꺾은 사람은 후원자가 되어 그녀를 평생 후원하면서 매음에서 최우선권을 확보할 수 있었다. 데바다시는 다른 남자의 대상이 될 수 있었으나 후원자가 오면 다른 남자들은 자리를 비켜주어야 했던 것이다.[165]

사원에서의 이런 의식은 유곽에서도 그대로 치러졌다. 샤룩 칸과 아이쉬와라 라이가 주연한 영화 〈데브다스(Devdas)〉(2002)를 보면, 고급 유곽에서 그녀들에게 장신구를 채우고 춤을 감상한 후 장신구를 풀고 나서 꽃을 꺾는 행위를 하는 모습을 볼 수 있다.

"순금으로 만든 거다. 주문한 수제품이지. 순금 코걸이도 있다. 네 발에는 발찌 방울들도 착용하면 좋겠구나. 지금 코걸이를 착용하고 나중에 내가 직접 풀어주겠다."

"칼리 씨, 그만 단념하시죠. 너무 가까이 다가오시면 환락의 밤을 밝히는 램프의 불에 타버릴 것입니다. 한 번 더 무례하게 구시면 코걸이를 돌려드리고 다른 손님들이 제 장신구를 푸는 기쁨을 맛볼 것입니다."[166]

영화 〈데브다스〉에는 상층 카스트에게 천대 받으면서 살아가는 그녀들의 한도 그려지고 있다. 다음 두 대사는 그 예다.

"유곽에서 즐거움을 찾는 사람들은 바로 귀족들이지요. 당신과 같은 부류의 귀족들의 피를 받은 사생아들이 태어납니다. 당신들이 서자라고 불러도 그들의 핏줄에는 귀족의 피가 흐르고 있어요."

"귀족과 함께 있다고 해서 매춘부들에게 지위가 부여되진 않는다."[167]

하층 카스트는 유곽에서만 성적 착취를 당하는 것이 아니다. 영화 〈델리 6〉의 몇 장면을 같이 보자. 남자가 된다는 것은 곧 여자와 성관계를 맺는다는 것으로 알고 있는 무지몽매한 아이들조차도 델리 6 구역의 남자 대부분이 잘레비(쓰레기를 치우는 하층 카스트 여인의 이름)를 건드렸다는 것을 안다.

"델리 6에서는 잘레비가 소년들이 남자가 되는 것을 도와준다구."
"잘레비? 그녀는 낮은 카스트야. 엄마에게 물어보겠어."
"이 새끼야. 너는 엄마에게 모든 것을 물어볼 수 없어. 우리는 이미 남자라구."

〈라마야나〉 공연을 보면서 너무나 기뻐하는 신앙심 깊은 잘레비를 보고, 경찰대장은 성욕을 느껴 그의 부하를 통해 잘레비를 부르려 한다.

경찰대장: "한번 해야겠다. 잘레비를 데리고 와."

경찰 졸병: (잘레비에게) "대장님이 너를 원해. 가자."

잘레비: "이 치사한 놈아, 버릇 고치라구."

경찰 졸병: "일어나!"

잘레비: "난 안 갈 거라고 그에게 말해."

범죄를 저지르고 다니는 정체불명의 괴물인 검은 원숭이를 잡기는커녕 그 정체조차 밝히지 못해 초조해하던 사람들은 검은 원숭이를 잡는다는 핑계로 몰려다니다 종교 폭동으로 비화해갔다. 델리 6 구역에서 그나마 이성을 가진 잘레비가 이에 대해 사람들을 비판하자 경찰대장은 그녀를 구타한다.

경찰대장: (사람들을 향해) "이 천한 카스트가 우리를 조롱하고 있어."

잘레비: "내가 천한 카스트에 속한다는 게 어떻다는 거야? 난 너보다 나아. 넌 밤에 내게 와서 날 만질 때는 아무 문제도 삼지 않잖아. 안 그래? 그러나 낮이 되면 나는 천한 카스트가 다시 되잖아. 말해보라구. 네 입이나 닫는 게 어때. 이 불한당아."

경찰대장: "네 입을 닫게 해주지." (기다란 경찰봉으로 잘레비를 구타하기 시작한다)

잘레비: "원숭이는 네 팬티에다가 오줌이나 싸고 다니는데 네가 할 수 있는 건 여자를 때리는 거잖아."

디파 메타 감독의 영화 〈아쉬람(Water)〉(2005)은 1930년대를 배경으로 하고 있다. 인도에서는 과부가 되면, 남편의 시체를 화장하는 불에 아내를 함께 태워죽이던 사티(sati) 풍습으로 인해 타죽거나, 과부들만 모여 사는 아쉬람에 들어가서 어떤 장신구도 색깔 있는 옷도 입지 못하고 살아가야 한다. 이 영화는 여아 조혼을 앞둔 소녀가 남편이 결혼식 전에 죽어 아버지에 의해 과부들의 아쉬람에 버려지는 것으로 시작한다. 힌두 관습에서는 남편이 죽은 책임은 부인에게 있다고 보고 과부에게는 재혼하는 것도, 어떠한 직업을 갖는 것도 허락되지 않는다. 그녀들이 할 수 있는 것은 '신도 물어보지 않는 일'인 몸을 파는 것 외에는 없다. 여아 조혼으로 과부가 된 소녀들도 예외가 아니다. 힌두문화는 어린 여아들조차 아쉬람으로 몰아넣고 성매매로 비참하게 살아가도록 한 것이다. 영국은 과부재혼법을 만들어 과부들의 재혼을 허용했지만, 힌두 우익들은 이를 철저히 무시했다. 이 영화에는 간디가 한 말이 나온다. 간디는 한 명의 과부가 결혼하게 되면 온 인도의 과부들이 결혼할 것이라면서 과부재혼을 반대했었다.

자나 브리스키와 로스 카우프만이 감독한 다큐멘터리 〈꿈꾸는 카메라: 사창가에서 태어나(Born into Brothels: Calcutta's Red Light Kids)〉(2004)*는 콜카타 사창가의 아이들을 다룬 영화인데, 현재도 하층 카스트 여인들의 성매매가 대대로 이어지고 있음을 잘 보여준다. 콜카타의 사창가에서 태어난 아이들은 '꿈꾸는 카메라'를 쥐게 되는 기회가 오지 않는 이상 그곳을 벗어날 수 없다. 인도에서 성매매 문제는 카스트 철폐 문제와 같이 풀어나가야 하기에 다른 나라보다 해결하기가 더 힘들다.

---

* 〈꿈꾸는 카메라: 사창가에서 태어나〉는 사창가에서 일하는 여인들의 사생활을 존중하지 않고 몰래 찍은 점에 대해서 비판받아야 한다. 이건 또 다른 형태의 그들에 대한 착취다. "만약 〈꿈꾸는 카메라: 사창가에서 태어나〉가 어드벤처 스릴러물로 만들어졌다면 〈인디아나 존스: 최후의 성전〉의 전통을 따라갔을 것이다. 포스터는 '뉴욕에서 온 영화제작자 자나 브리스키, 원주민들의 영혼을 구하러 오다' 식으로 보일 것이다"라고 인도 잡지 〈내셔널 프론트라인(National Frontline)〉에서 비판한 것은 타당하다.

08

인도의 대학[*]

학생들

만일 당신이 기업체에서 근무하고 있다면, 그리고 직원을 뽑고자 한다면, 인도 대학에서 학업을 마친 학생들 중 기숙사에서 생활했던 학생들을 최우선으로 뽑아주었으면 한다. 이 꼭지를 읽은 뒤 다른 것은 다 잊어도 그것 하나만은 꼭 기억해주기를 바란다.

인도의 대학에서 기숙사 생활을 하는 이들은 정말 가혹한 여건에서 공부하고 있다. 이들은 40도를 넘나드는 더위에 에어컨도 없는 강의실에서 수업을 받으며, 에어컨도 없고 물도 잘 안 나오는 기숙사에서 시험공부를 하고 과제물을 작성한다(기숙사는 에어컨을 설치하지 못하게 전기 자체를 그만큼 공급

---

[*] 이 꼭지는 나의 개인적인 경험을 정리한 것이다. 나는 인도의 많고 많은 대학들 중 델리, 콜카타, 산티니케탄에 있는 대학 다섯 곳에 가봤고 그중 학생들과 함께 생활을 해본 것은 JNU와 JU 두 군데 뿐이다. 게다가 기숙사 생활도, 동아리 활동도 하지 않아서 인도 학생들과 많이 어울렸다고 얘기할 수도 없다. 다시 말해 일반화할 수 없는, 제한된 개인 경험을 바탕으로 글을 썼다는 이야기다. 그러니 그냥 재미있게 보아주면 좋겠다.

해주지 않는다). 사실 불볕더위에 부실한 학교 음식 먹으면서, 여러 친구들과 한 방을 쓰면서(채식주의자와 살면 고기 먹고 들어가는 날에는 눈치도 봐야 한다) 학업을 마쳤다는 것, 그 자체만으로도 대단한 것이다. 그 정도 더위면 가만 있어도 '병든 닭'처럼 졸음이 온다. 그렇게 잠깐 의식을 잃으면 3~4시간이 가는 게 예사고, 그러다 하루가 다 가서 황당한 적도 있었다(나는 기숙사에서 생활하지도 않고 학교 밖에 혼자 살면서 김치 담가서 쌀밥에 김치찌개를 기본으로 해먹으며 살고 있다. 밤에 출출하면 부침개도 부쳐 먹고, 아주 더운 날엔 국수 삶아서 얼음 띄워 먹기도 한다. 그러나 혼자 살면서 나처럼 살림을 하게 되면, 집주인 문제, 가재도구와 생필품 문제, 쉴 새 없이 속이는 인도인들과 충돌하는 문제 등과 직면하게 된다. 한국에서라면 비상식적인 온갖 상황들을 인도에서는 '일상처럼' 겪으며 엄청난 시간 소모를 해야 하는 것이다).

한국 유학생 중에는 한 달에 100만원씩 하숙비 내고 하인들이 해준 한국 음식 먹어가면서 호강하며 사는 이들도 있지만, 이들과 대학 기숙사에서 생활하는 학생들은 같은 유학생이지만 삶이 많이 다르다고 생각한다. 인도의 대학 기숙사에서 생활하며 학업을 마친 학생들은 다른 어느 나라의 대학 졸업자들보다 체력과 의지력, 특히 의지력의 한계('전투력')가 높을 것이다. JNU의 거의 모든 한국 학생들은 기숙사에서 생활하면서 학업을 하고 있다. 나는 그들이 안정된 직장에서 정규직으로 사회생활을 시작하기를 바란다.

델리대학에서 있었던 일이다. 학교 내에서는 금연이어서, 나와서 담배를 피우려고 하는데 라이터가 없었다. 주변에 있는 사람들에게 가서 성냥 있냐고 물어봤지만 아무도 성냥을 주지 않았다. 그런데 표독스럽게 생긴 한 녀석이 갑자기 공격적으로 말했다. "No English in India!" 어이가 없어서, "너 간디 아니잖아. 그래 나 외국 놈이야. 근데, 너 그 말은 왜 영어로 하냐?" 하고 바로 맞받아칠까 하다가, 이런 '닭대가리' 극우 민족주의자와는 아예 상종하지 않는 게 낫다는 생각이 들어 무시했다. "No English in

India!"는 간디가 인도 내에서 영어를 사용하지 말고 힌디어를 국어로 사용하자는 운동을 전개하면서 내건 슬로건이었다. 이 슬로건은 간디가 인도인의 단결을 고취하기 위해서 자국민을 대상으로 제시한 것이지, 나 같은 외국인에게 할 말이 아니다. 그런데 이 슬로건이 '조무래기' 민족주의자 머릿속에 들어가니, 외국인에게까지 영어 쓰지 말고 힌디어 쓰라고 윽박지르는 용도로 사용되는 웃기지도 않는 상황이 연출되는 것이다.

어느 마르크시즘 관련한 강의에서 교수가 수업을 한참 진행하다가 이런 말을 한 적이 있다. "학생들은 JNU 안에서는 진보적이지만, 밖에서는 편안한 삶을 추구한다." 학생들이 수업 시간에 발표하는 것과 실제 학교 밖 생활이 다른 것(또는 졸업한 후 변하는 것)에 대해 지적한 것이었다. 사실 그 교수는 정통 마르크스레닌주의가 아니라 루이 알튀세르나 로이 바스카 등의 이론을 다뤄왔고, 혁명의 이론이 아닌 순수학문으로서 가르쳐왔던 분이어서 조금 놀랐던 기억이 난다. 학생들이 수업 시간에는 마치 혁명가나 활동가라도 된 양 발표하지만, 막상 학교 담장 밖에서는 그들이 매우 다르게 살아가는 것을 오랫동안 보아오면서 한탄을 하신 게 아닌가 싶다.

JU 박사과정 입학을 준비하면서 사회학과 친구들과 알게 되었는데, 특이했던 것은 꽤 많은 학생들이 에이징(Aging)을 주제로, 즉 세대 간의 갈등이나 사회의 급속한 변화로 인해 개인이 적응하기 힘들어하는 현상을 연구하고 있었다. 이러한 연구 경향은 웨스트벵골을 비롯해 인도 전역에서 급속한 경제발전과 세계화로 인한 영향을 둘러싸고 큰 논란이 일었던 것과 무관치 않았다. 대학원 친구들과 에이징과 관련한 이야기를 나누다가, 한국이야말로 1960년대 이후 급격한 근대화, 이농, 가족해체 등을 겪었는데 에이징의 관점에서 연구된 성과가 얼마나 있을까 하는 의문이 들었다. 학위 논문을 마치고 나면, 한번 찾아보아야겠다는 생각이 들었다.

그러고 보면, 비벡 샤르마(Vivek Sharma) 감독의 영화 〈유령 친구 부트나스(Bhoothnath)〉(2008)도 단순한 귀신 이야기가 아니라(인도의 진혼굿도 나오는데, 한국과 거의 같다) 에이징을 다룬 이야기로도 해석할 수 있다. 이 영화에는 출세하라고 아들을 미국으로 유학 보냈더니 자기는 미국에서 살 거라며 아버지에게서 떠나버린 이야기가 나온다(부트나스가 유령이 되어 떠돌게 된 사연이다). "너를 공부하라고 보낸 것이지, 거기 살라고 한 것은 아니었다. 제발 나를 떠나지 마라"고 아버지가 심장이 터질 것처럼 울먹이며 말해도 모진 며느리가 손자를 낚아채면서 아들의 등을 떠미는 장면에서는 개인적으로 눈물이 날 뻔했던 기억이 난다.

인도의 대학은 공대는 학생이 거의 전부 남자고 문과대는 거의 전부 여자다. 앞으로 20년 뒤 인도의 인문사회과학은 여성들이 주도할 것이다. 좋은 일인 것 같다. 그동안 인문사회과학을 주로 남성들이 주도했으니 이제 여성들이 주도할 때가 온 것 같으니까. 오히려 좀 늦은 감이 있다. 그런데 공대

졸업식 가운을 입은 JU 학생들. 학교에 갔더니 온통 사프란색 물결이어서, 종교 행사라도 열리는 줄 알았는데, 알고 보니 졸업식 가운이었다. 인도인들은 신에게 바치는 사프란 꽃 색깔을 정말 좋아한다.

는 여전히 남성 일색이니 지금보다 더 무식해지지나 않을까 하는 생각이 들기도 한다.

JNU의 대학 행정본부 앞에서 사회과학 도서를 싸게 파는 학생들이 있어서 서너 권 산 적이 있다. 그러다가 알게 된 친구가 있다. 내가 델리에서 유일하게 친구로 지낸 인도인이다. 그녀의 이름은 레뉴(Renuvera Singh). 결혼을 하지 않고 전업 활동가로 살기를 원하는, 담배를 아주 폼 나게 맛있게 피우는 친구다. 27세인 그녀는 방학 때 고향에 가

27세의 JNU 학생 레뉴. 밥 딜런의 "Blowin' in the Wind"를 좋아하는 그녀는 졸업 후 전업 활동가의 길을 걷고자 한다.

면 빨리 결혼하라는 어머니의 성화에 시달리며, 무신론자여서 가정 예배인 푸자에는 참석하지 않는다고 한다. 레뉴가 2008년 JNU 학생회 선거에 나간다고 했을 때 당선되기를 바랐다. JNU 같은 명문 종합대학에서 학생회 회장이나 서기를 역임하면 졸업 이후의 진로는 안정되게 정해진다. 전업 활동가로서도 물론이다.

하지만 레뉴 같은 학생은 극소수다. 가장 많은 대학생들이 가진 꿈은 행정고시(IAS)에 합격해서 고위 공무원이 되는 것이다. 각종 국가고시에 매년 약 20만 명이 응시하지만 합격자는 600여 명에 불과하다. 방학 때 고향에 가지 않고 대학 도서관에서 '열공' 하는 학생들은 대부분 국가고시를 준비하고 있다고 보면 된다. 인도 대학도 한국 대학과 큰 차이는 없는 것이다. 이 학생들, 수업 시간에는 인도 사회 문제를 고민하는 예비 혁명가처럼 말하지만 고시에 합격해 공무원이 되어 철밥통을 차게 되면 관공서에서 또 얼마나 사람들을 괴롭히고 불편하게 할까 하는 생각이 든다. 기우일까.

교수들

델리에 있는 모 대학 국제관계대학원에서 열린 어느 세미나에서 교수 한 분이 불쾌한 표정을 지으며 이렇게 얘기하는 것을 들었다. "네루는 감방에 오래 있어서 거기서 사회주의 책을 너무 많이 봐서 사회주의자가 된 것이다. 사회주의는 무슨 사회주의란 말인가."

네루가 독립운동 시기 감옥에 투옥된 기간을 다 더하면 10년이 넘는다. 베개로 쓰기에도 불편할 정도로 두꺼운 《세계사 편력》도 네루가 감옥에서 저술한 것이다. 그런데 왜 인도에서 가장 좋다는 대학, 그중에서도 경쟁이 가장 치열하다는 대학원 교수들마저 네루를 국가자본주의자가 아니라 사회주의자로 보는 것일까. 네루를 사회주의자로 보는 시각은 인도의 대학 교수들, 나아가 지식인들 사이에서 폭넓게 동의되고 있는 것이 아닐까 하는 생각이 든다. 인도의 지식인들이 쓴 책에서도 네루를 사회주의자로 보는 시각은 굉장히 많다.

이곳에서 지도교수를 찾기 위해 이런 저런 정보를 모으던 중, 학생이 간디에 대해 조금이라도 비판하면 바로 학점에서 불이익을 가하는 교수가 있다는 이야기를 들었다. 지식을 가르치는 자가 간디에 대한 숭배를 광신도처럼 하는 것이다. 이는 기독교 신자인 교수가 기독교에 대해 조금이라도 비판하는 학생에게 학점으로 보복하는 것과 같은 행위다. 한마디로 야만스럽다는 생각이 들었다. 이런 교수가 인도 안팎을 뛰어다니며 사회운동을 아무리 한다고 해도 별로 신뢰가 안 간다.

좌파 교수라는 개념도 모호한 것 같다. 학생들이 좌파 교수라고 하는 교수들의 수업을 들어보면 고개를 갸우뚱하게 될 때가 한두 번이 아니다. 근대화(modernization)와 산업화(industrialization)를 주제로 강의하던 어떤 교수는 근대화 이론에서 가장 중요한 사람은 새뮤얼 헌팅턴이라고 주장해서, 이 대학에서 좌파 교수의 기준이 무엇인지 의아해한 적이 있다. CPI 당원이기도 한 어느 유명한 좌파 교수가 강의 도중에 처칠을 2차 세계대전의 전쟁 영웅이라고 말하는 것을 들은 적도 있다. 일반적으로 좌파들은 처칠이 2차 세계대전 후에 그리스에 군대를 보내 그리스의 공산화를 막았을 뿐 아니라 소련 등의 사회주의권을 '철의 장막'이라고 비난한 '반공 정치인'이었기 때문에 싫어하는 걸 감안하면, 인도에서는 마르크스 이야기나 가끔씩 하면 좌파 교수로 불리는 것이 아닌가 하는 생각마저 들었다.

JNU는 국제대와 사회대는 미국화·포스트모더니즘·친기업적 성향인 반면 경제대는 좌파적 성향이어서 매우 대조적이다. 2008년 JNU 국제대와 삼성은 한국 기업이 인도에서 어떻게 성공하고 인도는 한국 기업으로부터 무엇을 가져갈 것인가를 주제로 세미나를 했다. 반면 같은 해 쿠바대사관과 경제학과는 쿠바 관련 책이 출간된 뒤 공동으로 세계화에 관한 컨퍼런스를 열었다.

그렇다고 JNU 경제대에서 '완전히 빨간' 학문만을 가르친다고 오해해서는 안 된다. 미시경제학에서 굉장히 정교하게 데이터들을 분석하는 것도 가르친다. 예를 들면 박종수 교수가 번역한 《인도경제 개혁의 그림자》는 JNU의 경제대 교수들이 저술한 책이다. 마르크스주의라기보다 신케인주의에 가까운 성향인 《인도경제 개혁의 그림자》는 방대한 데이터 분석이 감탄할 만한 책이다.

좌파가 좋니 우파가 좋니 하는 소리를 하는 것이 아니다. 대학은 좌파 학문도 우파 학문도 다 가르칠 수 있는 곳 아닌가. 인도는 공산당들이 합법적으로 존재하고, 교수가 공산당 당원이어도 이상하지 않은 나라다. 다만 좌파 교수라고 평가받는다고 해서, 그가 '완전히 빨간' 학문을 가르칠 거라고 섣불리 예단하지는 않는 것이 좋겠다는 이야기는 해두고 싶다.

인도 교수들은 종종 파업을 한다. 그로 인해 학교 전체가 수업이 없을 때도 있다. 천막을 세우고 교수협의회 간판을 걸고 많이 앉아 있는 모습도 보

JNU 교내에 있는 CPI 직영 서점이다. 공산당이 운영하는 서점이라고 이념서적만 있을 거라고 생각해서는 안 된다. 규모는 작아도, CPI 간행 서적들과 달리트 운동에 관한 책들뿐 아니라 어린이 동화책(사람 손으로 일일이 그린 무척 정감 가는 일러스트가 삽입된 구소련의 동화책들이 많다)부터 자크 라캉, 슬라보예 지젝, 장 보드리야르 등의 저서, 그리고 공산당 입장에서 보면 우파라고 분류할 만한 책들도 다양하게 판다. 여기서 근무하는 분들이 출퇴근 시간 칼같이 지키고 주 5일 근무에 공휴일에 확실히 쉬어서, 정부에서 운영하는 서점으로 알고 있는 한국 학생들도 있었다.

있다. 대학에도 파업이나 시위가 문화의 일부로 확실히 자리를 잡고 있다.

흔히 힌두교 신자라고 하면 모두 보수적인 줄 알지만, 그렇지 않은 이들도 있다. 교수의 경우도 마찬가지다. 루비 사인(Ruby Sain) 교수는 힌두교 신자다. 콜카타여서 그런지, 두르가를 모시는 분인데 이 분이 신상 앞에서 기도하는 모습을 보면 너무나 진실되어 보인다. 이 분은 신이 자신을 돌봐주신다는 말씀을 자주 한다. 올해도 서너 개 나라에서 강연 요청이 들어왔는데, 그것은 다 신이 자신을 축복해주기 때문이라고 말했다. 이 분은 달리트와 소수 부족들에 관심을 가지고 저술 작업을 하고 있으며, 마르크스주의자들의 주장에 대해서도 거부감을 전혀 가지고 있지 않음은 물론이고 마르크스는 중요한 학자라고까지 이야기한다. 신에 이르는 길은 너무나 다양하기에 무신론자인 마르크스주의자들조차도 진실되게 살면 신의 길을 간다고 생각하시는 것 같다. "칼리 여신은 하나이지만 각자에게 나타나는 모습은 모두 다르니 이 얼마나 놀라운가" 하고 말씀한 적도 있다. 벵골 르네상스, 인도의 문화와 사회를 연구하기 위해 유학 온 미국, 영국, 그리고 유럽 각지의 학생들이 사인 교수를 찾아와 공부는 어떻게 할지, 진학은 어떻게 할지를 상담하는 모습을 몇 번 본 적이 있다. 그럴 때 사인 교수는 사회적인 배경을 모르면 종교에 대해 결코 알 수 없으니 먼저 사회에 대해서 접근을 하라고 충고해준다. 좌파가 아니라 절실한 믿음을 가진 힌두교 신자라도 학문을 하기 위해서는 사회 그 자체를 잘 알아야 한다고 말씀하시는 것이다. 나는 공부하는 사람 입장에서, 새뮤얼 헌팅턴을 강조하는 일명 좌파 교수들보다 이런 힌두교 신자 교수에 훨씬 믿음이 간다.

사미트 카(Samit Kar) 교수는 신장이식 수술을 받은 분인데, 수술받기 전에 신장이 악화되어 시력을 거의 상실했다. 그러나 시력을 잃은 뒤에도 단행본을 서너 권 저술했고 매달 벵골어와 영어로 논설도 쓰고 있다. 책 읽어주는 사람이 있어 책도 꾸준히 읽고 당신 스스로 라디오도 열심히 들으며 시력을 거의 잃은 핸디캡을 극복하고 있다. 저술은 모두 구술로 한다. 지금까지 약 2,000편의 논설을 적은 것으로 알고 있다. 사미트 카 교수는 무신론자로서, 인도 사회가 종교에 빠져 있는 데 대해 상당히 비판적이다. 그런데 댁에 놀러가니까 여느 집처럼 신상이 있어서 "선생님 집에도 신상이 있네요?"라고 약간 의아해서 물어보니, 대수롭지 않게 간단히 답변하는 것이었다. "와이프가 절실한 신자다. 모든 이에게는 신앙의 자유가 있다." 인도 사회에 힌두교의 카스트제도가 남아 있는 데 대해 반대하고 그와 관련된 많은 글들을 써서 발표해온 분이지만 개인의 자유도 존중하는 것이다.

09

인도의 교육
– 신진영[*]

인도에 산다고 하면 으레 "인도가 IT 강국이라면서요?"라고 묻는다. 아이가 있는 부모들은 "인도 사람들은 영어를 잘한다면서요?" 하는 질문을 던진다. 그리고는 개발도상국 인도가 어떻게 글로벌 인재 배출이 가능한지 질문을 하거나, 그것이 과연 사실인지에 대해 의심이 가득한 눈으로 바라본다. 그런데 영국의 식민 통치로 인해 영어 공용화와 상용화가 일찍부터 시작되어 인도인들이 영어를 잘하는 데 대해서는 비교적 쉽게 의문을 풀지만, 인도가 미국이나 유럽 각국의 의료, 제약, IT 분야 유명 기업체에서 두각을 나타내는 고급 인력들을 어떻게 양성해낼 수 있는지에 대해서는 도무지 머릿속에 그려지지 않는 모양이다.

인도에 첫발을 내디뎠을 때 나 역시 그러한 의문을 갖고 있었다. 그러나 인도에서 생활하면서 그 의문들은 차츰 풀려갔다. 인도는 끊임없는 노력을

[*] JNU 사회학 박사. 인도의 인적자원과 노사문제에 관해 연구하고 있다. 연구자로서, 또 한 아이의 어머니로서 인도의 교육에 대해 지속적인 관심을 기울이고 있다.

하고 있으며 그만한 유무형의 투자를 하고 있다는 측면에서 세계를 이끄는 고급 인력의 양성소로 손색이 없다는 결론을 내렸다. 국제사회에서 경쟁적인 능력을 갖출 수 있는 학문적 토양과 이에 대한 자부심, 그리고 다양한 민족과 문화가 공존하지만 그와 동시에 전문성과 적응력을 높여온 것이 현재의 인도를 있게 한 원동력이다.

인도의 학문적 토양

동서고금을 막론하고 그 나라에 대한 이해의 근간은 역사 문화적 배경에 있다. 한국 학부모들의 교육열은 세계 어디에 내놓더라도 뒤지지 않겠지만, 인도 학부모들의 교육열 또한 그에 못지않다. 말을 시작하는 아이를 무릎에 앉혀 글을 가르치는 부모의 모습에서나 아침저녁으로 시원할 때 공원에서 백발이 된 노인들이 모여 경전을 읽고 토론하는 모습에서 그러한 열정을 엿볼 수 있다.

고대 인더스 문명의 발상지라는 점을 굳이 끄집어 내지 않더라도 인도는 이미 기원전 4~5세기에 오늘날 대학에 해당하는 고등교육기관이 있었고 그 명성은 주변 여러 나라의 학생들을 인도로 이끌었다. 당시 인도의 교육은 종교뿐 아니라 수학과 의학도 중요하게 다루었다. 각 지역에서는 우리나라의 서당과 같은 성격을 가진 교육기관인 구루쿨(gurukul)이 교육을 담당했다. 당시에는 교육 내용이 주로 구전을 통해 전승되었다. 그로 인해 인도인의 암기력 개발이 촉진되었으며, 이러한 교육 방법은 현대의 교육기관에서도 그대로 이어지고 있다.

인도는 영국의 식민 지배를 받으면서 서구의 교육체계를 따르게 되었다. 영국은 지배에 필요한 인재 양성을 위해, 그리고 선교사들은 선교 목적으로 각 지방 중심 도시에 대학을 설립했다. 이 대학들은 현재까지 그 지역의 인재 양성뿐 아니라 해외로 진출하는 인재 양성의 요람이 되고 있다.

또한 영어 가능자가 기득권을 잡게 되면서 영어는 중요한 경쟁 요소가 되었다. 인도인 민족 지도자들은 영국의 식민 지배에서 독립을 원했고, 결국 염원하던 독립을 쟁취했지만 옛 지배국의 언어를 버리지 않았다. 오히려 이들은 영어가 인도인에게 국제사회에서의 경쟁력을 갖게 해줄 것이라고 믿었으며, 교육기관에서는 영어 교육을 의무화했다.

이와 더불어 인도 정부는 전문화, 특성화에 맞추어 대학원 중심 대학들을 설립했다. 1950년대부터 인도공과대학(IIT), 인도경영대학(IIM), 그리고 각 지역의 의학전문대학원들이 설립되었으며, 인문사회과학 분야도 대학원 중심 대학이 커나갔다. 몇 년 전부터 한국에서 일고 있는 대학원 중심 대학을 인도는 50여 년 일찍 시작했다고 봐도 과언이 아니다. 인도 정부는 대학원 중심 대학들에 고등교육 예산의 50%를 투자하여 전폭적으로 이를 지원하는 한편, 각 대학들이 변화에 빠르게 대응할 수 있도록 운영 자율권을 인정했다. 따라서 관료주의에 발목이 잡혀 변화가 느린 다른 부문에 비해 고등교육 및 엘리트교육 부문은 변화에 빠르게 적응할 수 있었다. 이런 인도 교육계의 행보는 대중화·종합화·평준화를 지향하며 교육기관을 규제하는 한국의 교육계와 비교가 된다. 그 결과 인도는 실질적인 문맹률이 40%에 이르지만, 348개의 종합대학 및 대학원 중심 대학과 16,000개의 일반대학에서 고급 인력을 배출하는 국가가 되었다.

치열한 경쟁과 사립 교육기관

현재 인도 인구는 12억 명으로 추산된다. 중국과 어깨를 나란히 하는 인구 대국이다. 인구가 많다는 것은 그만큼 경쟁이 치열하다는 것을 의미한다. 인도에서 경쟁은 놀이방 입학에서부터 시작된다. 인도에 정착한 첫해 나를 놀라게 한 것은 자녀를 놀이방에 입학시키기 위해 부모가 줄을 서고 아이가 시험을 치르는 모습이었다. 더욱 놀라운 것은 주위의 부모와 아이들 모두 그러한 경쟁을 당연하게 받아들인다는 점이었다. 또한 그런 경쟁은 일부 부유층이나 극성스런 부모에 국한된 것이 아니었다.

인도의 교육은 초등학교부터 고등학교까지 12년이며, 그중 10학년까지는 의무교육으로 하고 있다. 10학년을 마친 학생 중 대학 진학을 목표로 하는 학생들은 11~12학년(senior secondary school)에 진학하여 대학입학을 준비한다. 그리고 대학교는 학부 3년(일부는 4년), 석사과정 2년, 준박사 (M.Phil.)과정, 박사과정으로 나뉘어져 있다. 인도 학교에서는 전인교육보다는 학생들의 실력을 키우는 데 집중한다. 유치원 교육은 일단 제쳐두더라도, 초등학교부터 아이들이 자신이 들고 다니기 버거울 정도의 책가방을 메고 다닌다. 초등학생 저학년에게도 매일 2~3시간 정도 집중해야 할 정도의 숙제가 주어진다.

인도의 초중고등학교는 국공립학교보다 사립학교가 명문이 많다. 인도 전체 학생의 27%가 다니고 있는 사립학교는 거의 무료인 국공립학교에 비해 교육비가 비싸긴 하지만, 부모들은 교육의 질과 교육환경이 나은 사립학교를 선호한다. 인도 일부 슬럼 지역에서 절반 정도의 학부모가 무료인 국립학교 대신 유료인 사립학교에 보낸다는 어느 조사 보고서는 인도 교육열의 단면을 보여준다. 월 10만원 남짓 버는 운전수도 자녀를 영어로 수업하는 학교에 보내기 위해 급여의 절반을 투자하면서도 보람을 느낀다. 그렇게 하는 것이 자녀의 미래를 보장해준다고 믿기 때문이다. 사립학교에 다니는 학생들의 과반수는 방과 후에 숙제를 하거나 예체능 및 제2외국어를 배우기 위해 사교육을 받는다. 2008년 인도 사교육시장은 약 400억 달러로 추정되며 2012년에는 680억 달러에 이를 것으로 예상되고 있다.

사교육비가 만만치 않고 학생들의 일상도 바쁘게 돌아가지만 한국과는 사뭇 다른 느낌을 받는다. 성적이 좋지 않으면 다음 학년으로 진급하지 못하기 때문에 초등학교 때부터 부모의 강요보다 자신의 필요에 의해 과외 공부를 하며, 초등학생들은 어린 나이임에도 진지하게 수업에 임한다. 다음 학년으로 진급하지 못하거나 성적 부진으로 졸업하지 못한 학생들의 자살 기사를 신문 지상에서 흔히 볼 수 있다. 그러나 이들이 단순히 진급을 위한 시험에 매달린다기보다는 미래의 '실력'이 되는 방향으로 공부를 하고 있다. 제2외국어로 프랑스어나 스페인어를 배우는 학생들을 보면, (물론 과외의 도움을 받기는 하지만) 읽기뿐 아니라 실제 대화를 나눌 수 있는 수준을 갖춘 것을 볼 수 있다. 시험 자체가 객관식이 아닌 주관식이라는 측면도 심도 있는 공부를 하도록 하는 요인으로 작용한다.

다양성과 전문성

인도를 흔히 다양성이 공존하는 나라로 표현한다. 인도의 거리 어디서나 각기 자신의 종교와 지방색을 드러낸 모습을 볼 수 있다. 터번을 두른 남자, 히잡을 쓴 여자, 사리를 입은 아줌마, 양장을 한 아저씨…. 한국에서 아무리 다양한 개성을 드러낸다 하더라도 다양성 면에서 이들의 절반에도 미치지 못할 것이다.

이러한 다양성은 창의적 생각이 가능하도록 작용한다. 초중고 수업에는 토론 수업이 있어서 학생들이 다양한 방법으로 자신의 주장을 뒷받침하는 경험을 쌓는다. 이는 대학교육에서도 마찬가지다. 가끔 황당한 질문과 대답이 수업 중에 나올 때도 있지만 교수는 그런 의견을 결코 비난하지 않는다. 오히려 그런 생각들을 발전시켜 갈 수 있도록 격려해준다. 다양성을 인정하고 수용하는 교육환경은 창의성 개발의 촉진제가 되고 있다.

인도의 다양성은 각기 다른 지역언어를 접하면 실감이 난다. 각 지방의 언어가 너무 다양하여 영어가 아니면 서로 의사소통이 어려울 정도이다. 저마다 다른 지역언어를 쓰는 사람들 간에 자유로운 의사소통을 가능케 하는 것은 흔히 말하는 인도어인 힌디어보다 영어다. 이들이 힌디어를 못하는 것은 아니지만 영어가 이들에게는 더욱 익숙하다. 인도인은 최소 3개 언어를 구사한다. 자기 고향의 언어, 그가 속한 주의 공용어, 영어와 힌디어를 구사하는 것이다. 따라서 이들은 다른 언어도 비교적 쉽게 습득한다.

문화와 언어가 다양하다고 해서 인도인이 전문성 개발에서 떨어지는 것은 결코 아니다. 학생들이 수업을 선택할 수 있는 자율권이 중고등학교 때부터 주어진다. 자신이 좋아하거나 자신이 있는 과목을 집중 공부하여, 일찍부터 전문 분야를 발전시키는데, 이것은 대학에서도 이어진다. 인도의 대학생이나 대학 졸업자들에게 전공을 물으면 보통 두세 가지를 댄다. 예를 들면 영어, 정치, 역사 식으로 자신이 좋아하는 과목을 중고등학교부터 대학교까지 연장하여 공부하는 것이다.

현재 교직에 있는 교수들은 소외계층 할당제로 취업된 일부 교수들을 제외하면 우수한 사립학교를 졸업하고 유럽과 미국에서 유학한 사람이 많다. 따라서 이들의 실력은 어디에 내놓아도 뒤떨어지지 않는다. 또한 교수들은 지속적으로 해외 학자들과 교류하며 새로운 지식 전달의 역할을 한다. 따라서 인도 학생들은 어느 개발도상국보다 질 높은 교육을 제공받는다고 할 수 있다.

글로벌 환경에 따른 적응력

최근 인도 수도 델리의 유명 사립학교들은 경쟁적으로 자매학교로 국제학교를 열고 있다. 이는 각국에서 인도로 오는 외국주재원의 자녀들을 수용하기 위해서이기도 하지만 더 크게는 인도 신흥 중산층 자녀들이 국제학교의 새로운 수요자로 등장했기 때문이다. 인도는 경쟁력 확보에 주력하여 엘리트 위주 교육에 집중하고 있고, 엘리트 교육기관들은 글로벌 환경의 변화에 적응할 수 있도록 움직이고 있다.

한편으로 인도 교육은 국가의 문화를 지키고 이를 보전하고 유지하려는 목적보다 경쟁력 확보에만 주력하는 것으로 보이기도 한다. 타고르를 배출한 웨스트벵골 주는 1970년대에 정규교육에서 영어 대신 주의 언어인 벵골어로 교육하도록 정책을 바꿨다. 웨스트벵골 주민들은 문화적 자부심이 대단한 이들이지만 영어에서 경쟁력을 잃게 될 것을 걱정한 학부모들이 주 정부의 교육정책에 거세게 반발했고, 일부 사립학교에서 주 정부 몰래 영어로 교육하거나 부모들이 몰래 영어 사교육을 시키는 일이 벌어졌다. 결국 10년 남짓 지나 주 정부는 벵골어 정책을 포기하고 영어로 수업을 진행하도록 정책을 바꾸었지만, 10년 이상 지역언어로 교육을 받아온 학생들은 주 정부의 실험에 대한 대가를 톡톡히 치러야 했다. 이들은 취업전선에서 고배를 마셨고, 영어로 치러지는 시험에서 현저히 낮은 성적으로 진학에서도 어려움을 겪었다. 이와 같은 '애국심'과 '경쟁력 확보' 사이의 저울질은 인도 교육계에서 과거에도 현재에도 없었다. 인도인들은 민족에 대한 자부심과 경쟁력 확보를 위한 영어 교육을 별개로 생각한다. 오히려 다수의 인도인이 사용하는 언어인 만큼 영어를 인도의 언어로 여기고 있는 듯한 느낌을 가질 때도 많다.

인도 교육의 글로벌 환경에 대한 적응력과 협상력을 가장 잘 보여주는 사례는 인도공과대학(IIT)과 인도경영대학(IIM)이다. 매년 졸업 시즌이 되면 인도경영대학의 취업률이 사회적인 이슈가 된다. 인도경영대학 졸업생은 일반인의 10배에 가까운 연봉을 받으며 매년 100%에 가까운 취업률을 보인다. 하버드경영대학원을 모델로 설립된 인도경영대학은 자율적인 운영권이 인정되는 대학원 중심 경영대학으로 각 지역의 주력 산업에 특화되어 있으며, 산학협력 프로그램과 국제 교환학생 프로그램을 통해 취업경쟁력을 확보해왔다.

인도경영대학은 취업 시즌이 되면 교수, 교직원, 학생들로 취업위원회를 구성한다. 기업으로부터 직접 자료를 입수하여 학생들에게 제공하고 이를 토대로 취업 준비와 전략을 세운다. 취업박람회를 캠퍼스에서 열어, 학생들에게 기업이 아닌 학교에서 인터뷰와 테스트를 받게 함으로써 자신의 능력을 최대한 발휘하도록 한다. 취업박람회를 통해 입수한 정보와 이를 분석한 자료는 다음 수업과정과 취업 전략을 세우는 데 반영된다. 인도경영대학의 취업 결과를 언론에 공개하는 것은 현실적인 요구를 반영해 객관적인 평가를 받게 되는 것이며, 각 지역 인도경영대학 상호간의 경쟁력도 도모하게 된다.

'인도의 MIT'라고 불리는 인도공과대학은 졸업생의 두뇌유출로 비난을 받는 곳이다. 인도공과대학은 1950년대 초반부터 국가 발전에 이바지할 인도의 공학도 양성을 위해 각 지역 거점에 설립되었으며, 매해 17,000명의 엔지니어를 배출하고 있다. 그러나 1990년대 인도가 본격적인 개방경제 정책을 실시하면서 인도공과대학 졸업생들의 해외 유출이 심각해졌다. 현재까지 미국에서 정착한 인도공과대학 졸업생은 3만 명에 이르는 것으로 추정되고 있다. 이 두뇌유출 문제는 국가적으로 큰 손실이긴 하지만 개발도상국에서 양성된 인재가 선진국에서 선호된다는 면에서 인도공과대학 교육의 우수성을 입증하는 단면이라 하겠다. 이외에도 인도 유수의 대학 졸업생들은 미국이나 유럽으로 석·박사과정 진학을 하는 경우가 많다. 이 학생들은 언어가 문제가 되지 않는 만큼 대상 국가에서 장학금을 받는 것이 어렵지 않다. 특히 이공계 계통의 학생들은 장학금을 인도에 있는 가족에게 송금까지 하면서 공부한다. 해외에서 학위를 마친 학생들은 그 지역에서 단기든 장기든 정착하게 된다. 이러한 교육적인 배경으로 해외로 이주한 인도인들이 전문직에 종사하는 경우가 다른 어느 나라보다 많은 것이다.

밖에서 보는 인도는 신성한 나라, 신비의 나라이다. 그러나 인도 안에 들어와 보면 신성과 신비보다 치열한 경쟁과 함께 현실적인 요구에 따라 빠르게 변모하는 인도의 또 다른 면을 보게 된다. 심지어 능력 없고 인간의 요구를 충족시켜주지 못하는 신들은 인간에게 무시당하고 외면당한다. 이러한 배경 하에서 인도 교육은 전인적 인간 양성이 아니라 전문인 양성과 능력개발에 초점이 맞춰져 있다. 일하는 직장인들도 더 나은 급여와 직장을 위해 진학하는 모습을 쉽게 볼 수 있다. 특히 인터넷이 발달하면서 온라인 강의를 통해 해외 유수 대학의 교육과정을 이수한 인도인은 글로벌 기업인으로서 손색이 없는 자격을 갖추게 되고 다국적기업의 CEO가 되는 경우가 많아졌다. 분명 엘리트 교육에 치중된 인도 교육의 수혜자들은 소수에 불과하다. 그러나 이들을 중심으로 인도는 움직이고 있고 이들이 신흥 개발도상국 인도를 이끌고 있음을 부인할 수 없을 것이다.

10

웨스트벵골의 가능성
- 윤영현*

　나는 인도 콜카타에 있는 세인트 제이비어(St. Xavier College, Kolkata) 상
경대(Commerce)에 재학 중이다. 이곳에서 4년여 살면서 가끔씩 자문하곤
한다. 인도라는 나라는 나에게 어떤 의미일까.

　인도 여행의 낭만을 꿈꾸는 분들을 제외하면 대부분의 한국인들에게 인
도의 이미지는 그리 긍정적이지 않다. 과거 영국의 식민지였고, 엄청나게
더우며, 도심 도로에도 소가 돌아다니고, 인구도 많고 거지도 많은, 한마디
로 후진국이다. 나도 인도에 오기 전까지는 그리 다르지 않았다. 그러나 인
도 콜카타에서 여러 해 동안 보고 듣고 겪은 결과 나의 생각은 달라졌다.

---

* 세인트 제이비어 콜카타(St. Xavier College, Kolkata) 상경대(Commerce) 학사과정. 웨스트벵골에서는
　몇 년 전부터 학사과정에도 외국인 학생들의 입학을 허용하기 시작했다. 그 덕분에 한국인으로는 처음
　으로 세인트 제이비어 콜카타 학부과정에 입학해 공부하고 있다.
　세인트 제이비어는 16세기 인도, 일본 등지에서 선교 활동을 벌인 스페인 출신 성자 프란시스 사비에르에
　서 이름을 딴 가톨릭계 명문대학이다. 인도 여러 곳에 대학이 있는데, 콜카타와 뭄바이가 가장 유명하다.
　특히 세인트 제이비어 콜카타의 상경대는 인도 최고 중 하나로 인정받고 있다(2010년 〈인디아 투데이〉지
　대학평가 중 상경대 1위). 락쉬미 미탈도 이 대학 상경대 출신이다.

인도는 IT 및 기술 분야에서 질적으로나 양적으로나 세계 최고 수준의 인력을 보유하고 있다. 과거에는 먹고살기 힘들겠다는 생각이 들 정도로 너무 많아서 부담스러웠던 12억 인구도 이제는 노동시장과 내수 부문에서 경제성장을 뒷받침하는 동력으로 간주되고 있다. 항상 저렴한 임금으로 대기 중인 풍부한 노동력은 인도의 큰 장점으로 평가받는다. 엄청난 인구 중에서 선택된 인도의 '두뇌'는 세계 IT업계의 핵심을 이루고 있으며, 영어 사용인구가 많아서 세계 콜센터 시장의 약 65%를 점유하고 있다.

인도가 각광을 받는 요인 중 하나는 신중산층의 소비 파워다. 세계적인 신흥 기업이 들어서고 근로자들의 생활이 나아지면서, 매년 2,500만여 명이 신중산층에 합류하는 추세이고 신중산층이 이제는 전체 인구의 30%가 넘는 4억 명에 달한다는 주장도 나오고 있다. 이들 중산층은 낙후된 도심을 떠나 교외에 빌딩숲을 방불케 하는 새로운 도시를 형성하고 소비를 주도하며 예전과는 전혀 다른 생활을 하고 있다. 그 결과 곳곳에 대형 쇼핑몰이 들어서고 하루가 다르게 성장하고 있다. 원래 인도에는 극소수의 부유층과 절대다수의 빈곤층이 존재할 뿐이었다. 중산층이 있다고 해도 눈에 띄지 않을 정도로 미미한 수였다. 그러나 1990년대를 지나면서 중산층이 확대되기 시작한 것이다.

예를 들어 현재 내가 살고 있는 콜카타의 솔트레이크(Salt Lake) 시에는 중산층이 많이 살고 있다. 솔트레이크 시는 콜카타의 급증하는 인구를 수용하기 위해 건설된 신도시로, 한국으로 치면 일산이나 분당 같은 곳이다. 면적이 약 33.5km²인 솔트레이크 시는 놀이공원, 대형 쇼핑몰, 영화관 등을 비롯해 각종 편의시설이 갖춰져 있어 중산층이 선호하는 곳이다. 중산층의 경제적 수준을 알아보기 위해 조사해본 결과, 이곳의 평균 분양가는 한 가구당 3억이 넘는 것으로 나타났다. 단순한 조사일지도 모르지만 현재 콜카타 중산층의 실제 경제 수준을 알 수 있다.

세계은행에서 내놓은 서비스 무역에 대한 보고서에 의하면, 인도가 서비스 중심의 무역을 확대하면서 향후 다른 국가들보다 더욱 확고한 성장을 해나가는 한편 세계경제에서 중요한 역할을 담당할 것으로 전망된다. 실제로 최근의 글로벌 경제위기로 인해 많은 선진국들이 마이너스 성장을 기록하는 가운데 인도는 중국 다음으로 높은 6%대의 경제성장률을 기록하면서 장차 세계 3대 경제대국으로 부상할 날이 멀지 않았음을 보여주고 있다.

이처럼 오늘날 인도는 우리가 지금까지 알고 있던 인도가 아니다. 세계 5대 부호 중 2명이 인도인일 정도로 부자들이 늘어나고 있고, 실질구매력(PPP) 기준 GDP가 3조 7,520억 달러(2009년)로 세계 4위를 기록할 만큼 경제가 성장했으며, 핵실험을 강행하고 미국과 대등하게 협상을 벌일 정도로 국력이 신장하고 있다.

웨스트벵골은 인도 북동부에 위치한 주로서, 주도(州都)는 영국 식민지 당시 수도였던 콜카타(구 캘커타)이다. 웨스트벵골에는 농업에 종사하는 인구가 가장 많다. 쌀과 밀은 인도 전체 농작물의 주요 기반이고 북쪽의 다르질링을 기반으로 하는 차 작물은 인도 전체뿐만 아니라 세계 차 시장을 주름잡고 있다. 농업에 많은 인구가 종사하긴 하지만, 생산물의 가치로 평가하면 웨스트벵골 주에서 가장 비중이 큰 것은 서비스업이다. 서비스업은 웨스트벵골 주 GDP에서 57%를 차지해 농업의 2배에 달하며 그 비중은 더욱 커지는 추세라는 것이 전문가들의 예상이다.

2007~08년 웨스트벵골 주의 GDP는 252억 달러에 달해, 인도 GDP의 9%를 차지하고 있다. 인도의 28개 주 가운데 GDP 규모로 세 번째에 해당한다. 주도인 콜카타는 이제 인도 전체의 주요 경제 허브 역할을 하고 있다. 웨스트벵골의 경제발전과 관련해 특히 주목할 만한 요소는 IT 소프트웨어 및 전자산업이다(이와 관련한 외국인 직접투자도 활발하다). 한 예로 솔트레이크의 5지구에 가면 세계적인 IT 기업인 IBM, 위프로(Wipro) 등을 어렵지 않

게 볼 수 있다. NASSCOM(인도소프트웨어기업협회)에서는 웨스트벵골의 산업 인프라를 인도 전체 주 중에서 최고 등급으로 평가했다. 웨스트벵골 주정부는 도로와 철도, 그리고 네트워크를 개선하는 등 인프라 구축에 지속적으로 힘쓰고 있다.

웨스트벵골에서는 (국제 및 국내) 신공항 건설, 콜카타 뉴타운 건설, 그리고 할디아(Haldia)의 PCPIR(Petroleum, Chemicals, Petrochemical, Investment, Region) 설립을 중점 과제로 삼아 추진 중이다. 뉴 콜카타 국제공항이 개항하면 현재 연간 약 540만 명인 승객수가 약 2,000만 명으로 늘어날 것으로 예상된다. 콜카타 뉴타운 사업은 인구(특히 신중산층)의 계속된 증가와 그에 따른 주택수요 증가로 야기되고 있는 주거문제, 그리고 날로 심각해지는 교통문제를 해결하기 위해 정책적으로 추진 중인 프로젝트다. 35km² 규모로 계획되고 있는 콜카타 뉴타운은 쇼핑몰을 비롯해 각종 편의시설을 갖춘 '제2의 솔트레이크 시'로 조성될 예정이다.

할디아는 웨스트벵골의 항구 도시로 콜카타의 주요 무역 화물을 운송하기 위해 발달되었다(할디아를 인천, 콜카타를 서울로 생각하면 이해하기 쉽다). 웨스트벵골은 할디아를 석유, 화학, 석유화학의 개발지구로 선정해 석유화학 분야 주요 본거지로 발전시킬 계획이다. 이를 통해 세계 수준의 사회간접자본을 구축하고 국내 기업과 외국자본의 투자를 유치할 예정이다.

홍콩은 인도의 인프라와 부동산에 많은 투자를 하고 있는데, 투자의 많은 부분이 웨스트벵골에 집중되고 있다. 따라서 웨스트벵골의 인프라 구축과 관광산업은 발전 가능성이 크다. 주 정부의 산업 전향 추진안은 선박산업, 특정 개발구역, 경공업, 전기산업, 철강, IT, 소매업, 농업, 관광산업 등에 대규모 투자를 이끌어내며 성과를 거두고 있다. 주 정부의 산업우호 정책은 보다 효율적인 토지 매입, 숙련된 전문 노동력, 연방정부의 재정 지원과 맞물려 국내외 기업들의 진출을 유도하고 있다. 그 일환으로 주 정부에서는 외국 기업을 유치하기 위해 경제대표단을 지속적으로 파견하고 있다. 한국에도 지난 2009년 3월에 방문한 바 있다.

웨스트벵골의 여러 경제발전 요인 중에서 개인적으로 흥미로운 것은 북부 지역에 위치한 실리구리(Siliguri)의 이점이다. 인도 북동부 주 및 중국과 접해 있는 실리구리는 지리적으로 중요한 거점이다. 국내적으로 실리구리는 인도아대륙 주들과 북동부 주들을 연결하는 고리로서 물류와 교통 면에서 허브에 해당한다. 또한 국제적으로 중국과 인접해 있기 때문에 중국 물건들을 싸게 들여올 수 있어 무역이 활발하다(이곳은 과거 인도와 중국 간 '실크로드'의 중심지이기도 했다). 이와 같이 경제 교류가 활발함에 따라 자동차 회사와 가전 회사는 물론 스탠다드차타드, ICICI, HDFC 등 거의 모든 은행들이 이곳에 지점을 두고 있다. 국제적인 경제 네트워크 구축이 가능한 실리구리는 실제로 인근에 자리한 네팔, 방글라데시, 부탄의 긴급 통로로 요긴하게 이용되어 왔다. 요컨대 실리구리는 대외적으로 중국 등 인접국들과의 국제 무역 통상 거점으로서, 또 대내적으로 인도아대륙에 위치한 주들과 다소 동떨어진 북동쪽 주들의 개발 창구로서 주목해야 할 곳이다.

인도 북동부 7개 주(Seven Sister States)는 아루나찰프라데시 주, 아삼 주, 마니푸르 주, 메갈라야 주, 미조람 주, 나갈랜드 주, 트리푸라 주로 이루어져 있는데, 이들 주의 면적은 인도 전체 영토의 약 8%이며, 인구는 전체의 4%에 약간 미치는 4,500여만 명이 거주하고 있다. 이 지역은 영국 식민지 이전에는 부족 시스템을 이루고 있었기 때문에 '배제된 지역'으로 불리기도 했다. 몽골계가 전체 65% 이상을 차지하고 있어 인도 다른 지역과 인종적으로 구별된다(한국인들과 생김새가 비슷하다).

이 지역은 동남아시아로 갈 수 있는 유일한 육상 통로다. 이러한 이점은 유럽과 아시아를 가로지르는 아시아횡단철도(Trans Asian Railway: TAR) 추진으로 더 힘을 받고 있다. 아시아횡단철도 남부노선이 이어지면 이 지역을 통해 인도에서 들어오는 여러 물자들은 부탄, 미얀마, 태국 등의 수요를 만족시킬 수 있다. 특히 미얀마에게는 아시아횡단철도를 통한 육상 통로가 경제적으로 중요한 혜택이 된다고 경제학자들이 입을 모으고 있다. 터키에서 싱가포르까지 잇는 아시아횡단철도 남부노선은 총 길이가 14,000km에 이른다. 인도 북동부 지역은 이 철도 노선의 중요한 거점이기 때문에 발전 가능성이 높다.

인도 북동부 7개 주는 아직 연방정부와의 불일치 그리고 자체적인 규제로 인해 어려움도 보이지만, 이들 주의 생활수준을 볼 때 조만간 해결될 것이라 믿는다. 현지 학생으로서 관찰한 결과, 콜카타에서 공부를 하는 학생 중 북동부 7개 주 출신이 이제 10%는 되는 것 같은데, 그들 중 비행기를 이용하는 학생이 30%에 이르는 듯하다. 또 물건을 사기 위해 콜카타로 내려오는 북동부 사람들도 꽤 많아 보였다. 수요와 공급이 균형을 이루지 못한 때문으로 보인다.

웨스트벵골의 예에서 보듯, 인도는 여러모로 발전 가능성이 높다. 무엇보다도 인적자원은 큰 장점이다. 인도는 인적자원이 풍부하고 뛰어나서, 향후 '제2의 중국'으로 도약할 가능성이 높다. 중국이 저렴하고 풍부한 노동력으로 세계적인 생산기지로 부상하는 동시에 내수시장의 확대로 세계적인 소비시장으로 성장함으로써 세계 경제에서 중요한 위치에 올라선 것처럼, 인도 역시 중국이 걸어온 길을 조만간 밟아갈 것으로 예상된다. 아직은 1인당 소득이 낮은 편이지만, 12억 이상의 인구를 보유하고 있는데다 중산층이 빠르게 늘어나고 경제 규모도 급속히 확대되고 있어 중국을 보완할 수 있는 시장으로 성장할 것으로 기대되고 있다.

또한 인도인들은 영어 구사력이 뛰어나며 수학, 물리학, IT 등에서 고급 인력이 풍부하고 인건비도 저렴해 주요 미래 시장으로 중시되고 있다. 한국 기업들로서는 FTA에 준하는 인도와의 포괄적경제동반자협정(CEPA)이

2009년 1월부터 발효되어 투자의 큰 이점을 누릴 수 있게 되었다.

인도는 엄청나게 큰 나라다. 개인적으로 나는 이것을 두 세상이라 표현하고 싶다. 한 세상에는 아직 쓰레기를 줍는 거지들이 많이 있는가 하면, 또 다른 세상에는 휴대폰과 컴퓨터를 보유하고 자연스럽게 쓰는 중산층이 많이 있다. 빠르게 늘어나고 있는 인도 신중산층은 두 세상의 차이를 크게 좁히고 있다. 3~4년 전만 해도 휴대폰을 들고 다니는 사람이 주변에 그리 많지 않았는데, 이제는 휴대폰을 들고 다니며 통화하는 모습을 학교에서 쉽게 볼 수 있다. 예전 인도는 오직 한 세상만을 위한 나라였는데, 이제는 또 다른 세상에서 구매력을 가진 소비자들이 나타나고 있는 것이다. 인도에 투자하기 전에 이 두 세상의 수요를 잘 연구해야 된다고 생각한다.

이제는 어디를 가도 한국 브랜드를 볼 수 있다. 한국에서 왔다고 소개하기보다 삼성전자와 LG전자, 현대자동차의 나라에서 왔다고 소개하는 것이 더 자연스러울 정도다. 한국 기업들이 지금의 이미지를 꾸준히 잘 보존했으면 하는 바람이 있다.

한 가지 아쉬운 점은 한국 문화와 인도 문화의 갈등이다. 예를 들면 정치적·종교적·사회적 문제가 인도 사람들 마인드에 깊게 얽혀 있기 때문에 인도 사람들과 문제를 해결할 때는 깊게 상의하는 것이 중요하다. 또 수많은 다른 민족과 함께 어우러진 역사로 인해 인도 사람들은 협상에 익숙하다. 그래서 인도인들은 협상으로 모든 문제를 해결할 수 있다고 생각한다. 한국 사람들은 추진력이 강하지만 다소 성급한 면이 있어서 인도 사람들과 가끔 타협하지 못하는 경우가 생긴다. 따라서 인도 사람들과 교류할 때는 문화적·종교적 차이 등을 고려할 필요가 있다. 이런 문제들을 해결한다면 한창 경제발전 중인 인도, CEPA로 더욱 가까워진 인도와 윈윈하는 미래를 현실화할 수 있을 것이다.

11

인도로 배낭여행 떠나기 전
알아야 할 몇 가지 것들
– 이정미[*]

　많은 분들이 인도 여행을 다녀왔고, 지금도 많은 분들이 인도 여행을 계획하고 있다. 떠나기 전 아무리 완벽하게 준비한다 하더라도, 예상과 실제는 다르게 마련이다. 나의 경험을 바탕으로 정리한 이 글이 설레는 마음으로 인도 여행을 처음 계획하는 분들에게 조금이나마 도움이 되면 좋겠다.

　배낭의 무게가 본인의 업보라고 하는 분들도 많다. 하지만 정작 인도에 도착해서 배낭을 메고 돌아다니는 시간은 얼마 되지 않는다. 숙소 잡기 전까지나, 기차역으로 이동할 때 등. 잠시 동안 어깨를 짓누르는 업보를 견뎌내면 원하는 많은 것을 가져갈 수 있다.

꼭 챙겨야 할 것

　사실 많지 않다. 여권, 비행기 티켓, 돈만 있다면 누구든 갈 수 있다.

---

[*] 인천 토박이. 서울에서 직장생활을 하다 그만두고, 두 달간 인도를 여행했다. 인도 여행 이후, 다시 직장인으로 돌아왔다.

일반적으로 챙기는 것

가이드 북, 일기장, 비상약, 세면도구, 손전등, 선크림, 속옷, 여분의 옷, 휴지, 카메라, 알람시계, 복대, 자물쇠, 손톱깎이 등.

필수적으로 챙겨야 하는 것

인도여행을 처음 준비하며 여러 정보를 접해보니 '인도는 더럽다' '좋은 옷 가져가봐야 옷만 버리니 가서 사 입어라' '나시는 안 된다' '무릎 보이는 바지도 금지' '비키니는 절대 안 된다' '여행 와서 화장 하는 건 미친 짓이다' '가방은 무조건 가벼워야 한다' 등의 정보가 대부분이었다.

하지만 실제 다녀와 보니 불완전한 조언도 적지 않았다. 예를 들어 인도에서 싼 옷을 쉽게 구할 수 있다는 것은 맞다. 하지만 제대로 된 조언이라면, 그렇게 산 옷이 한 번 빨면 어떻게 변하는지, 검은 바지를 빨래하고 나면 물 빠져서 손톱 밑이 얼마나 까매지는지 알려줬어야 하지 않을까. 어떤 옷이고 세 번 이상 빨면 버려야 한다는 것도 알려줬어야지.

실제로 다녀온 인도는 우려했던 데 비해 위험하지 않고 냄새 나지 않고 더럽지 않은 곳이었다. 사진 찍기에 너무 아름다운 곳이었음은 물론이고.

다시 인도에 간다면 내가 꼭 가져갈 것 & 가져가니 참 좋았던 것

• **샤방한 원피스와 예쁜 옷**: 작고 예쁜 도시 오르차에서, 디왈리 축제가 있던 호수 도시 우다이푸르에서, 천국 같은 네팔 포카라에서 칙칙한 긴 바지를 입고 사진을 찍으며 마음속으로 다짐, 또 다짐했다. 바지나 치마는 그럭저럭 구할 수 있지만(물론 빨래하면 물 빠져서 다른 옷에 얼룩이 묻거나 내 손에 검은 물이 들기도 하지만) 맘에 드는 원피스와 티셔츠를 발견하는 건 불가능하다.

• **내가 원하는 카메라**: 요즘은 일반인들도 DSLR을 많이 소지하고 있다. 무겁다는 이유로 똑딱이만 가지고 와서 땅을 치고 후회하는 사람 많이 만났

다. 인도는 사진 찍기에 가장 좋은 나라라고도 하지 않는가(물론 포토 머니 달라고 땡깡 부리는 사람도 많지만).

• **노트북이나 넷북**: 짐이 된다는 엄청난 단점과 함께, 잃어버리면 어쩌나 고장 나면 어쩌나 하는 걱정이 들지만 그런 걱정에 비하면 쓸모는 무궁무진하다. 다음엔 꼭 가져갈 생각.

• **이태리타월**: 일명 때밀이. 12시간 넘게 기차나 버스를 타고 이동한 뒤(특히 사막 도시) 도착하면 얼굴이며 온몸에 땟물이 흐른다. 하수구 막히도록 한번 밀어주면 기분까지 상쾌해진다. 인도에선 절대 구할 수 없음. 인도 여행은 이태리타월의 소중함을 일깨워 준다.

• **책**: 배낭에 넣는 순간 무게가 늘어나지만, 장시간 이동할 때나 잠이 오지 않는 밤에 매우 유용하다. 여행하며 만나는 한국 사람들과 계속 교환해서 읽은 결과, 책은 한 권 가져갔지만 열 권이나 읽고 돌아왔다.

• **소주**: 나는 소주 10개를 배낭에 넣어갔다. 밤에 갠지스 강이 보이는 바라나시 게스트 하우스 옥상에서 시장에서 사온 오이를 안주 삼아 마시던 소주(튜브형 고추장이 있다면 금상첨화), 네팔 포카라에서 폭우를 맞으며 자전거 타고 사온 파인애플과 마시던 소주, 자이살메르 사막에서 마시는 소주… 그 맛은 직접 맛본 사람만 알 수 있다. 술 좋아하지 않는 사람이라도 선물용으로 가져가면 좋다. 여행하며 친해진 외국인에게 선물로 주니 엄청 좋아하더라. 친해진 일본 친구와 헤어질 때 이메일 교환하며 소주 하나 선물하니 너무 고마워해서 내가 다 민망할 정도였다.

• **침낭**: 가져갈까 말까 한참 고민하다가 배낭 옆에 매달고 갔는데 완전 소중한 아이템임. 낙타 사파리(노숙)를 계획하거나 북인도 여행을 계획하는 분들은 꼭 챙겨 가시길. 추운 곳에 가지 않더라도 침낭은 지저분한 숙소에서 깔고 잘 때도 매우 유용하다.

• **비키니**: 수영복을 챙겨갔더라면, 한 달 계획으로 출발했다 두 달로 연

장된 여행의 일부를 다르게 보냈을 것을. 추워서 양말 신고 쪼리 신고 있는 옷 다 꺼내 껴입던 북쪽이 아닌, 고아의 해변에 누워 맥주 마시며 책 읽으며 신선처럼 보냈을 것이다.

• **여성위생용품**(생리대, 팬티라이너): 물론 인도에도 판다. 하지만 인도 물가에 비해 비싸고 두껍고 거칠다. 또 낱개 포장이 되어 있지 않고 비닐 없이 쭉 펴져 있다. 며칠 사용하면 심한 가려움증이 생긴다는 얘기도 들었다. 나는 원래 한 달간 여행할 계획이었기 때문에 한 달 치만 준비해갔는데 갑자기 여행이 두 달로 길어지는 바람에 무척 난감했는데, 다행히 유학생들의 도움으로 한국 슈퍼에서 매우 비싼 가격으로 구입 할 수 있었다(18개에 350루피, 한화로 약 10,500원). 팬티라이너는 정말 유용하다. 물론 구할 수 있지만 비싸고 질도 좋지 않다. 부피도 얼마 안 되니 꼭 챙겨 가시길.

• **소원**: 인도를 여행한 두 달 동안 별똥별을 두 번 보았다. 첫 번째는 한밤중의 바라나시 게스트 하우스 옥상에서 보았는데, 태어나 처음 보는 별똥별에 흥분해서 소리만 지르고 있으니 옆에 있던 분께서 소원을 빌었냐고 물으신다. 아, 맞다. 깜박했다. 두 번째 만난 조드푸르에서의 별똥별. 밤새 버스 타고 새벽 4시에 도착해 숙소를 잡고 경치 좀 보려고 혼자 올라간 옥상에서 두 번째 별똥별을 만났다. 이번에는 재빨리 소원을 빌었다.

주의할 점

안전에 관한 문제는 어디를 가든, 자기만 조심하면 크게 걱정할 건 없는 듯하다. 모르는 외국인 또는 인도인이 주는 음식이나 술을 넙죽 받아먹는다거나, 밤늦도록 혼자 돌아다닌다거나, 숙박비 아끼려고 처음 만난 이성과 한 방을 쓰는 것 등등, 사실 한국에서도 안 하는 것만 하지 않는다면 안전하다.

다른 외국 여행에서와 마찬가지로 인도에서도 물 조심은 필수다. 먹는 물은 꼭 사먹어야 한다. 생수를 샀는데, 물맛이 이상하다면 아까워하지 말고

버려야 한다. 병만 미네랄워터이고 내용물은 정체불명의 물일 수도 있다. 이건 물뿐만 아니라 일반 음료수의 경우도 마찬가지다. 먹는 물과 함께, 강물도 조심해야 한다. '갠지스 강에서 버터플라이'는 드라마일 뿐이다. 실제로 갠지스 강에 뛰어든 여행자들을 보니, 돌아오는 건 피부병과 설사뿐이더라. 내 경우도, 단지 강 건너편 모랫바닥에 잠깐 앉아 있었을 뿐인데 땅에 닿은 다리 한쪽에 두드러기가 엄청나게 났었다(내 피부 절대 연약하지 않다).

동물들도 조심해야 할 대상이다. 인도의 개는 절대로 우리가 알고 있는 귀여운 강아지가 아니다. '개＝귀여운 강아지'라는 편견을 버리자. 인도 어딜 가나 길거리에 개들이 참 많다. 대부분의 길거리 개들은 피부병에 걸려 털이 숭숭 빠져 있다. 또 광견병에 걸려 있을 확률이 높으니, 절대로 물리지 않게 주의해야 한다(개한테 물리면, 눈물 나지만 바로 집으로 직행해야 함). 특히 바라나시 강가에 살고 있는 개들은 시체를 먹는 개들이다. 이 개들은 먹을 것이 풍족하지 않기 때문에, 밤이 되면 강에 떠다니는 덜 탄 시체를 먹는 괴물이다(수영 솜씨 상상초월!). 개가 무섭다고 소리 지르고 뛰어가면 더 쫓아오니 주의하실 것.

소도 마찬가지다. 어느 여행자가 배낭에 망고를 넣고 다니다가 망고냄새 맡은 소가 다가와 뿔로 받아버리는 광경을 목격한 적이 있다. 또 좁은 골목에서 소가 의도하지 않게 고개를 돌린 것뿐인데 지나가는 여행객을 들이받아 팔에 주먹만 한 멍이 생긴 경우도 봤다(갈비뼈에 안 부딪친 게 다행이라며 좋아하시던 그분). 원숭이가 많은 지역의 숙소에 묵는다면, 창틀에 함부로 물건을 놓지 말아야 한다. 원숭이들이 모두 가져가버리기 때문이다. 참, 숙소 얘기가 나와서 말인데, 숙소에서 묵을 때 밤에 방문은 꼭 잠그고 새벽에 누가 문을 두드려도 절대 열어주지 말아야 한다.

아는 사람 하나 없는 타국에서 아프면 큰일이니, 아프지 않도록 미리 조심할 필요가 있다. 모기에 물리지 않도록 주의하고 게스트 하우스 침대에 살고 있을지 모를 빈대, 이, 벼룩도 조심해야 한다. 혹시 이질(스스로는 이질인지 잘 모름. 나도 그랬음)에 걸릴 경우 며칠 지나면 나아지겠지 하는 미련한 생각은 버리고 당장 병원에 가야 한다. 이질에 걸리면 어지러움, 복통, 고열, 잦은 설사(하루 열 차례는 기본)가 일어난다. 단순 설사가 아니므로, 한국에서 가져간 지사제는 아무 쓸모없다.

기차여행과 관련해 몇 가지 주의할 점을 살펴보자. 많은 여행자들과 일반적인 인도인들이 주로 이용하는 SL 등급의 기차를 타면 배낭을 쇠사슬로 꽁꽁 묶어야 한다고들 한다. 하지만 내 경우, 그냥 배낭을 툭 던져놓고 '저기엔 빨래밖에 들어 있지 않으니 가져갈 테면 가져가라' 하는 마음으로 방치를 하니 아무도 안 건드리더라. 그래도 (중요한 게 대부분 들어 있는) 보조가방은 잘 챙기고 밤에는 침낭 안에 넣고 꼭 껴안고 자는 게 좋다.

기차 시간에 늦었을 때는 어떻게 해야 할까. 기차 시간에 늦었다고 서둘러 뛰어가지 말고 마음을 비우고 천천히 가시길. 표 값 아깝다고 서두르다가 가방이나 물건을 잃어버리면 더 손해이고 혹시 넘어져서 다치기라도 하면 더더욱 손해다. '인디아 타임'이라는 것도 있지 않은가. 하지만 제시간에 도착할 수 있는데도, 인도에서는 기차가 자주 연착된다는 말만 믿고 어슬렁대며 늦게 가라는 이야기는 아니다. 큰 역에서 출발하는 기차는 절대 연착되지 않는다. 10분 늦어서 기차를 놓친 경험도 있다.

기차를 탈 때 특히 여자 분들의 경우 어퍼(제일 위의 침대)로 예약하라고 많은 분들이 조언한다. 아래쪽에 있으면, 지나가면서 만지는 등 성추행을 당할 수 있기 때문이다. 하지만 개인적인 경험으로는 3층 침대 어퍼는 허리를 펴고 앉을 수도 없고 여름엔 천장에 모기와 날파리가 다닥다닥 붙어 있고 바로 위에 달린 선풍기에서 엄청난 먼지가 떨어져서 '비추'다. 차라리 복도 쪽 사이드어퍼를 추천한다. 이용 결과 성추행 염려도 없고 쾌적하다.

여성 여행자의 경우, 기차에서든 어디서든 성추행을 당했을 때 대처하는 방법을 알아둘 필요가 있다. 성추행을 당했다면 먼저 확실한 의사표시를 하는 것이 중요하다. 조금이라도 불쾌한 손짓을 느꼈다면 모든 사람이 들을 수 있도록 강력하게 의사표현을 하라. 저 인간이 내 몸 어디를 만졌는지 뭘 어떻게 했는지 크게 소리 지르면 지나가던 인도인들이 반드시 도와준다(영어가 안 된다면 손짓발짓을 해가며 한국어로라도 크게 말하면 주변의 인도 사람들이 분위기 파악하고 도와준다). 처벌받게는 할 수 없을지라도 재발을 방지할 수는 있기 때문에 또 다른 피해자가 생기는 것을 막을 수 있다.

인도 곳곳에서는 마음만 먹으면 마약을 쉽게 구할 수 있다. 돌아다니다 보면 "초콜릿~ 초콜릿~" "핫바~ 핫바~" 하고 외치며 여행자들을 유혹하는 이들을 만나게 된다. 이들이 파는 것은 주전부리가 아니라 마약이니 주의해야 한다. 인도에서는 마약을 쉽고 싸게 구할 수 있기 때문에 많은 여행자들이 마약을 경험한다고 한다. 바라나시에서 마리화나를 피우는 수행자들과 리시케시 강가에서 헤시시를 피우는 눈 풀린 외국인들을 여럿 보았다.

라씨(lassi)는 요구르트와 비슷한 음료지만, '스페셜 라씨'로 불리는 방 라씨(bhang lassi)는 마약이다. 바라나시의 합법적인 마약인 방(bhang: 대마)이 들어가 있다. 가격도 저렴하고 맛도 좋은 라씨를 파는 가게에서 '스페셜!'이란 단어만 보고 사먹었다간 어지럽고 더러운 바라나시 골목에 몇 시간이고 쓰러져 있을 수 있다. 무슨 일을 당할지 모르니, 조심 또 조심!

지금까지 써 내려온 건 어디까지나 개인적인 생각이다. 여행 목적에 따라 얼마든지 바뀔 수 있다는 얘기다. 내가 무사히 다녀왔다고 해서 인도가 안전한 나라였다고는 절대 말할 수 없다. 실제로 사고가 빈번히 발생하고 있으니까. 내가 안전하기까지 스스로 많이 조심했고 여행하며 많은 분들의 도움도 받았다. 기본적인 것들만 지킨다면 사고보다는 즐거운 일이 가득할 것이다.

흔히 인도를 가리켜, 자유로운 영혼들이 살고 있는 신비로운 나라라고 말한다. 인도 극빈자들의 '성자' 같은 삶을 동경하는 여행기나 에세이들을 서점에서 자주 보게 되는 것도 그와 무관치 않다.

하지만 인도는 신비의 나라가 아니다. 또한 절대다수의 인도인들은 빈곤한 삶을 힘겹게 살고 있으며, 이들의 고단한 삶은 정신으로 극복되지 않는다. 이를 알리기 위해 이 책을 썼다. 이 책은 인도에 대한 환상을 걷어내고 인도의 맨얼굴을 알리기 위한 것이다.

나의 전공은 사회학이고, 주된 연구 분야는 자본 전략과 노동시장이다. 이 책에서 다룬 주제는 내 전공이나 연구 분야가 아닌 것이 절반 이상이다. 그러나 특수한 분야인 내 전공을 위해서라도 인도 사회 전반은 공부해야 했다. 사회과학 방법론에서 일반성(인도 사회 전반)은 개별적인 특수성(자본 전략과 노동시장) 바깥에 존재하는 것이 아니라 모든 특수성(자본 전략과 노동시장) 안에 존재한다. 그러므로 인도 사회 전반에 대한 이해 없이는 인도 노동시장에 대한 이해를 하는 것은 불가능하다. 또 내가 인도(특수성)를 사례 연구로 삼은 것은 결국은 한국(특수성)과의 비교 연구를 통해 세계(일반성)에 대한 이해도를 높이고 다시 한국 사회(특수성)를 잘 들여다보기 위한 것이다. 그렇게 공부한 결과를 풀어낸 것이 바로 이 책이다.

이 책은 평소에 인도하면 떠오르는 이미지나 그동안 접한 인도 이야기와는 다른 내용이 많이 있을 것이다. 예상 밖의 사실도 적지 않을 것이다. 이미 본문을 읽고 짐작했겠지만, 나는 이 책에서 나만의 전혀 새로운 이야기를 한 것이 아니다. 160개가 넘는 주석을 미주(尾註) 형식으로 단 것도 출처를 밝힘으로써 독자들이 각 내용의 근거를 직접 접하고 생각을 더 풍부하게 확장해나가기를 원했기 때문이다.

1장은 인도가 신비의 나라라는 환상, 간디가 '비폭력 성자'라는 환상을 깨고자 적은 부분이다. 대부분의 사람들은 인도에 대해 품는 환상과 마찬가지로, 간디에 대해서도 거의 일방적인 추앙을 보인다. 물론 간디는 위대한 인물임에 틀림없다. 하지만 그동안 우리에게 잘 알려지지 않은 간디의 발언과 행적을 직시할 때(충격적으로 다가올 수도 있다) 간디와 간디의 유산에 대한 평가는 온전해지리라 본다.

2장과 3장은 인도의 정치와 경제 부문에 대한 내용들을 담았다. '세계 최대 민주주의'란 수식어와 친디아(Chindia)란 신조어가 대변하듯, 2000년대 들어 인도는 정치·경제적인 면에서 크게 주목받고 있다. 인도의 높은 경제성장률, 뛰어난 과학 및 IT 인력, 넓은 국토, 엄청난 수의 값싼 노동력, 가능성이 무궁무진한 내수 시장 등을 주목하는 움직임이 국내에서도 많이 있었다. 단행본으로 대상을 좁히면, 인도를 다룬 책들 중에서 서두에서 언급한 여행서와 에세이를 제외한 대부분이 여기에 속한다. 하지만 대개는 비즈니스 목적에서 접근한 것이어서, 인도 정치·경제의 진면목을 제대로 알기는 어려웠던 게 사실이다. 그래서 이 책 2장과 3장에 묶은 글들은 내 연구 분야와 직접 관련된 것보다는 간접적으로 관련된 것이 더 많지만, 그동안 우리가 접하지 못한 시각과 이야기들을 가능한 많이 담으려고 했다.

4장에는 하나의 주제로 묶기 어려운 글들과 편하게 읽을 수 있는 글들을 모았다. 여행기나 블로그 포스트를 볼 때처럼 편하게 읽혔기를 바란다. 출판사 측의 제안으로 책 전체적으로 중간 중간 기회가 될 때마다 인도 영화 이야기를 삽입했는데, 그렇게 한 이유 역시 풍부한 레퍼런스를 제공한다는 의미 외에, 쉽고 편하게 읽을 수 있도록 돕기 위해서였다. 이 책에서 이야기한 것이 부족하다 싶으면, 본문에 언급된 인도 영화들을 직접 보고 생생한 간접체험을 해봐도 좋을 듯하다.

종교학이나 철학, 역사학 등을 연구하는 분들 가운데는 이 책을 읽고 '무식하니까 용감하다고, 막 쓰는구나' 하고 생각할 만한 거친 부분들도 있을 것이다. 잘못된 부분에 대한 비판은 달게 받고, 더 많은 공부를 통해 고치도록 하겠다.

나는 인도에 오기 전까지는 공부하는 사람이 아니었다. 좀더 나은 삶과 안정된 미래를 바라면서 이런 저런 일들을 해온 평범한 직장인이었다. 현재 나는 공부를 다음의 '직업'으로 준비하는 사람이다.

한국에서 직장생활을 할 때 나는 '갑' 회사에서도 일해 봤고 '을' 회사에서도 일해 봤다. '갑' 회사에서 엔지니어로 일할 때의 일이다. 나는 그 업계에서 처음으로 독점을 막기 위해 복수 사업자를 선정하겠다는 제안요청서(Request for Proposal: RFP)를 의뢰했고, 시스템 구축 책임을 맡았다. 그런데 내 책임 하에 구축한 시스템이 문제가 있지 않다는 것을 인정하면서도, 독점을 추구하는 회사에 의해 애써 구축한 시스템이 걷어내져 버리는 일이 일어났다. 어이가 없었다. '을'로 일할 때는, 생계를 유지할 최소한의 비용도 주지 않으면서 '을'에게 계약 이외의 무한한 요구를 하는 '갑'들의 횡포가 아무렇지도 않게 자행되는 한국의 산업구조와 관행이 원망스러웠다. '나쁜 사람들', 즉 개개인의 인격을 바꾼다고 해서 해결될 수 있는 문제가 아니었다.

열심히 일하며 살려고 해도 나를 포함한 대다수의 사람들이 계속 살기 힘들어지는 이유는 무엇일까. 몇 해 전 '이태백에게 보내는 글'이 인터넷에서 화제가 된 적이 있다. 홍대 앞에서 활동하는 한 '예술가'가 20대 청년들의 고민 상담에 에둘러 말하지 않고 따끔한 쓴소리 조언을 한 글이었다. "나도 호통쳐 달라"는 피드백도 많았지만, 나는 솔직히 읽는 순간 기분이 좋지 않았다. 그 글을 쓴 80년대 학번 예술가의 20대와 '이태백(이십대 태반이 백수)'이라는 불리는 2000년대의 20대는 완전히 다르다. IMF 구제금융 사태가 터지기 전에 졸업한 80년대 후반 학번까지만 하더라도 대학만 졸업하면 대부분 정규직으로 취직이 되었다. '토익 점수가 700점 넘는 인간들은 비인간적이다. 친구도 제대로 안 만들고 공부만 하는 인간이기 때문이다'라는, 지금의 20대들이 들으면 바로 쓰러질 황당한 이야기가 대학가를 지배하던, 상대적으로 살기 좋은 시절이었다. 요즘 시대는 전혀 다르다. 안 그래도 백수가 된 젊은이들이 줄지어 세상 밖으로 내쳐지고 있는데, 그렇게 잘난 척을 하면서까지 쓴소리를 해야 하는지 그 '예술가'의 진정성이 의심스러웠다. IMF 이후 아무리 경제성장률이 이러니저러니 해도 대다수의 삶은 갈수록 어려워지고 있다. 나는 우리가 사는 사회가 구조상의 문제가 있다면 문제가 무엇인지 알고 싶었다.

마지막에 다닌 직장에서 나는 인도인 프로그래머들을 직접 뽑았다. 이들과 커뮤니케이션을 하기 위해 인도에 대해 관심을 갖기 시작했다. 사라(Sara: 본명 Saravanan Senthilnathan을 줄여서 그렇게 불렀다)라는 프로그래머는 된장찌개는 물론이고 번데기까지 먹는 친구였다. 그녀는 내 기호품인 보드카는 물론이고 삼겹살에 소주도 잘 먹어서 퇴근길에 자주 어울렸는데, 그 친구와 놀면서 이런 생각이 들었다. '인도, 참 재미있는 사회네. 카스트와 공산당이 공존하는 사회라…. 그래, 한때 〈춤추는 무뚜〉란 인도 영화를 좋아한 적도 있으니 인도에 대한 친근감도 있고, 이렇게 특수성이 많은 사회라면 우리가 어떻게 살아야 하는가를 아는 데 도움이 되지 않을까.' 한국을 좀더 알기 위해서는 다른 사회, 이왕이면 특수한 사회를 연구할 필요가 있고, 나아가 한국과 비교 연구를 할 필요가 있다는 생각이 있었기에 인도를 택해서 왔다.

인도는 '구루'로 상징되는 신비 전통이 있고 현재 IT산업이 대표하는 변화와 발전이 이루어지고 있다. 하지만 그렇다고 해서 우리가 사는 한국과 크게 다른 '딴 세상'인 것은 아니다. 여기 인도는 영화 〈춤추는 무뚜〉에 나오듯 예쁜 아가씨들과 신나게 춤추고 노래하는 세상이 아니다.

인도 극빈자들의 '성자' 같은 삶을 찬양하는 여행기나 인도의 현 실태를 찬양하는 글들을 쓰는 한국의 작가들이 나는 참으로 부럽다. 그들에 대해 내가 지닌 마음은 이렇다.

당신들은 이생에서 그렇게 인도의 빈자들의 삶을 찬양하시니 다음 생에는 인도 극빈층의 불가촉천민으로 태어나실 겁니다. 타인이 고통 받는 것을 그토록 찬양하시니 아마도 최악의 상황, 예를 들면 극빈층 불가촉천민 여성으로 태어나시지 않겠습니까. 이생에서는 끊기 힘들었던 책을 써내서 인세가 얼마나 들어오나 하는 세속적인 고민 따위는 다음 생에 더 이상 하지 않아도 될 것이니 얼마나 좋겠습니까.

글이나 영상이나 사진을 통해 인도에 대한 신비를 전달해주는 당신들 눈에는 '내가 힘든 건 내가 욕심이 많기 때문이다. 인도의 빈민들처럼 살자'는 메시지를 혐오하는 제가 속물스럽게 느껴지실 겁니다. 다음 생에서는 당신들이 그토록 선망하시던 인도 빈자로 태어나 가난한 삶을 사시길 저 또한 간절히 빌어드리겠습니다. 또 다른 이유로 그렇게 태어나실 것으로 생각되는 것은 당신들이 생각하시는 것처럼 카르마가 이 우주를 움직이는 원리라면 카스트제도를 찬양한 죗값을 받아야 되지 않겠습니까. 샥티! 샥티!

인도 관광청의 공식 선전 문구인 '놀라운 인도!(Incredible India!)' 같은 찬미도, 인도 관련 책들로 돈 벌려는 것이 뻔히 들여다보이는 사람들의 극단적인 미화도, 인도 출신 상인이나 고리대금업자에게 질려서 '더러운 사기꾼들의 나라'라고 욕하는 동남아인들의 비난도 '액면 그대로' 받아들이지는 않았으면 한다. 기존의 선입견들을 버리고 인도에 대해 차분하게 알아가는 것이 중요하지 않을까.

과거에는 역사적 상황이나 환경에 따라 지역마다 사람들의 삶이 달랐던 데 반해, 현재는 전 세계가 자본주의화되는 세계화의 물결 속에 사람들의 삶이 점점 더 동질화되고 있다. 그 동질화는 토머스 프리드먼의 《세계는 평평하다》 같은 책들이 주장하는 바와 달리 양극화와 피폐화를 부추기고 있다. 독자 여러분의 짐작대로, 이 책의 제목은 그런 맥락에서 나온 것이다.

한마디로 쉽게 이야기하면 이곳 인도도 (절대다수의 사람들이 미래도 보이지 않는 상황 속에 생계에 허덕이면서) '쫓기고 있는' 자본주의사회다. 우리가 살고 있는 한국이나 내가 잠시 살고 있는 인도나, 열심히 살고 있는 대다수의 의지와는 거의 무관하게 사회가 돌아가고 있다는 점이 가장 큰 문제다. 이 책은 한국에서 '직장인'으로 살아왔던 내가 이곳에서 사회학을 공부하면서 인도에 살고 있는 대다수의 사람들도 한국의 대다수 사람들처럼 힘겹게 살고 있다는 것을 알게 된 것을 풀어낸 것이다. 모쪼록 이 책이 한국이 인도에 대해서 차분하게 알아가는 과정에 한 보탬이 되었으면 한다.

나의 지도교수님들에게 감사를 드린다. 자다푸르대학의 루비 사인(Ruby Sain) 교수님은 인도와 외국의 대학에서 종교사회학을 강의하는 분이다. 사인 교수님은 독실한 힌두교 신자이지만, 석사과정 학생들이 듣는 '인도사회학' 강의 시간에 마르크스주의자이자 비베카난다의 동생인 부펜드라나스 두타(Bhupendranath Dutta)가 인도 사회학의 선구자였다는 '역사적 사실'을 강조할 정도로 편견이 없는 분이다. 프레지던시 칼리지(Presidency

College)의 사미트 카(Samit Kar) 교수님은 어느 나라 지식인이나 애국심에 물들어 자기 나라에 대해 어설프게 옹호하기 십상인데 그런 일은 학자적 입장에서 원천적으로 배제하는 분이다. 이 두 분은 내가 간다나 인도 사회에 대해 비판을 해도 공부하는 사람이니 당연히 그렇게 할 수 있다고 생각한다. 콜카타가 인도에서 공부하기에 좋은 곳이라고 느끼는 이유 중 하나가 바로 이 두 분 교수님들과 같은 지식인들이 있기 때문이다(다른 하나의 이유는 쇠고기 요리를 판다는 레스토랑 간판이 시내 한복판에 크게 걸려 있는 데서 보듯, 일상에서 다문화가 어우러지는 분위기 때문이다).

마지막으로, 직장 그만두고 인도로 공부하러 간다고 했을 때 따뜻한 격려의 말을 해주신 어머니와 친형님들, 그리고 친구들에게도 감사를 드린다.

사족이지만, 다음 카페 '인도방랑기' (http://cafe.daum.net/gabee)의 여행 자료실 게시판에 들어가면, 내가 '노래' 라는 태그를 달아 올린 노래들을 찾을 수 있다. 인도에서 지내면서 이래저래 만들고 부른 노래들을 올린 것이다. 이 책의 내용들(카비르의 시, 바가트 싱, 구루로 자칭하는 걸인과 서양 여행객과의 대화 등)과 관련된 자작곡들도 있으니 재미로 들어주셨으면 한다.

한대수 선생님의 노래 "자유의 길"을 인용하는 것으로 긴 글을 마친다. 직장생활 할 때 밤늦게 퇴근하고 들어오는 날이면 항상 틀어놓고 잤던 곡이다(한대수 선생님의 라이브 음반 《2001 Live: Olympic Fencing Stadium》에 실려 있는 전인권 선생님과 함께 부른 버전을 추천한다).

1
땅과 하늘이 있나 나는 울었다
아 사랑 사랑이 뭐냐 나는 몰랐어

하 옛 친구여 나를 보게나 무슨 할 말이 있다고
쓰라린 자유의 길에 나는 지쳤다

2

여보게 나그네 그대 나는 외쳤다
내 고향 어디에 있소 나는 몰랐어

하 옛 친구여 나를 보게나 무슨 할 말이 있다고
쓰라린 자유의 길에 나는 지쳤다

3

연기 창 옛 추억 속에 나는 사라져
길가에 피어나는 꽃에 나는 웃었다

하 옛 친구여 나를 보게나 무슨 할 말이 있다고
쓰라린 자유의 길에 나는 지쳤다

인도 콜카타에서

정호영

1 아르준 센굽타(Arjun Sengupta)는 인도 정부 산하 비조직 부문 전국 기업위원회 (National Commission for Enterprises in the Unorganized Sector: NCEUS)의 위원장으로, 2007년 8월 〈비조직 부문에서의 노동 조건과 생계 향상에 관한 보고서 (Report on Conditions of Work and Promotion of Livelihoods in the Unorganized Sector)〉를 제출했다.

2 디완 챤드 아히르, 《암베드카르》(이명권 옮김), 에피스테메, 2005, 304쪽.

3 조연현 기자는 185-191쪽에서 인도 불가촉천민이 역사에서 당해온 수난과 극우 힌두 정당인 BJP의 역사를 잘 개략했음에도 불구하고, 결국 이런 논조로 이 책을 마무리 지었다.

4 디완 챤드 아히르, 《암베드카르》(이명권 옮김), 에피스테메, 2005, 92-93쪽.

5 디완 챤드 아히르, 《암베드카르》(이명권 옮김), 에피스테메, 2005, 120-121쪽.

6 디완 챤드 아히르, 《암베드카르》(이명권 옮김), 에피스테메, 2005, 124쪽.

7 Vivekananda, To Swami Abhedananda, 1900, *Collected Works*, vol. 9.

8 김경학·이광수, 《암소와 갠지스》, 산지니, 2006, 8쪽.

9 김경학·이광수, 《암소와 갠지스》, 산지니, 2006, 167쪽.

10 '이광수 교수의 인도사와의 만남' http://home.pufs.ac.kr/~indosa/sa4.html

11 김경학·이광수, 《암소와 갠지스》, 산지니, 2006, 62-64쪽.

12 마빈 해리스, 《문화의 수수께끼》(박종열 옮김), 한길사, 1982, 23쪽.

13 Samit Kar, "Conspiracy to Distort Vivekanada's Idea", New Age Week, January 1-7, 2009.

14 Vivekananda, "The Vedic Religion"(Madura Mail, January 28, 1893), *Collected*

Works, vol. 9.

15 Vivekananda, "Response to Welcome"(At the World's Parliament of Religions, Chicago, September 11, 1893), *Collected Works*, vol. 1, p.3.

16 Vivekananda, "Religion Not the Crying Need of India"(September 20, 1893), *Collected Works*, vol. 1, p.20.

17 Vivekananda, "My Plan of Campaign"(At the Victoria Hall, Madras), *Collected Works*, vol. 3, p.214.

18 Vivekananda, "Dear Alasinga"(Boston, March 23, 1896), *Collected Works*, vol. 5, p.81.

19 Vivekananda, "Memoirs of European Travel", *Collected Works*, vol. 7, pp.308–309.

20 Binoy K. Roy, *Socio-Political Views of Vivekananda*, p.35.

21 Vivekananda, "Memoirs of European Travel", *Collected Works*, vol. 7, pp.340–341.

22 Vivekananda, "Modern India"(Translated from a Bengali Contribution to the Udbodhana, March, 1899), *Collected Works*, vol. 4, pp.448–449.

23 Vivekananda, "Modern India"(Translated from a Bengali Contribution to the Udbodhana, March, 1899), *Collected Works*, vol. 4, pp.467–468.

24 http://archives.iisc.ernet.in/iisc_tata_vivek_kalam.htm

25 Swami Lokeswarananda, *Swami Vivekanada: His Life and Message*, A Value Orientation Publication, 1994.

26 http://fly.co.kr/Post.aspx?Category=India&ID=632813453745576304

27 http://www.krishnadass.com/body/sub5/sub18.htm

28 정인수, '롤스로이스 섹스 오쇼 라즈니쉬', 〈정신세계원〉, 2000년 5월호.

29 서준식, 《서준식 옥중서한》, 노사과연, 2008, 807쪽.

30 〈동아일보〉 기자가 타고르로부터 〈동방의 등불〉이라는 시를 받았다는 것은 역사적 사실이 아니다. 이 시기 타고르는 일본에 가서 일본 문화를 칭송하고 일본에게 아시아의 큰형 역할을 잘해줄 것을 부탁했다. 타고르는 우리에게는 관심이 없었다. 최소한 인도인들을 만났을 때 타고르와 〈동방의 등불〉에 대해 언급하면서 '타고르가 인도와 한국을 가깝게 했다'는 식의 '오버'는 하지 말았으면 한다. 자세한 내용은 류주환의 '타고르와 동방의 등불 문제'를 참고하라. http://ppcl.

cnu.ac.kr/juwhan/ tagore-2008.htm

31 조길태, 《인도사》, 민음사, 1994, 196쪽.

32 김성철 교수의 〈TV 불교 아카데미〉(동국대 사회교육원 강좌) 중 '45강 밀교의 발생과 특징', '46강 인도 불교의 멸망과 티베트에 이식된 불교'.

33 카비르, 《모든 것은 내 안에 있다》(박지명 옮김), 지혜의나무, 2008, 84쪽.

34 이양호, 《인도의 부상》, 친디루스, 2009, 180쪽에서 재인용.

35 http://www.poemhunter.com/poem/tentacles-of-time

36 http://www.lodong.org/semiBoard/board.html?mtype=view&page=3&bid=24&num=7&seq=2385&replynum=7&shownum=7&key=&searchword=

37 BBC 다큐멘터리 〈인도 이야기〉 '제6부 식민지 시대' (2009년 2월 21일 KBS 방영).

38 이옥순, 《인도 현대사》, 창비, 2007, 147쪽.

39 프라풀 비드와이(Praful Bidwai), '간디, 노동자들에겐 히틀러였나', 〈한겨레21〉, 2002년 6월 19일, 제414호.

40 프라풀 비드와이(Praful Bidwai), '간디, 노동자들에겐 히틀러였나', 〈한겨레21〉, 2002년 6월 19일, 제414호.

41 신동간 옮김, 《세계 전후 문제시집》, 신구문화사, 1963.

42 Speech at Trivandrum, *Collection of Speeches*, Ramanath Suman, 1932.

43 이양호, 《인도의 부상》, 친디루스, 2009, 180쪽에서 재인용.

44 Bipan Chandra, Mridula Mukherjee, Aditya Mukherjee, *India Since Independence*, Penguin Book, 2008, p.427.

45 디완 챤드 아히르, 《암베드카르》(이명권 옮김), 에피스테메, 2005, 111-112쪽.

46 양승윤 외, 《동남아-인도관계론》, 한국외국어대학교출판부, 2009. 제2장, 제3장의 이은구, 이병도의 글 참조.

47 이 인용문은 아쉬스 난디의 《친밀한 적》(이옥순 옮김, 신구문화사, 1993)의 일부에 자신의 해석을 넣은 글이다.

48 BTN 방영 〈김종욱의 불교와 철학의 만남〉 '제2강 눈과 귀와 마음과 몸' (2006년 6월 20일).

49 '이광수 교수의 인도사와의 만남' http://home.pufs.ac.kr/~indosa/sa4.html

50 디완 챤드 아히르, 《암베드카르》(이명권 옮김), 에피스테메, 2005, 190-191쪽.

51 Bharat Patankar, Gail Omvedt, *The Dalit Liberation Movement in Colonial Period*, Critical Quest, 1979, p.20.

52 네루 외, 《인도의 독립운동》(신경림 옮김), 태창문화사, 1979, 150-151쪽.

53 나렌드라 자다브, 《신도 버린 사람들》(강수정 옮김), 김영사, 2007, 272-273쪽.

54 나렌드라 자다브, 《신도 버린 사람들》(강수정 옮김), 김영사, 2007, 247쪽.

55 나렌드라 자다브, 《신도 버린 사람들》(강수정 옮김), 김영사, 2007, 247쪽.

56 나렌드라 자다브, 《신도 버린 사람들》(강수정 옮김), 김영사, 2007, 247쪽.

57 Amartya Sen, *Commodities and Capabilities*, 1985, pp.21-22. 에쇼 히데키(繪所秀紀), 《경제발전론》(박종수 옮김), 진영사, 2002, 179쪽에서 재인용.

58 게일 옴베트, 《암베드카르 평전》(이상수 옮김), 필맥, 2005, 23-24쪽.

59 디완 챤드 아히르, 《암베드카르》(이명권 옮김), 에피스테메, 2005, 123-124쪽.

60 디완 챤드 아히르, 《암베드카르》(이명권 옮김), 에피스테메, 2005, 154쪽.

61 디완 챤드 아히르, 《암베드카르》(이명권 옮김), 에피스테메, 2005, 350쪽.

62 Sumit Sarkar, *Modern India*, Macmillan, 1983, p.177.

63 Ambedkar, "Gandhism, The Doom of the Untouchables", *What Congress and Gandhi Have Done to the Untouchables*, 1945, p.11. http://www.ambedkar.org

64 W. N. Uber, *Ambedkar: A Critical Study*, PPH, 1973, p.304.

65 D. C. Ahir, *Buddhism in India After Dr. Ambedkar(1956-2002)*, Bluemoon Books, 2003, pp.19-34.

66 Hiren Mukerjee, *Gandhi, Ambedkar and the Extirpation of Untouchability*, PPH, 1982.

67 D. C. Ahir, *Buddhism in India After Dr. Ambedkar(1956-2002)*, Bluemoon Books, 2003, p.41.

68 종교의 분포. http://www.censusIndia.gov.in

69 게일 옴베트, 《암베드카르 평전》(이상수 옮김), 필맥, 2005, 23-24쪽.

70 번역: 태름아버지(2008).

71 번역: 태름아버지(2008).

72 Gopal Guru, "The Interface between Ambedkar and the Dalit Cultural Movement in Maharashtra", Ghanshyam Shah(2001ed), *Dalit Identity and Politics*, Sage, 2001, p.165.

73 애차라 배리얼, 《아버지의 기억》(김수아 옮김, 김준태 감수), 아시아인권위원회, 77-78쪽. http://www.ahrchk.net/pub/pdf/mof-korean.pdf

74 Kancha Ilaiah, *Why I Am Not a Hindu*, Samya, 2006, p.6.

75 이광수·김경학·백좌흠, 《인도를 읽는 창》, 소나무, 2002.

76 http://www.nizamuddinaulia.com/miracles.htm http://en.wikipedia.org/wiki/Tughlaqabad

77 BBC 다큐멘터리 〈인도 이야기〉 '제5부 힌두교와 이슬람교의 만남' (2009년 2월 14일 KBS 방영).

78 가야트리 스피박, 《스피박의 대담》(이경순 옮김), 갈무리, 2006, 110-111쪽.

79 영화 〈델리 6〉.

80 이옥순, 《인도에는 카레가 없다》, 책세상, 2007, 112쪽.

81 아쉬스 난디, 《친밀한 적》(이옥순 옮김), 신구문화사, 1993, 82-83쪽.

82 아쉬스 난디, 《친밀한 적》(이옥순 옮김), 신구문화사, 1993, 83-85쪽.

83 아쉬스 난디, 《친밀한 적》(이옥순 옮김), 신구문화사, 1993, 52-53쪽.

84 아쉬스 난디, 《친밀한 적》(이옥순 옮김), 신구문화사, 1993, 35쪽.

85 http://kanwar-mathur.sulekha.com/blog/post/2005/05/ceo-mk-gandhi.htm

86 Anjan Ghosh, "Durga Puja: A Consuming Passion". http://www.india-seminar.com/2006/559/559%20anjan%20ghosh.htm

87 한스 콘, 〈민족주의란 무엇인가〉, 《민족주의란 무엇인가》(백낙청 편), 창작과비평사, 1981, 153쪽.

88 베네딕트 앤더슨, 《상상의 공동체》(윤형숙 옮김), 나남, 2002, 16쪽.

89 베네딕트 앤더슨, 《상상의 공동체》(윤형숙 옮김), 나남, 2002, 135쪽.

90 네루 외, 《인도의 독립운동》(신경림 옮김), 태창문화사, 1979, 18-19쪽.

91 네루 외, 《인도의 독립운동》(신경림 옮김), 태창문화사, 1979, 19쪽.

92 "이러한 단순한 형태로 […] 이 나라 주민들은 태곳적부터 생활했다. 마을들의 경계선이 변동되는 일은 드물다. 비록 마을 그 자체는 때로는 전쟁, 기근, 전염병에 의해 훼손되며 심지어 황폐화되는 일까지 있었지만, 동일한 명칭, 동일한 경계선, 동일한 이해관계, 또 심지어 동일한 가족들이 오랫동안 존속했다. 나라의 멸망이나 분할에 대해 주민들은 거의 걱정하지 않았다. 마을이 온전하게 남아 있기만 하면, 그들은 걱정하지 않는다. 마을의 내부 경제는 여전히 변함이 없다." 전 자바의 부총독 라플스(T. Stamford Raffles), 《자바사(History of Java) 제1권》, 1817, 285쪽. 칼 마르크스, 〈14장 분업과 매뉴팩처〉, 《자본론 1권(상)》(김수행 옮김), 비봉출판사, 2001, 484쪽에서 재인용.

93 칼 마르크스, 〈20장 상인자본의 역사적 고찰〉, 《자본론 3권(상)》(김수행 옮김), 비봉출판사, 2004, 404쪽.

94 칼 마르크스, 《자본론 1권(하)》(김수행 옮김), 비봉출판사, 2005, 579쪽.

95 Iqbal Husain(Ed.), *Karl Marx on India*, Tulika Books, 2006, p.13.

96 이옥순, 《인도 현대사》, 창비, 2007, 164쪽.

97 조길태, 《인도 민족주의 운동사》, 신서원, 1993, 72쪽에서 재인용.

98 조길태, 《인도 민족주의 운동사》, 신서원, 1993, 83쪽에서 재인용.

99 박섭, 《식민지의 경제 변동: 한국과 인도》, 문학과지성사, 2001, 175쪽.

100 http://www.marxists.org/archive/bhagat-singh/1931/02/02.htm

101 E. M. S. Namboodiripad, *The Mahatma and the Ism*, PPH, 1959, p.7. 참고로 이 책은 인도에서 간디 연구의 필독서로 손꼽힌다.

102 Manini Chatterjee, "A. K. Gopalan: From Satygrahi to Revolutionary", *Memoirs*, People's Democracy Publication, 2005, pp.41-42.

103 BTN, 〈인도 현지 동향 브리핑〉(2009년 6월 18일) 요약.

104 Gopal Guru, "The Language of Dalit-Bahujan Politics Discourse", Ghanshyam Shah(2001 ed.), *Dalit Identity and Politics*, Sage, 2001.

105 Bharat Patankar, Gail Omvedt, "The Dalit Liberation Movement in Colonial Period", Critical Quest, 1979, pp.22-26.

106 Sukomal Sen, *Working Class of India*, KP Bagchi and Company, 1997.

107 Prasenjit Bose, *Thirty Years of the Left, Front Government in West Bengal*, 2008, pp.7-8.

108 Prasenjit Bose, *Thirty Years of the Left, Front Government in West Bengal*, 2008, pp.11-12.

109 나렌드라 자다브, 《신도 버린 사람들》(강수정 옮김), 김영사, 2007, 272-273쪽.

110 정채성, '인도 환경운동의 시민운동적 성격', 제37차 한국문화인류학회 정기학술대회 〈변화하는 세계 속의 남성성과 남성문화〉, 420-422쪽.

111 The National Intelligence Council, *Global Trends 2025:A Transformed World*, US Government Printing Office, p.51.

112 정채성, '독립 후 인도 농촌에서 계급 간 갈등의 전개 양상: 비하르(Bihar) 주의 사례를 중심으로', 〈남아시아연구〉, 제4호, 1999, 197-250쪽.

113 "Maoists Terrorists: China Comrade", Telegraph, November 22, 2009.

114 다음을 참고하라. Johan Petter Andresen , "The Maoist Electroal Victory in Nepal: Interview with Hisila Yami, Central Committee Member of the CPN(Maoist)", 〈Monthly Review〉, April, 2008. 이 인터뷰 기사는 새로운사회 를여는연구원(http://www.saesayon.org)에 김혜숙 객원 연구원의 번역('국왕 대신 마오주의 공산당 선택한 네팔')으로 볼 수 있다.

115 Nepalnews.com, September 18, 2009.

116 Sankar Ray, "Subjectivism in CPI-M on the History of CPI Split", Mainstream, vol. XLVI, No. 30, July 16, 2008에서 재인용.

117 "Trinamool Moves Away from Maoists", Times of India, June 20, 2009.

118 "'Maoist' Mother Wages Her War: Narus & Tagore Poems Face Scrutiny in Chhattisgarh Jail", Telegraph, June 2, 2008.

119 애차라 배리얼, 《아버지의 기억》(김수아 옮김, 김준태 감수), 아시아인권위원회, 9-10쪽. http://www.ahrchk.net/pub/pdf/mof-korean.pdf

120 애차라 배리얼, 《아버지의 기억》(김수아 옮김, 김준태 감수), 아시아인권위원회, 28쪽. http://www.ahrchk.net/pub/pdf/mof-korean.pdf

121 애차라 배리얼, 《아버지의 기억》(김수아 옮김, 김준태 감수), 아시아인권위원회, 35-37쪽. http://www.ahrchk.net/pub/pdf/mof-korean.pdf

122 애차라 배리얼, 《아버지의 기억》(김수아 옮김, 김준태 감수), 아시아인권위원회, 48쪽. http://www.ahrchk.net/pub/pdf/mof-korean.pdf

123 다큐멘터리 〈20세기의 지도자: 달라이라마, 티베트의 영혼〉.

124 마이클 피렌티, 〈낯익은 봉건주의: 티베트의 신화〉(최윤근 옮김), 4-8쪽. http://www.laborsbook.org/book.php?uid=24&no=1279

125 포스터 스톡웰, 〈신화와 현실〉(최윤근 옮김), 25-26쪽. http://www.laborsbook.org/book.php?uid=24&no=1279

126 마이클 피렌티, 〈낯익은 봉건주의: 티베트의 신화〉(최윤근 옮김), 17-18쪽. http://www.laborsbook.org/book.php?uid=24&no=1279

127 마이클 피렌티, 〈낯익은 봉건주의: 티베트의 신화〉(최윤근 옮김), 13쪽. http://www.laborsbook.org/book.php?uid=24&no=1279

128 2008년 3월 22일 방영된 KBS 〈특파원 현장 보고〉.

129 Sudeep Basu, "Interpreting the Tibetan Refugee Problem: The Programatics of Diasporic Indentity", RubySain(Ed.), *Contemporary Social Problems in*

India, vol. 1, Reader's Service.

130 마이클 피렌티, 〈낯익은 봉건주의: 티베트의 신화〉(최윤근 옮김), 16쪽. http://www.laborsbook.org/book.php?uid=24&no=1279

131 에쇼 히데키(繪所秀紀), 《인도 경제의 발자취》(박종수 옮김), 경상대학교출판부, 2009, 31쪽.

132 http://news.donga.com/fbin/output?f=b0_&n=200907110127

133 에쇼 히데키(繪所秀紀), 《인도 경제의 발자취》(박종수 옮김), 경상대학교출판부, 2009, 31쪽.

134 김보현, 《박정희 정권기 경제개발》, 갈무리, 2006, 205-206쪽.

135 Bipan Chandra, Mridula Mukherjee, Aditya Mukherjee, *India Since Independence*, Penguin Book, 2008, pp.458-459.

136 Bipan Chandra, Mridula Mukherjee, Aditya Mukherjee, *India Since Independence*, Penguin Book, 2008, pp.461-462.

137 찬드라세카르(C. P. Chandrasekhar), 고쉬(Jayati Ghosh), 《인도경제 개혁의 그림자(The Market That Failed: A Decade Of Neoliberal Economic Reforms In India)》(박종수·김영화 옮김), 비즈프레스, 2008.

138 이 표는 최윤정·박민준·김정현, 《2007년 인도의 주요 산업》(코트라, 2007)에서 가져왔다. 이 표의 1차 출처는 인도 기획위원회(Planning Commission)다.

139 http://www.indianexpress.com/news/i-signed-the-letter-took-the-cheque-and-walked-out...-it-was-over-in.../388092

140 http://economictimes.indiatimes.com/articleshow/3687123.cms

141 http://www.yarnsandfibers.com/news/index_fullstory.php3?id=17002

142 이재기, 《현대 인도 경제론》, 형지사, 2008, 252쪽. 보다 자세한 내용은 다음을 참고하라. Mathew Joseph, Nirupama Soundararajan, Manisha Gupta, Sanghamitra Sahu, "Impact of Organized Retailing on the Unorganized Sector", Indian Council for Research on International Economic Relations, May, 2008.

143 신광영, 《동아시아의 산업화와 민주화》, 문학과지성사, 1999, 7-8쪽에서 재인용.

144 http://www.forbes.com/2006/11/16/richest-indians-billionaires-biz_06india_cz_nk_1116richindiansintro.html

145 http://www.forbes.com/lists/2010/ 10/billionaires-2010_The-Worlds-

Billionaires_Rank.html

146 B. Bardhan, *Achutha Menon Memorial Lecture: Economic Growth, Development and Empowerment*, CIP Publication, 2008.

147 〈오마이뉴스〉의 '몬산토는 독이 든 종자를 싸게 팔고 있다' (http://www.ohmynews.com/NWS_Web/view/at_pg.aspx?cntn_cd=A0000420238). 연구보고서 〈Perspective – Harvest Despair〉(January, 2009)는 몬산토 측에서 광고하는 것과 실제 인도의 농업 현실에 대해 심도 깊게 분석했다.

148 http://pmindia.nic.in/cmp.pdf 인도 총리인 만모한 싱의 홈페이지에서 다운받을 수 있다.

149 어슐러 휴즈, 《싸이버타리아트》(신기섭 옮김), 갈무리, 2004, 189–200쪽.

150 http://en.wikipedia.org/wiki/West_Bengal

151 이무열, '한국전쟁 민간인 학살의 이해' (총 3회 연재), 〈정세와 노동〉, 2006년 9월(통권 16호), 2006년 11월(통권 18호), 2007년 1월(통권 20호). 이무열, '국가 차원의 민간인 학살 조사, 그 현황과 과제', 〈정세와 노동〉, 2007년 4월(통권 23호). '한국전쟁 전후 민간인 학살 진상 규명 범국민위원회'의 홈페이지(www.genocide.or.kr)에 가면 이들 피해자에 대한 자료, 언론 보도, 위령제 소식 등이 있다. 이무열의 글 한 부분을 옮긴다. "크고 작은 학살 현장에서는 인간의 탈을 쓴 짐승들의 향연이 난무했다. 반도 곳곳에 인권 유린의 전시장이 설치되었고, 눈뜨고는 볼 수 없는 반인륜적 행위들이 자행되었다. 부녀자의 강간 능욕은 기본이고, 젖가슴 난자 살해 후 암매장, 알몸 고문, 부자간 뺨 때리기, 며느리 말 태우기, 친족 간에 생피 붙이고 덥석 말아 굴리는 장면까지 연출되었다. 사람을 죽이고 재산을 빼앗고, 심지어는 죽은 이의 부인을 강제로 첩 삼기까지 했는데, 천덕꾸러기가 된 전 남편의 아들은 문전걸식하는 거지가 되고 여자는 미쳐버렸다. 사람들을 상대로 일본도와 M1 소총의 성능을 실험하고 죽음까지도 실험 관찰하고, 가족이 총 맞아 쓰러질 때 만세를 부르게 하고, 죽은 아들의 간을 입에 물고 돌아다니게 하는 등의 천인공노할 만행도 저질렀다. 일가족 몰살로 빈집이 속출했고, 토벌군이 휩쓸고 간 마을은 잿더미로 화했다. […] 도매금으로 '빨갱이 가족'으로 몰린 피학살자의 유족들은 모진 목숨을 연명하기 위해 자신을 재포장했다. 군대나 우익단체에 들어가 신분을 '세척'했다. 권력의 실세가 된 가해자 집단과 어울려 그들과 교분을 쌓았다. 핍박받는 고향을 등지고 아무도 아는 이 없는 곳에 새롭게 정착하여 새로운 인생을 시작했다. 유족들은 자신의 2세들에게까지

할아버지 세대의 죽음의 진상을 함구하면서, 오히려 '입조심, 몸조심'을 가훈으로 물려주었다. 그리하여 죽은 이들과 함께 학살 사실도, 그 존재 자체가 사라졌다. 일백만의 우주와 함께 온 우주가 사라졌다. 그리고 다른 우주가 열렸다. 그곳은 오로지 오른쪽으로만 보고 오른쪽으로만 듣고 오른쪽으로만 생각하는 세계였다. 왼쪽으로, 아니 한가운데로라도 눈을 돌리는 사람은 이상한 사람 취급을 받는 별난 세계였다. 그 세계에서는 중립적인 사고도, 합리적인 사고도 들어설 자리가 없었다. 지금은 너무나 당연시되는 평화통일론조차도 당시에는 '빨갱이' 사상으로 몰렸다. 어디에 그런 세계가 있었느냐고? 반도의 남쪽, 그리고 또 다른 의미에서는 북쪽도, 한반도 전역이 모두 그러했다." – 이무열, '한국전쟁 민간인 학살의 이해' 1회, p.67.

152 인도네시아에서의 학살과 관련해서는 두 편의 영상을 추천한다. 하나는 오스트리아인으로 동남아에서 어린 시절을 보냈던 크리스 힐튼(Chris Hilton)이 2002년에 내놓은 다큐멘터리 〈그림자놀이(Shadow Play: Indonesia's Year of Living Dangerously)〉이다. 자세한 정보는 미디어 정보 사이트인 http://www.thirteen. org/shadowplay/index.html에서 볼 수 있으며, 유튜브에서 검색하면 영상 전체를 볼 수 있다. 다른 하나는 로버트 레멜슨(Robert Lemelson)의 〈침묵의 40년 (40 Years of Silence: An Indonesian Tragedy)〉이다. 인도네시아에서의 학살에 관한 연구로 UCLA에서 인류학 박사학위를 받은 그는 자신의 연구결과에 기반하여 1997년부터 생존 가족들을 중심으로 촬영을 시작해 2009년에 세상에 내놓았다. 이 다큐멘터리의 공식 홈페이지(http://www.40yearsofsilence.com)에 들어가면 케냐인 아버지에게서 태어난 어린 오바마가 인도네시아인과 재혼한 어머니를 따라서 학살 직후의 인도네시아로 들어가는 이야기가 나온다. 공식 홈페이지에서 보도자료(press kit)를 다운받아 읽거나 유튜브에서 검색해서 화면의 일부를 볼 수 있다. 이 두 편의 영상에서 살아남은 자들의 증언을 보는 것만으로도 수하르토 정권의 학살이 어땠는지 어느 정도 이해할 수 있을 것이다. 이 영상들과 더불어, 로버트 코놀리(Robert Connolly) 감독의 영화 〈발리보 (Balibo)〉(2009)도 보면 좋다. 이 영화는 동티모르 학살을 다루어서 인도네시아에서는 상영이 금지된 작품이다. 이 영상들을 보고나면, 인도네시아의 끔찍한 현대사에 진저리를 치게 될 것이다.

153 이때의 대만 역사를 알기 위해서는 두 편의 영화를 볼 것을 권한다. 욘판 감독의 영화 〈눈물의 왕자〉(2009)는 1950년대 대만에서 자행된 공산주의자 마녀사냥을

다룬 영화다. 당시 얼마나 무고한 사람들이 억울하게 죽어갔는가를 아이의 눈으로 그렸다. 허우샤오시엔 감독의 걸작 〈비정성시(悲情城市)〉(1989)도 이 시대를 다룬 영화다. 〈눈물의 왕자〉는 국민당 일당독재가 막을 내린 상황에 힘입어서 20년 전 〈비정성시〉가 밝히지 못했던 부분까지 더 구체적으로 다루고 있다. 부산국제영화제 인터뷰에서 욘판 감독은 자신은 대만을 사랑하기 때문에 이 영화를 만들었다고 밝힌 바 있다.

154 The Economist, August 30, 2008, p.55.

155 http://www.monthlyreview.org/mrzine/nandigram221107.html

156 "Marginal Progress in Basu Status", Telegraph, January 11, 2010.

157 "Statement: Gross state domestic product at current prices". Directorate of Economics & Statistics of respective State Governments, and for All-India. http://mospi.nic.in/6_gsdp_cur_9394ser.htm.

158 이재기, 《현대 인도 경제론》, 형지사, 2008, 252쪽.

159 '김혜리가 만난 사람: 무한도전 김태호 PD', 〈씨네21〉, 2009년 12월 21일.

160 OECD, "Labour Market in India", 2007.

161 이운용, 《내일은 인도다》, 인도코리아센터, 2004, 234쪽.

162 http://www.business-standard.com/india/storypage.php?autono=338010

163 현동화·정동현, 《격랑의 세월 인도에 닻을 내리고》, 나무와 숲, 2003, 154-157쪽.

164 이운용, 《내일은 인도다》, 인도코리아센터, 2004, 244쪽.

165 Anil Chawla, *Devadasis: Sinners or Sinned Against*. www.samarthbharat.com

166 자막 번역: 전욱표.

167 자막 번역: 전욱표.

AITUC	All India Trade Union Congress	전인도노동조합회의
BJP	Bharatiya Janata Party	인도인민당(바라티야자나타당)
BMS	Bharatiya Mazdoor Sangh (Indian Workers' Union)	인도노동조합
BSP	Bahujan Samaj Party	대중사회당(바후잔사마지당)
CEPA	Comprehensive Economic Partnership Agreement	포괄적경제동반자협정
CITI	Confederation of Indian Textile Industry	인도섬유산업연맹
CITU	Centre of Indian Trade Unions	인도노동조합센터
CPI	Communist Party of India	인도공산당
CPI(Maoist)	Communist Party of India(Maoist)	인도마오주의공산당
CPIM	Communist Party of India(Marxist)	인도마르크스주의공산당
CPIML	Communist Party of India (Marx-Leninist)	인도마르크스레닌주의공산당
CPN(M)	Communist Party of Nepal(Maoist)	네팔마오주의공산당
HMS	Hind Mazdoor Sabha (Workers Assembly of India)	인도노동자의회
INTUC	Indian National Trade Union Congress	인도전국노동조합회의
JNU	Jawaharlal Nehru University	자와할랄네루대학교
JU	Jadavpur University	자다푸르대학
NASSCOM	The National Association of Software and Service Companies	인도소프트웨어기업협회
NDA	National Democratic Alliance	전국민주연합
RSS	Rashtriya Swayamsevak Sangh (National Volunteer Organization)	민족자원봉사단
UPA	United Progressive Alliance	통일진보연합
VHP	Vishva Hindu Parishad (World Hindu Council)	세계힌두협의회

파키스탄

중국

잠무카슈미르

히마찰프라데시

펀자브

우타라칸드(우타란찰)

하리아나

네팔

★뉴델리

라자스탄

우타르프라데시

비하르

시킴

부탄

아루나찰프라데시

아삼

나갈랜드

메갈라야

마니푸르

방글라데시

트리푸라

미조람

구자라트

마디아프라데시

자르칸드

웨스트벵골

차티스가르

오리사

마하라슈트라

안드라프라데시

고아

카르나타카

타밀나두

케랄라

인도는 울퉁불퉁하다

1판 1쇄 인쇄 | 2011년 1월 14일
1판 1쇄 발행 | 2011년 1월 21일

지은이 정호영
펴낸이 최준석

펴낸곳 한스컨텐츠(주)
주소 (우 121-894) 서울시 마포구 서교동 375-36 한성빌딩 3층
전화 02-322-7970 **팩스** 02-322-0058
출판신고번호 제313-2004-000096호 **신고일자** 2004년 4월 21일

ISBN 978-89-92008-42-6 03330